U0958294

上市公司年报
编制与披露指南

（2022 年版）

史多丽 主编

立信会计出版社
LIXIN ACCOUNTING PUBLISHING HOUSE

上市公司年报编制与披露指南(2022年版)

(本书由小多金服定期报告研究小组编写)

主　　　　编: 史多丽

编写组主要成员: 范志鹏　林晓辉　王凯莉　程雯婕　薛　朝　陈莹莹

前　　言

上市公司年度报告是公司上市后持续信息披露阶段最重要的公告之一。上市公司通过年报，可以全面总结过去一年的生产经营、公司治理、投资融资、内部控制及未来计划，展现公司价值，提示投资风险；上市公司股东通过年报，可以全面获取公司信息，方便投资决策并行使股东权利；其他投资者可以通过年报挖掘价值洼地，规避投资风险。

目前，从年报使用者角度解读、分析上市公司财务报告的书籍和文章很多，但很少有资料能从年报提供者角度，归纳、总结上市公司编制和披露年报的经验教训。小多金服作为一家提供上市公司合规咨询服务的机构，经常为客户的年报编制与披露提供专业支持。2017 年 3 月，我们曾通过微信公众号，发布了一共 6 期的“年报编制排雷手册”系列短文，重点介绍了上市公司年报编制和披露中的常见错误。此举得到了不少上市公司和业界专家、朋友的肯定与鼓励。此后，结合沪深交易所上市公司 2016 年年报披露情况，进一步梳理、挖掘相关案例及审核意见函件，我们编写了本书。

本书定位于实务操作，以上市公司信息披露体系、年报规则体系和基本要求为铺垫，融合代表性案例，从年报准则规定的内容与格式要求，行业信息披露指引规定的年报披露要求两个维度，梳理和归纳了上市公司年报编制与披露的主要规则、问题与改进建议，并介绍了年报制作软件及系统的实际操作，希望能为上市公司提升年报信息披露质量和效率提供有价值的参考。

三个多月的写作时间，感谢全体参编成员的努力和坚持，更要感谢庄江波、袁同济、张程、赵志刚、金祥慧、陈露蓉、杨评博等领导、专家和朋友在过程中给予的指导和关心。

囿于我们自己的水平，疏漏之处在所难免，敬请各位读者批评指正。

2017 年 10 月 31 日

2022 年版说明

《上市公司年报编制与披露指南》2017 年首版、2020 年初修订再版后受到各方关注与支持，也收到许多新老朋友的建议，再次感谢大家对小多金服、对本书的厚爱！

自前次修订至今，因贯彻执行最新修订的《中华人民共和国证券法》，相应法律法规、监管要求均发生了较大变化。基于此，我们对上市公司年报披露的相关要求及注意事项重新进行了梳理与总结。本次修订主要体现在以下几个方面：

一是结合最新修订的《中华人民共和国证券法》《上市公司信息披露管理办法》和《公开发行证券的公司信息披露内容与格式准则第 2 号——年度报告的内容与格式》，将最新监管要求纳入本书，总结并提示新的关注点，进一步突出年报编制与披露实务要点。

二是根据交易所新出台或修订的年报披露要求，如科创板、创业板上市公司年报披露要求和行业信息披露指引要求等，解读有关科创属性、核心竞争力及行业特点、经营模式等行业信息与经营风险披露的监管要求。

三是补充说明企业会计准则适用过程及上市公司年报财务信息披露中出现的一些新问题。

四是梳理近两年上市公司年报披露与监管问询、处罚的实际情况，更新了多数披露实例与监管案例。

五是对上一版中的一些文字表述问题进行了修改和完善。

感谢刘云、黄雪贞、庄园、刘东灵、冯隽、黄丹枫、黄承琰等同仁在修订工作中给予的大力支持和帮助。

希望本次修订，能协助上市公司及时了解年报编制与披露的最新要求、内容框架、披露重点及主要风险点，掌握技术层面的实务操作，为提升年报信息披露质量和效率尽一份绵薄之力。

不当之处敬请大家继续批评指正,微信号为 shalldovx,添加微信时请注明“姓名+行业+地区”。

2021 年 12 月

目　　录

第一章 上市公司年度报告编制基础知识

第一节 上市公司信息披露体系

信息披露是指上市公司及其他信息披露义务人，依照法律规定将其自身的财务变化、经营状况等可能对公司股票及其衍生品种价格产生较大影响的信息或是对投资者作出价值判断和投资决策有重大影响的信息，通过指定媒体向社会公开的行为。

上市公司及其他信息披露义务人依法履行信息披露义务，一能帮助投资者及时获得真实、准确、完整的信息，是投资者进行证券投资决策的重要前提；二能减少证券市场信息不对称，是证券市场发挥定价和资源配置功能的重要保障；三能强化对上市公司及其他信息披露义务人的行为约束，是证券市场监管的重要一环。

一、定期报告和临时报告

根据《上市公司信息披露管理办法》，信息披露文件包括定期报告、临时报告、招股说明书、募集说明书、上市公告书、收购报告书等。在公司的持续上市阶段，信息披露文件主要为定期报告和临时报告。

定期报告是上市公司就自身一定时期内的经营成果、财务状况和重大事项所披露的报告，包括年度报告（简称年报）和半年度报告（又称中期报告）。临时报告是指上市公司定期报告之外的其他公告，如董事会决议公告、收购出售资产公告、关联交易公告、重大资产重组公告等，通常是上市公司就其刚刚发生的或即将发生的重大事项所披露的报告。

临时报告和定期报告相比，前者是对公司某一项可能对股票及其衍生品种价格产生较大影响的事件的披露，具有事件突发、通报及时、内容聚焦等特点；后者偏重对上市公司报告期内总体经营成果、财务状况和已发生重大事项及其进展等的介绍，具有全面回顾、阶段总结、不同报告期彼此连贯的特点。尤其是年报，可以说是公司上市后持续信息披露阶段最重要的一类公告。上市公司通过年报，可以全面总结过去一年的生产经营、公司治理、投资融资、内部控制及未来计划，展现公司价值，提示投资风险；上市公司股东通过年报，可以全面获取公司信息，方便投资决策并行使股东权利；其他投资者通过年报，可以挖掘价值洼地，规避投资风险。

二、信息披露的基本原则

《上市公司信息披露管理办法》第四条规定，上市公司的董事、监事、高级管理人员（简称董监高）应当忠实、勤勉地履行职责，保证披露信息的真实、准确、完整、及时、公平。

（一）真实

信息披露真实是指上市公司披露的信息应当以客观事实或者具有事实基础的判断和意见为依据，如实反映客观情况，不得有虚假记载和不实陈述。

上市公司年报信息披露不真实的典型行为是披露虚假的财务信息。据统计，2019年至2020年，沪深两市共有26家上市公司因为年报虚假记载被中国证券监督管理委员会（简称中国证监会或证监会）行政处罚。

【例】上市公司行政处罚节选①

2017年12月14日，某上市公司子公司A与B公司签订《无追索权国内保理业务合同》，约定A公司将39笔合计人民币2.32亿元的应收账款债权，转让给B公司，由B公司提供无追索权的保理业务服务，保理融资款总额为2.013亿元。经查，该应收账款对应债权并未发生实质转让，B公司支付的保理融资款实际由该上市公司及其关联方提供。通过上述虚构保理业务，该上市公司虚增2017年利润总额4 319.42万元，2017年年度报存在虚假记载。该上市公司因披露的定期报告

① 本书所有节选均来自沪深交易所及证监会网站上刊载的上市公司公告，并进行了适当改编。

中存在虚假记载及其他违规行为等，于2020年10月被证监局行政处罚。

（二）准确

信息披露准确是指上市公司及相关信息披露义务人披露的信息应当客观，使用明确、贴切的语言和简明清晰、通俗易懂的文字，不得含有任何宣传、广告、恭维或者夸大等性质的词句，不得有误导性陈述。

需要注意的是，信息披露准确并不是要求披露出来的信息本身是确定不变的。例如，业绩预告或年报披露中有关下一年度经营计划的预测性披露，这些内容受到各种不确定因素影响，有可能在信息披露后发生变化。如果上市公司在事前不能充分披露预测结果所依据的各项前提条件和不确定性，一旦事后情况发生变化，就可能导致信息披露不准确。

【例】上市公司监管措施节选

2021年1月29日，某上市公司披露《2020年年度业绩预告》，预计2020年度归属于上市公司股东的净利润为1 000万元。4月20日，公司披露《2020年度业绩预告修正公告》，将预计净利润修正为亏损6 361万元。4月29日，公司披露2020年年报，经审计净利润为亏损6 385.87万元。公司业绩预告披露的预计净利润与年度报告披露的经审计净利润相比，盈亏性质发生变化，存在差异且未及时修正，相关信息披露不准确。深圳证券交易所（简称深交所）对该上市公司出具监管函。

上市公司在业绩预告发布时，如存在重大不确定事项，将影响公告的准确性。针对此问题，上海证券交易所（简称上交所）在《上市公司定期报告业务指南》中明确提示关注以下几个方面：

“1. 存有重大不确定事项的风险提示。上市公司在业绩预告和业绩快报发布前，存在重大不确定事项，影响公告准确性的，需要在公告中充分、具体地揭示此类不确定性事项的风险、存在不确定性的具体原因，以及该事项对报告期业绩可能产生的实际影响等。这些事项具体包括重大交易、资产处置、会计准则适用等未最终确定的重大事项，或者出现往年按惯例能收到的收入和补助当年尚未收到等不确定的情况。公司还需要就上述不确定因素与年审注册会计师进行沟通，并在公告中对上述不确定因素可能造成的影响进行合理、量化分析，同时披露剔除不确定因素后的业绩变动情况。

“2. 重大不确定事项的沟通与确认。上市公司财务负责人及审计委员会召集人要充分关注上述信息，及时向董事长、总经理汇报，尽快确定相关事项，并和董秘充分沟通信息披露事宜。此外，还要注意和年审注册会计师充分沟通相关事项的会计处理及可能对业绩的影响，并取得年审注册会计师对相关事项的书面意见。不确定事项涉及其他方的，及时与其沟通，取得其对相关事项的书面确认意见。

“3. 重大不确定事项的核实。上市公司董事长、总经理、审计委员会召集人、财务负责人、董事会秘书等相关负责人，对于上述相关事项，可以采取措施调查核实。前述人员可以将年审会计师事务所等中介机构的意见作为参考，但不能以此代替其作出独立判断和发表针对性意见。

“4. 存有重大不确定事项不能影响及时披露。实践中，上市公司可能会遇到个别事项具有不确定性，或者统计汇总事项比较复杂等情况，但这些并不能作为不及时、不准确履行业绩预告、业绩快报披露义务的正当理由。”

（三）完整

信息披露完整是指上市公司及相关信息披露义务人披露的信息应当内容完整，充分披露对上市公司有重大影响的信息，揭示可能产生的风险，不得有选择地披露信息，不得有重大遗漏。信息披露文件应当材料齐备，格式符合规定要求。

中国证监会发布的《公开发行证券的公司信息披露内容与格式准则第2号——年度报告的内容与格式》（简称《年报准则》）、沪深交易所行业信息披露指引都对上市公司年报披露的内容与格式提出了具体要求。实践中，上市公司应当根据交易所的编报系统编制年报，确保重要内容不缺失。部分表格如不适用，上市公司也应将不适用的表格及时删除，不可留空。上市公司借助交易所提供的年报编制软件，做到内容完整、文件齐备、格式符合规定要求的技术难度不大。

与非上市公司比较，上市公司因其公众性而必须遵守更加严格的透明度要求。有些上市公司年报披露出现问题，主要是公司管理层顾虑年报披露可能会泄露公司商业秘密，或者担心披露出来万一做不到需要承担责任，故意遗漏所致。这些担心可以理解，但绝不是违规免责的理由。上市公司可以通过合理使用信息披露豁免条款，以及增加对不确定性风险的提示内容等方法，防范相关风险。

【例】上市公司监管措施节选

某上市公司于2017年8月4日披露的《首次公开发行A股股票招股说明书》

中将某专利诉讼作为重大诉讼事项披露，并于 2018 年 1 月 3 日发布《关于诉讼结果的公告》，上述诉讼已经结案。而公司未在其 2017 年年报中披露该重大诉讼概述，亦未提供 2018 年 1 月 3 日《关于诉讼结果的公告》临时报告披露网站的查询索引。该公司上述行为违反了信息披露完整性的原则，证监局对其出具了警示函。

【例】上市公司年报节选

某上市公司于 2021 年 4 月 16 日披露 2020 年年报。因公司从事军品业务，其中就“可能面对的风险”部分说明“涉密信息脱密披露和豁免披露影响投资者对公司价值判断的风险”内容如下：

公司主要从事军品业务，部分生产、销售和技术信息属于涉密信息，不宜披露或直接披露。根据相关规定，公司部分涉密信息采取脱密处理的方式进行披露，部分无法进行脱密处理或者进行脱密处理后仍存在泄密风险的信息，在取得国防科工局批复同意后豁免披露。根据上述规定及国防科工局批复，公司豁免披露武器装备科研生产许可证的具体信息，保密资格证书具体信息；并根据《军工企业对外融资特殊财务信息披露管理暂行办法》第十五条的规定，采取代称、打包或者汇总等方式，对公司军品名称、型号、规格及类别，军品产能、产量和销量，涉军供应商及客户名称，重大军品合同等信息脱密处理后对外披露。

投资者将因上述涉密信息脱密披露或豁免披露而无法获知公司的部分信息，可能影响其对公司价值的判断，造成其投资决策失误。

针对上述风险，在信息披露工作上，公司严格遵守相关保密法律法规及国防科工局批复文件，对部分涉密信息采取脱密处理的方式进行披露，部分无法进行脱密处理或者进行脱密处理后仍存在泄密风险的信息豁免披露，确保涉密信息不披露、不泄露。在此基础上，按照证券监管规定，对影响投资者价值判断的重要经营管理信息和财务信息进行必要的披露，使公司在信息披露工作中能够满足证券监管机构和涉密管理的双重要求。

（四）及时

根据《上海证券交易所股票上市规则》《上海证券交易所科创板股票上市规则》《深圳证券交易所股票上市规则》和《深圳证券交易所创业板股票上市规则》（以下如无特指，统称上市规则），及时披露临时报告是指自起算日起或者触及披露时点的 2 个交易日内公告。至于定期报告，《上市公司信息披露管理办法》规定，年度报告应当在每个会计年度结束之日起 4 个月内，中期报告应当在每个会计年度的上半年结束之日起 2 个月内编制完成并披露。

上市公司无法在规定期限内披露年报，是一项十分严重的违规行为，将引发证监会立案稽查，超过最长规定期限仍无法披露的，还会导致终止上市。一方面，公司预计不能在 4 月 30 日前披露年报的，应当及时向交易所报告，并公告不能按期披露的原因、解决方案以及延期披露的最后期限。另一方面，未能在规定期限内披露年报的公司，公司股票及其衍生品种将停牌，直至公司披露年报。如果上市公司无法在 8 月 31 日前披露上一年度年报，交易所将启动终止上市程序。

【例】上市公司纪律处分节选

2021 年 4 月 30 日，某上市公司发布公告称，因公司业务形成的资产、负债及权利义务等需进一步梳理清查，年度报告编制工作量大幅增加，部分重大事项有待进一步落实，公司无法在法定期限内披露 2020 年年度报告和 2021 年第一季度报告。截至 2021 年 5 月 18 日，公司仍未披露上述定期报告。由于公司未在法定期限内披露年度报告、季度报告，上交所对该上市公司及相关责任人给予公开谴责。

（五）公平

信息披露公平是指上市公司应当同时向所有投资者公开披露重大信息，确保所有投资者可以平等地获取同一信息，不得实行差别对待政策，不得提前向特定对象单独披露、透露或者泄露。

上市公司年报信息的不公平披露行为主要有两种情况：

一是上市公司提前向控股股东、实际控制人单独披露年报信息。对此情况，沪深交易所明确规定：①除法律、行政法规另有规定外，控股股东、实际控制人不得通过直接调阅、要求上市公司向其报告等方式获取公司未公开重大信息。②控股股东、实际控制人为履行法定职责要求上市公司提供有关对外投资、财务预算数据、财务决算数据等未披露信息时，应当做好内幕信息知情人的登记备案工作，并承担保密义务。如果控股股东、实际控制人无法完成前款规定的登记和保密工作，应督促上市公司按照公平披露原则，在提供信息的同时进行披露。

二是上市公司召开年报业绩说明会或接待投资者调研时，相关人员介绍的情况超出了已披露信息范围。

【例】上市公司监管措施节选

2020 年 12 月 28 日上午，某上市公司分别在公司官方网站和微信公众号发布了题为“2020 创造历史，2021 馥郁腾飞！”的报道，称公司于 2020 年 12 月 26 日下午召开了年度经销商大会，来自全国各地的 1 000 多名经销商、新闻媒体及行业嘉宾出席，公司董事、副总经理（主持工作）、财务总监在经销商大会上表示，公司销售目标是“突破 30 亿，跨越 50 亿，争取迈向 100 亿”。当日，该公司股价涨停，此后公司股价持续上涨。而根据公司前期披露的历年年报，公司 2017—2019 年分别实现营业收入 8.78 亿元、11.87 亿元、15.12 亿元；根据公司披露的 2020 年第三季度报告，上市公司 2020 年前三季度实现营业收入 11.27 亿元。上市公司通过非法定信息披露渠道自行对外发布涉及公司经营的重要信息，深交所对上市公司及相关当事人出具监管函。

为防范此类风险，特别提示参会或接待人员注意下列事项：

（1）可以事先准备好发言内容的，发言稿提前交董事会秘书、董事会办公室把关，确保内容不含有上市公司未披露的重大信息。

（2）遇到超出事先准备范围的问题，可以结合公司已披露的战略规划、发展方向等，从宏观角度予以回应或说明，不要提及上市公司未披露的财务或经营信息，比如营业收入、收入目标、净利润、利润目标、增长倍数、产销量、在手订单量、毛利率及其变化、特别重大合同的签订等。

（3）对于把握不准、记不清的信息，宁可不提，也要避免因为发言内容不准确而说假话、误导投资者。

（4）在定期报告披露前，发言内容不要涉及上市公司当期财务或经营信息。

（5）发言内容如果与当下市场十分关注的热点问题有关，且该内容涉及的事项对上市公司构成重大影响，在不确定上市公司是否已披露时，一定不要涉及；确定对上市公司不构成重大影响的，发言时也一定要充分说明实际影响并提示风险，避免被监管机构认定为蹭热点型违规。

（6）发言内容不要涉及上市公司业绩有重要影响的子公司（净利润占比超过合并报表净利润的 30%）、上市公司控股股东（经营业绩与上市公司高度关联）的财务或经营信息。

另外，对于在境内和境外证券市场同时上市的公司（如 A+H 股公司等），在境外市场公开披露的信息应该在境内市场同步披露，否则也是不公平披露行为。

三、影响信息披露质量的主要因素

影响上市公司信息披露质量的因素可以分为内部影响因素和外部影响因素。内部影响因素主要有公司治理、内部控制、审计委员会、独立董事等;外部影响因素包括外部审计机构、监管环境等。

(一)内部影响因素

1. 公司治理

公司治理主要由公司股权结构、董事会特征、高管激励约束机制、公司规模等方面构成。良好的公司治理有助于提高信息披露质量。以董事会构成为例,如果董事会成员和经理人合二为一,在公司决策和运营时形成一支独大的局面,将使得公司更容易对外部股东隐瞒不利消息。相反,如果董事会成员中有适当比例的独立董事,他们的专业知识越丰富,越尽责,对上市公司信息披露质量就越能起到正面影响。公司信息产生于日常运营中,管理层的表现会直接影响公司信息的产生过程、披露的内容与方式。因此,恰当的高管激励约束机制能够有效缓解股东和管理层之间的委托代理问题,提高上市公司信息披露质量。

就定期报告而言,《中华人民共和国证券法》(简称《证券法》)中明确,上市公司董事、监事、高级管理人员应当对定期报告签署书面确认意见,保证上市公司及时、公平地披露信息,所披露的信息真实、准确、完整。

2021 年 3 月 4 日修订的《上市公司信息披露管理办法》进一步完善上市公司董监高异议声明制度:第一,明确要求定期报告内容应当经上市公司董事会审议通过,未经董事会审议通过的定期报告不得披露。第二,明确董事、监事无法保证定期报告的真实性、准确性、完整性或者有异议的,应在董事会、监事会审议、审核定期报告时投反对票或者弃权票。此处的异议主要是指涉及对定期报告内容真实性、准确性、完整性判断的异议,并非对定期报告中个别文字表述等的不同意见。第三,强调董监高发表意见应当遵循审慎原则,不得滥用异议声明制度,其保证定期报告内容真实性、准确性、完整性的责任不仅因发表意见而当然免除,其最终是否需要承担责任,关键在于是否已勤勉尽责。

针对上市公司董事、监事在董事会或者监事会审议、审核定期报告时投赞成票,又在定期报告披露时表示无法保证定期报告内容的真实性、准确性、完整性或者有异议的行为,《上市公司信息披露管理办法》明确中国证监会可以对相关人员给予警告并处国务院规定限额以下罚款;情节严重的,可以对有关责任人员采取证券市场禁入的措施。

2. 内部控制

1992 年 9 月，全美反舞弊性财务报告委员会下属的发起人委员会（简称 COSO 委员会）发布《内部控制——整体框架》报告（1994 年、2003 年和 2013 年又进行了增补和修订），提出企业内部控制包含内控环境、风险评估、风险控制、信息与沟通、监督五要素。而 2008 年我国发布的《企业内部控制基本规范》则明确，企业建立与实施有效的内部控制，应当包括内部环境、风险评估、控制活动、信息与沟通、内部监督五要素，并遵循全面性、重要性、制衡性、适应性、成本效益五大原则。结合年报工作来看，从收集公司及其子公司应披露信息，到编制财务报告、撰写非财务信息分析，再到审议年报，乃至经营业绩和利润分配方案的保密等，这些都需要以公司良好的内部控制为制度基础。

3. 审计委员会

审计委员会的基本职责是审核公司所有需要披露的财务信息，重点是关注上市公司财务报告中的重大会计问题、审计问题和其他需要披露的与财务信息相关的重大事项（如关联交易等）。审计委员会可以通过监督、沟通、控制和报告等，影响管理层、董事会及内外部审计机构的行为，进而影响公司的信息披露质量。例如，审计委员会通过指导公司内部审计工作，可以及时了解公司内部控制的有效性以及财务信息的真实性和可靠性，及时纠正重大财务问题，从而提高信息披露质量。审计委员会还可以在审计过程中，与外部审计机构讨论和沟通审计范围、审计计划、审计方法及在审计中发现的重大事项，通过监督及评估外部审计机构的工作进一步提高外部审计质量。

4. 独立董事

中国证监会发布的《关于在上市公司建立独立董事制度的指导意见》规定，独立董事对上市公司及全体股东负有诚信与勤勉义务。在定期报告编制和披露期间，一方面，上市公司相关职能部门和人员要为独立董事行使职权提供必要的工作条件，不限制或者阻碍独立董事了解公司经营运作情况。另一方面，根据《上市公司独立董事履职指引》，独立董事需要履行好以下职责：

（1）及时听取上市公司管理层和财务总监关于公司本年度生产经营、规范运作及财务方面的情况和投融资活动等重大事项进展情况的汇报，并尽量亲自参与有关重大项目的实地考察。

（2）在年审会计师事务所进场审计前，会同公司审计委员会参加与年审会计师的见面会，和会计师就会计师事务所和相关审计人员的独立性、审计工作小组的人员构成、审计计划、风险判断、风险及舞弊的测试和评价方法、本年度审计重点进行沟通，特别关注公司的业绩预告及其更正情况。同时，关注公司是否及时安排前述见面会并提供相关支持。

（3）在年审会计师出具初步审计意见后和审议年度报告的董事会会议召开前，再次参加与年审注册会计师见面会，与注册会计师沟通初审意见。同时，关注公司是否及时安排前述见面会并提供相关支持。

（4）对于审议年度报告的董事会会议，关注董事会会议召开的程序、相关事项的提议程序、决策权限、表决程序、回避事宜、议案材料的提交时间和完备性，如发现与召开董事会会议相关规定不符或判断依据不足的情形，应提出补充、整改和延期召开会议的意见。上述沟通过程、意见及要求均应形成书面记录并由相关当事人签字认可。

（二）外部影响因素

1. 外部审计机构

根据《上市公司信息披露管理办法》，年度报告中的财务会计报告应当经符合《证券法》规定的会计师事务所审计。

外部审计机构按照审计准则要求审核公司的财务报表，对财务报表是否不存在重大错报提供合理保证，以积极方式提出意见，以增强除管理层外的预期使用者对财务报表信赖的程度。审计工作的目的是发现公司的财务报表是否存在舞弊或错误导致的重大错报。这不仅仅是审计工作的基础性要求，也是信息披露的基本要求。因此，外部审计机构的专业能力越强、独立性越高，就越能发现财务报表中可能存在的问题，财务报告的可信度也就更高。

2. 监管环境

近年来，在“建制度、不干预、零容忍”的监管导向下，证监会、交易所进一步细化和完善了上市公司年报披露要求，并采取分行业监管、监管公开等举措，不断强化事中和事后监管力度，提高信息披露违规成本，对于提高上市公司信息披露质量产生了积极作用。

2021 年 6 月 28 日，证监会发布修订后的《年报准则》。此次修订主要涉及以下三方面：一是落实修订后的《证券法》《上市公司信息披露管理办法》要求；二是与其他相关制度做好衔接，如《公司信用类债券信息披露管理办法》，创业板、科创板相关法规的特殊要求，退市规则等；三是强化突出问题的信息披露，如资金占用、违规担保、子公司管理失控、关联财务公司存款受限等问题，以及股份回购、表决权委托等方面的信息披露。

根据中国证券报《大命题化成“小问题”：上交所年报审核聚焦公司治理》①、证券时报《深市年报“体检”密锣紧鼓 “绣花针”问询织密年报质量》②等报道，自国务院印发《关于进一步提高上市公司质量的意见》后，公司治理对上市公司质量的基石作用被强调到一个新高度。与往年相比，上交所对 2020 年年报的审核，在继续重点关注公司财务真实性、大股东资金占用、违规担保等恶性违规问题外，还把公司治理这一“心理健康”维度纳入审核考察项。深交所在 2020 年年报审查过程中，则重点关注业绩真实性、资金占用和违规担保、退市新规的执行情况、新收入准则执行情况、业绩承诺精准达标、会计处理合规性等六大领域。

第二节　上市公司年报规则体系

上市公司年报规则体系是指导和规制上市公司编制、披露年报规则的有序集合，主要包括信息披露规则体系和会计准则体系。

一、信息披露规则体系

信息披露规则按效力层级，可以依次分为法律法规、证监会部门规章及规范性文件、交易所自律性规则三个层次，其中法律法规效力最强。相关规则发生冲突时，应按照上位法优于下位法、特别法优于一般法、新法优于旧法的原则予以适用。

（一）法律法规

全国人大颁布实施的《中华人民共和国公司法》（简称《公司法》）、《证券法》等法律中都有涉及年报的规定，如《公司法》第一百六十四条、第一百六十五条，

① 链接地址：http://www.cs.com.cn/xwzx/hg/202105/t20210513_6166195.html。

② 链接地址：http://news.stcn.com/sd/202105/t20210523_3262331.html。

《证券法》第七十九条。这些原则性和纲领性的条款是上市公司编制和披露年报的最基本要求。

(二) 证监会部门规章及规范性文件

与年报编制和披露相关的证监会部门规章及规范性文件主要包括《上市公司信息披露管理办法》《年报准则》《公开发行证券的公司信息披露内容与格式准则第 5 号——公司股份变动报告的内容与格式》(简称《格式准则》)、“公开发行证券的公司信息披露编报规则”第 4、第 9、第 11、第 14、第 15、第 19、第 21、第 22、第 24、第 26 号(统称编报规则)、“公开发行证券的公司信息披露解释性公告”第 1 至第 5 号(统称解释性公告)。上述规定中,《年报准则》是最重要的一份可以具体指导上市公司年报工作的规范性文件,编报规则侧重财务信息编制,解释性公告则是对上市公司年报编制和披露实践中遇到的具体问题的回复,这些文件都是对《年报准则》的补充和细化。

需要说明的是,证监会有时候还会在一些专项规范性文件中制定有关上市公司年报披露的具体要求,如《上市公司监管指引第 3 号——上市公司现金分红》和《关于进一步落实上市公司现金分红有关事项的通知》,就上市公司年报披露中的利润分配事项作出具体规定。绝大多数情况下,这些散见于专项规范性文件中的规定,都会在此后的《年报准则》修订中统一被纳入。相关文件如表 1-2-1 所示。

表 1-2-1 与年报编制和披露相关的证监会规范性文件

公开发行证券的公司信息披露内容与格式准则	第 2 号——年报的内容与格式 第 5 号——公司股份变动报告的内容与格式
公开发行证券的公司信息披露编报规则	第 4 号——保险公司信息披露特别规定
	第 9 号——净资产收益率和每股收益的计算及披露
	第 11 号——从事房地产开发业务的公司财务报表附注特别规定
	第 14 号——非标准审计意见及其涉及事项的处理
	第 15 号——财务报告的一般规定
	第 19 号——财务信息的更正及相关披露
	第 21 号——年度内部控制评价报告的一般规定
	第 22 号——创新试点红筹企业财务报告信息特别规定(试行)
	第 24 号——科创板创新试点红筹企业财务报告信息特别规定
	第 26 号——商业银行信息披露特别规定

续表

公开发行证券的公司信息披露解释性公告	第 1 号——非经常性损益
	第 2 号——财务报表附注中政府补助相关信息的披露
	第 3 号——财务报表附注中可供出售金融资产减值的披露
	第 4 号——财务报表附注中分步实现企业合并相关信息的披露
	第 5 号——财务报表附注中分步处置对子公司投资至丧失控制权相关信息的披露
其他	关于规范上市公司与关联方资金往来及上市公司对外担保若干问题的通知
	上市公司监管指引第 3 号——上市公司现金分红
	关于进一步落实上市公司现金分红有关事项的通知
	上市公司监管指引第 4 号——上市公司实际控制人、股东、关联方、收购人以及上市公司承诺履行
	证券公司年度报告内容与格式准则

（三）交易所自律性规则

交易所自律性规则包括业务规则和业务指南两个类别，上市规则、行业信息披露指引、规范运作指引等属于业务规则，监管问答、信息披露指引和年报工作通知等属于业务指南。这些业务规则和业务指南是交易所履行上市公司信息披露一线监管职责时发布的具体规定，是对上位法规定的再次汇总、细化和补充，对上市公司年报编制和披露具有极强的指导作用。相关业务规则和业务指南如表 1-2-2 所示。

表 1-2-2　与年报编制和披露相关的交易所自律性规则

上市规则	上交所股票上市规则
	上交所科创板股票上市规则
	深交所股票上市规则
	深交所创业板股票上市规则
规范运作指引	深交所上市公司规范运作指引
	深交所创业板上市公司规范运作指引
业务指南	上交所上市公司定期报告业务指南
	科创板上市公司信息披露业务指南第 7 号——年度报告相关事项
	深交所上市公司业务办理指南第 2 号——定期报告披露相关事宜
	创业板上市公司业务办理指南第 2 号——定期报告披露相关事宜

续表

上交所行业信息披露指引	上交所上市公司行业信息披露指引第一号——一般规定
	上交所上市公司行业信息披露指引第二号——房地产
	上交所上市公司行业信息披露指引第三号——煤炭
	上交所上市公司行业信息披露指引第四号——电力
	上交所上市公司行业信息披露指引第五号——零售
	上交所上市公司行业信息披露指引第六号——汽车制造
	上交所上市公司行业信息披露指引第七号——医药制造
	上交所上市公司行业信息披露指引第八号——钢铁
	上交所上市公司行业信息披露指引第九号——建筑
	上交所上市公司行业信息披露指引第十号——光伏
	上交所上市公司行业信息披露指引第十一号——服装
	上交所上市公司行业信息披露指引第十二号——新闻出版
	上交所上市公司行业信息披露指引第十三号——酒制造
	上交所上市公司行业信息披露指引第十四号——化工
	上交所上市公司行业信息披露指引第十五号——食品制造
	上交所上市公司行业信息披露指引第十六号——家具制造
	上交所上市公司行业信息披露指引第十七号——有色金属
深交所行业信息披露指引	深交所行业信息披露指引第 1 号——上市公司从事畜禽、水产养殖业务
	深交所行业信息披露指引第 2 号——上市公司从事固体矿产资源相关业务
	深交所行业信息披露指引第 3 号——上市公司从事房地产业务
	深交所行业信息披露指引第 4 号——上市公司从事种业、种植业务
	深交所行业信息披露指引第 5 号——上市公司从事工程机械相关业务
	深交所行业信息披露指引第 6 号——上市公司从事装修装饰业务
	深交所行业信息披露指引第 7 号——上市公司从事土木工程建筑业务
	深交所行业信息披露指引第 8 号——上市公司从事零售相关业务
	深交所行业信息披露指引第 9 号——上市公司从事快递服务业务
	深交所行业信息披露指引第 10 号——上市公司从事民用爆破相关业务
	深交所行业信息披露指引第 11 号——上市公司从事珠宝相关业务
	深交所行业信息披露指引第 12 号——上市公司从事软件与信息技术服务业务
	深交所行业信息披露指引第 13 号——上市公司从事非金属建材相关业务
	深交所行业信息披露指引第 14 号——上市公司从事食品及酒制造相关业务

续表

深交所行业信息披露指引	深交所行业信息披露指引第 15 号——上市公司从事电力相关业务
	深交所行业信息披露指引第 16 号——上市公司从事汽车制造相关业务
	深交所行业信息披露指引第 17 号——上市公司从事纺织服装相关业务
	深交所行业信息披露指引第 18 号——上市公司从事化工行业相关业务
深交所创业板行业信息披露指引	深交所创业板行业信息披露指引第 1 号——上市公司从事影视业务
	深交所创业板行业信息披露指引第 2 号——上市公司从事药品、生物制品业务
	深交所创业板行业信息披露指引第 3 号——上市公司从事光伏产业链相关业务
	深交所创业板行业信息披露指引第 4 号——上市公司从事节能环保服务业务
	深交所创业板行业信息披露指引第 5 号——上市公司从事互联网游戏业务
	深交所创业板行业信息披露指引第 6 号——上市公司从事互联网视频业务
	深交所创业板行业信息披露指引第 7 号——上市公司从事电子商务业务
	深交所创业板行业信息披露指引第 8 号——上市公司从事互联网营销业务
	深交所创业板行业信息披露指引第 9 号——上市公司从事 LED 产业链相关业务
	深交所创业板行业信息披露指引第 10 号——上市公司从事医疗器械业务
	深交所创业板行业信息披露指引第 11 号——上市公司从事工业机器人产业链相关业务
	深交所创业板行业信息披露指引第 12 号——上市公司从事集成电路相关业务
	深交所创业板行业信息披露指引第 13 号——上市公司从事锂离子电池产业链相关业务
	深交所创业板行业信息披露指引第 14 号——上市公司从事通信相关业务
	深交所创业板行业信息披露指引第 15 号——上市公司从事网络安全相关业务
其他	科创板创新试点红筹企业财务报告信息披露指引
	创业板创新试点红筹企业财务报告信息披露指引
	上交所上市公司现金分红指引
	关于做好上市公司年报披露工作的通知

二、会计准则体系

我国现行的企业会计准则体系是规范公司会计确认、计量和报告行为，保证会计信息质量的法规体系，主要由基本准则、42 项具体准则及相应应用指南与 14 项解释组成。

基本准则规范了包括财务报告目标、会计基本假设、会计信息质量要求、会计要素的定义及其确认、计量原则、财务报告等在内的基本问题，是制定具体准则的基础，对各具体准则起着统驭的作用。此外，基本准则为会计实务中出现的、具体准则尚未作出规范的新问题提供了会计处理依据，从而确保企业会计准则体系对所有会计实务问题起到规范作用。

具体准则是根据基本准则的原则和要求对有关业务和报告作出的具体规定，分为一般业务准则、对特殊行业的特殊业务准则和报告准则三类。

应用指南是对具体准则相关条款的细化和对重点难点问题提供的操作性指南，包括具体准则解释和会计科目、主要账务处理等。

解释则是对具体准则实施过程中出现的问题、具体准则条款规定不清楚或尚未规定的问题作出的补充说明。

在金融工具、收入、租赁等会计准则修订并实施的背景下，结合实务中出现的复杂情形，财政部以发布与准则配套的实施问答、应用案例等形式进一步指导公司实践。为提高资本市场财务信息披露质量，证监会也以会计监管问答、会计案例汇编、会计监管协调会会议纪要等形式，及时有效地明确资本市场执行会计准则的监管口径。2020 年 11 月，证监会对以往发布的会计监管问答等进行系统梳理整合并发布《监管规则适用指引——会计类第 1 号》，内容涉及股权投资、企业合并、股份支付、金融工具、收入、非经常性损益等 26 类、53 个具体问题。会计类监管规则适用指引是针对具体问题如何执行会计准则的指导性意见，旨在推进会计准则在资本市场的有效、一致执行。企业会计准则及应用指南如表 1-2-3、表 1-2-4 所示。

表 1-2-3 企业会计准则

企业会计准则——基本准则
企业会计准则第 1 号——存货
企业会计准则第 2 号——长期股权投资
企业会计准则第 3 号——投资性房地产
企业会计准则第 4 号——固定资产
企业会计准则第 5 号——生物资产

续表

企业会计准则第 6 号——无形资产
企业会计准则第 7 号——非货币性资产交换
企业会计准则第 8 号——资产减值
企业会计准则第 9 号——职工薪酬
企业会计准则第 10 号——企业年金基金
企业会计准则第 11 号——股份支付
企业会计准则第 12 号——债务重组
企业会计准则第 13 号——或有事项
企业会计准则第 14 号——收入
企业会计准则第 15 号——建造合同
企业会计准则第 16 号——政府补助
企业会计准则第 17 号——借款费用
企业会计准则第 18 号——所得税
企业会计准则第 19 号——外币折算
企业会计准则第 20 号——企业合并
企业会计准则第 21 号——租赁
企业会计准则第 22 号——金融工具确认和计量
企业会计准则第 23 号——金融资产转移
企业会计准则第 24 号——套期会计
企业会计准则第 25 号——原保险合同
企业会计准则第 26 号——再保险合同
企业会计准则第 27 号——石油天然气开采
企业会计准则第 28 号——会计政策、会计估计变更和差错更正
企业会计准则第 29 号——资产负债表日后事项
企业会计准则第 30 号——财务报表列报

续表

企业会计准则第 31 号——现金流量表
企业会计准则第 32 号——中期财务报告
企业会计准则第 33 号——合并财务报表
企业会计准则第 34 号——每股收益
企业会计准则第 35 号——分部报告
企业会计准则第 36 号——关联方披露
企业会计准则第 37 号——金融工具列报
企业会计准则第 38 号——首次执行企业会计准则
企业会计准则第 39 号——公允价值计量
企业会计准则第 40 号——合营安排
企业会计准则第 41 号——在其他主体中权益的披露
企业会计准则第 42 号——持有待售的非流动资产、处置组和终止经营

表 1-2-4 企业会计准则应用指南

《企业会计准则第 1 号——存货》应用指南
《企业会计准则第 2 号——长期股权投资》应用指南
《企业会计准则第 3 号——投资性房地产》应用指南
《企业会计准则第 4 号——固定资产》应用指南
《企业会计准则第 5 号——生物资产》应用指南
《企业会计准则第 6 号——无形资产》应用指南
《企业会计准则第 7 号——非货币性资产交换》应用指南
《企业会计准则第 8 号——资产减值》应用指南
《企业会计准则第 9 号——职工薪酬》应用指南
《企业会计准则第 10 号——企业年金基金》应用指南
《企业会计准则第 11 号——股份支付》应用指南
《企业会计准则第 12 号——债务重组》应用指南

续表

《企业会计准则第 13 号——或有事项》应用指南
《企业会计准则第 14 号——收入》应用指南
《企业会计准则第 16 号——政府补助》应用指南
《企业会计准则第 17 号——借款费用》应用指南
《企业会计准则第 18 号——所得税》应用指南
《企业会计准则第 19 号——外币折算》应用指南
《企业会计准则第 20 号——企业合并》应用指南
《企业会计准则第 21 号——租赁》应用指南
《企业会计准则第 22 号——金融工具确认和计量》应用指南
《企业会计准则第 23 号——金融资产转移》应用指南
《企业会计准则第 24 号——套期会计》应用指南
《企业会计准则第 27 号——石油天然气开采》应用指南
《企业会计准则第 28 号——会计政策、会计估计变更和差错更正》应用指南
《企业会计准则第 30 号——财务报表列报》应用指南
《企业会计准则第 31 号——现金流量表》应用指南
《企业会计准则第 33 号——合并财务报表》应用指南
《企业会计准则第 34 号——每股收益》应用指南
《企业会计准则第 35 号——分部报告》应用指南
《企业会计准则第 37 号——金融工具列报》应用指南
《企业会计准则第 38 号——首次执行企业会计准则》应用指南
《企业会计准则第 39 号——公允价值计量》应用指南
《企业会计准则第 40 号——合营安排》应用指南
《企业会计准则第 41 号——在其他主体中权益的披露》应用指南
《企业会计准则第 42 号——持有待售的非流动资产、处置组和终止经营》应用指南

第三节　上市公司年报编制与披露基本要求

一、披露年报的时间要求

根据规定，上市公司应当在每个会计年度结束之日起4个月内披露年报。年度报告中的财务会计报告应当经符合《证券法》规定的会计师事务所审计。

同时在境内和境外证券市场上市的公司，应当遵循报告内容从多不从少、报告要求从严不从宽的原则进行编制和披露。例如，香港联交所要求上市公司必须在有关会计年度结束后3个月内刊登有关业绩，故A+H股公司需要按此时点要求同步披露年报。H股公司的年度财务报告需要由具备核数师资格的执业会计师或会计师行审计，而内地会计师事务所若符合财政部、证监会相关要求并已获认可适宜担任核数师或申报会计师，也可以从事H股公司的审计工作。

二、年报编制和披露的工作机制

董事长是公司年报信息披露的第一责任人，董事会全体成员承担连带责任，董事会秘书和财务总监（总会计师）具体负责年报的编制工作。

由于年报内容涉及面广，时间跨度长，又有明确的披露时间限制，上市公司可以在年底启动当年的年报工作计划，结合最新监管规则与公司实际，制定详细的年报内容框架，理清报备及其他应披露文件清单，确定时间进度安排，明确分工和各部门具体联系人。董事会办公室通常为年报工作的牵头部门，公司财务部门、业务部门、法律事务部门、人力资源部门、总裁办公室、监事会办公室、内部审计部门、市场部门等职能部门为年报工作小组成员单位。在布置年报编制工作时，牵头部门应当明确监管要求及其变化，强调时间安排，对业务概览等经营性信息的披露重点和难点进行充分讨论，统一认识，做好工作对接。由于参与年报编制的人员较多，相关人员在年报编制和审议期间均负有保密义务，防止泄露内幕信息、内幕交易等违法违规行为发生。

另外，年度报告中的财务会计报告应当经符合《证券法》规定的会计师事务所审计。因此,在年报的编制过程中,上市公司还应当注意与年审会计师的沟通,及时了解审计中发现的重大事项,确认相关信息。处于持续督导期的上市公司需注意与保荐机构等其他中介机构保持沟通。

一般而言,年报编制、审核流程及相关信息披露如图 1-3-1 所示。

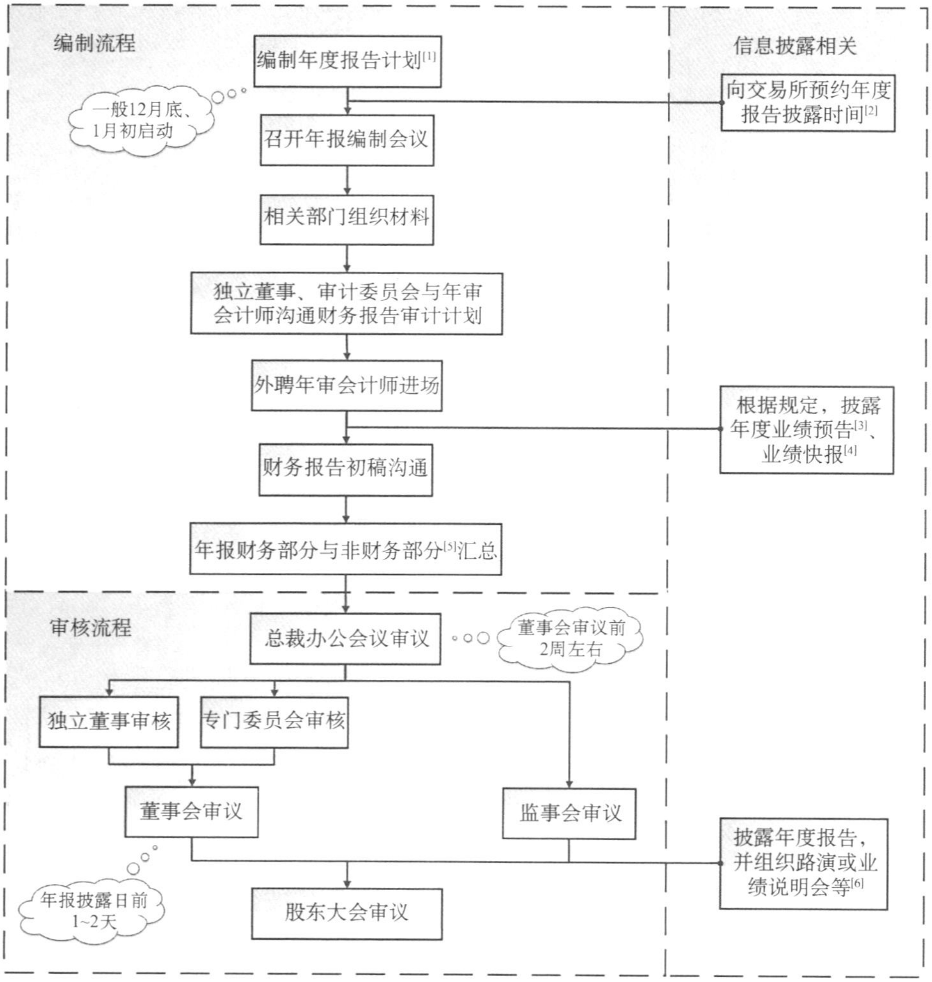

图 1-3-1　年报编制、审核流程及相关信息披露

注:

[1] 年报计划一般包含内容框架和时间计划的详细工作方案,由董事会秘书和财务总监审核并报总裁

和董事长批准后，布置实施。

［2］在披露年报前，上市公司应当根据定期报告预约通知要求，于规定日期前自助预约年报披露时间。如上市公司未能按期完成预约，系统将会自动分配披露日期。

［3］上市公司如预计本报告期经营业绩将出现下列情形时，需要进行年度业绩预告：①净利润为负值；②净利润与上年同期相比上升或者下降50%以上；③实现扭亏为盈；④期末净资产为负值（深交所公司适用）；⑤年度营业收入低于1 000万元人民币（深主板公司适用）。

根据上市规则，科创板、创业板公司若出现财务类强制退市规定的情形，其股票被实施退市风险警示的，应当于会计年度结束之日起1个月内预告全年营业收入、净利润、扣除非经常性损益后的净利润和净资产。

符合条件的上市公司均需在1月31日前披露年度业绩预告。

［4］在定期报告披露前业绩被提前泄漏，或者由业绩传闻导致公司股票及其衍生品种交易异常波动的，上市公司应当根据规定及时披露包括本报告期相关财务数据在内的业绩快报。

上市公司拟发布第一季度报告业绩预告但其上年年报尚未披露的，应当在发布业绩预告的同时披露其上年度的业绩预告或快报（沪主板公司适用）/业绩快报（深交所公司适用）；科创板上市公司预计不能在会计年度结束之日起2个月内披露年度报告的，应当在2月底之前披露年度业绩快报；对于科创板、创业板公司，相关规则还明确规定，上市公司在定期报告披露前向国家有关机关报送未公开的定期财务数据，预计无法保密的，应当及时发布业绩快报。

［5］年报非财务章节初稿形成后，公司管理层各分管领导应对重点经营性信息进行审核把关，确保在合规的前提下，充分展示公司业务经营发展的现状。

［6］年报披露后，上市公司可以集中组织业绩沟通会和一对一的投资者沟通路演，及时与主要投资者和分析师就公司的经营、财务情况进行沟通交流。值得注意的是，证监会副主席阎庆民在参加"上市公司2020年报业绩说明会经验交流会"时表示，提升信息披露质量、优化上市公司与投资者关系，应以召开业绩说明会为突破口。2020年年报期间，上交所动员1 600余家公司召开了业绩说明会，其中包括全部的科创板公司、沪深300指数公司、A+H股公司和央企控股公司，业绩说明会的规模、数量都创历史新高。深交所则鼓励上市公司在年报披露后15个交易日内举行年度报告说明会，并至少提前2个交易日发布召开通知。

三、年报编制中可能遇到的重要问题

（一）行业信息和经营风险

根据《年报准则》第二十六条规定，"公司应当对未来发展进行展望。应当讨论和分析公司未来发展战略、下一年度的经营计划以及公司可能面对的风险，鼓励进行量化分析，主要包括但不限于：（一）行业格局和趋势……（四）可能面对的风险……"。此外，沪深交易所针对部分行业发布了行业信息披露指引，符合条件的公司需依据对应的指引进行年报编制，详见"第三章　上市公司分行业年报披露"。

科创板、创业板上市公司在强调要真正落实以信息披露为核心的证券发行注册制背景下，其定期报告的编制还需重点关注相关行业信息和经营风险的披露。根据上市规则，在行业信息方面，科创板上市公司应当在年度报告中，结合其所属行业的政策环境和发展状况，披露所处行业的基本特点，主要技术门槛，核心竞争优势，研发支出相关情况，在研产品或项目的进展或阶段性成果，研发项目预计总投资规模、应用前景以及可能存在的重大风险等其他有助于投资者决策的行业信息；创业板上市公司应当在年度报告中披露报告期内公司所属行业的基本特点、发展状况、技术趋势以及公司所处的行业地位等，行业主管部门在报告期内发布的重要政策及对公司的影响，并结合主要业务的行业关键指标、市场变化情况、市场份额变化情况等因素，分析公司的主要行业优势和劣势，说明相关变化对公司未来经营业绩和盈利能力的影响。在经营风险方面，科创板、创业板上市公司应当在年度报告中，遵循关联性和重要性原则，识别并披露可能对公司核心竞争力、经营活动和未来发展产生重大不利影响的风险因素，包括核心竞争力风险、经营风险、行业风险、宏观环境风险等其他重大风险。

（二）发现应该及时披露而未披露的重大事项

年报是对公司一个年度经营情况的回顾、总结，以及对未来发展趋势的判断。年度中发生的重大事项对公司财务状况的影响，都将在年度财务报告中予以体现。因此，一些应该及时披露而未披露的重大事项，往往会在年报编制过程中被发现，而如果确实存在，公司应当尽早研判并立即披露。发现应该及时披露而未披露的重大事项主要涉及以下几类。

1. 出售资产

公司在进行交易时，往往更多关注交易金额，对交易对财务报表产生的影响分析不足，经常是留待出报表时才进行确认。因此，当财务报告显示公司年度投资收益超过上年度净利润10%时，公司就需要分析这些投资收益是某个重大事项形成的，还是一系列事项累计形成的收益，即具体来源；如果是一系列事项形成的，还需要判断这些事项是各自独立的，还是标的相关的。公司需通过分析，确认是否存在投资收益达到标准的重大事项。

2. 政府补助

政府补助是指企业从政府无偿取得货币性资产或非货币性资产，但不包括政府作为企业所有者投入的资本。政府补助的主要形式为财政拨款、财政贴息、税收返还、无偿划拨非货币性资产等。这些事项多数上市公司都会有所涉及，也是上市规则规定的重大影响事项。根据《企业会计准则第16号——政府补助》，政府补助分为与资产相关的政府补助和与收益相关的政府补助。与资产相关的政府补助，是指企业取得的、用于购建或以其他方式形成长期资产的政府补助；与收益相关的政府补助，是指除与资产相关的政府补助外的政府补助。对于同时包含与资产相关部分和与收益相关部分的政府补助，公司应当区分不同部分分别进行会计处理;难以区分的,应当整体归类为与收益相关的政府补助。

在年报披露中,政府补助是否计入非经常性损益需要根据《公开发行证券的公司信息披露解释性公告第1号——非经常性损益》进行判断。非经常性损益通常包括计入当期损益的政府补助,但与公司正常经营业务密切相关,符合国家政策规定、按照一定标准定额或定量持续享受的政府补助除外。根据该解释性公告,将政府补助计入经常性损益有两大要点:一是与公司正常经营业务密切相关;二是有可持续性。一个典型的与公司正常经营业务密切相关的补助类型是软件产品的税收优惠。根据现有政策,软件企业销售其自行开发生产的软件产品,按17%的法定税率征收增值税后,享受增值税实际税负超过3%的部分实行即征即退的优惠政策,这就是与日常经营活动相关的经常性损益。

公司在具体计算政府补助是否达到临时公告披露标准时,需要区别政府补助对公司资产或收益的不同影响,分别适用资产指标和利润指标。

上交所主板上市公司对于与收益相关的政府补助,因其直接影响公司收入和损益,适用上市规则中关于净利润指标的规定,即达到公司最近一个会计年度经审计净利润10%,且金额超过100万元的,进行披露;对于与资产相关的政府补助,因其影响的是公司净资产或总资产,适用上市规则的总资产和净资产指标,即达到公司最近一期经审计总资产的10%,或者净资产10%且金额超过1 000万元的,进行披露。另外,根据上交所发布的《上市公司信息披露监管问答》,公司还应当区分影响利润和影响资产两种情况,分别累计其12个月内收到的政府补助,确认是否达到信息披露标准。政府补助为非货币性资产的,应当按照公允价值计量;公允价值不能可靠取得的,按照名义金额计量。科创板公司收到政府补助,也应参考相关指标及对公司的影响,确定是否应当及时披露。

深交所上市公司收到与收益相关的政府补助占上市公司最近一个会计年度经审计的归属于上市公司股东的净利润10%以上且绝对金额超过100万元,或者收到的与资产相关的政府补助占最近一期经审计的归属于上市公司股东的净资产10%以上且绝对金额超过1 000万元时,需要进行披露。

实践中,政府通常会对补助相关事项发文确认或依据相关法规支付补助资金。根据时点优先原则,上市公司应当在获悉相关政府补助事项、收到政府部门相关函件或者收到政府发放资金等事实最先发生的时点,及时公告。

此外,部分政府补助与公司日常经营紧密相关,相关补助金额的确认具有连续性、不确定性，平时难以准确及时地累计计算。对此类政府补助，公司可以在定期报告中披露，其累计计算与披露的时点以公司相应定期报告的披露时点为准；但是对于其他政府补助，不得以定期报告代替临时公告披露。

3. 日常关联交易

各类日常关联交易数量较多的上市公司，一般采取申请年度额度的方式进行审议和披露，即公司按类别对年度将发生的日常关联交易总金额进行合理预计，根据预计结果提交董事会或者股东大会审议并披露。在年度中间，公司应当对日常关联交易的实际发生额进行监控，实际发生额超出预计总金额的，应当根据超出金额重新提交董事会或者股东大会审议并披露。对于预计范围内的日常关联交易，公司应当在年报中进行披露。因此，如果日常监控不到位，导致实际发生额超出年度预计额又没有履行相应程序的，在年报编制过程中就会反映出来。

（三）会计政策或会计估计变更

为遵守会计准则和制度新要求，或提供更可靠、更相关的会计信息，上市公司有时会依据相关规定、自身经验等变更会计政策或会计估计。这种变更可能会对同一企业不同期间和同一期间不同企业的财务报表可比性产生较大影响，是上市规则规定应及时披露的事项，并需要独立董事、监事会和会计师事务所发表结论性意见。

在年报编制过程中，上市公司应首先关注是否需适用新修订的会计准则，在此基础上，如计划进行其他会计政策或会计估计的变更，还需要对照会计准则确认本次变更的合规性，搞清楚是会计政策变更还是会计估计变更甚至是会计差错更正，是适用追溯调整法还是未来适用法等基本问题。通常情况下，会计政策变更适用追溯调整法，会计估计变更适用未来适用法。

其次，公司应当将此事项与会计师事务所、公司审计委员会充分沟通，结合最新情况、自身经验、同行业惯常做法等信息，确认本次变更的合理性，并分析本次变更对上市公司财务数据的定量化影响。

最后，上市公司应确认本次变更需要履行的审议程序。董事会审议会计政策或会计估计变更的时间，不得晚于当期定期报告的审议时间。

（四）资产减值

对相关资产进行减值测试，判断是否需要计提资产减值准备是编制年度财务报告过程中的一项重要工作。根据《企业会计准则》，企业应当在资产负债表日判断资产是否存在可能发生减值的迹象。应收账款、存货、采用公允价值模式计量的投资性房地产、消耗性生物资产、建造合同形成的资产、递延所得税资产等不同的资产减值分别适用不同的《企业会计准则》。但不管是哪一类的资产，当其可收回金额低于账面价值时，公司就应当计提相应的资产减值准备，并确认资产减值损失，计入当期损益。

鉴于确认资产减值损失对公司业绩的直接影响，上市规则将"计提大额资产减值准备"列为"重大风险情形之一"，要求公司不仅要在定期报告财务报告附注部分加以说明，还应当按照上市规则规定的重大标准进行临时公告，并主要比照利润指标进行披露，即：计提资产减值准备占上市公司最近一个会计年度经审计净利润的 10%以上，且绝对金额超过 100 万元时，应当及时披露。披露资产减值公告，应当说明计提资产减值的基本情况、依据及测算方法，相应的审议程序和审计委员会、监事会的审核意见（如有）以及对公司的影响等要点。

上市公司计提资产减值准备可根据自己的公司制度判断是否需经董事会、股东大会审议。但考虑到资产减值测试是财务报告编制过程中必不可少的一项工作，其得出的资产减值结果直接影响公司业绩，因此，对于重大的资产减值事项，公司应按照财务报告审议程序，单独提交董事会、监事会进行审议，确认资产减值计提的谨慎性和合理性。

此外，对于商誉减值事项，上市公司需遵循证监会《会计监管风险提示第 8 号——商誉减值》有关内容，合理判断并识别资产减值的迹象，及时进行商誉减值测试，对企业合并形成的商誉，至少在每年年度终了进行减值测试。公司董事会应审慎评估进行减值测试的合理性，并严格按照公司章程等规定及内部授权，履行相关内部审批流程，及时进行信息披露，必要时可以聘请专家协助工作。在商誉减值测试中，公司应重点关注测算过程和相关会计处理，包括商誉减值测试的规定步骤、相关资产组和资产组组合的认定、可回收金额的估计、商誉账面价值的分摊、利用资产评估机构的工作成果等。同时，公司应做好商誉减值相关信息披露工作，充分、准确、如实、及时地披露与商誉减值相关的重要信息，包括商誉所在资产组或资产组合的相关信息、减值测试的过程与方法、业绩承诺的完成情况及其对减值测试的影响（如适用）等。公司应当会同年报审计机构及相关中介机构，对商誉相关信息披露的真实性、准确性、完整性进行核实，并根据交易所要求编制商誉减值测试报告向交易所报备。

(五)利润分配

首先需要注意的是,上市公司决定不进行利润分配,也是一种分配方案,同样需要履行决策程序,并在年报中披露。上市公司利润分配既要符合法律法规及相关监管规定,也要符合公司章程、公司自行制定的股东回报规划等要求。

证监会发布的《关于进一步落实上市公司现金分红有关事项的通知》规定,上市公司应当在公司章程中,载明以下内容:

(1)公司董事会、股东大会对利润分配尤其是现金分红事项的决策程序和机制,对既定利润分配政策尤其是现金分红政策作出调整的具体条件、决策程序和机制,以及为充分听取独立董事和中小股东意见所采取的措施。

(2)公司的利润分配政策尤其是现金分红政策的具体内容,利润分配的形式,利润分配尤其是现金分红的期间间隔,现金分红的具体条件,发放股票股利的条件,各期现金分红最低金额或比例(如有)等。

上交所上市公司在特殊情况下无法按照既定的现金分红政策或最低现金分红比例确定当年利润分配方案的,或者年度报告期内盈利且累计未分配利润为正,但未进行现金分红或拟分配的现金红利总额(包括中期已分配的现金红利)与当年归属于上市公司股东的净利润之比低于30%的,除应披露具体原因、独立董事意见外,还应当在年报披露之后、年度股东大会股权登记日之前,在业绩发布会中或单独召开现金分红说明会就现金分红方案相关事宜予以重点说明。

实践中,上市公司在进行利润分配时还要特别注意以下情形:

一是对于上交所上市公司,单独或合计持有公司3%以上的股东及其一致行动人提议高送转的,公司应当立即召开董事会审议股东提出的高送转预案,并同时披露股东提议和董事会决议。

二是注意可供分配利润的口径。根据财政部及交易所规则,上市公司在确定可供分配利润时应当以母公司口径为依据。有的上市公司董事会审议通过分红转增预案后,又取消了该项预案,原因就是该公司在确定可供利润分配基数时,虽然合并报表口径的可供分配利润满足分红条件,但是母公司报表口径的可供分配利润为负,不满足分红条件。另外,《深圳证券交易所上市公司规范运作指引》进一步规定,为避免出现超分配的情况,公司应当以合并报表、母公司报表中可供分配利润孰低的原则来确定具体的利润分配比例。

三是注意安排好利润分配与再融资的节奏。《证券发行与承销管理办法》第十八条规定，上市公司发行证券，存在利润分配方案、公积金转增股本方案尚未提交股东大会表决或者虽经股东大会表决通过但未实施的，应当在方案实施后发行。公司在讨论利润分配方案时，一定要关注是否有正在进行中的再融资事项，协调安排好具体步骤，避免因利润分配影响再融资的实施。

（六）关联交易

上市公司关联交易是监管机构十分关注的事项，但是基于不同的立法目的，会计准则和监管规则有关关联方的认定标准并不一致。在大部分情况下，会计准则认定的关联方范围要大于监管规则认定的关联方范围，这种差异有时候会给一些上市公司的披露带来困扰。对此，《年报准则》中明确规定，本准则所称"控股股东""实际控制人""关联方""关联交易""高级管理人员""重大""累计"等的界定，按照《公司法》《证券法》等法律法规以及《上市公司信息披露管理办法》《优先股试点管理办法》等相关规定执行。上市公司在年报披露时要注意区分。

（七）财务信息与非财务信息的匹配

随着证券监管机构分行业监管的不断深入，年报中非财务信息披露的重要性日益提高。实践中，往往存在对行业趋势、同行业竞争情况、客户市场情况等非财务信息的描述与财务数据支撑有偏差，业务统计数据与财务数据口径不一致等问题，也存在部分公司夸大宣传粉饰经营业绩的情况。因此，非财务信息和财务信息的一致性，是年报审核关注的重点。对此，上市公司应注意做好以下两项工作：

一是要提前梳理数据口径，分析现有业务统计数据与财务数据的口径差异，能够统一的，在年报编制工作开始前尽快进行调整；确实难以统一的，应对口径差异进行分析，判断数据的适用性，并在年报中加以说明。

二是注意各项信息的关联、钩稽关系。初步归集各业务板块的年度经营信息后，公司可以通过职能部门初审与复核、交由财务部门审阅是否存在冲突信息、公司分管领导确认等措施，来保证数据的准确性及表述的合理性。财务数据基本形成后，公司也要及时回过头来梳理各项经营信息是否存在偏差，避免非财务信息与财务数据不匹配甚至存在冲突的情况。

（八）关键审计事项

根据《中国注册会计师审计准则第 1504 号——在审计报告中沟通关键审计事项》的要求，上市公司需特别关注审计报告中的关键审计事项，即注册会计师根据职业判断认为对本期财务报表审计最为重要的事项。关键审计事项是从注册会计师与治理层沟通过的事项中选取的，上市公司在编制年报时注意不要与之冲突。

【例】上市公司年度审计报告节选

收入确认事项	
关键审计事项	审计中的应对
公司主要从事锌金属的采选冶炼销售业务，主要产品为锌锭、锌合金、铅精矿以及相关副产品等。如财务报表附注六所述，2020年度营业收入较2019年度降低。 由于营业收入是公司的关键业绩指标之一，因此我们将收入的确认确定为关键审计事项。	（1）测试和评价与收入确认相关的关键内部控制，复核相关会计政策是否正确且一贯地运用。 （2）执行分析性程序，分析收入波动原因，判断公司的收入是否存在较大的错报风险。 （3）获取公司与客户签订的合同，对合同关键条款进行核实，如发货及验收；付款及结算；退货及质保条款等。 （4）抽查公司确认收入的凭证，如发运单及客户的签收记录、出口报关单等单据，检查公司是否按规定确认收入。 （5）选取主要客户发函询证（结合销售数量、应确认收入及货款余额函证），验证公司确认收入的真实性、准确性。 （6）进行截止测试，检查是否存在跨期收入。 （7）结合信用政策、客户来源、产品退货、期后收款等，与预收款项、应收账款进行交叉复核分析，复核内部交易抵销情况，判断公司确认收入的准确性。 （8）结合存货监盘，检查公司收入确认的完整性。

第二章 上市公司年度报告内容与格式

第一节 重要提示、目录和释义

一、重要提示

作为年报的起始部分，重要提示目的有二：一是相关信息披露义务人对年报内容予以保证；二是对需要投资者特别关注的事项进行明示。重要提示一般包括以下部分。

（一）保证

根据《证券法》第八十二条，上市公司董事、监事和高级管理人员应当对定期报告签署书面确认意见，保证上市公司及时、公平地披露信息，所披露的信息真实、准确、完整。正常情况下，上市公司需披露公司董事会、监事会及董事、监事、高级管理人员保证年度报告内容真实、准确、完整，不存在虚假记载、误导性陈述或重大遗漏，并承担个别和连带的法律责任。如果遇到有董事、监事或高级管理人员无法保证年度报告内容的真实性、准确性、完整性或者有异议的，董事、监事或高级管理人员应当在书面确认意见中发表意见并陈述理由，公司应当如实披露"××无法保证本报告内容的真实、准确、完整"，并说明理由，请投资者特别关注。

【例】上市公司年报披露节选

四、以下董事、监事、高级管理人员无法保证本报告内容的真实性、准确性和完整性，具体为：

姓名	职务	内容和原因
杨某/张某某/陈某	独立董事	KDX 复合材料集团股份有限公司（以下简称“KDX”）三位独立董事同意披露公司 2018 年年度报告和 2019 年一季度报告，但对报告内容共同表示异议如下： 鉴于以下事实：①KDX 及其子公司账面显示其在北京银行西单支行的存款余额共计 12 210 067 986.20 元，我们对此强烈质疑，原因是这笔存款既不能用于支付也无法执行，并且北京银行西单支行曾经口头回复“可用余额为零”。注册会计师就此笔存款向北京银行西单支行发出询证函，对方至今没有回复。我们从任职的第一天起就反复要求管理层采取一切手段弄清这笔存款是否存在，但很遗憾至今才启动投诉程序，并准备进行诉讼。②KDX 与大股东 KD 投资集团和北京银行西单支行违规签订了《现金管理合作协议》，使得上市公司与控股股东在资金管理和使用上产生了混同，为控股股东占用上市公司资金开启了方便之门。③截至 2018 年 12 月 31 日，KDX 应收账款账面余额为 609 354.28 万元，相应计提坏账准备 122 813.55 万元，目前审计机构尚未完成对客户的走访和核实。从应收账款的历史数据和回款情况分析，我们认为这些应收账款全额或大部分收回的可能性不大，进而对营业收入的真实性表示存疑。④从 2018 年 6 月开始，KDX 全资子公司张家港 KDX 光电材料有限公司与 ZGH 工程有限公司签订的一系列委托采购设备协议，并使用募集资金向 ZGH 工程有限公司预付款项 21.74 亿元，至今却连一个包装盒也没有见到。我们质疑：为什么要委托采购而不直接采购？为什么要预付这么大一笔资金，这还叫预付款吗？合同中为什么没有约定交货日期？预付款项后对方一直没有交货，前管理层为什么没有采取措施？从注册会计师通过天眼查获得的信息看，这是实质性的关联交易，并构成控股股东占用上市公司资金。⑤公司账面显示可供出售金融资产4 227 669 966.67 元，大部分系不具有控制权的对外股权投资，这些被投资单位具体情况如何，投资是否安全、能否收回，存在很大的不确定性。⑥募集资金存在被冻结、被划走的情形，2018 年末账面余额是否真实？是否影响项目的后续实施？需要向广大投资者作个交代。 对此，我们一致认为：①KDX2018 年度报告中的财务报告在很大程度上已不能真实反映 KDX2018 年 12 月 31 日的财务状况和 2018 年度的经营业绩及现金流量；②年度报告中对大股东占用上市公司资金的事实披露不充分；③以往的 KDX，在很大程度上失去独立性，在治理结构上存在缺陷；④因为独立性和治理结构方面的问题，导致重要内部控制失效；⑤募集资金的使用和保管存在严重违反监管法规的情形。⑥鉴于 2018 年年度报告无法真实表达 KDX 真实的财务状况和经营业绩，在这些问题查清之前，我们对 2019 年 1 季度报告也相应表示异议。此外，KDX 因信息披露违规被证监会立案调查，同时存在大笔债务到期不能支付本息的违约事项，大部分银行账户及重要资产被司法冻结，因此 KDX 的持续经营能力受到严重威胁。
杨某	独立董事	本人同意按期公布 KDX 复合材料集团及股份有限公司 2018 年年度报告，但不保证报告的真实性，准确性和完整性，并与另两名独立董事共同发表异议声明，不同意承担个别及连带的法律责任。
张某某	独立董事	本人同意按期公布 2018 年年度报告，但不保证报告的真实性，准确性和完整性，并与另外两名独立董事共同发表了异议声明，不同意承担个别及连带法律责任。
陈某	独立董事	本人同意按期公布 KDX 复合材料集团股份有限公司 2018 年度报告，但不保证报告的真实性、准确性和完整性，并与另两名独立董事共同发表异议声明，不同意承担个别及连带的法律责任。 （1）对于北京银行的百亿存款余额的真实存在强烈质疑！ （2）对于 KDX 全资子公司与 ZGH 有限公司的 20 余亿元的预付款委托采购交易的实质和关联交易至今没有任何合理的解释，KDX 光电材料有限公司至今也没见到一个包装盒或一台采购设备进来。

续表

姓名	职务	内容和原因
侯某某	副总裁	本人同意2018年度报告的披露，但无法保证报告内容的真实准确完整，并不承担个别和连带责任。
余某	董事	本人同意按期公布2018年年度报告，但由于瑞华会计师事务所出具了无法表示意见的审计报告，且监管机构对公司的立案调查事项尚未有结论，本人无法保证报告的真实性、准确性和完整性，无法保证不存在虚假记载、误导性陈述或重大遗漏，不同意承担个别和连带的法律责任。
纪某某	董事	由于处于监管部门立案调查，以及会计师事务所出具非标准意见的情境，无法保障表达意见的完整、准确性。特此说明。
张某某	监事	同意披露年报，但无法保证其真实、准确、完整。
高某	监事	同意披露年报，但无法保证其真实、准确、完整。
周某某	职工监事	同意披露年报，但无法保证其真实、准确、完整。
杜某某	董事会秘书/副总经理	(1) 公司2018年度财务报告，被瑞华会计师事务所出具了非标准无保留意见的审计报告。 (2) 公司因涉嫌信息披露违规被中国证监会立案调查，目前尚无结论。鉴于以上原因，为保证公司信息披露的真实、准确、完整，特向投资者充分提示以上风险，由于以上事项可能导致公司财务报告和年报部分内容存在不确定性，本人也无法保证年报内容的真实、准确、完整，无法确定不存在虚假记载，误导性陈述或重大遗漏。

【例】上市公司年报披露节选

更正前

公司董事会、监事会及董事、监事、高级管理人员保证年度报告内容的真实、准确、完整，不存在虚假记载、误导性陈述或重大遗漏，并承担个别和连带的法律责任。

……

鉴于×××会计师事务所(特殊普通合伙)对公司出具了无法表示意见的审计报告及公司内部控制失效、审计范围受限等原因，相关财务数据的真实性、准确性和完整性无法保证，故独立董事A、B、C及董事D在第八届董事会第七次会议中对审议《2018年年度报告全文及摘要》议案投出弃权票，请投资者特别关注。

更正后

除公司独立董事A、B、C及董事D外，公司其他董事、监事、高级管理人员均保证年度报告内容的真实、准确、完整，不存在虚假记载、误导性陈述或重大遗漏，并承担个别和连带的法律责任。

……

鉴于×××会计师事务所（特殊普通合伙）对公司出具了无法表示意见的审计报告及公司内部控制失效、审计范围受限等原因，独立董事A、B、C及董事D对相关财务数据的真实性、准确性和完整性无法保证，故在第八届董事会第七次会议中对审议《2018年年度报告全文及摘要》议案投出弃权票，请投资者特别关注。

【提示】

本例中，在部分董事无法保证报告内容真实、准确、完整的情况下，公司未能在重要提示中按要求予以准确说明。

除上述披露要求外，《上市公司信息披露管理办法》第十六条进一步明确规定，定期报告内容应当经上市公司董事会审议通过。未经董事会审议通过的定期报告不得披露。公司董事、高级管理人员应当对定期报告签署书面确认意见，说明董事会的编制和审议程序是否符合法律、行政法规和中国证监会的规定，报告的内容是否能够真实、准确、完整地反映上市公司的实际情况。监事会应当对董事会编制的定期报告进行审核并提出书面审核意见。监事应当签署书面确认意见。监事会对定期报告出具的书面审核意见，应当说明董事会的编制和审议程序是否符合法律、行政法规和中国证监会的规定，报告的内容是否能够真实、准确、完整地反映上市公司的实际情况。

董事、监事无法保证定期报告内容的真实性、准确性、完整性或者有异议的，应当在董事会或者监事会审议、审核定期报告时投反对票或者弃权票。董事、监事和高级管理人员无法保证定期报告内容的真实性、准确性、完整性或者有异议的，应当在书面确认意见中发表意见并陈述理由，上市公司应当披露。上市公司不予披露的，董事、监事和高级管理人员可以直接申请披露。

董事、监事和高级管理人员按照前款规定发表意见，应当遵循审慎原则，其保证定期报告内容的真实性、准确性、完整性的责任不仅因发表意见而当然免除。

（二）董事出席会议的情况

如果全部董事出席了会议，公司应当披露公司全体董事出席董事会会议。

如果有董事缺席或未亲自出席审议年度报告，公司应当单独列示相关董事姓名及原因。

【例】上市公司年报披露节选

除下列董事外，其他董事亲自出席了审议本次年报的董事会会议：

未亲自出席董事姓名	未亲自出席董事职务	未亲自出席会议原因	被委托人姓名
×××	独立董事	出差	×××

（三）公司被出具非标准意见审计报告的重要提示

公司年度财务报告需要聘请会计师事务所审计。如会计师事务所对公司出具了非标准意见审计报告，公司在重要提示中应当声明“××会计师事务所为本公司出具了带有强调事项段、持续经营重大不确定性段落、其他信息段落中包含其他信息未更正重大错报说明的无保留意见、保留意见、否定意见或无法表示意见的审计报告，本公司董事会、监事会对相关事项已有详细说明，请投资者注意阅读”。

根据证监会公布的统计数据，截至2021年4月30日，除3家公司外，沪深两市共有4 247家公司披露了2020年度财务报告。按期披露年报的公司中，254家公司被出具非标准审计意见，其中无法表示意见33家、保留意见109家、带解释性说明段的无保留意见112家。上述被出具非标准意见审计报告的上市公司，均应当在年报重要提示部分载明这一信息。

【例】上市公司年报披露节选

一、重要提示

1. 本年度报告摘要来自年度报告全文，为全面了解本公司的经营成果、财务状况及未来发展规划，投资者应当到上海证券交易所网站等中国证监会指定媒体上仔细阅读年度报告全文。

2. 本公司董事会、监事会及董事、监事、高级管理人员保证年度报告内容的真实、准确、完整，不存在虚假记载、误导性陈述或重大遗漏，并承担个别和连带的法律责任。

3. 公司全体董事出席董事会会议。

4. 四川华信（集团）会计师事务所（特殊普通合伙）为本公司出具了保留意见的审计报告，本公司董事会、监事会对相关事项已有详细说明，请投资者注意阅读。

四川华信（集团）会计师事务所（特殊普通合伙）对公司2020年度财务报表进

行审计，并出具了带与持续经营相关的重大不确定性段落的保留意见审计报告。

（四）利润分配预案或公积金转增股本预案

本部分特别说明以下两点：

第一，不分配利润也是一项利润分配预案。公司董事会审议拟不进行利润分配的，也需要在重要提示中完整披露该项董事会决议议案。

第二，上市公司在确定可供分配利润时应以母公司报表口径为依据。

【例】上市公司年报披露节选

更正前

××会计师事务所为公司 2015 年度财务报告出具了标准无保留意见的审计报告，本公司 2015 年度实现净利润人民币 2 002 795 622 元，归属于上市公司股东的净利润为人民币 1 528 651 062 元。

截至 2014 年 12 月 31 日本集团累计未分配利润为 4 915 155 558 元；截至 2015 年 12 月 31 日，本集团累计未分配利润为 6 466 803 025 元；然而，截至 2015 年 12 月 31 日，本公司承接 A 公司账面累计亏损 585 630 735 元，该累计亏损将由境外子公司分红弥补。

本公司亦会在本公司可供分配利润达到公司章程、证监会及上交所相关指引和政策规定的分红条件后即适时提出利润分配预案。

更正后

经××会计师事务所审计，本集团 2015 年度合并财务报表实现净利润 2 002 795 622 元，其中归属于上市公司股东的净利润为 1 528 651 062 元。截至 2015 年 12 月 31 日，本集团合并财务报表累计可供分配利润为 6 466 803 025 元。然而，截至 2015 年 12 月 31 日，本公司账面累计亏损 585 630 735 元。

基于以上情况，公司拟定 2015 年度公司利润分配方案为不进行利润分配，也不进行资本公积转增股本。本议案经董事会审议通过后，尚需提交公司股东大会审议。

待公司收到境外控股子公司的利润分配、累计未分配利润转正，即公司在满足分红条件后即适时提出利润分配预案。

【提示】

根据规定，上市公司在确定可供分配利润时应以母公司报表口径为依据。本例中,上市公司未能准确披露"本公司"与"本集团"的财务数据,造成母公司有盈利的错觉。更正后的年报指出母公司账面累计亏损,因此不进行利润分配。

(五)与前瞻性陈述相应的警示性陈述

公司应当声明年度报告所陈述的未来计划等前瞻性内容,不构成公司对投资者的实质承诺,并提醒投资者及相关人士对此保持足够的风险认识,理解计划、预测与承诺之间的差异。

【例】上市公司年报披露节选

更正前

无

更正后

年报中涉及的未来经营计划是公司基于目前的行业、市场环境制定的公司战略发展规划及业绩预测,并不构成业绩承诺,敬请投资者保持足够的风险意识。

(六)需要投资者特别关注的重大风险

本部分内容所披露的风险,来源于正文所披露的各类风险,特别是年报"第三节　管理层讨论与分析"中所披露的公司可能面对的风险。但需要投资者特别关注的,一定是重大风险,而这通常可以从所涉金额、事件性质、对公司持续经营能力的影响程度等角度加以遴选。

【例】上市公司年报披露节选

公司已在本报告中详细描述存在的市场风险、经营风险、技术风险、管理风险、商誉减值风险、安全环保风险,相关内容详见"第三节　管理层讨论与分析"中"公司面临的风险和应对措施"部分。公司对于QHKG拟通过北京产权交易所公开挂牌转让CZKR100%股权事项已进行了信息预披露。截至本报告披露日,QHKG筹划转让CZKR控股权的事项正按照相关部委和机构的统一部署进行,若该转让实施完成,可能导致公司的实际控制人变化。公司将密切关注该项股权转让的进展情况,并及时履行信息披露义务。

需要注意的是,科创板、创业板、上市时未盈利的公司,在实现盈利前,应当在此部分特别提示公司未盈利的情况,并且应注意结合行业特点,充分披露尚未盈利的原因以及对公司现金流、业务拓展、人才吸引、团队稳定性、研发投入、战略性投入、生产经营可持续性等方面的影响。截至2021年9月底,创业板暂未有未盈利企业上市。

(七)公司治理特殊安排情况

科创板、创业板上市公司若属于红筹企业,存在协议控制架构或者表决权差异安排等公司治理特殊安排的,应当予以说明。

二、目录、备查文件和释义

年度报告目录应当标明各章、节的标题及其对应的页码。

【例】上市公司年报披露节选

目 录

在章节目录之后,公司应当披露备查文件的目录,具体包括以下内容:

(1)载有公司负责人、主管会计工作负责人、会计机构负责人(主管会计人员)签名并盖章的财务报表,包含合并口径的资产负债表、利润表及现金流量表以及母公司口径的资产负债表、利润表及现金流量表以及所有者权益变动表。

(2)有会计师事务所盖章、注册会计师签名并盖章的审计报告原件,即会计师事务所提供的审计报告原文。

(3)报告期内公开披露过的所有公司文件的正本及公告的原稿。此部分在交易所的公司业务管理系统中均有存档,公司无需另行上传披露。

(4)在其他证券市场公布的年度报告。同时在境外证券市场上市的公司需在报备文件目录中说明境外市场要求的年度报告。

【例】上市公司年报披露节选

备查文件目录	载有法定代表人、主管会计工作的负责人、会计机构负责人签字并盖章的财务报告。
备查文件目录	载有会计师事务所盖章、注册会计师签名并盖章的审计报告原件。
备查文件目录	报告期内在《上海证券报》《香港商报》上公开披露过的所有文件正本及公告原稿。
备查文件目录	在香港交易所公布的年度报告。

此外,公司还应当对可能造成投资者理解障碍以及具有特定含义的术语作出通俗易懂的解释,特别是要突出技术专业名词的解释,以便投资者更好地理解。常见缩写则可省略,不需要过多占用篇幅。年度报告的释义应当在备查文件目录次页排印。

第二节　公司简介和主要财务指标

一、公司简介

公司简介分公司基本信息、股票信息和相关中介机构信息三部分。

基本信息包括公司的中文名称及简称,外文名称及缩写(如有),公司的法定代表人,董事会秘书及证券事务代表的姓名、联系地址、电话、传真、电子信箱,公司注册地址及历史变更情况,公司办公地址及其邮政编码,公司网址、电子信箱等。

股票信息包括公司股票上市交易所、股票简称和股票代码,公司披露年度报告的证券交易所网站和媒体名称及网址,公司年度报告备置地等。

相关中介机构信息包括公司聘请的会计师事务所名称、办公地址及签字会计师姓名,公司聘请的报告期内履行持续督导职责的保荐机构或财务顾问的名称、办公地址以及签字的保荐代表人或财务顾问主办人的姓名,以及持续督导的期间。

【提示】

(1) 公司通过选定的信息披露媒体发布公告,对于降低投资者信息获取成本具有重要意义。因此,无论公司如何选择,都应当完整披露选定的结果。

(2) 同时发行人民币普通股及境内上市外资股或(和)境外上市外资股的公司,还应当披露A股以外的其他股票信息。

【例】上市公司年报披露节选

股票种类	股票上市交易所	股票简称	股票代码
A股	上交所	中国神华	601088
H股	港交所	中国神华	01088

(3) 报告期内履行持续督导职责的保荐机构或财务顾问,不限于公司于报告期内聘任的,如涉及变更,变更前后的保荐机构或财务顾问信息均应当说明。但如曾经聘任的保荐机构或财务顾问在整个报告期内已无持续督导职责的,则不需要披露。

二、主要会计和财务指标

上市公司应当采用数据列表方式,提供截至报告期末公司近3年的主要会计数据和财务指标,包括但不限于总资产、营业收入、归属于上市公司股东的净利润、归属于上市公司股东的扣除非经常性损益的净利润、归属于上市公司股东的净资产、经营活动产生的现金流量净额、净资产收益率、每股收益。

公司在披露主要会计数据和财务指标时应当注意:

(1) 因会计政策变更及会计差错更正等追溯调整或重述以前年度会计数据的,应当披露会计政策变更的原因及会计差错更正的情况,并同时列示追溯调整或重述前后的数据。有的公司在"财务报告"一节披露了变更前后的明细数据,但在本节却遗漏了。

(2) 净资产收益率和每股收益的确定和计算应当遵守《公开发行证券的公司信息披露编报规则第9号——净资产收益率和每股收益的计算及披露》(2010年修订)的规定。

(3) 编制合并财务报表的公司应当以合并财务报表数据填列或计算以上数据和指标。

(4) 财务数据按照时间顺序自左至右排列,左起为报告期的数据,向右依次列示前一期的数据。公司成立未满3年的,应当披露公司成立后完整会计年度的上述会计数据和财务指标。

（5）为增强财务数据的可读性和有效性，公司可以根据自身情况主动披露其他指标。例如，科创板上市规则允许上市公司在《企业会计准则》规定范围外，披露息税前利润、自由现金流等反映公司价值和行业核心竞争力的参考指标。公司也可以自愿编制并披露非企业会计准则业绩指标（如在净利润的基础上，对股权激励费用、股权投资收益、公允价值计量损益和资产处置损益等进行调整），但应当同时披露与该指标最可比的、基于企业会计准则编制的业绩指标，以及相关的调整过程。

【例】上市公司年报披露节选

单位：百万元

项目	2020 年	2019 年	2020 年比 2019 年增减率	2018 年
营业收入	233 263	241 871	（3.6%）	264 101
利润总额	62 662	66 724	（6.1%）	70 069
归属于本公司股东的净利润	39 170	43 250	（9.4%）	43 867
归属于本公司股东的扣除非经常性损益的净利润	38 165	41 119	（7.2%）	46 065
经营活动产生的现金流量净额	81 289	63 106	28.8%	88 248
剔除财务公司影响后经营活动产生的现金流量净额	62 690	66 768	（6.1%）	77 588
项目	2020 年末	2019 年末	2020 年末比 2019 年末增减率	2018 年末
归属于本公司股东的净资产	360 189	351 928	2.3%	327 763
资产总计	558 447	558 484	（0）	587 239
负债合计	133 317	142 865	（6.7%）	182 789
期末总股本	19 890	19 890	0	19 890

【提示】

案例中，上市公司主营业务是煤炭、电力的生产和销售，铁路、港口和船舶运输，煤制烯烃等，其下属财务公司的业务与上市公司主营业务有明显差异。为了便于投资者理解主营业务经营活动产生的现金流量净额，公司就在年度报告主要会计数据表格中添加了“剔除财务公司影响后经营活动产生的现金流量净额”指标。

（6）2020 年 12 月 31 日，沪深交易所修订退市制度规则时，在财务类退市指标中新增了“扣非前后净利润孰低者为负值且营业收入低于 1 亿元”的组合型退市指标。

公司报告期扣除非经营性损益前后归属于上市公司股东的净利润孰低者为负值的，应当披露营业收入扣除与主营业务无关的业务收入和不具备商业实质的收入情况，以及扣除后的营业收入金额。公司应当同时披露负责审计的会计师事务所对营业收入扣除事项及扣除后营业收入金额出具的专项核查意见。

【例】上市公司年报披露节选

扣除非经常损益前后的净利润孰低者为负值

☑是　□否

项目	2020 年	2019 年	备注
营业收入（元）	108 573 372.59	96 836 816.77	营业收入
营业收入扣除金额（元）	3 890 672.78	2 612 742.05	主要系销售材料收入、出租收入，以及与主业无关的贸易收入
营业收入扣除后金额（元）	104 682 699.81	94 224 074.72	主营业务收入

（7）对于同时发行人民币普通股及境内上市外资股或（和）境外上市外资股的公司，若按不同会计准则计算的归属于上市公司股东的净利润和归属于上市公司股东的净资产存在重大差异的，应当列表披露差异情况并说明主要原因。

【例】上市公司年报披露节选

八、境内外会计准则下会计数据差异

☑适用　□不适用

（一）同时按照国际会计准则与按中国会计准则披露的财务报告中净利润和归属于上市公司股东的净资产差异情况

☑适用　□不适用

单位：元　币种：人民币

项目	归属于上市公司股东的净利润		归属于上市公司股东的净资产	
	本期数	上期数	期末数	期初数
按中国会计准则	−1 363 079 071.20	1 152 716 947.86	29 360 659 680.98	28 759 779 614.42

续表

项目	归属于上市公司股东的净利润		归属于上市公司股东的净资产	
	本期数	上期数	期末数	期初数
按国际会计准则调整的项目及金额:				
商誉初始确认差异	-8 959 709.28	-30 464 212.13	59 090 895.12	68 050 604.4
按国际会计准则	-1 372 038 780.48	1 122 252 735.73	29 419 750 576.10	28 827 830 218.82

(二)同时按照境外会计准则与按中国会计准则披露的财务报告中净利润和归属于上市公司股东的净资产差异情况

□适用 ☑不适用

(三)境内外会计准则差异的说明:

☑适用 □不适用

公司收购子公司合并成本大于合并中取得的被购买方可辨认净资产公允价值份额的差额,作为一项资产确认为商誉并按成本进行初始计量,在合并财务报表中单独列报。商誉在每年年度终了进行减值测试,并按照成本扣除累计减值准备后的金额计量。

公司按照国际财务报告准则编制在香港联合交易所披露的财务报表时,按并购资产价值分摊报告将商誉分摊至相关资产价值中,导致相关资产每年度的折旧、摊销金额不同,因此形成一项差异。

(8)公司应当采用数据列表方式,分季度提供营业收入、归属于上市公司股东的净利润、归属于上市公司股东的扣除非经常性损益后的净利润、经营活动产生的现金流量净额。上述财务指标或其加总数与公司已披露定期报告相关财务指标存在重大差异的,应当说明主要原因。

在披露分季度财务数据时,部分上市公司出现下列问题:

一是将分季度数据披露成了年初至报告期末累计数据。

【例】上市公司年报披露节选

更正前

单位:元

项目	第一季度	第二季度	第三季度	第四季度
经营活动产生的现金流量净额	-83 723 999.56	-95 031 347.53	-73 204 577.73	458 088 078.51

更正后

单位：元

项目	第一季度	第二季度	第三季度	第四季度
经营活动产生的现金流量净额	-83 723 999.56	-11 307 347.97	21 826 769.80	279 332 731.42

二是未披露分季度财务数据变化趋势不一致、财务数据季度波动较大的原因。

【例】上市公司年报披露及问询函节选

年度报告披露：

九、2020 年分季度主要财务数据

单位：元 币种：人民币

项目	第一季度（1~3 月份）	第二季度（4~6 月份）	第三季度（7~9 月份）	第四季度（10~12 月份）
营业收入	1 000 804 270.55	1 177 410 297.19	1 242 585 984.48	1 463 240 098.20
归属于上市公司股东的净利润	29 693 516.79	46 280 033.84	107 216 539.45	147 733 711.00
归属于上市公司股东的扣除非经常性损益后的净利润	28 470 852.36	40 127 638.13	84 598 709.71	105 165 195.70
经营活动产生的现金流量净额	160 417 802.48	219 502 715.56	24 002 962.36	355 083 282.00

季度数据与已披露定期报告数据差异说明

□适用　☑不适用

年度报告审核问询：

年报显示，公司本年经营活动产生的现金流量净额 7.54 亿元，同比增长 10.72%，但各季度经营活动现金流量净额与归母净利润变化趋势不一致。请公司补充披露：（1）报告期内，公司第三季度实现归母净利润 1.07 亿元，为全年的 32.40%，但经营活动现金流量净额为 0.24 亿元，仅为全年的 3.18%，请结合信用政策、销售回款等情况补充说明现金流量与归母净利润季度变化趋势不一致的具体原因及合理性；（2）自 2018 年以来，公司销售商品、提供劳务收到的现金逐步下降，占营业收入的比重分别为 56.08%、49.57%、46.18%，与营业收入的变化趋势不一致，请公司结合业务结构、结算方式变化等补充说明具体原因。

【提示】

本例中,该公司各季度经营活动现金流量净额与归母净利润变化趋势不一致,第三季度经营活动现金流量净额的全年占比与第三季度归母净利润的全年占比差异较大。因此,该公司在年报问询函中被要求进一步说明。

分季度各财务数据变化趋势不一致、季节波动大、较上年差异大、较同行业差异大等现象是监管关注的重点之一,公司应结合具体经营情况充分披露其原因及合理性。

(9) 公司在披露“归属于上市公司股东的扣除非经常性损益后的净利润”时,应当同时说明报告期内非经常性损益的项目及金额。对于重大非经常性损益项目的内容,公司还要注意增加必要的附注说明。

证监会发布《公开发行证券的公司信息披露解释性公告第1号——非经常性损益》(2008年修订),对非经常性损益的定义和确定予以了规范。

【例】上市公司年报披露节选

十、非经常性损益项目和金额

☑适用 □不适用

单位:元

项目	2020年金额	2019年金额	2018年金额	说明
非流动资产处置损益(包括已计提资产减值准备的冲销部分)	−1 138 674.10	−22 169.91	2 045 738.30	
计入当期损益的政府补助(与企业业务密切相关,按照国家统一标准定额或定量享受的政府补助除外)	9 021 148.74	6 455 654.48	6 552 692.75	
除同公司正常经营业务相关的有效套期保值业务外,持有交易性金融资产、衍生金融资产、交易性金融负债、衍生金融负债产生的公允价值变动损益,以及处置交易性金融资产、衍生金融资产、交易性金融负债、衍生金融负债和其他债权投资取得的投资收益	10 828 261.46	7 136 743.84	6 307 377.85	
单独进行减值测试的应收款项、合同资产减值准备转回	20 954.33			
除上述各项之外的其他营业外收入和支出	2 801 538.02	2 351 631.23	10 879 004.07	

续表

项目	2020 年金额	2019 年金额	2018 年金额	说明
未决诉讼损失	-36 748 947.09			
减:所得税影响额	-2 096 875.75	2 663 810.64	4 083 438.87	
少数股东权益影响额(税后)	-13 602.53	-400 820.49	359 435.25	
合计	-13 105 240.36	13 658 869.49	21 341 938.85	

在披露非经常性损益具体项目时,公司应特别关注资产处置损益、政府补助、计提/冲回减值等。这些项目不论是否存在未履行决策程序或信息披露义务的情况,均是监管部门关注的重点。公司应做好日常信息统计,以便及时履行相关决策程序和信息披露。如果等到编制年报时才发现合规瑕疵,则为时已晚。

第三节 管理层讨论与分析

本节是年度报告中最重要的章节之一。公司将围绕报告期内的业务经营信息和财务报告数据,以及报告期内发生和未来将要发生的重大事项,进行讨论与分析,以帮助投资者了解公司的经营成果、财务状况及未来可能的变化。其具体涵盖了公司对自身所处行业和市场环境等外部因素的分析、公司从事的业务情况、核心竞争力、年度经营情况的总结与回顾、经营成果和财务数据的整体解析以及未来规划与展望等内容。

本节既是年度报告的"制高点",从统筹全局的视角,回顾过往并展望未来,也是年度报告中最"亲民"的部分,通过简明易懂的语言将业务与财务有机结合,全方位展现公司投资价值。

在编制本节内容时,报告编制者需要对上市公司所处的行业情况、战略发展、日常经营、对外投资、主要业务、主要产品和财务状况等较为熟悉,并有相当的数据和材料积累,再按照合适的逻辑框架来组织形成报告。

一、管理层讨论与分析的基本要求

公司可以运用逐年比较、数据列表或其他方式对相关事项进行列示,并遵循

以下原则:

(1)内容充分可靠。引用的数据、资料应当有充分的依据,如果引用第三方的数据、资料作为讨论与分析的依据,应当注明来源,并判断第三方的数据、资料是否具有足够的权威性。

(2)内容充分相关。充分考虑并尊重投资者的投资需要,披露的内容应当能够帮助投资者更加充分地理解公司未来变化的趋势;重点讨论和分析重大的投资项目、资产购买、兼并重组、在建工程、研发项目、人才培养和储备等方面在报告期内的执行情况和未来的计划。

(3)内容充分关联。分析与讨论公司的外部环境、市场格局、风险因素等内容时,所述内容应当与公司的经营成果、财务状况具有足够的关联度,应当充分考虑公司的外部经营环境(包括但不限于经济环境、行业环境等)和内部资源条件(包括但不限于资产、技术、人员、经营权等),结合公司的战略和营销等管理政策,以及公司所从事的业务特征,进行有针对性的讨论与分析,并且保持逻辑的连贯性。

(4)鼓励使用个性化关键指标。鼓励公司披露管理层在经营管理活动中使用的关键业绩指标。可以披露指标的假定条件和计算方法以及公司选择这些指标的依据,重点讨论与分析指标变化的原因和趋势。关键业绩指标由公司根据行业、自身特点,选择对业绩敏感度较高且公司有一定控制能力的要素确定。

(5)充分解释变化和趋势。讨论与分析应当从业务层面充分解释导致财务数据变动的根本原因及其反映的可能趋势,而不能只是重复财务报告的内容。

(6)数据统计口径一致、可比。保持业务数据统计口径的一致性、可比性,如确需调整,应当披露变更口径的理由,并同时提供调整后的过去1年的对比数据。

(7)语言简明易懂。语言简明清晰,通俗易懂,力戒空洞、模板化。

实践中,部分公司对于本节的披露过于简略、笼统,决策有效性不足。例如,有公司仅对宏观环境、行业发展进行简单描述,内容宽泛空洞,缺少对公司自身经营影响的分析,甚至存在与公司现有业务所属行业脱节的问题。又如,有公司仅罗列财务数据,对重大财务数据变化的原因解释局限于关联财务数据的变化本身,未能结合经营模式、业务情况、市场环境、客户情况等非财务信息进行说明。再如,有公司对业务模式、竞争优劣势等信息的阐述缺少针对性,未能根据报告期内业务的最新变化,更新相关表述。

【例】上市公司年报问询函披露节选

问题1：年报显示，2018至2020年，你公司营业收入分别为88.43亿元、79.57亿元、66.51亿元，净利润为分别为7.79亿元、3.28亿元、-4.60亿元，经营性现金流量净额分别为1.16亿元、12.70亿元、6.52亿元。2020年营业收入较上年同期下降16.41%，净利润较上年同期下降240.42%，经营性现金流量净额较上年同期下降48.67%。

（1）结合你公司所处行业情况、主营业务运营状况、资产结构及偿债能力，说明你公司近三年营业收入和净利润呈下降趋势的原因，你公司经营环境、业务模式和持续盈利能力是否发生重大变化。

（2）请结合行业特点、公司业务开展情况、产品类别、收入和成本构成、费用等因素说明你公司2020年净利润大幅下降且与营业收入、经营性现金流量净额变动不配比的原因。

公司在披露时，不应停留在对财务数据变化原因的表层分析，最好能结合非财务数据，定量和定性分析相结合，深入揭示财务数据变化背后所反映的公司生产经营方面的变化，从行业发展、业务经营等方面充分解释导致财务数据变动的根本原因及其反映的趋势；在概括性回顾报告期内公司的外部环境、市场格局、风险因素等内容时，应与公司业务情况、经营成果、财务状况等具备关联性，充分考虑公司的外部环境、内部资源、管理政策和业务特征等。

此外，除上述七项披露原则外，还应留意分析内容的逻辑性，注意财务与非财务信息的相互印证以及财务指标之间的钩稽关系，避免前后矛盾。

【例】上市公司年报披露节选

一、概述

2020年，国家医药政策改革进一步深化，推动了整个医药市场的纵深发展。2020年2月《关于深化医疗保障制度改革的意见》发布，提出了医保改革的总体框架，明确了医药改革的顶层设计。国家医保局主导的国家医保谈判和药品集采，大幅降低了常用药品的药价，对传统医药行业的竞争格局产生了较大的影响。而公司所处的血液制品行业由于其资源稀缺属性和刚性临床需求，受到上述政策影响相对较小。2020年年初新冠肺炎疫情暴发，广泛影响了医药行业的发展。疫情改变了人们的生活习惯，静注人免疫球蛋白及恢复期血浆等作为临床试验条件治疗方案中被推荐使用的医药产品，在疫情中得到了一定的使用，增加了患者对血液制品行业的认知度,促进了血液制品产业的发展。随着疫情得到控制,市场对血液制品刚性需求得到进一步释放,行业内各公司也同时加大了对各产品的学术推广和市场培育力度。血液制品迎来新一轮发展阶段。纵观2020年,血液制品行业整体呈现出需求旺盛,经营稳健的发展态势。

2020年,公司紧紧围绕公司战略,强化"现场管理、过程管控、对结果负责"的意识,积极推进"以市场为导向、以生产为中心,工艺研发引领、血浆保障驱动、质量安全托底"的经营方针,坚持"以人为中心、以奋斗者为本、以创造价值为核心"的价值导向,贯彻"安全、优质、高效"的质量方针,全年采浆工作稳步推进,公司主营业务发展势头良好,经营效率和盈利能力有较大提升。同时在报告期内,公司与世界血液制品龙头基立福公司的战略并购项目圆满收官,这也进一步推动公司相关业务板块的延伸,大幅提升了公司的盈利水平。

报告期内,公司与基立福根据双方战略合作协议精神,逐步在多个领域展开合作,协同效应的产生有望为公司带来更广阔的机遇,使得公司在复杂、激烈的市场竞争格局中,迈上规模增长与质量发展的新台阶。

(一)总体经营及资产情况

……

(二)遵循血液制品行业的发展逻辑,攻坚克难,血浆事业稳中有进

……

(三)研发工作以市场为导向,循序渐进,研发系统功能进一步延展

……

(四)抓重点攻难点,重塑营销体系,强化品牌地位,营销工作取得新突破

……

(五)加速推进全链条质量管理模块信息化建设,全面提升公司质量管理水平

……

(六)产业经营与资本运营双轮驱动,海外并购顺利收官,战略合作拉开帷幕

……

(七)持续推进管理创新与变革,提升公司运营管理能力

……

【提示】

本例中,该上市公司首先结合国家政策、行业及市场环境概述了公司报告期内的主要经营情况,而后从业务布局、产品研发、营销工作、质量管理、资本运营、管理创新与变革等方面进行了逐项说明和报告,使得公司的年度报告内容更加丰富、有效性更强。

管理层讨论与分析并非财务数据的简单堆砌,不应仅停留在对经营数据变化原因的表层分析。正所谓“隔行如隔山”,公司宜使用简明易懂的描述,结合各方面的影响为投资者准确呈现公司的生产经营全貌,有效传递公司价值。

【例】上市公司年报披露节选

进入注册程序的项目

序号	药品名称	注册分类	功能主治	注册阶段	进展情况
1	母牛分枝杆菌疫苗(结核感染人群用)	预防用生物制品1类	用于结核菌潜伏感染高危人群结核病的预防	申报生产	CDE专业审评中
2	流感病毒裂解疫苗	预防用生物制品15类	接种本疫苗后,可刺激机体产生抗流感病毒免疫力,用于预防本株病毒引起的流行性感冒	临床试验	完成临床试验,并获得临床试验总结报告
3	23价肺炎球菌多糖疫苗	预防类生物制品9类	预防肺炎链球菌引起的感染性疾病	临床试验	临床试验已完成
4	重组新型冠状病毒疫苗(CHO细胞)(ZF2001)	预防用生物制品1类	用于预防由2019-nCoV引起的新型冠状病毒肺炎	临床试验	Ⅲ期临床试验进行中
5	15价肺炎球菌结合疫苗	预防类生物制品7类	预防肺炎链球菌引起的感染性疾病	临床试验	Ⅲ期临床试验进行中
6	冻干人用狂犬病疫苗(MRC-5细胞)	预防用生物制品9类	接种本疫苗后,可刺激机体产生抗狂犬病病毒免疫力,用于预防狂犬病	临床试验	Ⅲ期临床试验进行中
7	冻干人用狂犬病疫苗(Vero细胞)	预防用生物制品15类	接种本疫苗后,可刺激机体产生抗狂犬病病毒免疫力,用于预防狂犬病	临床试验	Ⅲ期临床试验进行中

续表

序号	药品名称	注册分类	功能主治	注册阶段	进展情况
8	四价流感病毒裂解疫苗	预防用生物制品15类	接种本疫苗后,可刺激机体产生抗流感病毒免疫力,用于预防本株病毒引起的流行性感冒	临床试验	Ⅲ期临床试验进行中
9	福氏宋内氏痢疾双价结合疫苗	预防类生物制品1类	预防志贺氏菌引起的传染性疾病	临床试验	临床试验进行中
10	ACYW135群流脑结合疫苗	预防类生物制品7类	预防脑膜炎球菌引起的感染性疾病	临床试验	临床试验进行中
11	肠道病毒71型灭活疫苗	预防类生物制品1类	预防EV71感染引起的疾病	临床试验	临床试验进行中
12	冻干重组结核疫苗(AEC/BC02)	预防用生物制品1类	用于预防结核分枝杆菌潜伏感染人群结核病发病	临床试验	临床试验进行中
13	皮内注射用卡介苗	预防用生物制品15类	接种本疫苗后,可使机体产生细胞免疫应答。用于预防结核病	临床试验	临床试验进行中
14	卡介菌纯蛋白衍生物	治疗用生物制品15类	用于结核病的临床辅助诊断、结核病流行病学调查及卡介苗接种后机体免疫反应的监测。与鉴别用体内诊断试剂(重组结核融合蛋白(EC))联用,可用于鉴别卡介苗未接种或接种后阴性的结核杆菌未感染人群、卡介苗接种后阳性的结核杆菌未感染人群、结核杆菌感染人群	临床试验	临床试验进行中
15	四价重组诺如病毒疫苗	预防用生物	接种本疫苗后,可刺激机体产生抗体	临床试验	临床试验进行中

临床前项目

序号	产品名称	2020年进度及变化	预计进度(2021—2022年)	
1	重组乙型肝炎疫苗(汉逊酵母)	临床前研究	临床前研究	临床前研究
2	双价手足口病疫苗	临床前研究	申报临床	获得临床试验通知书

续表

序号	产品名称	2020年进度及变化	预计进度(2021—2022年)	
3	双价重组轮状病毒疫苗(毕赤酵母)	临床前研究	申报临床并获得受理获得临床试验通知书	临床试验
4	重组带状疱疹疫苗(CHO细胞)	临床前研究	申报临床并获得受理获得临床试验通知书	临床试验
5	乙型脑炎灭活疫苗	临床前研究	临床前研究	申报临床
6	治疗用卡介苗	临床前研究	临床前研究	申报临床
7	灭活水痘带状疱疹疫苗	临床前研究	临床前研究	申报临床
8	呼吸道合胞病毒(RSV)疫苗	临床前研究	临床前研究	临床前研究
9	重组B群脑膜炎球菌疫苗	临床前研究	申报临床并获得受理	临床试验
10	重组MERS病毒疫苗	临床前研究	临床前研究	申报临床并获得受理
备注:报告期内,公司暂停冻干人用狂犬病疫苗BC01佐剂疫苗(MRC-5细胞)研发。				

报告期内取得阶段性成果的研发项目

序号	项目名称	审批部门	所处阶段	公告时间	证书号码
1	重组结核杆菌融合蛋白(EC)	国家药品监督管理局	药品注册批件	2020.04.29	批件号:2020S00214、2020S00215、2020S00216
2	重组新型冠状病毒疫苗(CHO细胞)	国家药品监督管理局	临床试验批件	2020.06.23	批件号:2020L00023、2020L00024
3	灭活轮状病毒疫苗	国家药品监督管理局	临床试验批准通知书	2020.09.29	通知书编号:2020LP00507

【提示】

本例中,上市公司分“进入注册程序的项目”“临床前项目”和“报告期内公司取得阶段性成果的研发项目”三个阶段,对公司目前主要研发项目进行了披露,便于投资者了解公司主要技术和产品的开发计划及进展。

二、公司所处行业情况

公司应当介绍报告期内公司所处行业情况,包括公司所处行业基本情况、发展阶段、周期性特点以及公司所处的行业地位情况等,并且应当重点突出报告期内发生的重大变化。公司还应当说明新公布的法律、行政法规、部门规章和行业政策对所处行业的重大影响。

近年来，证监会和沪深交易所陆续出台了一系列行业信息披露指引，针对不同行业的年报披露要求详见本书第三章。

此外，科创板的设立旨在支持关键核心技术创新，提高服务实体经济能力，增强资本市场对科技创新企业的包容性。科创板公司尤其需要注意结合所属行业特点，针对性披露科研水平、科研人员、科研投入等能够反映行业竞争力的信息。此外，改革后的创业板坚守“三创”“四新”定位，创业板上市公司在本节同样要重点关注对自身其行业特点及经营模式的介绍，针对性披露技术、产业、业态、模式等能够反映行业竞争力的信息，以及报告期内公司所处行业的发展阶段、周期性特点、行业发展趋势及重大变化、细分行业竞争格局、公司所处的行业地位等。

【例】上市公司年报披露节选

（三）所处行业情况

1. 行业的发展阶段、基本特点、主要技术门槛

从全球铁路行业看，20 世纪 90 年代后期至今，为高速铁路发展的第三次浪潮，正在修建和规划修建高速铁路的国家和地区数量迅速增长。……

从全球城市轨道交通行业来看，新兴国家和地区城市轨道交通建设方兴未艾，而发达国家主要城市的轨道交通系统也在不断地进行更新改造和技术升级。从国内城市轨道交通行业来看，近年来，国家层面城镇化发展战略也给城市轨道交通行业源源不断地注入动力，部分大型城市相继建成了一批项目，使城市交通状况有了明显改善，对充分发挥城市功能、改善环境、促进经济和社会发展起到了重要作用。……

轨道交通控制系统行业的基本特点是核心技术门槛高，客户对所提供的产品及服务的安全性、可靠性、可持续性均有极高的要求，要求企业具备极强的抗风险能力。……

2. 公司所处的行业地位分析及其变化情况

公司是全球一流的轨道交通控制系统解决方案提供商。在高速铁路领域，截至 2020 年末，公司的高速铁路控制系统核心产品及服务所覆盖的总中标里程居世界第一，按照国内高速铁路控制系统集成项目累计中标里程统计，公司的中标里程继续保持大幅度领先。……

3. 报告期内新技术、新产业、新业态、新模式的发展情况和未来发展趋势

伴随我国经济的快速增长，地区间的沟通交流也日益频繁，交通运输对社会经济的作用和贡献不断凸显。城市群崛起和城镇化步伐的加快，让城际铁路、市域铁路、中低运量城市轨道交通越来越多地成为地方政府构建区域轨道交通网的重要选择。而交通运输多制式联动、轨道交通多网融合等也成为重要的研究方向和亟待解决的问题。同时，伴随着轨道交通基础设施和装备运用规模不断扩大，智能化的轨道交通运维系统有助于运维单位更好地提高其运维水平和运维效能。……

【提示】

根据《上海证券交易所科创板股票上市规则》，上市公司应当在年度报告中，结合其所属行业的政策环境和发展状况，披露所处行业的基本特点、主要技术门槛，报告期内新技术、新产业、新业态、新模式的发展情况和未来发展趋势等信息。

此外，《深圳证券交易所创业板股票上市规则》要求上市公司在年度报告中披露对公司股票及其衍生品种交易价格或者投资决策有重大影响的行业信息。本例中，科创板公司即按照要求，多维度披露了轨道交通控制系统行业的相关信息。

三、公司从事的业务情况

公司应当介绍报告期内公司从事的业务情况，包括报告期内公司所从事的主要业务、主要产品及其用途、经营模式等内容，重点突出报告期内发生的重大变化。公司应当说明报告期内产品市场地位、竞争优势与劣势、主要的业绩驱动因素、业绩变化是否符合行业发展状况等内容。

四、核心竞争力

公司应当披露报告期内核心竞争力（包括核心管理团队、关键技术人员、专有设备、专利、非专利技术、特许经营权、土地使用权、水面养殖权、探矿权、采矿权、独特经营方式和盈利模式、允许他人使用自己所有的资源要素或作为被许可方使用他人资源要素等）的重要变化及对公司所产生的影响。发生核心管理团队或关键技术人员离职、设备或技术升级换代、特许经营权丧失等导致公司核心竞争力受到严重影响的，公司应当详细分析，并说明拟采取的相应措施。

对公司核心竞争力的披露，一是要与公司生产经营模式相匹配，尤其是轻资产类的上市公司。有关核心管理团队、关键技术人员、专利、非专利技术、特许经营权、独特经营方式和盈利模式等信息都是投资者最为关注的信息。二是要重点分析核心竞争力在报告期内所发生的重要变化及其影响。对于重要变化，虽然规则并无明确的定量标准，但应从信息披露的一致性和连续性角度，对于前期已披露的核心竞争力在报告期内发生的变化进行充分说明。

【例】上市公司年报披露节选

公司秉承"以芯为本"的理念，保持对光芯片及器件的持续研发投入，不断强化技术创新，掌握自主芯片的核心技术。经过多年的研发和产业化积累，针对光通信行业核心的芯片环节，公司系统建立了覆盖芯片设计、晶圆制造、芯片加工、封装测试的 IDM 全流程业务体系。公司从单一的 PLC 分路器芯片突破至系列无源芯片（PLC 分路器芯片、AWG 芯片、VOA 芯片和微透镜芯片）、有源芯片（DFB 激光器芯片），从晶圆制造和芯片加工进一步拓展至封装测试环节，围绕光芯片领域打造了在光通信行业的核心竞争力。同时，针对光通信行业应用场景多元化、复杂化的发展趋势，公司凭借在室内光缆领域的多年业务积累，持续整合在"光纤连接器—室内光缆—线缆材料"方面的协同优势，通过不断改进各产品环节的性能指标提升光纤连接器等产品整体竞争力。依托光芯片及器件、室内光缆以及线缆材料协同发展，公司在光通信行业的综合实力稳步提升。

1. 产学研结合的技术团队优势

……

2. 持续高水平的研发投入，积累了芯片产业化技术研发优势

公司已形成包括超宽谱低损耗光分路器芯片技术、任意分束比 1×N 光分路器结构设计、石英基及硅基厚膜二氧化硅光波导材料生长技术、石英基及硅基微透镜及其制造技术、新型倒台脊形波导结构及 DFB 激光器芯片制作技术、InP 基多量子阱外延技术、高精度布拉格光栅制作及波长精准控制技术在内的多项核心技术。公司还在数据中心 400G 用 O 波段 AWG 芯片技术、5G 基站前传 AWG 芯片技术、硅基二氧化硅热光可调光衰减器（VOA）阵列芯片技术、面向 5G 通信应用 DFB 激光器芯片技术等领域形成良好的技术储备。同时，公司拥有授权专利等各类知识产权。

3. 以芯片为核心的产品结构优势

公司秉承"以芯为本"的理念，保持对光芯片及器件的持续研发投入，努力打

造自主芯片的核心能力，并围绕光芯片进行横向拓展和纵向延伸：在横向拓展方面，公司从单一PLC分路器芯片突破至系列无源芯片（PLC分路器芯片、AWG芯片）、有源芯片（DFB激光器芯片），并逐步开发微透镜芯片，VOA芯片，未来向有源+无源的光电集成方向演进，紧跟行业发展趋势；在纵向延伸方面，公司以晶圆、芯片为基础，通过封装工艺技术的不断提升，由芯片逐步向器件模块领域延伸。此外，报告期内，公司结合自身业务情况及市场发展趋势，进一步强化公司在“光纤连接器—室内光缆—线缆材料”方面的协同优势，强化不同业务板块的协同效应，提升公司整体的竞争力和抗风险能力。公司产品应用于光纤到户、数据中心、5G建设等诸多领域，并且在部分光芯片产品方面成功实现了国产化和进口替代。

4. 客户资源优势

……

年度报告中，科创板上市公司应当结合其所属行业政策环境和发展状况，披露核心竞争优势、核心经营团队和技术团队的竞争力分析以及报告期内获得相关权利证书或者批准文件的核心技术储备等。其中要特别注意以下几点：

一是研发成果，即披露报告期内获得的重要奖项、相关权利证书或者批准文件、承担的重大科研项目、核心学术期刊论文发表情况等以及公司在其中的贡献程度。

二是研发投入，即企业研究开发活动形成的总支出，通常包括研发人员工资费用、直接投入费用、折旧费用与长期待摊费用、设计费用、装备调试费、无形资产摊销费用、委托外部研究开发费用、其他费用等。科创板上市公司要披露当期研发投入及占销售收入的比例、费用化及资本化的金额及比重。研发投入总额较上年同比变动在30%以上的，应当说明原因。研发投入资本化政策如果发生变化，或者资本化比重变动超过5个百分点的，也要说明原因及合理性。

三是在研项目，即披露在研产品、项目进展或阶段性成果，研发项目预计总投资规模、应用前景以及可能存在的重大风险。

四是研发团队，即披露研发人员数量、占比、学历结构、年龄结构及针对核心技术人员及其他研发人员的股权激励情况等信息。

五、报告期内的主要经营情况分析

公司应当分析报告期内的主要经营情况，并披露对报告期内的主要经营情况产生重大影响以及未来会产生重大影响的事项，包括但不限于主要经营业务、导致本期公司利润构成或利润来源产生重大变化的非主要经营业务、资产及负债状况、尚未盈利的原因及影响（科创板/创业板）、投资状况、重大资产和股权出售、主要控股参股公司分析、公司控制的结构化主体情况等。对重大事项的披露应当完整全面，不能有选择性披露。若相关数据发生较大变化，公司应当解释说明原因。

（一）主要经营业务

公司应当在此部分披露与经营相关的各项财务数据，包括但不限于收入、成本、费用、研发投入、现金流等项目，提示变化并分析变化原因。公司业务类型、利润构成或利润来源发生重大变动的，还应当详细说明。

（1）公司应分别按行业、产品、地区、销售模式说明报告期内公司营业收入构成情况。对于占公司营业收入或营业利润 10%以上的行业、产品、地区、销售模式，应当分项列示其营业收入、营业成本、毛利率，并分析其变动情况。

【例】上市公司年报披露节选

营业收入整体情况

单位：元

项目	2020 年		2019 年		同比增减
	金额	占营业收入比重	金额	占营业收入比重	
营业收入合计	11 912 409 984.58	100%	9 990 103 976.04	100%	19.24%
分行业					
医疗行业	11 900 069 120.54	99.90%	9 973 937 044.50	99.84%	19.31%
其他业务	12 340 864.04	0.10%	16 166 931.54	0.16%	-23.67%
分产品					
屈光项目	4 348 810 920.23	36.51%	3 530 765 092.03	35.34%	23.17%
白内障项目	1 961 364 262.48	16.46%	1 760 486 014.45	17.62%	11.41%
眼前段项目	1 200 409 431.64	10.08%	1 107 055 032.57	11.08%	8.43%
眼后段项目	817 489 666.25	6.86%	696 043 873.18	6.97%	17.45%

续表

项目	2020 年		2019 年		同比增减
	金额	占营业收入比重	金额	占营业收入比重	
视光服务项目	2 453 907 295.58	20.60%	1 929 893 447.03	19.32%	27.15%
其他项目	1 118 087 544.36	9.39%	949 693 585.24	9.51%	17.73%
其他业务收入	12 340 864.04	0.10%	16 166 931.54	0.16%	-23.67%
分地区					
华中地区	3 868 958 905.37	32.48%	3 497 751 635.84	35.01%	10.61%
东北地区	916 116 695.99	7.69%	779 846 713.66	7.81%	17.47%
西南地区	1 608 104 807.66	13.50%	1 370 479 688.70	13.72%	17.34%
华东地区	1 589 224 012.68	13.34%	1 182 707 428.10	11.84%	34.37%
华北地区	794 274 591.14	6.67%	709 209 374.99	7.10%	11.99%
华南地区	1 455 390 561.25	12.22%	1 058 336 590.88	10.59%	37.52%
西北地区	354 153 072.46	2.97%	224 646 272.77	2.25%	57.65%
香港地区	143 617 293.99	1.21%	145 766 960.17	1.46%	-1.47%
美国地区	52 531 737.74	0.44%	60 533 929.50	0.61%	-13.22%
欧洲地区	947 632 698.44	7.96%	960 825 381.43	9.62%	-1.37%
东南亚地区	182 405 607.86	1.53%			

主营业务收入变动说明如下：

（1）报告期内营业收入同比增长 19.24%，一方面由于公司品牌影响力持续增强，围绕眼科生态圈的各项经营业务规模的内生增长与外延并购双轮驱动，促进了市场占有率持续提高；另一方面，国家近视防控战略、防盲治盲等政策的大力推进促进了居民眼健康意识的不断加强，医疗消费稳步升级，促进了公司营业收入的稳定增长。尽管上半年受疫情影响，收入呈现阶段性的下降，但随着下半年眼科消费需求的释放，公司积极应对疫情的同时多方面创新改善服务水平，提升线上线下互动融合，保障医疗质量的同时确保了业绩的提升。

（2）报告期内屈光项目收入同比增长 23.17%，主要是一方面由于各医院手术量快速增长的同时全飞秒、ICL 等高端手术占比进一步提高，形成量价齐升的局面；另一方面公司加大对各地、县级医院屈光科室的建设投入，更好地满足了地、县患者的手术需求。

(3) 报告期内白内障项目服务收入同比增长 11.41%,主要受经营规模的扩大影响。近两年,白内障项目受医保政策的控制,手术量的增速阶段性放缓,随着消费转型,白内障业务呈现复明性白内障向屈光性白内障升级的态势,更好地满足了多层次白内障患者的手术需求,确保了该项目的稳定增长。

(4) 报告期内视光项目收入同比增长 27.15%,一方面各医院视光服务不断提升,视光产品得到不断的完善补充,促进了视光配镜量的稳定增长及消费升级。另一方面,受国家近视防控战略的推动,公司在青少年近视防控方面投入大量的科研,爱尔视光的品牌影响力逐步提升。

(5) 报告期内华中地区营业收入同比增长 10.61%,低于公司整体增长水平,是由湖北省区疫情严重影响导致。

(6) 报告期内华南地区营业收入同比增长 37.52%,主要是报告期内华南地区广州爱尔、东莞爱尔、南宁爱尔等医院的营业收入快速增长以及并购增加所致。

(7) 报告期内华东地区营业收入同比增长 34.37%,主要是报告期内华东地区合肥爱尔、宁波爱尔、上海爱尔等医院的营业收入快速稳定增长以及并购增加所致。

(8) 报告期内欧洲营业收入同比下降 1.37%,主要受疫情影响所致。

【提示】

本例中,某医疗行业上市公司对公司的营业收入分行业、分产品、分地区进行了细化列示。此外,在解释变动原因时,并非仅简单陈述会计科目的变化,而是结合公司业务的开展以及行业大环境进行说明,呈现了公司报告期内的营收情况。

对实物销售收入大于劳务收入的公司,还应当按行业口径,披露报告期内的生产量、销售量和库存量情况。

【例】上市公司年报披露节选

(3) 公司实物销售收入是否大于劳务收入

☑是 □否

行业分类	项目	单位	2019 年	2018 年	同比增减
无线通信	销售量	万元	195 270	170 150	15.00%
	生产量	万元	183 371	150 135	22.00%
	库存量	万元	23 958	35 857	-33.00%

续表

行业分类	项目	单位	2019 年	2018 年	同比增减
北斗导航	销售量	万元	35 645	31 520	13.00%
	生产量	万元	41 967	31 079	35.00%
	库存量	万元	18 130	11 808	54.00%
航空航天	销售量	万元	26 708	17 001	57.00%
	生产量	万元	27 505	16 677	65.00%
	库存量	万元	15 142	14 345	6.00%
软件与信息服务	销售量	万元	200 099	193 952	3.00%
	生产量	万元	200 099	193 952	3.00%
	库存量	万元			
其他业务	销售量	万元	2 988	1 682	78.00%
	生产量	万元	2 988	1 682	78.00%
	库存量	万元			

相关数据同比发生变动 30%以上的原因说明

☑适用　□不适用

(1) 无线通信板块:公司订单量增长,无线通信板块业务同比上升,库存量同比下降。

(2) 北斗导航板块:公司订单量增长,紧跟机构用户对北斗三号终端的需求,布局新一代产品,积极拓展市场,生产量及库存量同比增加。

(3) 航空航天板块:摩诘创新子公司订单量逐步恢复,销售量与生产量增加。

(4) 其他服务板块:公司租金收入增加。

公司应当披露已签订的重大销售合同、重大采购合同截至本报告期的履行情况。

【例】上市公司年报披露节选

四、公司已签订的重大销售合同截至本报告期的履行情况

☑适用　□不适用

(1) 2020 年 3 月,公司全资子公司 HGYC 与中国移动通信集团广东有限公司

签订“中国移动广东公司2020年至2021年通信设备安装工程施工服务集中采购（广东）项目框架合同（标段1及标段2）”，合同不含税金额合计约4.67亿元。详情请见刊登在巨潮咨询网上的《经营合同公告》（2020-020号）。

（2）2020年5月8日，公司在巨潮资讯网公告了公司与特殊机构客户签订的无线通信（含卫星通信）、北斗导航产品及配套设备重大合同，合同总金额约3.38亿元。

（3）2020年5月，公司全资子公司HGYC收到由中国移动委托的招标代理机构发出的《中选通知书》。根据《中选通知书》，公司全资子公司HGYC正式成为“中国移动通信集团2020年至2022年网络综合代维服务采购项目广东、辽宁、安徽、上海、贵州五个地区”“中国移动通信集团广东有限公司2020年至2022年无线网络优化服务集中采购项目（日常优化部分）”的中选单位之一，中选金额合计约8.98亿元。详情请见刊登在巨潮咨询网上的《关于全资子公司广东海格怡创科技有限公司收到〈中选通知书〉公告》（2020-032号）。

（4）2020年6月29日，公司在巨潮资讯网公告了公司与特殊机构客户签订的无线通信（含数字集群、卫星通信）、北斗导航产品及配套设备重大合同，合同总金额约2.83亿元。

（5）2020年7月30日，公司在巨潮资讯网公告了公司与特殊机构客户签订的无线通信、北斗导航产品及配套设备重大合同，合同总金额约2.55亿元。

（6）2020年8月25日，公司在巨潮资讯网公告了公司与特殊机构客户签订的无线通信、北斗导航产品及配套设备重大合同，合同总金额约2.05亿元。

（7）2020年9月23日，公司在巨潮资讯网公告了公司与特殊机构客户签订的无线通信（含数字集群）、北斗导航产品及新产品重大合同，合同总金额约4.10亿元。

（8）2020年11月18日，公司在巨潮资讯网公告了公司与特殊机构客户签订的无线通信、北斗导航产品及配套设备重大合同，合同总金额约3.19亿元。

（9）2020年12月19日，公司在巨潮资讯网公告了公司与特殊机构客户签订的无线通信（含数字集群）、北斗导航产品及配套设备重大合同，合同总金额约3.58亿元。

上述重大合同均正常履行。

（2）公司应当披露本年度营业成本的主要构成项目，如原材料、人工工资、折旧、能源和动力等在成本总额中的占比情况。如果涉及商业秘密,公司可以仅披露占比最高或最主要的单个项目。

【例】上市公司年报披露节选

3. 成本分析表

单位:元

分行业情况						
分行业	成本构成项目	本期金额	本期占总成本比例	上年同期金额	上年同期占总成本比例	本期金额较上年同期变动比例
有限服务型酒店运营及管理业务	餐饮	552 055 491.29	36.16%	551 415 635.85	36.08%	0.12%
	商品销售	737 651 778.58	48.31%	772 778 621.56	50.56%	-4.55%
	租赁	71 883 659.18	4.71%	63 606 911.08	4.16%	13.01%
	其他	45 123 916.74	2.96%	30 704 420.00	2.01%	46.96%
	小计	1 406 714 845.79	92.13%	1 418 505 588.49	92.81%	-0.83%
食品及餐饮业务	连锁餐饮	14 349 686.82	0.94%	14 037 353.97	0.92%	2.23%
	团体用膳	82 832 626.61	5.43%	75 538 402.50	4.94%	9.66%
	食品销售	22 927 948.62	1.50%	20 387 106.84	1.33%	12.46%
	小计	120 110 262.05	7.87%	109 962 863.31	7.19%	9.23%
其他业务		0	0	0	0	0
合计		1 526 825 107.84	100.00%	1 528 468 451.80	100.00%	-0.11%

成本分析其他情况说明

☑适用　□不适用

如前所述,本公司主要从事有限服务型酒店营运及管理、食品及餐饮等业务,营业成本主要为食品原料成本和商品销售成本等。于2019年度,公司有限服务型酒店营运及管理业务成本和食品及餐饮业务成本分别占公司当年度全部营业成本的比重为92.13%和7.87%,分别比上年同期减少0.68个百分点和增加0.68个百分点。

于2019年度,本公司合并营业成本1 526 825 107.84元,比上年同期减少1 643 343.96元,下降0.11%。其中,有限服务型酒店营运及管理业务成本

1 406 714 845.79 元，比上年同期减少 11 790 742.70 元，下降 0.83%。食品及餐饮业务成本 120 110 262.05 元，比上年同期增加 10 147 398.74 元，增长 9.23%。该类业务成本增加的主要原因：随着业务收入增长，团体用膳营业成本同比增加 7 294 224.11 元。

主要子公司股权变动导致合并范围变化的，因涉及会计主体变化，需提供上年同口径数据供投资者参考。若报告期内业务、产品或服务发生重大变化或调整，公司应当介绍已推出或宣布推出的新产品及服务，并说明对公司经营及业绩的影响。重要事项的披露应当完整、全面，不能有选择性披露。

近年来，监管部门十分强调非财务信息披露的质量，对照财务数据要求公司补充披露非财务信息。对此，公司应当特别注意“10%”和“30%”两个比例。10%，是指对于占公司营业收入或营业利润 10% 以上的行业、产品或地区，应当分项列示其营业收入、营业成本、毛利率；30% 是指相关数据同比变动在 30% 以上的，应当说明原因。

【例】上市公司年报披露节选

年度报告披露：

1）主营业务分行业、分产品、分地区情况

单位：元 币种：人民币

主营业务分行业情况						
分行业	营业收入	营业成本	毛利率	营业收入比上年增减	营业成本比上年增减	毛利率比上年增减
影视传媒	240 358 766.16	203 235 475.67	15.44%	-78.78%	-72.68%	减少 18.90 个百分点
体育服务	1 541 976 679.05	1 185 085 812.54	23.15%	0.42%	19.54%	减少 12.29 个百分点
主营业务分产品情况						
分产品	营业收入	营业成本	毛利率	营业收入比上年增减	营业成本比上年增减	毛利率比上年增减
影视剧业务	142 288 787.58	108 632 367.34	23.65%	-86.21%	-83.65%	减少 12.00 个百分点

续表

主营业务分产品情况						
分产品	营业收入	营业成本	毛利率	营业收入比上年增减	营业成本比上年增减	毛利率比上年增减
艺人经纪	683 046.61	161 566.56	76.35%	-6.04%	-89.27%	减少 183.52 个百分点
广告收入	59 212 092.01	57 900 989.54	2.21%	81.47%	40.30%	增加 28.69 个百分点
制作费收入		981 117.25		-100.00%	-92.95%	不适用
其他收入（其中包括代理发行收入）	5 550 813.48	11 649 423.42	-109.87%	162.71%		减少 209.87 个百分点
体育营销及其他	205 818 330.78	93 870 870.51	54.39%	-67.27%	-78.13%	增加 22.63 个百分点
体育版权	1 145 291 444.59	868 129 158.30	24.20%	75.41%	143.40%	减少 21.17 个百分点
体育视频	54 806 369.94	99 777 875.64	-82.06%	-24.97%	6.58%	减少 53.89 个百分点
体育经纪	54 911 161.77	15 629 397.12	71.54%	-24.50%	-11.99%	减少 4.04 个百分点
场馆运营	44 940 367.36	71 666 817.30	-59.47%	-16.44%	38.82%	减少 63.48 个百分点
体育产品销售	36 209 004.61	36 011 693.67	0.54%	-33.16%	-15.29%	减少 20.98 个百分点
影院	32 624 026.48	23 910 011.56	26.71%	-18.95%	4.26%	减少 16.32 个百分点
主营业务分地区情况						
分地区	营业收入	营业成本	毛利率	营业收入比上年增减	营业成本比上年增减	毛利率比上年增减
中国大陆地区	437 343 040.32	476 353 716.64	-8.92%	-76.32%	-64.99%	减少 35.23 个百分点
中国大陆地区以外的国家和地区	1 344 992 404.89	911 967 571.57	32.20%	63.67%	143.56%	减少 22.24 个百分点

年度报告补充公告：

公司于2020年6月10日收到上海证券交易所下发的《关于DDWT股份有限公司2019年年度报告的信息披露监管问询函》(上证公函〔2020〕0707号)，现根据该问询函的要求，对公司2019年年度报告作如下补充。

对第四节经营情况讨论与分析/二、报告期内主要经营情况/(一)主营业务分析/2.收入和成本分析/1)主营业务分行业、分产品、分地区情况作如下补充：

(1) 影视剧业务方面，2019年度受行业整体发展的影响，公司减少了相关业务的投入，导致影视剧业务收入、成本同比减少86.21%、83.65%，毛利率也因此减少12.00个百分点。

(2) 公司广告业务方面，为减少影视行业整体发展对公司相关业务的影响，公司强化了影视衍生业务的开发力度，导致广告业务收入、成本同比增加81.47%、40.30%，毛利率也因此增加28.69个百分点。

(3) 体育营销及其他业务方面，受行业周期影响，以及2018年度公司已完成2018年俄罗斯世界杯亚洲区域赞助商及其相关的营销工作，导致公司该境内业务收入、成本同比减少67.27%、78.13%，毛利率因此减少22.63个百分点。

(4) 公司体育视频业务方面，2019年度，公司控股子公司双刃剑减少相关业务的投入，以及新爱体育不再纳入公司合并报表范围前(2019年5月)相关业务的开展，导致该业务收入同比减少了24.97%，成本增加了6.58%，毛利率因此减少53.89个百分点；

(5) 公司体育版权业务方面，①2018年8月31日，公司完成新英开曼收购的全部工作，至此新英开曼从2018年9月起纳入公司合并报表范围；②新英开曼与英超公司签署相关合同时间为2012年，而新英开曼与西甲联盟签署相关合同时间为2018年，新英开曼采购西甲联赛成本高于采购英超联赛成本；③新英开曼自2019年正式开始西甲版权(权益开始时间2019年8月)在中国大陆地区的分销工作，该项业务尚处于起步阶段，因此西甲联赛在国内的传播范围、覆盖人群、影响力以及商业价值尚不及新英开曼运营多年的英超联赛(权益截止时间2019年5月)。因此，该业务收入、成本同比增加75.41%、143.40%，毛利率减少21.17个百分点。

(6) 公司体育场馆运营业务方面，受2019年度军运会举办前后无法举办大型赛事及相关活动以及新增场馆无法按时开业的影响，导致该业务收入同比减少

16.44%；而对应的租赁成本、人工成本等固定成本仍正常发生，以及原“百安居”项目终止，导致成本同比增加 38.82%，从而使该业务毛利率减少 63.48 个百分点。

（3）公司应当披露主要销售客户和主要供应商的情况，以汇总方式披露公司向前 5 名客户销售额占年度销售总额的比例，向前 5 名供应商采购额占年度采购总额的比例，以及前 5 名客户销售额中关联方销售额占年度销售总额的比例和前 5 名供应商采购额中关联方采购额占年度采购总额的比例。

证监会鼓励公司分别披露前 5 名客户名称和销售额，前 5 名供应商名称和采购额，以及其是否与上市公司存在关联关系。需要特别注意的是，最新修订的《年报准则》要求，若报告期内向单个客户的销售比例超过总额的 50%、前 5 名客户中存在新增客户的或严重依赖于少数客户，应披露其名称和销售额；同样，若报告期内供应商存在类似情况，也应披露其名称和采购额。

统计数据时，公司还要注意进行部分合并工作。属于同一控制人控制的客户或供应商，应当视为同一客户或供应商合并列示，受同一国有资产管理机构实际控制的除外。因此，业务部门提供的排名前 5 的客户或者供应商单位，并不一定符合《年报准则》的披露要求，需要进行一定的识别，按照合并后的排序披露前 5 名客户或者供应商单位。

【例】上市公司年报披露及监管问询节选

年度报告披露：

4. 主要销售客户及主要供应商情况

☑适用 □不适用

前 5 名客户销售额 2 481.49 万元，占年度销售总额 48.97%；其中前 5 名客户销售额中关联方销售额 0 万元。

前 5 名供应商采购额 1 594.45 万元，占年度采购总额 96.55%；其中前 5 名供应商采购额中关联方采购额 0 万元。

其他说明

无

年度报告审核问询：

问题四：年报显示，报告期内公司前 5 名客户销售额 2 481.49 万元，占年度销售总额的 48.97%，其中关联方销售额 0 万元。前 5 名供应商采购额 1 594.45 万元，占年度采购总额 96.55%，其中关联方采购额 0 万元。请公司补充披露：①前 5

名客户的基本信息,包括但不限于名称、销售金额、期末应收款项、期后回款情况,与上年相比前5名客户是否发生变化,并进一步说明公司销售集中度较高的原因,是否对主要客户存在重大依赖;②公司向前5名供应商采购的具体产品构成、采购金额及占比、定价依据,并结合与市场价格的对比,说明采购价格是否公允;③公司、前5名供应商、前5名客户及其最终销售客户之间是否存在关联关系及其他业务往来,是否存在关联交易非关联化的情形。请年审会计师发表意见。

【提示】

本例中,该上市公司在报告期内向客户销售和向供应商采购的比例比较高,特别是公司向前5名供应商采购金额占年度采购金额比例高达96.55%,可能存在对单个客户或供应商的重大依赖。交易所在年报问询中,要求该公司补充披露相关情况。

(4) 若报告期内公司销售费用、管理费用、财务费用等财务数据同比发生重大变动的,应当结合业务模式和费用构成,说明产生变化的主要驱动因素。

【例】上市公司年报披露节选

3. 费用

单位:元

项目	2020年	2019年	同比增减	重大变动说明
销售费用	104 273 501.75	90 314 094.59	15.46%	主要是本年加大销售力度,销售费用增长
管理费用	106 763 829.09	77 454 233.10	37.84%	主要是本年确认股权激励成本2 483万元所致
财务费用	-3 574 066.62	-13 831 293.23	74.16%	主要是本年银行贷款增加,增加利息费用所致
研发费用	118 833 709.16	108 247 703.06	9.78%	本年公司增加研发投入

(5) 公司应当说明本年度所进行主要研发项目的目的、项目进展和拟达到的目标,并预计对公司未来发展的影响。

【例】上市公司年报披露节选

4. 研发投入

☑适用 □不适用

(1) 具有自监测的带载大伸缩重型鼓形齿联轴器研发。

目的:研究带载伸缩条件下鼓形齿联轴器的啮合动力学与设计技术方法,研究重载工况下的联轴器在线轴向伸缩功能实现和位置精确控制,实现重型鼓形齿联轴器自监测功能。

项目进展:结构方案完成,合动力学与设计技术方法正在建立。

目标:通过对带载移动工况下鼓形齿的相关基础理论、结构设计、监测系统开发,针对 ESP 工况下的鼓形齿联轴器进行开发,实现进口替代。

对未来发展影响:研制出具有自主知识产权的 ESP 高性能鼓形齿接轴,改变国内 ESP 高性能鼓形齿接轴依赖进口产品的现状,提升了企业竞争力。

(2) 应用 PVD 技术提升冷轧圆盘剪寿命的研发。

目的:采用 PVD 技术提高圆盘剪表面耐磨性。

项目进展:正在进行工艺试验。

目标:提高圆盘剪寿命 50%以上。

对未来发展影响:提高圆盘剪寿命,提升产品竞争力。

(3) 新型重载万向轴 C 型结构关节的研发。

目的:设计新结构的关节轴承,便于更换和维修。

项目进展:新型重载万向轴 C 型结构关节的研发。

目标:实现重载关节可以在服务站快速维修。

对未来发展影响:增加重载万向轴产品品种,提升重载万向轴产品竞争力。

(4) 精轧机鼓形齿接轴辊端轴套齿部及扁部堆焊的研发。

目的:根据辊端轴套齿部、扁部性能要求,确定相应堆焊材质和焊接工艺。

项目进展:已完成工艺试验。

目标:堆焊硬度 HRC45-55,堆焊层无裂纹。

对未来发展影响:降低鼓形齿接轴产品维修成本,提升产品竞争力。

(5) 大型冶金零部件绿色高效热处理(调质)关键技术开发。

目的:通过材料基础特性研究、黑匣子测温实验及有限元仿真模拟,开发绿色高效热处理工艺,实现高效、低耗、优质的热处理生产目标。

项目进展:项目已完成

目标:在保证质量目标前提下,实现热处理工艺节能 5%以上,热处理工艺周期缩短 10%以上。对未来发展影响:掌握不同结构零件的热处理模拟仿真技术,满足产品数字化、智能化制造技术要求。

(6) 一种新型的密封型穿孔机辊端关节的研发。

目的:特殊密封和润滑设计,以满足穿孔机辊端关节长期工作在大量淋水的工作环境。

项目进展:客户现场验证。

目标:关节密封可靠,降低人工维护工作量。

对未来发展影响:提升穿孔机万向轴寿命,提升产品竞争力。

(7) 废旧重型装备表面无损激光清洗与主动柔性控制的研究。

目的:研究严苛环境下典型厚污染物的绿色表面清洗机理,研究激光清洗厚腐蚀层或厚氧化层表面质量的主动控制技术,绿色表面清洗质量与效果评价,绿色表面清洗表面状态调控技术的开发。

项目进展:清洗机理完成,清洗设备完成研发,其余进行中。

目标:掌握废旧装备关重件再制造表面清洗柔性控制及表面状态调控方法,实现基于3D在线反求的选区清洗精确定位和智能化柔性清洗控制;构建表面绿色清洗的质量控制与清洗效果评价模型,建立激光清洗厚腐蚀层或厚氧化层表面质量的主动控制技术与评估方法;研发具有自主知识产权的大功率高重频激光绿色表面清洗成套装备,为废旧装备关重件激光清洗应用提供理论和工艺指导。

对未来发展影响:掌握废旧重型装备表面无损激光清洗关键技术,提升公司各种产品的再制造能力。

(8) 一种新型的滑块式万向轴的研发。

目的:滑块万向轴按照模块化结构重新设计,承载能力更大,且便于制造和安装。

项目进展:客户现场验证。

目标:掌握滑块万向轴的模块化设计方法和制造工艺。

对未来发展影响:滑块万向轴产品升级换代,提升产品竞争力。

(9) 卷取轴扇形板新型材质与表面技术应用研究。

目的:扇形板新材料成份及微量元素含量、材料性能和热处理研究,从而提升卷筒抗冷热疲劳性能。项目进展:正在工艺试验。

目标:扇形板使用寿命提升50%以上。

对未来发展影响:降低热轧卷筒产品维修成本,提升产品竞争力。

上市公司应当披露报告期末研发人员的数量、占比、学历结构和年龄结构等信息，公司研发人员构成发生重大变化的，应当说明原因及对公司未来发展的影响；说明本年度研发投入总额及占营业收入的比重，如存在研发投入金额大幅下降，研发投入占营业收入比例大幅下降，研发投入费用化或资本化金额或比重发生大幅变化等情况时，还应当解释变化的原因，并分析合理性。科创板上市公司对于此部分的披露参见本章“核心竞争力”部分。

（6）结合公司现金流量表相关数据，说明公司经营活动、投资活动和筹资活动产生的现金流量的构成情况，若相关数据同比发生重大变动，公司应当分析主要影响因素。

【例】上市公司年报披露节选

5. 现金流

单位：元

项目	2020 年	2019 年	同比增减
经营活动现金流入小计	959 198 306.87	1 125 985 198.20	-14.81%
经营活动现金流出小计	893 839 456.43	1 031 794 995.93	-13.37%
经营活动产生的现金流量净额	65 358 850.44	94 190 202.27	-30.61%
投资活动现金流入小计	30 070 789.97	91 926 110.45	-67.29%
投资活动现金流出小计	27 454 520.51	33 167 154.48	-17.22%
投资活动产生的现金流量净额	2 616 269.46	58 758 955.97	-95.55%
筹资活动现金流入小计	223 175 075.80	288 420 000.00	-22.62%
筹资活动现金流出小计	330 921 230.08	400 010 396.97	-17.27%
筹资活动产生的现金流量净额	-107 746 154.28	-111 590 396.97	3.44%
现金及现金等价物净增加额	-39 771 034.38	41 358 761.27	-196.16%

相关数据同比发生重大变动的主要影响因素说明

☑适用　□不适用

（1）本期经营活动产生的现金流量净额为 65 358 850.44 元，较上年同期下降 30.61%，主要原因为销售商品收到的现金减少。

（2）本期投资活动现金流入小计为 30 070 789.97 元，较上年同期下降 67.29%，主要原因为处置子公司收到的现金减少。

（3）本期投资活动产生的现金流量净额为 2 616 269.46 元，较上年同期下降

95.55%，主要原因为处置子公司收到的现金减少。

（4）本期现金及现金等价物净增加额为-39 771 034.38元，较上年同期降低1.96倍，主要原因为销售商品收到的现金减少，处置子公司收到的现金减少。

报告期内公司经营活动产生的现金净流量与本年度净利润存在重大差异的原因说明

☑适用 □不适用

报告期内公司经营活动的现金流量与本年度净利润存在重大差异的主要原因系：本期销售商品收到的现金为615 059 828.40元，较上年同期下降112 689 404.68元，降幅15.48%。

现金流与其他数据的关系与公司的经营模式是否一致，可以反映公司是否具备真实的盈利能力。因此，监管部门非常关注上市公司财务报表数据之间的逻辑关系，如现金流与营业收入、净利润、存货、应收应付之间的关系。《年报准则》规定，若报告期公司经营活动产生的现金净流量与净利润存在重大差异的，公司应当解释原因。

【例】上市公司年报披露及监管函回复节选

年度报告披露：

5. 现金流

单位：元

现金流	本期数	上年同期数	变动比例
经营活动产生的现金流量净额	118 722 012.69	-76 102 820.38	—
投资活动产生的现金流量净额	-68 080 067.70	-166 937 767.56	—
筹资活动产生的现金流量净额	-54 860 212.14	15 425 626.53	-455.64%

经营活动产生的现金流量净额：较上期增加19 482.48万元，主要系公司本期销售商品收到的现金增加及合并范围变动增加所致；

投资活动产生的现金流量净额：较上期增加9 885.77万元，主要系公司本期出售交易性金融资产、收回其他投资所致；

筹资活动产生的现金流量净额：较上期减少7 028.58万元，主要系公司本期偿还债务和支付利息与上年相比增加所致。

年度报告审核问询：

问题8：年报显示，公司2020年度分季度实现的营业收入分别为4.07亿元、7.39亿元、6.26亿元、13.6亿元；分季度实现的归母净利润分别为637万元、671万元、19万元、-8.66亿元；经营活动产生的现金流量净额分别为-1.16亿元、5 588万元、-5 209万元、2.31亿元。请公司结合分行业、分产品的业务模式、季度特征等，补充披露分季度营业收入存在较大差异，以及营业收入、净利润和经营性现金流季度变动不匹配的原因。

年报审核问询回复：

（一）公司分行业、分产品季节性特征说明

公司地处西北地区，所从事的农业种植和农产品贸易业务受季节性影响较大。大部分农产品收获主要集中在第三季度、销售主要集中在第四季度，工业板块从事的滴灌工程业务结算主要集中在后半年，因此，公司四季度收入较高，存在明显的季节性特征。

（二）关于各季度营业收入、净利润和经营活动净现金流匹配性的说明

1. 2020年分季度、分行业的营业收入、净利润和经营活动净现金流量情况

各板块营业收入情况

单位：亿元

行业	第一季度	占比	第二季度	占比	第三季度	占比	第四季度	占比	全年累计
农业	2.08	8.25%	6.18	24.50%	4.15	16.46%	12.81	50.79%	25.22
工业	0.37	14.02%	0.28	10.61%	0.49	18.56%	1.5	56.82%	2.64
商贸	1.89	26.32%	1.45	20.19%	1.9	26.46%	1.94	27.02%	7.18
其他	0.03	50.00%	—		0.01	16.67%	0.03	50.00%	0.06
抵销	-0.69		-0.68		-0.3		-2.11		-3.78
合计	3.68	11.75%	7.23	23.08%	6.25	19.96%	14.17	45.24%	31.32

各板块净利润情况

单位：万元

行业	第一季度	第二季度	第三季度	第四季度	全年累计
农业	1 114.83	2 885.29	3 522.63	-46 218.45	-38 695.70
工业	69.06	-1 293.44	-1 471.14	-19 203.15	-21 898.67

续表

行业	第一季度	第二季度	第三季度	第四季度	全年累计
商贸	-815.57	-544.91	-1 056.14	-18 535.74	-20 952.36
其他	88.02	-215.76	-213.70	-56.33	-397.77
抵销	-54.63	-116.79	-307.56	-2 823.55	-3 302.53
合计	401.71	714.39	474.09	-86 837.22	-85 247.03

各板块经营活动净现金流量情况

单位:万元

行业	第一季度	第二季度	第三季度	第四季度	全年累计
农业	-10 655.65	5 912.93	-1 994.26	61 857.98	55 120.99
工业	69.06	-1 293.44	-1 471.14	-19 203.15	-21 898.66
商贸	-815.57	-544.91	-1 056.14	-18 535.74	-20 952.36
其他	88.02	-215.76	-213.70	-56.33	-397.77
合计	-11 314.14	3 858.82	-4 735.24	24 062.76	11 872.20

2. 季节性特征与营业收入、净利润和经营活动净现金流量匹配性的说明

公司农业和商贸业务:一、二季度销售的主要产品是上年度库存,因地处西北,冬季和春季农产品销售价格较高,毛利较高;经营活动的现金流入主要是收回前期货款。经营活动的现金支出主要是一季度处于备耕阶段,储备生产资料,二季度进行种植和生产;2020 年受新冠肺炎疫情影响,一季度回款大幅减少,较上年同期减少,导致一季度经营活动净现金流量-1.13 亿元,二季度复工复产销售及回款逐渐恢复,经营活动净现金好转。三、四季度,销售的主要产品中既有存量产品,也有当年产品;经营活动的现金流入主要是收回一、二季度的货款,经营活动的现金流出主要是采购农产品的货款和自产产品的收割费用;收购农产品的支出主要集中在三季度末,三季度经营活动现金流量一般为净流出;四季度销售比较集中,净利润和经营活动净现金流均能维持较好的水平。2020 年第四季度净利润大幅下滑主要是计提资产减值准备及资产报废,不影响经营活动的现金流量。

公司工业板块:工业板块从事的滴灌工程上半年主要处于集中承揽业务和生产投入阶段;工程安装业务及结算主要集中在后半年。营业收入后半年大于前半年,经营活动净现金流量好于前半年。2020 年第四季度净利润大幅下滑主要是计提资产减值准备,不影响经营活动的现金流量。

综上,公司本年度营业收入、净利润和经营性现金流季度性变动,与业务模式和季节性特点是相匹配的、合理的。

（二）非主要经营业务

公司利润构成是反映盈利持续性的重要指标。若本期公司利润构成或利润来源的重大变化源自非主要经营业务,包括但不限于投资收益、公允价值变动损益、资产减值、营业外收支等,应当详细说明涉及金额、形成原因、是否具有可持续性。

【例】上市公司年报披露节选

（二）非主营业务导致利润重大变化的说明

☑适用　□不适用

其他收益变动原因说明:报告期内,公司其他收益为人民币 20 681.38 万元,较 2019 年增加了 41.44%。主要系报告期内与日常经营相关以及与资产相关的政府补助增加所致。

投资收益变动原因说明:报告期内,公司投资收益为人民币 60 623.12 万元,较 2019 年上升 1 175.01%。主要系本报告期内公司变更对一被投资联营公司股份的会计核算方式引起的投资收益增长约为人民币 35 149.08 万元,公司已于 2020 年 6 月 11 日公告该事项(详见公告编号:临 2020-040),以及本期处置非流动金融资产确认投资收益 31 079.25 万元,主要来自因处置部分上市股份确认的投资收益。

公允价值变动损益变动原因说明:报告期内,公司公允价值变动收益为人民币 5 227.14 万元,较 2019 年损失 25 925.67 万元,变动 31 152.81 万元。这主要在于本公司所投资的已上市公司标的及非上市公司股权的市场价值上涨等因素,使本公司部分非流动金融资产的公允价值变动收益以及投资收益增长较大,影响 2020 年度利润金额达人民币 179 375.49 万元,上年同期影响金额为净损失人民币 12 594.20 万元。同时,由于本公司 H 股可转股债券衍生金融工具部分的公允价值受本公司 H 股股价大幅上涨影响,2020 年度非现金账面公允价值损失金额为人民币 134 938.66 万元,上年同期为净损失人民币 9 814.48 万元。

信用减值损失变动原因说明:公司根据预计信用损失模型计算应收账款和合同资产信用减值损失,随着应收账款及合同资产余额增加,本报告期计提 1 262.70 万元信用减值损失。

资产减值损失变动原因说明：报告期内，公司资产减值损失为人民币 6 264.19 万元，主要系本报告期计提商誉减值损失 4 434.64 万元。同时存货规模增加，针对长库龄原材料计提的减值损失增加。

资产处置损益变动原因说明：报告期内，公司资产处置损失为人民币 768.97 万元。主要系本报告期内正常处置固定资产产生的损失。

营业外支出变动原因说明：报告期内，公司营业外支出为人民币 2 556.00 万元，较 2019 年增加 140.90%。主要系公司自 2019 年下半年收购生物资产后，因生物资产处置导致的损失增加。

（三）资产及负债状况

报告期内公司资产构成（货币资金、应收款项、合同资产、存货、投资性房地产、长期股权投资、固定资产、在建工程、使用权资产、短期借款、合同负债、长期借款、租赁负债等占总资产的比重）同比发生重大变动的，应当说明产生变化的主要影响因素。若境外资产占比较高，公司应当披露境外资产的形成原因、资产规模、运营模式、收益情况等。证监会鼓励公司结合各项营运能力和偿债能力的财务指标进行分析。

公司应当披露截至报告期末的主要资产被查封、扣押、冻结或者被抵押、质押，必须具备一定条件才能变现、无法变现、无法用于抵偿债务的情况，以及主要资产占有、使用、收益和处分权利受到其他限制的情况和安排。

【例】上市公司年报及问询函回复节选

年度报告披露：

2. 截至报告期末主要资产受限情况

☑适用 □不适用

项目	2020 年 12 月 31 日账面价值	受限原因
货币资金[a]	921 040 155.00	承兑汇票等保证金、冻结资金
应收票据	5 837 720.00	抵押开具汇票
固定资产[b]	131 887 746.92	抵押借款
无形资产[b]	72 862 678.92	抵押借款
合计	1 131 628 300.84	—

注 a：截至 2020 年 12 月 31 日，受限货币资金中，为《中国光大银行 · AHAK 汽车股份有限公司“全程通”汽车金融网合作协议》约定的汽车按揭贷款提供担保的银行存款余额 25 811 900.00 元；其他货币资金中银行承兑汇票保证金 626 301 682.79 元、汽车消费贷款保证金 250 603 938.10 元、保函保证金 16 231 919.92 元、信用保证金 1 400 414.19 元及其他 690 300.00 元。

注 b：固定资产（厂房）、无形资产（土地）系公司与中国建设银行股份有限公司合肥庐阳支行签订的编号为 ZGEDY2019004 号《最高额抵押合同》，公司将编号为皖（2018）合不动产权第 0007221 号、0007215 号、0007224 号、0007218 号、0007141 号《不动产权证书》对应的厂房、土地抵押于中国建设银行股份有限公司合肥庐阳支行，最高限额为 29 500.00 万元，截至 2020 年 12 月 31 日，尚未偿还贷款余额合计 18 800.00 万元。

年度报告审核问询：

年报显示，你公司期末所有权或使用权受到限制的资产金额为 11.32 亿元，较上年增长 7.18%，占公司期末净资产的比例为 214.77%，其中货币资金和固定资产受限金额分别为 9.21 亿元和 1.32 亿元。请说明相关资产受限的具体情况、原因以及对你公司生产经营的影响。

年度报告审核问询回复：

（1）公司本期货币资金受限主要系银行承兑汇票保证金、汽车消费贷款保证金及保函保证金等，系公司为开具银行承兑汇票、客户购车贷款、办理保函缴纳的保证金。银行承兑汇票到期后自动解限。客户购车贷款业务一般按照银行要求以客户贷款额（客户首付款 20%～30%后剩余部分）的 5%～10%缴纳保证金，当客户贷款逾期时，银行从保证金户中划扣相应逾期金额，公司通过催收、诉讼等手段，风险基本可控。当客户贷款业务结清后，保证金即可解限；另在客户贷款发放但尚未办理抵押手续时，贷款金额全部暂存保证金户，在抵押手续办理完成后（2～3 个月）即可解限。保函业务到期后自动解限。上述货币资金受限是公司办理正常业务缴纳的保证金，不会对生产经营活动产生影响。

（2）应收款项融资受限主要系公司将应收票据质押于银行用于开具银行承兑汇票所致，银行承兑汇票到期后自动解限，不会对生产经营活动产生影响。

（3）固定资产和无形资产受限主要系公司将固定资产（厂房）及无形资产（土地）抵押于银行办理融资业务，公司按照合同约定支付融资利息，所抵押的固定资产与无形资产使用权仍归公司所有,不会对生产经营活动产生影响。

【提示】

本例中,该上市公司在主要资产受限情况部分结论性地披露了资产受限结果,交易所要求补充披露受限的具体情况、原因,说明资产受限涉及事项及对公司生产经营的后续影响等。

另外,部分上市公司除了披露报告期内公司资产构成分析和资产受限情况外,还披露了相关的资本结构情况(包括负债率、利息保障倍数、资本比例等)、公允价值计量资产、贷款及借款情况、或有负债情况等。

【例】上市公司年报披露节选

2. 截至报告期末主要资产受限情况

☑适用 □不适用

于2016年12月31日,公司账面价值为247 626 768.54元(原价:347 273 111.86元)的房屋及建筑物和机器设备以及12 031 829.65平方米土地使用权(原价为112 276 852.95元、账面价值为94 281 593.60元)作为人民币328 400 000.00元的短期借款、人民币6 504 544.00元的长期借款和人民币9 000 000.00元的一年内到期长期借款的抵押物。

于2016年12月31日,应收账款215 033 342.90元质押给银行作为取得184 956 467.91元短期借款的担保。

于2016年12月31日,本集团受限货币资金余额为987 080 418.44元,主要为向银行申请开具银行承兑汇票及信用证的保证金存款。

3. 其他说明

(1) 资本结构情况。

于2016年12月31日,公司资产负债率(总负债/总资产)为55.48%(2015年12月31日:54.52%),同比上升0.96个百分点。利息保障倍数(息税前利润/利息支出)为8.19倍(2015年:7.80倍)。本公司资本比例(债务净额除以总资本)为25.30%。

(2) 公允价值计量资产、主要资产计量属性变化相关情况说明。

报告期内,公司除对交易性金融资产和部分可供出售金融资产采用公允价值计量外,其他资产均以历史成本计量,公允价值按活跃市场的价格计量。

(3) 贷款及借款的资料。

报告期内,公司资金流动性及财政资源良好。于2016年12月31日,本公司银行借款余额为104.78亿元,本公司应付债券余额19.99亿元,其中,美元贷款余额折合人民币0亿元,港币贷款余额折合人民币0亿元,新西兰币贷款余额折合人民币2.38亿元,按固定利率的贷款及应付债券的余额约为人民币85.50亿元。于2016年12月31日,本公司应收账款及应收票据,净额为288.79亿元(2015年12月31日:253.48亿元),同比增加13.93%。经营规模扩大及合并范围增加是导致应收账款增加的主要原因。于2016年12月31日,本公司应付账款及应付票据余额为259.85亿元(2015年12月31日:244.37亿元),同比增加6.34%。经营规模扩大及合并范围增加是导致应付账款增加的主要原因。本公司之借贷详情载于按中国企业会计准则编制的财务报表附注四26、36、37,按香港财务报告准则编制的财务报表附注25。

(四) 尚未盈利的原因及影响

创业板、科创板公司上市时未盈利的,在实现盈利前应当披露尚未盈利的原因及影响,公司核心竞争力和经营活动面临的重大风险。

【例】上市公司年报披露节选

二、风险因素

(一) 尚未盈利的风险

☑适用　□不适用

2020年,公司的营业收入为45 892.73万元,公司归属于母公司股东的净利润、归属于母公司股东的扣除非经常性损益后的净利润分别为-43 450.93万元、-65 875.27万元,均为负值。截至2020年12月31日,公司经审计的母公司报表未分配利润为-78 154.76万元,合并报表中未分配利润为-128 914.64万元,母公司报表可供股东分配的利润为负值。若公司不能尽快实现盈利,或者控股子公司缺乏现金分红的能力,公司在短期内无法完全弥补累积亏损,将存在短期内无法向股东现金分红的风险,对股东的投资收益造成不利影响。

(二) 业绩大幅下滑或亏损的风险

☑适用　□不适用

智能芯片研发需要大量开支。报告期内,公司归属于母公司普通股股东的净利润为-43 450.93万元,公司持续亏损的主要原因是根据公司战略规划,进一步增加研发投入所致。未来一段时间，公司将存在持续亏损并将面临如下潜在风险：

（1）公司在资金状况、研发投入、业务拓展、人才引进、团队稳定等方面可能受到限制或存在负面影响。

（2）公司收入可能无法按计划增长。

（3）公司无法保证未来几年内实现盈利，公司亦可能面临退市的风险。

（三）核心竞争力风险

☑适用 □不适用

公司所处行业为技术密集型行业。公司掌握的核心技术及公司研发水平将严重影响公司的核心竞争力。

1. 产品研发迭代未达预期的风险

虽然公司是目前国际上少数几家全面系统掌握了智能芯片及其基础系统软件研发和产品化核心技术的企业之一，已经具有一定的技术壁垒，关键核心技术处于行业的领先水平。但随着人工智能应用及算法的逐步普及，人工智能芯片受到了多家集成电路龙头企业的重视，该领域也成为多家初创集成电路设计公司发力的重点。此外，研发项目的进程及结果的不确定性较高，公司将面临前期的研发投入难以收回、预计效益难以达到的风险。未来，若公司不能根据市场需求，实现产品的快速迭代，将可能逐渐丧失市场竞争力，对公司未来持续发展造成不利影响。

2. 核心技术人才流失及技术泄密风险

核心技术对公司的发展尤为重要。若公司在经营过程中核心技术泄密、核心技术人才流失，将导致公司业务发展和研发工作进程造成不利影响。

（五）投资状况

公司应当介绍本年度投资情况，分析报告期内公司投资额同比变化情况。

（1）对报告期内获取的重大的股权投资，公司应当披露被投资公司名称、主要业务、投资份额和持股比例、资金来源、合作方、投资期限、产品类型、预计收益、本期投资盈亏、是否涉诉等信息。

（2）对报告期内正在进行的重大的非股权投资，公司应当披露项目本年度和累计实际投入情况、资金来源、项目的进度及预计收益。若项目已产生收益，应当说明收益情况；未达到计划进度和收益的，应当说明原因。

(3) 对报告期内持有的以公允价值计量的境内外股票、基金、债券、信托产品、期货、金融衍生工具等金融资产的初始投资成本、资金来源、报告期内购入或售出及投资收益情况、公允价值变动情况等进行披露。

公司编制本部分内容时,可从两方面入手:一是介绍公司整体投资情况,并分析较上年度的同比变化情况;二是具体披露公司临时报告披露过的投资事项、年度报告前文提及的投资事项以及公司认为重要的其他投资事项,以保证信息披露的持续性、完整性和一致性。

【例】上市公司年报披露节选

年度报告披露:

重大的股权投资

☑适用 □不适用

被投资公司名称	主要业务	拟投资金额(万元)	2020年实际投资金额(万元)	累计实际投资金额(万元)	占被投资公司权益的比例	资金来源
广西广投桥巩能源发展有限公司	电力生产、供应;水电资源和火电资源的投资、开发和经营、技术咨询等	148 976.53	74 976.53	74 976.53	100.00%	自筹
福建双富专用汽车有限公司	改装汽车、半挂车、金属包装容器、农用机械、矿山运输机械设备、汽车零部件制造及销售等	9 091.32	9 091.32	9 091.32	100.00%	自筹
陕西常兴光伏科技有限公司	光伏电站的建设及发电量的销售;光伏发电设备的制造、销售等	1 037.07	508.16	508.16	90.00%	自筹
广西七色珠光材料股份有限公司	珠光颜料、涂料、云母及其相关制品、原材料、半成品的研发、生产、销售以及生产技术和产品的进出口贸易等	7 224.00	7 224.00	7 224.00	14.4261%	自筹
合计	—	166 328.92	91 800.01	91 800.01	—	—

年度报告审核问询:

公司上述股权投资涉及机械制造、光伏、珠光颜料等行业,与公司现有油品、电力业务并不直接相关。请公司董监高结合前问回复详细说明:(1)上述交易实施必要性、定价公允性,是否存在损害公司利益的情形,以及是否按规定履行相应的程序及信息披露义务。

年度报告审核问询回复:

公司参与上述股权投资交易决策的时任董事、监事、高级管理人员认为:

(1) 2015年5月,为解决公司全资子公司广西永盛与柳州正菱集团及其关联公司之间的供销业务债权债务问题,尽可能挽回损失,经协商,柳州正菱集团以其持有的SF汽车(原"KBZG")100%股权抵偿所欠广西永盛部分债务而形成。

公司取得SF汽车100%股权事宜是为了退出与武夷汽车的合作,重新取得SF汽车的股权,以便公司今后进一步优化业务结构,有利于公司未来发展;本公司对SF汽车存在的其他应收款大部分为以前年度处理历史遗留问题且在与WY汽车合作前就已经形成,且已在评估报告中体现,本次交易定价依据中联资产评估集团有限公司出具评估报告的评估结果确定,定价具备公允性;本次交易已分别经公司党委会、总裁办公会、公司董事会审议通过,相关决策程序合法合规,并在公司指定信息披露媒体上进行披露,按照规定履行了相应的审议程序及信息披露义务,不存在损害公司利益的情形。

(2) 陕西CXGF公司是以光伏发电为主业的公司,与公司电力主营业务一致。公司收购其股权并成为控股股东,目的是发展壮大公司电力主业,是落实公司发展新能源战略的具体措施,扩大了公司发电主业,填补了公司在光伏发电板块的空白,也为公司拓展新能源领域投资积累经验。公司收购陕西CXGF公司股权价格依据中京民信(北京)资产评估有限公司出具评估报告的评估结果确定,定价具备公允性,且公司根据合同约定,待合同生效条件达成后方支付股权转让款,保护了公司的利益;本次交易已分别经公司党委会、总裁办公会、公司董事会审议通过,并在公司指定信息披露媒体上进行披露,后续相关进展情况亦在公司定期报告中进行披露,按照规定履行了相应的审议程序及信息披露义务,不存在损害公司利益的情形。

(3) QSZG公司是一家以生产和销售珠光颜料及人工合成云母等新材料为主营业务的国家级高新技术企业。公司原已有部分股权投资,受让QSZG可转股债权事宜是为了增加分享QSZG未来发展前景及上市预期所带来的收益,可获得较好的投资回报,也是助推广西新材料产业发展、支持参股公司进一步做强做大的需要;公司以持有的 QSZG 股权作价出资认购 HQXC 增资股份事宜是为了支持推动 QSZG 在香港联交所发行股票并上市的进程最终实现持有与公司所持有的 QSZG 股权等额的境外股权的权益,是公司综合考虑了公司及 QSZG 未来发展而做出的决策,如 QSZG 在香港联交所发行股票并成功上市,预计未来将会给公司带来较大的股权投资增值,获得良好的投资回报。

公司受让 QSZG 可转股债权转股价格为原转让方与 QSZG 在协议中约定的价格,且低于 QSZG 其他股东进行股权转让的价格以及其 QSZG 经评估后的股权权益评估值,定价具备公允性;公司认购 HQXC 增资股份未涉及定价事宜。上述交易已分别经公司党委会、总裁办公会、公司董事会审议通过,并在公司指定信息披露媒体上进行披露,后续相关进展情况亦在公司定期报告中进行披露,按照规定履行了相应的审议程序及信息披露义务,不存在损害公司利益的情形。

【提示】

监管部门常常对照年报中重大事项的具体披露来关注上市公司报告期内是否存在应披露未披露事项,以及发生的重大事项与主营业务之间的相关性、必要性或合理性等。本例中,该上市公司在重大股权投资情况中仅结论性披露了报告期内的股权投资情况,后在年报审核问询回复中就对外投资的必要性及定价公允性进行了补充说明。

对于投资事项的披露,若已有临时披露的,上市公司在年报中可做出概述性说明并附上相关公告索引,并汇总报告期内该事项的重大进展或变化。

(六)重大资产和股权出售

公司应当简要分析重大资产和股权出售事项对公司业务连续性、管理层稳定性的影响。公司应当说明上述事项是否按计划如期实施,如已实施完毕,应当说明其对财务状况和经营成果的影响,以及所涉及的金额及其占利润总额的比例;如未按计划实施,应当说明原因及公司已采取的措施。

【例】上市公司年报披露节选

2. 出售重大股权情况

☑适用 □不适用

交易对方	被出售股权	出售日	交易价格（万元）	本期初起至出售日该股权为上市公司贡献的净利润（万元）	出售对公司的影响	股权出售为上市公司贡献的净利润占净利润总额的比例	股权出售定价原则	是否为关联交易	与交易对方的关联关系	所涉及的股权是否已全部过户	是否按计划如期实施，如未按计划实施，应当说明原因及公司已采取的措施	披露日期	披露索引
上海GJ企业发展有限公司	江西ZG酒业有限责任公司	2020年03月30日	28 005	0	合并范围减少	128.03%	根据第三方评估报告确认挂牌底价	否	无	是	是	2020年03月11日	巨潮资讯网
上海GJ企业发展有限公司	赣州CJ实业有限责任公司	2020年03月23日	5 574	0	合并范围减少	2.41%	根据第三方评估报告确认挂牌底价	否	无	是	是	2020年03月11日	巨潮资讯网

（七）主要控股参股公司分析

公司应当详细介绍主要子公司的主要业务、注册资本、总资产、净资产、净利润，本年度取得和处置子公司的情况，包括取得和处置的方式及对公司整体生产经营和业绩的影响。主要子公司或参股公司经营情况的披露参照上市公司管理层讨论与分析的要求。

（1）来源于单个子公司的净利润或单个参股公司的投资收益对公司净利润影响达到10%以上的，应当介绍该公司主营业务收入、主营业务利润等数据。

（2）单个子公司或参股公司的经营业绩同比出现大幅波动，且对公司合并经营业绩造成重大影响的，公司应当对其业绩波动情况及其变动原因进行分析。

若主要子公司或参股公司的经营业绩未出现大幅波动，但其资产规模、构成或其他主要财务指标出现显著变化，并可能在将来对公司业绩造成影响的，公司也应当对变化情况和原因予以说明。

（3）与公司主业关联较小的子公司，应当披露持有目的和未来经营计划；对本年度内投资收益占公司净利润比例达50%以上的公司，应当披露投资收益中占比在10%以上的股权投资项目。

【例】上市公司年报披露节选

1. 主要子公司情况

单位：百万元

序号	公司	注册资本	总资产	净资产	归属于母公司股东的净利润			
		于2020年12月31日			2020年	2019年	变动	主要变动原因
1	SDMT	4 989	31 927	22 971	10 528	12 945	(18.7%)	煤炭销量及销售均价下降，以及企业所得税费用增加
2	SHTL	15 231	42 554	34 479	7 668	7 601	0.9%	
3	JJNY	2 278	10 604	8 835	2 959	3 211	(7.8%)	
4	ZGENY	7 102	41 802	34 518	1 291	2 769	(53.4%)	铁路运输周转量下降，以及煤炭销售均价下降
5	销售集团	1 889	21 223	7 841	1 835	2 514	(27.0%)	煤炭销售量及销售均价下降
6	HYGW	6 790	13 789	11 091	1 542	1 391	10.9%	
7	BDSL	2 858	6 674	4 644	743	28	2 553.6%	2019年受采矿用地审批影响，煤炭产量较低，2020年煤炭产销量及销售均价上升
8	BTNY	2 633	7 028	5 810	515	963	(46.5%)	煤炭销量及销售均价下降，以及企业所得税费用增加
9	SBNY	1 169	6 037	4 533	790	935	(15.5%)	煤炭产销量下降
10	YNZW	2 540	13 703	3 993	778	(9)	(8 744.4%)	印尼爪哇7号发电项目单机商业运营

注：(1)上表中主要子公司的财务数据根据中国企业会计准则编制，未经审计或审阅。

(2) SDMT2020年营业收入为53 364百万元，营业利润为14 085百万元。

(3) SHTL2020年营业收入为20 585百万元，营业利润为10 259百万元。

【例】上市公司年报及问询函节选

年度报告披露:

(七)主要控股参股公司分析

☑适用 □不适用

主要子公司及对公司净利润影响达10%以上的参股公司情况

单位:元

公司名称	公司类型	主要业务	注册资本	总资产	净资产	营业收入	营业利润	净利润
北京LXS户外用品有限公司	子公司	主要经营各类户外用品的批发	10 000 000.00	53 464 395.30	6 949 591.92	36 579 041.07	3 694 970.45	3 089 538.61
北京SF户外运动管理有限公司	子公司	策划组织户外运动与体育运动	10 000 000.00	5 623 315.94	489 897.81	9 588 845.36	-195 483.31	-230 399.83
北京SF户外运动技能培训有限公司	子公司	策划组织企业活动	10 000 000.00	4 004 960.82	2 090 227.00	11 948 749.57	-805 285.51	-804 023.33
江苏SF电子商务发展有限公司	子公司	主要经营各类户外用品的零售	30 000 000.00	21 882 877.48	968 473.12	26 995 351.44	-377 181.50	-825 878.63
上海XL文化发展有限公司	子公司	主要经营亲子户外乐园	18 000 000.00	130 255 171.78	83 107 207.22	21 916 904.73	-1 288 953 575.55	-12 753 651.15
江苏SF户外用品有限公司	子公司	主要经营各类户外用品的零售	60 000 000.00	123 085 506.44	-2 122 864 727.77	125 960 393.28	-1 382 538 817.87	-18 536 767.16
北京SFYD体育用品有限公司	子公司	主要经营各类户外用品的零售	10 000 000.00	10 562 634.25	3 519 437.46	9 527 878.63	1 203 421.43	1 147 947.92
沈阳SF户外用品有限公司	子公司	主要经营各类户外用品的零售	10 000 000.00	23 638 962.48	11 638 928.46	36 415 043.86	1 723 842.17	1 359 859.21

续表

公司名称	公司类型	主要业务	注册资本	总资产	净资产	营业收入	营业利润	净利润
长春 SF 户外用品有限公司	子公司	主要经营各类户外用品的零售	12 000 000.00	16 725 498.11	13 725 818.79	11 707 019.51	742 383.21	704 691.11
石家庄 SF 户外用品有限公司	子公司	主要经营各类户外用品的零售	10 000 000.00	5 592 614.42	2 438 073.66	8 408 731.02	301 834.25	286 009.81
上海 SF 户外用品有限公司	子公司	主要经营各类户外用品的零售	50 000 000.00	29 394 260.35	8 424 352.80	50 778 420.27	-221 682.05	-339 931.76

年度报告审核问询:

报告期内,你公司 11 家主要控股参股公司中有 6 家亏损,请你公司:

(1) 结合上述各亏损子公司过去 5 年收入和盈利增长率、所处地区经营环境变化、各地区内同行业竞争情况、各地区门店增长率以及客户群体变化等因素,分析说明你公司多数主要控股参股公司亏损的原因和合理性;

(2) 说明你公司拟采取或已采取的提高子公司盈利能力的具体措施,同时,结合你公司上年度线上销售变动情况,说明你公司是否存在调整商业模式的情况,并充分解释相关风险。

【提示】

本例中,该上市公司子公司业绩波动较大,但未说明其业绩波动情况、变动原因及合理性,而后在年度报告审核问询中被要求补充披露,并就拟采取或已采取的提高子公司盈利能力的措施进行说明。

(八) 公司控制的结构化主体情况

公司存在其控制下的符合《企业会计准则第 41 号——在其他主体中权益的披露》规定的结构化主体时,应当介绍控制权方式和控制权内容,并说明从中可以获取的利益和对其所承担的风险。另外,公司还应当介绍结构化主体对其提供融资、商品或劳务以支持自身主要经营活动的相关情况。

【例】上市公司年报及问询函回复节选

年度报告披露:

4. 公司控制的结构化主体情况

☑适用 □不适用

纳入合并范围的结构化主体：本期本公司之子公司中山证券有限责任公司作为集合资产管理计划管理人并投资中山证券稳健收益集合资产管理计划、中山证券富盈1号集合资产管理计划、中山证券稳赢2号集合资产管理计划，综合考虑中山证券有限责任公司合计享有这些集合资产管理计划的可变回报比重及变动性，或承担的风险敞口等因素，对其实施控制，故认定将此三个集合资产管理计划纳入本公司合并财务报表的合并范围。

本公司未纳入合并财务报表范围的结构化主体为本公司之子公司中山证券发起设立的资产管理计划或其他方发起设立的资产管理计划，这些结构化主体的性质和目的主要是管理投资者的资产并赚取管理费或获取投资回报。本公司之子公司中山证券在这些未纳入合并财务报表范围的结构化主体中享有的权益主要包括直接持有投资或通过管理这些结构化主体赚取管理费收入。期末本公司之子公司中山证券通过直接持有其发起设立的资产管理计划和持有其他方发起的资产管理计划中享有的权益在其资产负债表中的相关资产负债项目账面价值及最大损失风险敞口列示如下：

单位：元

产品名称	期末账面价值	最大损失敞口
中山金百灵贵宾定制1号集合资产管理计划	1 327 500.00	1 327 500.00
中山金百灵贵宾定制2号集合资产管理计划	1 276 200.00	1 276 200.00
中山金百灵贵宾定制3号集合资产管理计划	1 177 000.00	1 177 000.00
中山多策略1号集合资产管理计划	1 123 839.62	1 123 839.62
合 计	4 904 539.62	4 904 539.62

年度报告审核问询：

问题五：审计机构将你公司结构化主体纳入合并范围作为关键审计事项。年报显示，你公司纳入合并财务报表范围的结构化主体共3个，纳入合并财务报表范围的结构化主体的总资产为14.44亿元。请结合你公司会计政策，针对本期纳入合并范围的全部结构化主体，说明拥有控制权的具体判断标准。请年审会计师核查并发表明确意见。

年度报告审核问询回复：

2020年末，中山证券作为管理人的存续结构化主体有18个，其中自有资金出资的结构化主体有7个，分别是中山证券富盈1号集合资产管理计划（以下简称“富盈1号”）、中山证券稳赢2号集合资产管理计划（以下简称“稳赢2号”）、中山证券稳健收益集合资产管理计划（以下简称“金汇2号”）、中山金百灵贵宾定制1号集合资产管理计划（以下简称“金百灵1号”）、中山金百灵贵宾定制2号集合资产管理计划（以下简称“金百灵2号”）、中山金百灵贵宾定制3号集合资产管理计划（以下简称“金百灵3号”）和中山多策略1号集合资产管理计划（以下简称“多策略1号”）。其中纳入合并财务报表范围的结构化主体3个，分别是富盈1号、稳赢2号和金汇2号，纳入合并财务报表范围的结构化主体的总资产为14.44亿元。

1. 企业会计准则对合并范围的相关规定

《企业会计准则第33号——合并财务报表》（2014年修订）（以下简称“33号准则”）第七条规定：“合并财务报表的合并范围应当以控制为基础加以确定。控制，是指投资方拥有对被投资方的权力，通过参与被投资方的相关活动而享有可变回报，并且有能力运用对被投资方的权力影响其回报金额。”

33号准则应用指南进一步指出：“控制的定义包含三项基本要素：一是投资方拥有对被投资方的权力，二是因参与被投资方的相关活动而享有可变回报，三是有能力运用对被投资方的权力影响其回报金额。在判断投资方是否能够控制被投资方时，当且仅当投资方具备上述三要素时，才能表明投资方能够控制被投资方”。“投资方拥有对被投资方的权力是判断控制的第一要素，这要求投资方需要识别被投资方并评估其设立目的和设计、识别被投资方的相关活动以及对相关活动进行决策的机制、确定投资方及涉入被投资方的其他方拥有的与被投资方相关的权利等，以确定投资方当前是否有能力主导被投资方的相关活动。”

33号准则第十八条和第十九条提供了关于拥有权力的一方是主要责任人还是代理人的判断指引。“第十八条：投资方在判断是否控制被投资方时，应当确定其自身是以主要责任人还是代理人的身份行使决策权，在其他方拥有决策权的情况下，还需要确定其他方是否以其代理人的身份代为行使决策权。代理人仅代表主要责任人行使决策权，不控制被投资方。投资方将被投资方相关活动的决策权委托给代理人的，应当将该决策权视为自身直接持有。”“第十九条：在确定决策者是否为代理人时，应当综合考虑该决策者与被投资方以及其他投资方之间的关系。①存在单独一方拥有实质性权利可以无条件罢免决策者的，该决策者为代理人。②在除①外的情况下，应当综合考虑决策者对被投资方的决策权范围、其他方享有的实质性权利、决策者的薪酬水平、决策者因持有被投资方中的其他权益所承担可变回报的风险等相关因素进行判断。”

2. 中山证券在判断是否对结构化主体存在控制时的具体判断标准

中山证券作为结构化主体的资产管理人时，需要就是否控制该等结构化主体并将其纳入合并范围做出重大判断标准。中山证券管理层考虑对结构化主体是否达到控制时，考虑对结构化主体相关活动拥有的权力，所承担的风险和享有的报酬，以及通过运用该权力而影响其可变回报的能力。

中山证券管理层评估了不同交易结构下的决策机制、合同权利和义务并以此为基础分析对结构化主体的权力，分析和测试结构化主体的可变回报，包括但不限于直接投资比例、作为资产管理者获得的手续费收入及资产管理费、收益分配、亏损分担、留存的剩余收益等。此外，中山证券对在结构化主体交易中担任主要责任人还是代理人的角色进行了判断，包括分析和评估了对结构化主体决策权的范围、提供资产管理服务而获得的报酬水平、因持有结构化主体中的其他权益所承担可变回报的风险以及其他参与方持有的实质性权利。在综合考虑各项因素的基础上，对是否对结构化主体存在控制并纳入合并报表范围作出判断。

根据富盈 1 号合同约定，中山证券以已计提但尚未支付的管理费及推广期自有资金为限承担有限补偿责任，截至 2020 年末处于清算阶段，中山证券持有比例为 100%；根据稳赢 2 号合同约定，公司以自有资金参与份额、集合计划总份额(不含管理人自有资金部分)2.5%之中孰小值为限承担有限补偿责任；根据金汇 2 号合同约定，公司自有资金参与金汇 2 号的劣后级份额，享有超额收益，对优先级保证收益并承担全部风险。中山证券对上述 3 只产品的资金运作、投资方向、投资时点拥有决策的权利且享有的可变回报超过 30%，达到控制程度，故将富盈 1 号、稳赢 2 号、金汇 2 号纳入合并范围内。

根据金百灵 1 号、金百灵 2 号、金百灵 3 号和多策略 1 号的合同约定，公司自有资金参与份额占总份额比例小于 1%，享有相应份额的收益分配权利并承担相应的风险，不享有超额收益与承担超额风险，未达到控制程度，故不纳入合并范围。

其他11只结构化主体,中山证券未有自有资金出资,根据合同约定均享有固定回报(即管理费收入),未达到控制程度,故不纳入合并范围。

根据33号准则第七条规定:“合并财务报表的合并范围应当以控制为基础予以确定”。中山证券将所有控制的结构化主体纳入合并财务报表范围。

六、未来发展的讨论与分析

公司应当讨论和分析未来发展战略、下一年度经营计划以及可能面对的风险,鼓励进行量化分析,结合投资者关注较多的问题,以及现阶段所面临的特定环境、所处行业及业务特征进行披露。

(一)行业格局和趋势

公司应当结合自身的业务规模、经营区域、产品类别以及竞争对手等情况,介绍与公司业务关联的宏观经济层面或行业环境层面的发展趋势,公司的行业地位或区域市场地位的变动趋势。公司应当结合主要业务的市场变化情况、营业成本构成的变化情况、市场份额变化情况等因素,分析公司的主要行业优势和劣势,并说明相关变化对公司未来经营业绩和盈利能力的影响。

【例】上市公司年报披露节选

(一)行业格局和趋势

☑适用 □不适用

目前,我国经济正处于转变发展方式、优化经济结构、转换增长动力的攻关期,经济发展前景向好,但也面临着结构性、体制性、周期性问题相互交织所带来的困难和挑战。在全球疫情蔓延、外部环境复杂多变的背景下,根据国内外经济形势,我国适时启动国内国际双循环的发展格局。习近平主席强调:我们要坚持用全面、辩证、长远的眼光分析当前经济形势,努力在危机中育新机、于变局中开新局。

1. 医药行业

医药行业是我国国民经济的重要组成部分,是传统产业和现代产业相结合的产业兼具消费与科技属性,是关系国计民生的重要产业,是我国七大战略新兴产业之一。医药行业具有高投入、高产出、高风险、高技术密集型特点,有很强的技术壁垒,对保护和增进人民健康水平、提高生活质量,促进经济发展和社会进步均具有十分重要的作用。

全球人口老龄化进程加快，以及新冠肺炎疫情的持续与后续不确定性，使医药行业的关注度持续居于高位。疫情对医药细分行业影响分化明显，与抗疫相关的医疗需求出现爆发式增长，而医疗端业务在常态化防控下受限明显，医药细分领域的景气度与企业的发展也出现不同程度的分化。

在政策方面，医改仍然是贯穿医药、医保、医疗改革政策的主线，确立从医药的供给端、支付端以及使用端进行"三医联动"为核心的改革，本年度从深化分级诊疗、医疗保障、药品注册、药品生产、一致性评价、互联网+，有序扩大国家组织集中采购和使用药品品种范围，改革完善药品采购机制、医药代表行为规范、远程医疗等等方面出台了一系列的政策，全面推进健康中国建设。随着医改政策的不断推出完善，结构性调整的持续深化，医药产业面临"长线利好、中短期挑战加剧"的巨大考验，企业优胜劣汰、行业集中度加速提升将成为主流趋势，医药创新"新"时代已经到来。

对企业而言，核心产品竞争优势明显、产品多元化且研发能力突出的医药制造企业和具备完善的销售布局及渠道建设的医药流通企业将保持更强的竞争及抗风险能力，行业强者恒强的趋势更为凸显；转型、升级和变革将成为医药企业生存和发展的核心主题，在夯实经营基础、加速创新布局的同时，必须在营销模式、研发策略、多元化拓展等方面获得确定性突破，从而在未来行业格局重塑中占据一席之地。

2. 医疗行业

医疗行业属我国重点支持的战略新兴产业，是衡量一个国家科技进步和国民经济现代化发展水平的重要指标之一。随着人口自然增长、人口老龄化程度提高，以及居民生活水平的提高和医疗保健意识的增强，医疗健康行业的需求持续提升，医疗市场整体呈稳步增长态势，发展潜力巨大。

国家在"十四五"规划和2035年远景目标中提出"坚持把实现好、维护好、发展好最广大人民根本利益作为发展的出发点和落脚点，尽力而为、量力而行，健全基本公共服务体系，完善共建共治共享的社会治理制度，扎实推动共同富裕，不断增强人民群众获得感、幸福感、安全感，促进人的全面发展和社会全面进步"。

伴随着人口老龄化程度不断提高，新冠肺炎疫情的全球蔓延，更是敲响了人类社会预防传染病大流行的警钟，人们的健康意识不断加强，医疗体系逐步完善，医疗器械设备的需求受到医疗卫生机构投资的直接拉动，医疗器械需求将持续增加。总体来说,随着我国改革开放的进一步深入以及医改的持续推进,公众对医疗的需求逐渐增加,国家在相关政策及法规方面也做了进一步完善,需求端和政策端共同推动国内医疗行业市场快速发展。

近年来,为鼓励我国医疗器械行业健康快速发展,国家先后出台了一系列相关行业鼓励政策。从医疗卫生机构投资方面来看,受政策推动,民营医院和基层医疗机构数量在未来几年内仍会快速增长,卫生部门对各级各类医院科室的设备配置规定将拉动相关医疗设备的需求,进口替代和升级换代医疗器械将有广阔的空间;从我国居民的医疗服务需求方面来看,由于人均可支配收入提高、居民保健意识增强、医疗保险的覆盖率和报销比例提升、人口老龄化现象日趋严重,我国医疗支出不断提升。医疗器械行业的未来充满着机遇和挑战,一方面该产业面临着来自监管和资金方面的压力,另一方面技术创新让医疗器械产业大为受益,高端科技都将成为医疗器械行业发展的强大推动力。

作为医疗企业,政策对研发、注册、采购、生产、配送、销售、质量、代理等各个环节责任也进行了重新的定位。医疗器械上市许可持有人制度(MAH)的试点和推行,更是从"责任"的角度明确产品持有人的责任,行业发展面临前所未有的机遇。在市场和临床应用方面将催生新的"药品+器械一体化"的模式,药品和器械在医疗机构的诊疗和患者健康保健中发挥着协同的作用。

3. 房地产行业

在新冠肺炎疫情冲击的特殊时期,作为经济发展重头戏的房地产行业的走势和动向备受关注。房地产行业政策仍保持了往年调控的一贯性,"房住不炒,稳字当头"的主基调继续延续,政策按照落实一城一策、因城施策的长效调控机制,夯实城市政府主体责任,切实把稳地价、稳房价、稳预期的目标落到实处,促进市场平稳、保证自住需求的有序释放,遏制投资投机行为,保持行业整体稳健发展。调控将呈现长期化、常态化的特点;各地因城施策,更加趋向于灵活、精准,重点依旧是促进房地产市场平稳健康发展,完善便民设施,让城市更宜业、宜居。伴随着"三道红线"扩围和贷款集中度新政的逐步落地,行业整体杠杆率有望逐步回落。房地产行业竞争格局也将进一步分化,地产行业的运作模式也将发生深刻变革。

短期内,受调控及融资政策、行业环境等因素影响,房地产行业面临一定的压力。长远来看,在城镇化、城市间人口迁移、住房消费升级、居住条件改善、经济增长带动住房消费、家庭小型化等因素支撑下,全国自住房需求仍有增长空间。珠海作为粤港澳大湾区的核心城市，在房地产政策方面，始终坚守“只住不炒”和“因城施策”的调控思路不动摇，在稳地价、稳房价、稳预期的前提下，因地制宜、多策并举，促进房地产市场理性、平稳、健康发展。

（二）公司发展战略

公司应当围绕行业壁垒、核心技术替代或扩散、产业链整合、价格竞争、成本波动等方面，结合投资者关注较多的问题，重点介绍未来主要经营模式或业务模式是否会发生重大变化，新技术、新产品的开发计划及进展，产能扩张、资产收购等重大投资计划，投资者回报安排等发展战略、发展步骤。若公司存在多种业务，还应当说明各项业务的发展规划。分析和讨论应当提供数据支持，并说明数据来源。

【例】上市公司年报披露节选

（二）公司发展战略

☑适用　□不适用

公司始终坚持“物联网生物安全科技生态”的战略定位，秉承“让生命更美好”的愿景，以用户为中心，创造用户最佳体验，致力于成为世界级的生物安全综合解决方案生态品牌。

1. 坚持技术引领

公司始终聚焦提升自主研发能力，完善机制激发创新活力，提升科技创新引领力，以实现生物安全领域关键技术的突破。未来，公司将在物联网科技领域不断进行创新拓展，把握行业生物信息大数据分析、生物信息溯源、数据安全等融合发展的契机，搭建自有的研发设计创新平台，建设“现场→实验室→市场”的开放式创新体系，通过“共创共赢共享”的开放机制吸引用户及生态攸关方参与开发共创，持续进行研发投入与创新，打造差异化竞争力。

2. 打造物联网科技生态

公司坚持从场景用户需求切入，基于新一代信息技术及生物安全技术不断创新生物安全场景解决方案，提供“网器→场景→生态”的用户体验迭代升级，不断提升用户交互的广度与深度，实现公司、用户、共创方等共赢进化，打造物联网时代的科技生态品牌。

3. 深化全球布局

公司坚持海外市场双轮驱动战略，将持续加大海外市场网络的扩展力度，继续深化与国际组织、各国政府的合作，加快从高端品牌向场景生态品牌的升级。同时，公司将推动海外市场本土化运营，通过吸引事业合伙人一起共创共享，搭建当地的市场、物流和售后体系，进一步扩大市场份额，提升全球市场竞争力。

（三）经营计划

公司应当回顾总结前期披露的发展战略和经营计划在报告期内的进展，对未达到计划目标的情况进行解释。若公司实际经营业绩低于或高于曾公开披露过的本年度盈利预测的20%，应当从收入、成本、费用、税负等相关方面说明造成差异的原因。公司应当披露下一年度的经营计划，包括（但不限于）收入、费用、成本计划，下一年度的经营目标，如销售额的提升、市场份额的扩大、成本下降、研发计划等，以及为达到上述经营目标拟采取的策略和行动。公司应当披露维持公司当前业务并完成在建投资项目所需的资金需求，对公司经营计划涉及的投资资金的来源、成本及使用情况进行简要说明。

《年报准则》同时指出，公司在披露经营计划时应当说明该经营计划并不构成公司对投资者的业绩承诺，提示投资者对此保持足够的风险意识，并且应当理解经营计划与业绩承诺之间的差异。需要特别提醒关注的是，经营计划如涉及收入和利润指标的，需注意是否涉及盈利预测。

【例】上市公司年报披露节选

（三）2021年度经营目标

项目	单位	2021年目标	2020年实际	增减率
商品煤产量	亿吨	2.84	2.916	（2.6%）
煤炭销售量	亿吨	4.76	4.464	6.6%
发电量	亿千瓦时	1 350	1 363.3	（1.0%）
营业收入	亿元	2 426	2 332.63	4.0%
营业成本	亿元	1 458	1 390.23	4.9%
销售、管理（含研发）、财务费用合计	亿元	229	211.77	8.1%
自产煤单位生产成本变动幅度	—	同比增长5%左右	同比增长0.3%	—

以上经营目标会受到合并财务报表范围变化、风险、不明朗因素及假设等因素的影响，实际结果可能与该等陈述有重大差异。该等陈述不构成对投资者的实质承诺。投资者应注意不恰当信赖或使用此类信息可能造成投资风险。

（四）可能面对的风险

公司应当针对自身特点，遵循关联性原则和重要性原则，披露可能对公司未来发展战略和经营目标的实现存在不利影响的风险因素。例如，政策性风险、行业特有风险、业务模式风险、经营风险、环保风险、汇率风险、利率风险、技术风险、产品价格风险、原材料价格及供应风险、财务风险、单一客户依赖风险、商誉等资产的减值风险，以及设备或技术升级换代、核心技术人员辞职、特许经营权丧失等导致公司核心竞争能力受到的严重影响等。

所披露的风险应当充分、准确、具体，尽量采取定量方式分析风险因素对公司当期及未来经营业绩的影响，已经或计划采取的应对措施。实践中，部分公司仅列示了风险，而缺少应对措施说明，建议予以重视，既有利于投资者评估风险对公司的影响，也有助于展现公司应对有方的企业形象。

对于本年度新增的风险因素，公司应注重分析其产生的原因、对公司的影响、已经采取的措施及其对应效果，或拟采取的措施。若分析表明，相关变化已经、正在或将要对公司的财务状况和经营成果产生重大影响的，公司应当提供管理层对相关变化的基本判断，尽可能定量分析对公司的影响程度。

【例】上市公司半年报问询函节选

半年报显示，2021 年 1 月至 6 月公司毛利率为 20.93%，同比下降 6.76 个百分点。公司产品结构变化导致毛利率下降，其中低毛利率的室内光缆和线缆材料业务收入金额及占比上升，高毛利率的光芯片与器件产品业务收入金额及占比下降；同时光芯片与器件业务因市场竞争导致产品价格下跌，毛利率下降。请你公司：①补充披露分产品的收入构成、毛利率及较上年同期对比情况；②结合行业政策、市场环境、竞争格局及同行业可比公司情况，说明光芯片与器件业务产品价格下跌的原因及合理性，是否与同行业存在重大差异；③补充披露光芯片与器件业务产品价格下跌是否具有持续性，公司拟采取的应对措施，并进行充分风险提示。请保荐机构核查并发表意见。

【例】上市公司年报问询函节选

11. 关于商誉

年报显示，报告期末公司商誉账面余额 1.41 亿元，分别为 2018 年公司购买标的资产航天柏克、航天精一 51%股权形成。2018 年，航天柏克业绩承诺完成率为 90.42%；2019 年航天精一业绩承诺完成率为 52.21%。经公司减值测试，航天柏克、航天精一均未发生减值。请公司补充披露:①标的资产并表以来主要财务数据、主要客户及供应商情况,包括但不限于客户或供应商名称、关联关系、销售或采购产品、金额、收入或成本确认的依据、应收账款及回款情况,较上年是否存在重大变化及其原因;②结合行业发展趋势、业务开展,说明标的公司未能完成业绩承诺的原因,以及前期并购决策的审慎性和资产评估作价的公允性;③结合公司前期收购时的盈利预测、历年商誉减值测试的具体参数、假设、依据、测算过程,对比历年业绩的实际实现情况,说明未计提商誉减值的合理性和恰当性,分析是否存在商誉继续减值的风险,如是,进行充分的风险提示。请你公司重组独立财务顾问、年审会计师对此发表专项核查意见。

【提示】

近年来,上市公司借助并购重组提质增效,监管部门也在密切关注公司并购后能否有效整合、产生协同。整合效果、重组标的业绩承诺的履行和商誉减值都是年度报告审核重点关注事项。公司在严格按照《会计监管风险提示第 8 号——商誉减值》的规定,于财务报告中披露商誉减值相关信息的同时,还应当准确评估是否需要充分提示商誉减值风险。

科创板、创业板公司还应注意,除《年报准则》要求外,股票上市规则也特别要求公司应当识别并披露可能对公司产生重大不利影响的风险因素(详见表 2-3-1),其中创业板较科创板多强调了一项债务及流动性风险。

表 2-3-1　重大不利影响风险因素

风险因素	具体内容
核心竞争力风险	技术更迭、产品更新换代或竞争加剧导致市场占有率和用户规模下降,研发投入超出预期或进程未达预期,关键设备被淘汰等
经营风险	单一客户依赖、原材料价格上涨、产品或服务价格下降等
行业风险	行业出现周期性衰退、产能过剩、市场容量下滑或增长停滞、行业上下游供求关系发生重大不利变化等
宏观环境风险	相关法律、税收、外汇、贸易等政策发生重大不利变化
债务及流动性风险	资产负债率上升、流动比率下降、财务费用增加、债务违约、债权人提前收回借款或提高借款条件等

与《年报准则》第二十五条主要涉及"分析在报告期内的主要经营情况"不同,第二十六条涉及的"未来发展的讨论与分析"的侧重点在未来。这一部分内容是

年度报告中唯一面向未来的章节，是公司展现成长性的重要窗口。

实践中，有很多公司被要求补充披露对行业政策、市场环境、竞争格局等的展望，以及公司经营中可能存在的风险及应对措施。究其原因，大多是因为公司担心言多必失，在此部分往往有所保留。这种担心有其合理性，但并不绝对。公司应该意识到，定期报告是投资者了解公司发展的法定渠道，缺少了法定渠道的披露，一方面在风险来临时容易被质疑披露不充分；另一方面也使得日常在沟通发展事项时缺少相应的基础，往往更容易招惹是非。公司应充分利用本节内容，向投资者传递未来规划，一同展望投资前景；同时对于发展中的不确定事项，做好充分完整的风险提示，以降低合规风险。

【例】交易所关注函节选

近期，我部在日常监管中关注到你公司在定期报告、互动易平台中对你公司车载镜头业务开展情况进行了介绍，其中提及你公司与 Mobileye、Nvidia、Tesla 等公司开展合作。此外，你公司近期将用于“年产 2.6 亿颗高端手机镜头产业化项目”的募集资金 3.88 亿元变更用于“年产 2 400 万颗智能汽车光学镜头及 600 万颗影像模组产业化项目”。我部对上述事项表示关注，请你公司补充披露以下内容：

……

2020 年年报显示，你公司在车载镜头领域，继续强化与国际知名算法方案公司 Mobileye、Nvidia 等的战略合作，扩大车载镜头的市场占有率；车载镜头在稳定供货 Tesla 的基础上，重点开发华为、百度、蔚来、小鹏等算法公司和新能源汽车客户。请说明你公司在车载镜头领域的市场地位及市场占有率情况，过去 3 年公司车载镜头业务的客户开发、在手订单、产能、产量、形成的收入及利润情况，以及预计对公司 2021 年业绩的影响。

回复：

（1）公司在车载镜头领域的市场地位：……

（2）车载镜头市场占有率情况：随着智能驾驶的快速发展，整车厂商已经紧锣密鼓地开始了智能驾驶汽车的产能建设，整车企业产能的提升需要车载镜头等关键零部件上游厂商具有相匹配的供应能力，从而带动车载镜头的快速发展。公司自 2016 年开始进行车载镜头的研发、生产，逐步与 Mobileye、Nvidia 等方案厂商建立合作关系，并通过其产品认证，多款车载镜头得到全球知名 Tier1 如：Valeo、

Conti、Aptiv、ZF、Magna 等的定点文书，公司车载镜头已经或将应用于奔驰、宝马、奥迪、沃尔沃、大众等知名汽车厂商，除与方案厂商建立合作关系外，公司直接与特斯拉、蔚来等知名车企建立了合作关系。目前智能驾驶行业处于快速发展阶段，公司车载镜头处于快速发展阶段，相应产能处于建设之中，截至本回复披露之日车载镜头销售规模较小，公司提请投资者谨慎评估，注意投资风险。

（3）过去 3 年公司车载镜头业务及客户情况：……

（4）公司车载镜头及模组在手订单情况：……

目前，公司车载光学项目主要为智能自动驾驶领域，处于起步阶段，相对于整个车载市场而言占有率较低，产能尚属建设期，规模占公司业务收入及利润总量比重较小，预计不会对公司 2021 年度的经营业绩产生重大影响。从订单预计的情况看，2022 年开始公司的车载项目将逐步起量，但与此同时车载镜头项目可能会受到中美贸易战、供应链原材料紧张、销售不达预期、下游需求萎缩等诸多不确定因素的影响，请投资者谨慎评估，注意投资风险。

【提示】

本例中，该上市公司主营业务为研发、生产及销售光学镜头及影像模组、触控显示器件等广泛应用于智能终端、智能汽车、智慧家庭、智慧城市等领域的光学产品。公司在 2020 年年报中多处提及与国际知名高级汽车辅助安全驾驶方案公司 Mobileye、Nvidia 等的战略合作，但未说明车载镜头业务的开展情况、市占率等关键指标，未讨论分析相关领域的战略合作情况，未提示相关风险。在关注函回复中，公司除补充相关数据外，也就涉及的经营风险进行了补充。

第四节　公 司 治 理

本节公司治理，涉及上市公司独立性、同业竞争、三会运作、董监高情况、利润分配、股权激励、内控建设等 10 余项内容。

根据中国证监会《〈公开发行证券的公司信息披露内容与格式准则第 2 号——年度报告的内容与格式〉修订说明》，有关公司治理部分的修订，主要表现在四个方面：一是考虑到原准则中与公司治理有关的内容散落在各个章节，为突出报告期内公司治理状况，将有关条文统一整合到了本节；二是细化公司董事会及其下设专门委员会履职情况的披露，完善控股股东、实际控制人与公司保持独立性、避免同业竞争等披露要求，并要求公司介绍报告期内的内部控制制度建设及实施、对子公司的管理控制等情况；三是公司存在表决权差异安排的，要求披露该等安排实施和变化的情况；四是要求创业板、科创板公司说明控股股东、实际控制人及其控制的其他单位从事对公司构成重大不利影响的同业竞争情况。

一、公司治理基本情况说明

公司应当披露公司治理的基本状况，说明公司治理的实际状况与法律、行政法规和中国证监会关于上市公司治理的规定是否存在重大差异；如有重大差异，应当说明具体情况及原因。

【例】上市公司年报披露节选

公司治理与证监会相关规定的要求是否存在重大差异；如有重大差异，应当说明原因。

☑适用 □不适用

公司已基本完成现阶段可以解决的治理问题，但公司尚未完成股权分置改革，同时存在关联交易和同业竞争的情况。具体情况说明如下：

（1）股权分置改革：目前尚未有合适的股改方案，公司将与控股股东等保持沟通，争取解决股改问题。

（2）关联交易与同业竞争：公司与控股股东及其关联方存在同业竞争，且关联交易金额巨大。关于同业竞争问题，本公司已在2014年8月就关于解决本公司同业竞争问题作出的相关承诺及其履行情况进行了公告，通过采取划分市场、产品或优先销售等方法，本公司与JTLT在产品销售上已避免产生竞争性投标，从而避免了同业竞争的问题，详情可参见临时公告内容。

关于关联交易问题，关联交易是为了保障本公司与控股子公司的日常经营需要，选择通过关联方采购和销售，可在优化资源配置、发挥规模效益等方面取得优势，提升经营效率。为减少关联交易可能对公司造成的影响，公司将继续加强关联交易管理，严格执行关联交易报告、审批和披露程序，跟踪管理日常关联交易执行情况，聘请外部机构对公司关联交易执行情况进行审核。

【提示】

公司可以对照《上市公司治理准则》，参照上交所主板《上海证券交易所上市公司控股股东、实际控制人行为指引》、科创板《上海证券交易所科创板上市公司自律监管规则适用指引第 1 号——规范运作》和《深圳证券交易所上市公司规范运作指引》和《深圳证券交易所创业板上市公司规范运作指引》中的相关内容，就公司治理现状进行自查。

二、公司独立性说明

公司应当说明控股股东、实际控制人在保证公司资产、人员、财务、机构、业务独立性的具体措施，存在影响独立性的事项，应当说明相应的解决方案、工作进度及后续工作计划。

公司应当说明控股股东、实际控制人及其控制的其他单位从事与公司相同或者相近业务的情况。存在同业竞争或者同业竞争情况发生较大变化的，公司应当说明对公司的影响、已采取的解决措施、解决进展以及后续解决计划。

创业板、科创板公司应当说明控股股东、实际控制人及其控制的其他单位从事对公司构成重大不利影响的同业竞争情况、变化及其具体影响等。

三、股东大会情况说明

公司应当介绍报告期内召开年度股东大会、临时股东大会的有关情况，包括会议届次、召开日期及会议决议等内容，以及表决权恢复的优先股股东请求召开临时股东大会、召集和主持股东大会、提交股东大会临时提案的情况（如有）。

【例】上市公司半年报披露节选

一、股东大会情况简介

会议届次	召开日期	决议刊登的制定网站的查询索引	决议刊登的披露日期
2017 年年度股东大会	2018 年 6 月 15 日	www.sse.com.cn	2018 年 6 月 16 日

股东大会情况说明

☑适用　□不适用

公司2017年年度股东大会通知于2018年4月27日以公告形式发出，公司于2018年5月22日公告了2017年年度股东大会延期公告，2018年5月7日、2018年5月24日和2018年6月5日分别公告了增加2017年年度股东大会临时提案的公告。公司2017年年度股东大会于2018年6月15日以现场投票与网络投票相结合的方式召开，会议由公司第十届董事会召集，现场会议于13:30在烟台市莱山区港城东大街289号南山世纪大厦B座14楼会议室举行，公司董事长主持现场会议，出席会议的有表决权的股东及授权代表共计555人，代表股份4 153 247 837股，占公司总股本的61.0727%，符合《公司法》及《公司章程》的规定。公司董事、监事、董事会秘书出席了会议。公司部分高管人员及见证律师列席了会议，会议召开程序合法有效。本次股东大会否决了《公司2017年度董事会工作报告》《公司2017年度监事会工作报告》《关于公司董事和监事报酬的议案》和《关于公司对外担保的议案》四项议案，其他审议的议案均获通过。具体内容详见公司于2018年6月16日披露的《山东XCNY股份有限公司2017年年度股东大会决议公告》（公告编号:2018-071）。

四、表决权差异安排

表决权差异安排是指发行人在一般规定的普通股份之外，发行拥有特别表决权的股份。每一特别表决权股份拥有的表决权数量大于每一普通股份拥有的表决权数量，其他股东权利与普通股份相同。

截至2021年11月，科创板的优刻得-W（证券代码:688158）、九号公司-WD（证券代码:689009）、精进电动-UW（证券代码:688280），汇宇制药-W（证券代码:689553）四家上市公司设置了表决权差异安排。其中，优刻得-W为科创板首家设置特别表决权的注册并上市的企业。以优刻得-W为例，其实际控制人持有的A类股份每股拥有的表决权数量是其他股东所持有的B类股份的表决权的5倍，使得实际控制人对公司的经营管理以及对需要股东大会决议的事项具有绝对控制权。

上市公司存在表决权差异安排的，应当披露该等安排在报告期内的实施和变化情况，包括但不限于以下内容：

（1）持有特别表决权股份的主体所持普通表决权股份数量及特别表决权股份数量，以及报告期内的变化情况。

（2）特别表决权股份拥有的表决权数量与普通股份拥有的表决权数量的比例安排，持有人所持特别表决权股份能够参与表决的股东大会事项范围。

（3）持有特别表决权股份的主体及特别表决权比例是否持续符合中国证监会及证券交易所的规定。

（4）报告期内特别表决权股份转换为普通股份的情况及原因。

（5）保护投资者合法权益承诺措施的实施情况。

（6）特别表决权股份锁定安排及转让限制情况。

（7）持有特别表决权股份的股东是否存在滥用特别表决权或者其他损害投资者合法权益的情形。

五、董事、监事和高级管理人员的情况

此部分需要披露的董事、监事和高级管理人员包括现任和报告期内离任的人员。报告期后新任的董监高，可作附注说明。

（一）基本情况

董监高的姓名、性别、年龄、任期起止日期、年初和年末持有本公司股份、股票期权及被授予的限制性股票数量、年度内股份增减变动量及变动原因。独立董事需单独注明。

（1）公司在披露董监高任期起止日期时，连任的从首次聘任日起算。若任期终止日期未明确，可以在对应位置标识“/”或“—”。

（2）披露前述人员年度内股份增减变动的原因时，情形简单的可以直接在表格中填写，复杂或可能多次重复的原因也可以采取加“注”方法，在表格最后说明，更加简洁。

（3）报告期内存在任期内董事、监事离任和高级管理人员解聘的，应当说明原因。

（4）科创板公司需注意在公告编制软件“其他情况说明”文本框中说明现任及报告期内离任董监高和核心技术人员的间接持股变动情况。

关于此部分内容的披露有一个常见错误是，公司以上一年度年报为基础，忘记更新董监高的年龄，需特别注意。

（二）任职情况

公司应当披露现任董监高的专业背景、主要工作经历，目前在公司的主要职

责。董监高如在股东单位任职,应当说明其职务及任职期间,以及在除股东单位外的其他单位的任职或兼职情况。

公司还应当披露现任及报告期内离任的董监高,在近3年受证券监管部门处罚的情况。

(三)年度报酬情况

(1)公司应当披露董监高报酬的决策程序、确定依据以及实际支付情况。

(2)公司应当披露每一位现任及报告期内离任董监高在报告期内从公司获得的税前报酬总额(包括基本工资、奖金、津贴、补贴、职工福利费和各项保险费、公积金、年金以及以其他形式从公司获得的报酬),并说明其是否在公司关联方处获取报酬。

国企高管薪酬在报告披露日尚未确定的,可以在相关位置加以说明。

(3)公司应当披露所有现任及报告期内离任董监高在报告期内从公司获得的税前报酬总额的合计金额。

【例】上市公司年报披露节选

某央企旗下上市公司BLFZ年报披露:

根据国资委有关规定,中央企业负责人年度薪酬实行"先考核、后兑现"原则,截至本报告公告时,2018年度中央企业负责人经营业绩考核工作仍在进行中,国资委尚未对宋某2018年度薪酬进行核定,因此无法予以披露。另经国资委核定,宋某2017年薪酬总额为×××万元。

(四)科创板公司核心技术人员有关信息

科创板公司应当注意在此部分披露核心技术人员的相关信息,汇总披露报告期内核心技术人员离职的情况,并综合评估影响。报告期内,核心技术人员数量较期初下降超过50%的,应当充分揭示核心技术人员变动风险,进一步说明公司维护研发人员稳定的合理措施。

根据《上海证券交易所科创板上市公司自律监管规则适用指引第3号——科创属性持续披露及相关事项》的规定,科创板公司应当在年报中披露核心技术人员的认定情况。报告期内,公司若新增技术负责人、研发负责人或履行类似职责的人员,但未认定为核心技术人员的,应当说明理由。

六、董事会的情况

公司应当介绍报告期内召开的董事会情况，包括会议届次、召开日期及会议决议等内容。

公司应当介绍报告期内每位董事履行职责的情况，包括但不限于每位董事出席董事会的次数、方式，曾提出异议的有关事项及异议内容，出席股东大会次数，每位董事对公司有关建议是否被采纳的说明。

七、董事会专门委员会的情况

公司应当披露董事会下设专门委员会的成员情况，报告期内召开会议次数、召开日期、会议内容、提出的重要意见和建议，以及其他履行职责的情况。存在异议事项的，应当披露具体情况。

【提示】

依据《上市公司治理准则》，上市公司董事会应当设立审计委员会，并可以根据需要设立战略、提名、薪酬与考核等相关专门委员会。专门委员会对董事会负责，依照公司章程和董事会授权履行职责，其运作情况是衡量公司治理水平的一项重要内容。公司日常披露董事会决议等公告时，虽然会涉及专门委员会的一些信息，但并不完整。通过年报梳理并汇总披露各专门委员会的履职情况，有助于投资者更加全面地了解公司治理的实际运行状况。

八、监事会发现风险情况

监事会在报告期内的监督活动中发现公司存在风险的，公司应当披露监事会就有关风险的简要意见、监事会会议召开日期、会议届次、参会监事以及临时报告披露网站的查询索引等信息。若未发现公司存在风险，公司应当披露监事会对报告期内的监督事项无异议，实践中直接勾选“否”或“不适用”即可。

九、公司的员工情况

公司应当披露母公司和主要子公司的员工情况，包括报告期末在职员工的数量、专业构成(如生产人员、销售人员、技术人员、财务人员、行政人员)、受教育程度、员工薪酬政策、培训计划以及需公司承担费用的离退休职工人数。对于劳务外包数量较大的,公司应当披露劳务外包的工时总数和支付的报酬总额。

这一部分内容看似简单,但却是本节披露中最容易发生错误的地方。具体如下:

(1)根据专业构成分别列示母公司和主要子公司员工情况时,应当统一明确分类标准,避免统计口径不同导致的错误。

【例】上市公司年报披露节选

更正前

员工数量、专业构成及受教育程度

母公司在职员工的数量(人)	1 943
主要子公司在职员工的数量(人)	354
在职员工的数量合计(人)	2 297
当期领取薪酬员工总人数(人)	2 297
母公司及主要子公司需承担费用的离退休职工人数(人)	0
专业构成	
专业构成类别	专业构成人数(人)
生产人员	1 378
销售人员	129
技术人员	387
财务人员	36
行政人员	367
合计	2 297

更正后

员工数量、专业构成及受教育程度

母公司在职员工的数量(人)	1 943
主要子公司在职员工的数量(人)	354
在职员工的数量合计(人)	2 297
当期领取薪酬员工总人数(人)	2 297

续表

母公司及主要子公司需承担费用的离退休职工人数(人)	0
专业构成	
专业构成类别	专业构成人数(人)
生产人员	1 338
销售人员	129
技术人员	618
财务人员	36
行政人员	167
合计	2 297

【提示】

本例中,该公司发生错误的原因主要是对技术人员的统计与实际情况存在差异。该公司在前期披露中只将公司研发中心的研发人员纳入技术人员范围,而未将测试、产品支持、网络安全工程、信息化技术等技术人员统计其中,导致数据错误。

(2)只披露了总体情况,但没有分别披露母公司和主要子公司的情况。

【例】上市公司年报披露节选

更正前

截至2015年末,公司总人数为1 114人,其中行政人员364人,财务人员197人,销售/业务人员344人,技术人员209人;其中博士/硕士33人,本科学历390人,大专学历490人,高中/中专/技校学历201人。

更正后

员工数量、专业构成及受教育程度

母公司在职员工的数量(人)	464
主要子公司在职员工的数量(人)	650
在职员工的数量合计(人)	1 114
当期领取薪酬员工总人数(人)	1 174
母公司及主要子公司需承担费用的离退休职工人数(人)	0

续表

专业构成	
专业构成类别	专业构成人数(人)
生产人员	0
销售人员	344
技术人员	209
财务人员	197
行政人员	364
合计	1 114
受教育程度	
教育程度类别	数量(人)
研究生学历	33
本科学历	390
大专学历	490
高中/中专/技校学历	201
合计	1 114

(3) 统计疏忽,存在遗漏情况。

【例】上市公司年报更正公告披露节选

因工作人员录入错误,未录入子公司 ZJQB 儿童用品有限公司口罩生产线人员、子公司 YGSE 有限公司人员、子公司 HZQB 工贸有限公司人员、子公司 XMQB 教育科技有限公司人员、子公司 ZJXQX 零售有限公司人员。

更正前

母公司在职员工的数量(人)	362
主要子公司在职员工的数量(人)	166
在职员工的数量合计(人)	492
母公司及主要子公司需承担费用的离退休职工人数(人)	0

更正后

母公司在职员工的数量(人)	362
主要子公司在职员工的数量(人)	312

续表

母公司在职员工的数量(人)	362
在职员工的数量合计(人)	638
母公司及主要子公司需承担费用的离退休职工人数(人)	0

(4) 员工人数与其他相关财务信息不匹配。监管部门在年报事后审核中,经常会询问职工薪酬、管理费用、销售费用等与公司员工数量、销售人员数量之间的钩稽关系。对于一些特殊情况,公司应立即核实,并予以详细说明。

【例】上市公司年报问询函披露节选

上市公司 ZKYW 年报披露,公司在职员工的数量为 468 人,较上一年减少 12.03%,销售人员共 16 人,较上年增加 12 人。销售费用中职工薪酬本期发生额为 2 130 万元,较上年同期下降 16.25%;管理费用中职工薪酬本期发生额为 1 088 万元,较上年同期增加 8.99%。交易所要求公司说明销售费用、管理费用中职工薪酬的具体构成及合理性,并解释销售费用中职工薪酬下降的原因及合理性。

【例】上市公司年报问询函披露节选

上市公司 XTXC 年报显示,公司员工中生产人员 2 人,销售人员 12 人,技术人员 26 人,财务和行政人员合计 88 人。交易所要求公司结合生产经营情况、公司规模及分支机构的数量、销售费用和管理费用的计提情况、本年员工数变动情况,说明是否处于停产状态、财务和行政人员占比大的原因及合理性、销售费用和管理费用计提的合理性、应付职工薪酬金额变动及会计处理的合理性,并请独立董事发表明确意见。

十、利润分配或资本公积金转增预案

上市公司披露本节内容应注意遵守《年报准则》第三十五条、《关于进一步落实上市公司现金分红有关事项的通知》《上市公司监管指引第 3 号——上市公司现金分红》以及交易所的上市公司现金分红指引等规定。

(一) 对报告期内利润分配政策的说明

公司应重点说明现金分红政策的制定、执行或调整情况,说明利润分配政策是否符合公司章程及审议程序的规定,是否充分保护中小投资者的合法权益,是否由独立董事发表意见,是否有明确的分红标准和分红比例;利润分配政策调整或变更的条件和程序是否合规、透明。

(二)对报告期内现金分红政策制定及执行情况的说明

公司应从五个方面对报告期内现金分红政策的制定及执行情况进行自查,并作出说明:①是否符合公司章程的规定或者股东大会决议的要求;②分红标准和比例是否明确和清晰;③相关的决策程序和机制是否完备;④独立董事是否履职尽责并发挥了应有的作用;⑤中小股东是否有充分表达意见和诉求的机会,中小股东的合法权益是否得到了充分保护等。对于存在现金分红政策进行调整或变更的,公司还应对调整或变更的条件及程序是否合规和透明等进行详细说明。

对于报告期内盈利且母公司可供股东分配利润为正但未提出现金利润分配的,公司应当详细说明原因,以及公司未分配利润的用途和使用计划。实践中,该项情况说明被遗漏的现象较多。

【例】上市公司年报披露节选

报告期内盈利且母公司可供普通股股东分配利润为正,但未提出普通股现金利润分配方案预案的,公司应当详细披露原因以及未分配利润的用途和使用计划。

☑适用 □不适用

报告期内盈利且母公司可供普通股股东分配利润为正,但未提出普通股现金利润分配方案预案的原因	未分配利润的用途和使用计划
公司主营业务目前仍面临较大的资金需求。公司计划加大在销售渠道建设、食品项目研发和扩大加工产能等方面的投资力度,通过投资并购、合资合作等多种方式延伸上下游产业链,加快发展核心主营,提升主营业务的抗风险及盈利能力。	详见本节一、现金分红政策的制定、执行或调整情况。

十一、公司激励情况

公司应当披露股权激励计划、员工持股计划或其他员工激励措施在本报告期的具体实施情况。

对于董事、高级管理人员获得的股权激励,公司应当按照已解锁股份、未解锁股份、可行权股份、已行权股份、行权价以及报告期末市价单独列示。

鼓励公司详细披露报告期内对高管的考评机制,以及激励机制的建立、实施情况。需要注意的是，没有实施股权激励不代表没有激励，各种形式的奖励基金同样属于激励。

【例】上市公司年报披露节选

上市公司对高级管理人员的考评与公司的绩效管理紧密相连。每年年初，集团董事局向每位高管人员下达当年的目标任务并将其分解到每个季度。年终，高管人员对本人全年的目标完成情况自评后，在董事局薪酬与考核委员会领导下，由集团绩效考评委员会进行评分，最后由董事局主席核定，得出年终考核分数。

公司对高管人员的激励机制体现在：基本工资、年终加薪、奖励基金、特别贡献奖励。（具体内容省略）

此外，如果公司存在频繁人事变动、管理层不稳定的情况，监管部门常常会要求公司披露具体采取的包括管理层激励在内的保持管理层稳定的措施。

【例】上市公司关于半年报问询函回复的披露节选

问题五：报告期内，公司监事杨某、总裁左某、副总裁张某先后因个人原因离职。请补充说明上述人员离职对公司管理层稳定性和对公司经营管理可能造成的影响，以及公司采取的措施。

公司回复：……保持管理层稳定性所采取的措施：目前公司已完成新一届董事会、监事会换届选举等工作，并聘任新的管理层团队。目前公司给予主要经营管理人员合理职业发展、薪酬激励以及管理权限，充分授权和激励调动管理层的工作积极性，并根据公司业务和业绩目标的实现情况及管理层的履职情况，进行合理的评价和奖惩，确保公司管理层的稳定，从而确保公司运营管理的稳定。

十二、内部控制情况

（一）内部控制制度建设及实施情况

公司应当披露报告期内的内部控制制度建设及实施情况。报告期内若发现公司内部控制存在重大缺陷的，应当在年报中披露具体情况，包括缺陷发生的时间、对缺陷的具体描述、缺陷对财务报告的潜在影响，已实施或拟实施的整改措施、整改时间、整改责任人及整改效果。

【例】上市公司年报披露节选

报告期内部控制存在重大缺陷情况的说明

☑适用 □不适用

公司存在为控股股东及关联方提供担保未履行审议程序及信息披露义务、关联方违规占用公司巨额资金、公司未及时披露多起重大诉讼和仲裁、公司控股子公司 HBKJ 内控失效等内部控制重大缺陷被会计师事务所出具了否定意见的内部控制审计报告。

公司于 2018 年 10 月 15 日选举了新的董事会并经 2018 年第二次临时股东大会审议通过。新的董事会和管理层针对公司内控存在问题,完善了机构设置,改进了相关内部控制制度的设计和执行,强化了对公司和子公司风险控制和管理。通过自查和现场核查的方式检查公司及子公司内控管理情况取得良好效果,对发现问题及时整改,公司将根据《上海证券交易所股票上市规则》等履行信息披露义务。

(二)对子公司的管理控制情况

公司应当披露报告期内对子公司的管理控制情况。报告期内因购买新增子公司的,公司应当详细说明其在资产、人员、财务、机构、业务等方面的整合计划、整合进展、整合中遇到的问题、已采取的解决措施、解决进展以及后续解决计划。

(三)内部控制自我评价报告

根据规定,除以下情形外,上市公司应当与年报同时编制并披露董事会对公司内部控制的自我评价报告:

(1)上市公司因进行破产重整、借壳上市或重大资产重组,原则上应当在相关交易完成后的下一个会计年度年报披露的同时,披露内控评价报告。

(2)新上市的上市公司在上市的下一年度年报披露的同时,披露内控评价报告。

对于披露内部控制自我评价报告的上交所、深交所主板和 A+H 股上市公司,应当同步披露内控审计报告;深交所对创业板上市公司没有内控审计或鉴证的强制要求。

公司若按照规定披露内部控制自我评价报告,以及对内部控制进行审计或鉴证,则应当提供相应的查询索引。

若会计师事务所出具非标准意见的内部控制审计报告或者内部控制审计报告与董事会的自我评价报告意见不一致,公司应当解释原因。

第五节　环境保护与社会责任

为突出上市公司作为公众公司在环境保护、社会责任方面的工作情况，修订后的《年报准则》单独设立本节，具体分为环境保护与社会责任两部分。

一、环境保护情况

根据原环保部发布的《重点排污单位名录管理规定（试行）》，实行重点排污单位名录分类管理，按照受污染的环境要素分为水环境重点排污单位名录、大气环境重点排污单位名录、土壤环境污染重点监管单位名录、声环境重点排污单位名录，以及其他重点排污单位名录五类。省级地方人民政府环境保护主管部门负责统一汇总本行政区域重点排污单位名录。地方人民政府环境保护主管部门应按照《企业事业单位环境信息公开办法》的规定，按时公开本行政区域重点排污单位名录。

属于环境保护部门公布的重点排污单位的公司或其主要子公司，应当根据法律、行政法规、部门规章及规范性文件的规定披露以下主要环境信息：

（1）排污信息。排污信息包括但不限于主要污染物及特征污染物的名称、排放方式、排放口数量和分布情况、排放浓度和总量、超标排放情况、执行的污染物排放标准、核定的排放总量。

（2）防治污染设施的建设和运行情况。

（3）建设项目环境影响评价及其他环境保护行政许可情况。

（4）突发环境事件应急预案。

（5）环境自行监测方案。

（6）报告期内因环境问题受到行政处罚的情况。

（7）其他应当公开的环境信息。

重点排污单位之外的所有公司应当对披露报告期内因环境问题受到行政处罚的情况，不限金额；可以参照上述要求披露其他环境信息，若不披露其他环境信息，应当充分说明原因。

证监会鼓励公司自愿披露有利于保护生态、防治污染、履行环境责任的相关信息。环境信息核查机构、鉴证机构、评价机构、指数公司等第三方机构对公司环境信息存在核查、鉴定、评价的,鼓励公司披露相关信息。

为应对气候变化,我国在《2021 年政府工作报告》中将“扎实做好碳达峰、碳中和各项工作”列为重点工作之一,力争在 2030 年前实现碳达峰、2060 年前实现碳中和的目标。为突出上市公司作为公众公司在减少碳排放方面的工作情况,证监会鼓励公司自愿披露在报告期内为减少其碳排放所采取的措施及效果。

【例】上市公司半年报披露节选

在报告期内为减少其碳排放所采取的措施及效果

☑适用 □不适用

公司立足于光伏、锂电行业,所生产的设备服务于新能源行业技术进步及降本增效,为推进国家实现碳达峰、碳中和“3060”目标发挥了重要作用。

公司合理设计供配电系统,选用低损耗节能型变压器,使其负荷率处于经济运行状态;灯具选用新型高效节能型产品,减少电能损耗;计划在建厂房屋顶设置太阳能光伏电站,提高能源利用效率,降低电能的使用;在建厂房均使用保温外墙,满足节约能源的需求;建设过程中所使用的木质辅助材料均为租用,使用完毕由出租方进行回收再利用,不造成木材浪费,节约木材资源;报告期内,公司共设置 12 条班车路线,用于接送员工上下班,减少员工私家车的使用,从而减少碳排放。

二、社会责任情况

社会责任情况的披露分为强制和自愿两类主体。上交所“上证公司治理板块”样本公司、境内外同时上市的公司及金融类公司,深交所纳入“深证 100 指数”的上市公司应当按照规定披露社会责任报告。科创板上市公司应当在年度报告中披露履行社会责任的情况,并视情况编制和披露社会责任报告、可持续发展报告、环境责任报告等文件。其他公司则为自愿披露。

证监会鼓励公司在年报中结合行业特点,主动披露积极履行社会责任的工作情况,包括但不限于履行社会责任的宗旨和理念,股东和债权人权益保护、职工权益保护、供应商、客户和消费者权益保护、环境保护与可持续发展、公共关系、社会公益事业等方面情况。公司已披露社会责任报告全文的,仅需提供相关的查询索引。

2020年是我国全面建成小康社会和打赢脱贫攻坚战的收官之年。习近平总书记在全国脱贫攻坚总结表彰大会上的讲话中指出，要切实做好巩固拓展脱贫攻坚成果同乡村振兴有效衔接各项工作，让脱贫基础更加稳固、成效更可持续。为协同做好乡村振兴工作，证监会鼓励公司积极披露报告期内巩固拓展脱贫攻坚成果、乡村振兴等工作具体情况。

第六节　重要事项

该节主要包括13类重要事项，各项内容相对独立且条理清晰，其中既有应当披露的，也有如适用的情形。实践中有部分上市公司将此13类重要事项进行拆分披露，也是允许的。根据规定，公司的子公司发生本节所列重大事项，对投资者作出价值判断和投资决策有重大影响的，应当视同公司的重大事项予以披露。

一、承诺事项

披露承诺事项时需把握三个标准：①应披露承诺事项的范围，包括报告期内履行完毕的和截至报告期末尚未履行完毕的承诺。有公司将过往报告期内已完成的承诺都披露在年报中，并非必要。②应披露承诺事项的主体，包括公司实际控制人、股东、关联方、收购人以及公司等作出承诺的相关方。③应披露承诺事项的类型，包括但不限于股权分置改革承诺、收购报告书或权益变动报告书中所作承诺、资产重组所作承诺、首次公开发行或再融资所作承诺、股权激励时所作的承诺，以及其他对公司中小股东所作承诺。

公司在披露承诺具体事项时，应当说明该事项在报告期内的履行情况，详细列示承诺方、承诺类型、承诺事项、承诺时间、承诺期限、履行情况等。承诺超期未履行完毕的，应当详细说明未完成的原因及下一步计划。

【例】上市公司年报补充更正节选

第五节　重要事项/三、承诺事项履行情况/（一）公司实际控制人、股东、关联方、收购人以及公司等承诺相关方在报告期内履行完毕及截至报告期末尚未履行完毕的承诺事项

更正前

☑适用 □不适用

承诺事由	承诺方	承诺类型	承诺内容	承诺时间	承诺期限	履行情况
资产重组时所作承诺	王某 叶某	其他承诺	①本人已告知上市公司增持行为，并承诺将继续严格履行《关于不谋求JSQJ股份有限公司控制权的承诺函》；②在本人减持上述50万股股份前，该部分股份的表决权全权委托给JSQJ控股股东JYKJ行使，即JYKJ拥有上述50万股股份的表决权直至本人减持上述股份	2017年11月13日	2019-12-31	王某与叶某已经离婚，不构成一致行动人，该承诺已经履行完毕

更正后

☑适用 □不适用

承诺事由	承诺方	承诺类型	承诺内容	承诺时间	承诺期限	履行情况
资产重组时所作承诺	王某 叶某	其他承诺	①本人已告知上市公司增持行为，并承诺将继续严格履行《关于不谋求JSQJ股份有限公司控制权的承诺函》；②在本人减持上述50万股股份前，该部分股份的表决权全权委托给JSQJ控股股东JYKJ行使，即JYKJ拥有上述50万股股份的表决权直至本人减持上述股份	2017年11月13日	长期	持续履行中

【提示】

由于需要披露的事项涉及多个承诺主体，往往散见在公司不同时间的不同公告中，很容易在年报集中披露时发生遗漏或者承诺履行情况未及时更新的情况。公司应做好归集工作，在日常工作特别是发布临时公告时，就留心登记各类承诺信息，这样既可以起到持续跟踪进展，及时提醒相关主体履行承诺的作用，还可以防止年报披露时出现遗漏或错误。需要特别注意的是，监管部门格外关注承诺变更及履行情况，对此公司需仔细核实并披露。本例中的上市公司，在经过监管问询后，对离婚导致的一致行动关系解除是否影响承诺主体履行承诺进行了重新论证，对已披露公告进行了更正。

此外，如公司资产或项目存在盈利预测，且报告期仍处在盈利预测期间内，公司董事会、相关股东和负责持续督导的中介机构应当就资产或项目是否达到原盈利预测及其原因作出说明。同时,公司应当提供原盈利预测的相关披露查询索引。

【例】上市公司年报补充更正节选

第五节　重要事项/三、承诺事项履行情况/(二)公司资产或项目存在盈利预测,且报告期仍处在盈利预测期间,公司就资产或项目达到原盈利预测及其原因作出说明

更正前

□适用　☑不适用

更正后

☑适用　□不适用

盈利预测资产或项目名称	预测起始时间	预测终止时间	当期预测业绩(万元)	当期实际业绩(万元)	未达预测的原因(如适用)	原预测披露日期	原预测披露索引
DPCL 有限责任公司	2018 年 01 月 01 日	2020 年 12 月 31 日	20 665.54	21 762.29	不适用	2018 年 02 月 14 日	www.cninfo.com.cn

二、非经营性资金占用(如适用)

2003 年 8 月,为进一步规范上市公司与控股股东及其他关联方的资金往来,证监会发布《关于规范上市公司与关联方资金往来及上市公司对外担保若干问题的通知》,开展有关整治非经营性占用上市公司资金的专项活动,有效解决了当时存在的一些实际控制人、控股股东严重侵害上市公司和其他股东利益的问题。此后,监管部门一直把资金占用作为红线,在再融资、并购重组等行政许可和日常监管中予以重点关注。

年报披露中,本部分并非必备内容,但公司存在控股股东及其他关联方非经营性占用资金情况时,需披露相关决策程序,以及占用资金的期初金额、发生额、期末余额、占用原因、预计偿还方式及清偿时间。公司还应当披露会计师事务所对资金占用的专项审核意见。若公司年度报告披露的控股股东及其他关联方非经营性占用资金情况与专项审核意见不一致,应当说明原因。情节严重的,交易所将对公司股票进行特别处理。

根据《关于规范上市公司与关联方资金往来及上市公司对外担保若干问题的通知》,非经营性资金占用的表现主要有六种:①为控股股东及其他关联方垫付工资、福利、保险、广告等费用和其他支出;②有偿或无偿地拆借公司的资金给控股股东及其他关联方使用;③通过银行或非银行金融机构向关联方提供委托贷款;④委托控股股东及其他关联方进行投资活动;⑤为控股股东及其他关联方开具没有真实交易背景的商业承兑汇票;⑥代控股股东及其他关联方偿还债务等方式。

实践中,非经营性资金占用的表现形式可能更加多样,交易所在业务规则中也有列示与说明,本质上都是上市公司在没有商品和劳务对价的情况下提供资金给实际控制人、控股股东及其附属企业使用的一种行为。

近年来,为强化对上市公司控股股东及其关联方资金占用和违规担保问题的会计监管,规范上市公司相关内部控制,根据《企业会计准则》《上市公司治理准则》《关于规范上市公司与关联方资金往来及上市公司对外担保若干问题的通知》等有关规定,证监会于 2019 年 12 月 24 日颁布《会计监管风险提示第 9 号——上市公司控股股东资金占用及其审计》,就资金占用的主要形式、资金占用的形成背景及会计监管关注事项、审计常见问题及会计监管关注事项等方面进行了说明。2020 年 12 月,证监会启动上市公司治理专项行动,非经营性资金占用也是要求公司自查的重点之一。

三、违规担保(如适用)

2006 年 1 月 1 日起施行的《关于规范上市公司对外担保行为的通知》,要求规范上市公司对外担保行为,严格控制上市公司对外担保风险,上市公司对外担保必须经董事会或股东大会审议。

若公司存在违反法律、行政法规和中国证监会规定的对外担保决议程序订立担保合同的情况,应当详细披露担保金额、担保对象、违规原因、已采取的解决措施及进展、后续解决措施及预计解决时间。

【例】上市公司半年报节选

三、违规担保情况

☑适用 □不适用

单位：万元 币种：人民币

担保对象	与上市公司的关系	违规担保金额	占最近一期经审计净资产的比例	担保类型	担保期	截至报告期末违规担保余额	占最近一期经审计净资产的比例	预计解除方式	预计解除金额	预计解除时间
湖北TJT科技有限公司	控股股东子公司	20 000	4.91%	连带担保	18~24个月	20 000	4.91%	司法程序	20 000	视司法程序进展
TJT控股	控股股东	100 000	24.53%	连带担保	4年	100 000	24.53%	司法程序	100 000	视司法程序进展
合计	—	120 000	—	—	—	120 000	—	—	120 000	—
违规原因			公司相关内部控制制度失效，上述违规担保事项未经公司董事会或股东大会审议，也未履行公司用章审批程序。							
已采取的解决措施及进展			公司经自查发现并确认违规担保及诉讼事项后，已委托律师处理相关诉讼事宜，积极使用法律手段依法维护上市公司合法权益，保护中小股东利益；同时，董事会和管理层积极与控股股东及实际控制人沟通，督促其制定切实可行的方案并加快实施，尽快解除违规担保，切实维护公司和广大投资者利益。 2021年1月28日，公司违规为关联方湖北TJT科技有限公司2亿元融资向某资产管理(上海)有限公司提供担保涉诉案件已经上海金融法院判决，相关担保协议对公司不发生合同效力，公司无需承担担保责任，同时公司也在积极筹备可能的新一轮诉讼。 截至本公告披露日，公司违规为TJT控股向申万宏源证券有限责任公司融资提供10亿元担保涉诉案件尚未开庭，公司亦积极筹备应诉事宜。							

四、会计相关事项说明

本部分内容主要如下：

(1) 公司年度财务报告被会计师事务所出具非标准意见审计报告的，公司董事会应当按照《公开发行证券的公司信息披露编报规则第14号——非标准审计意见及其涉及事项的处理》的要求，针对非标准意见涉及的事项作出专项说明。所谓非标准意见即非标准无保留审计意见，是指注册会计师出具的除标准无保留审计意见外的其他所有类型审计意见，包括带有强调事项段、持续经营重大不确定性段落、其他信息段落中包含其他信息未更正重大错报说明的无保留意见、保留意见、否定意见或无法表示意见。

（2）公司作出会计政策、会计估计变更或重大会计差错更正的，应当披露变更、更正的原因及影响，涉及追溯调整或重述的，应当披露对以往各年度经营成果和财务状况的影响金额。此外，公司还应当按照交易所规则或格式指引的要求披露相应临时公告，向交易所提交董事会、监事会和独立董事的书面意见，以及会计师事务所对上述变更、更正的有关说明（如适用）。涉及更换会计师事务所的，应当披露是否就相关事项与前任会计师事务所进行必要的沟通。

【例】上市公司年报披露节选

五、公司对会计政策、会计估计变更或重大会计差错更正原因和影响的分析说明

（一）公司对会计政策、会计估计变更原因及影响的分析说明

☑适用 □不适用

1. 企业会计准则变化引起的会计政策变更

（1）公司自2020年1月1日起执行财政部修订后的《企业会计准则第14号——收入》（以下简称新收入准则）。根据相关新旧准则衔接规定，对可比期间信息不予调整，首次执行日执行新准则的累积影响数追溯调整本报告期期初留存收益及财务报表其他相关项目金额。执行新收入准则对公司2020年1月1日财务报表的主要影响如下：

单位：元

项目	资产负债表		
	2019年12月31日	新收入准则调整影响	2020年1月1日
预收款项	21 556 583.81	-20 704 465.89	852 117.92
合同负债		18 322 536.19	18 322 536.19
其他流动负债		2 381 929.70	2 381 929.70

（2）公司自2020年1月1日起执行财政部于2019年度颁布的《企业会计准则解释第13号》，该项会计政策变更采用未来适用法处理。

（3）同时适用境内外会计准则的公司应当对产生差异的情况进行详细说明。

五、年度报告审计会计师事务所情况

公司应当披露年度财务报告审计聘任、解聘会计师事务所的情况，报告期

内支付给聘任会计师事务所的报酬情况，以及目前的审计机构和签字会计师已为公司提供审计服务的连续年限。年限从审计机构与公司首次签订审计业务约定书之日起开始计算。公司若有改聘、解聘会计师事务所情形的，应当对改聘、解聘的情况进行说明，披露解聘原会计师事务所的原因，以及是否履行了必要的程序。

公司报告期内若聘请了内部控制审计会计师事务所、财务顾问或保荐人的，应当披露聘任内部控制审计会计师事务所、财务顾问或保荐人的情况，以及报告期内支付给内部控制审计会计师事务所、财务顾问或保荐人的报酬情况。这部分容易遗漏，需注意。

【例】上市公司年报披露节选

九、聘任、解聘会计师事务所情况

现聘任的会计师事务所

境内会计师事务所名称	四川华信（集团）会计师事务所（特殊普通合伙）
境内会计师事务所报酬（万元）	60
境内会计师事务所审计服务的连续年限（年）	10

当期是否改聘会计师事务所

□是　☑否

聘请内部控制审计会计师事务所、财务顾问或保荐人情况

☑适用　□不适用

本年度，公司聘请四川华信为公司内部控制鉴证机构。

公司因重大资产重组事项于2018年聘请民生证券股份有限公司为公司财务顾问，报告期内公司支付财务顾问费尾款计人民币50万元（不含税）。

六、退市风险警示情形（如适用）

退市包括强制终止上市（简称强制退市）和主动终止上市。强制退市分为交易类强制退市、财务类强制退市、规范类强制退市和重大违法类强制退市四类情形。

年度报告披露后面临被实施退市风险警示情形的公司，应当披露原因以及公

司拟采取的应对措施。年度报告披露后面临终止上市情形的公司、因重大违法或规范类原因面临终止上市风险的公司和已披露主动终止上市方案的公司，应当单独披露退市情况专项报告，并提醒投资者予以关注。

【例】上市公司年报披露节选

面临终止上市的情况和原因

☑适用 □不适用

公司2018年度和2019年度经审计的净利润为负值，2019年度期末净资产为负值，根据《上海证券交易所股票上市规则》的相关规定，公司股票在2019年年度报告披露后被实施退市风险警示。公司2020年度期末净资产为负值，根据《上海证券交易所股票上市规则》(2020年12月修订)及相关规定，公司股票在2020年年度报告披露后继续被实施退市风险警示，面临终止上市的风险。

七、破产重整相关事项(如适用)

公司应当披露报告期内发生的破产重整相关事项，包括相关主体向法院申请重整、和解或破产清算，法院受理重整、和解或破产清算，以及公司重整期间发生的法院裁定结果及其他重大事项。执行重整计划的公司应当说明计划的具体内容及执行情况。

【例】上市公司年报披露节选

破产重整相关事项

☑适用 □不适用

2020年12月31日，公司收到广东省深圳市中级人民法院(以下简称“深圳中院”或“法院”)的(2020)粤03破申827号《通知书》及《重整申请书》，公司债权人HYXS有限公司于2020年12月21日以“被申请人不能清偿申请人的到期债务，并且已资不抵债，但具有一定的重整价值”为由向法院申请对公司进行重整，并请求法院对被申请人进行预重整，通过重整程序清偿申请人债权。

2021年2月3日，公司收到深圳中院送达的(2020)粤03破申827号《决定书》，深圳中院决定对公司启动预重整，并指定深圳诚信会计师事务所(特殊普通合伙)、北京市君合(深圳)律师事务所共同担任公司预重整期间管理人。深圳中院决定对公司启动预重整，不代表深圳中院最终受理公司重整申请，不代表公司正式进入重整程序。敬请投资者理性投资,注意风险。

如果法院正式受理对公司的重整申请且公司顺利实施重整并执行完毕重整计划,将有利于改善公司资产负债结构,推动公司回归健康、可持续发展轨道;如果不能顺利实施,公司将存在被宣告破产的风险。敬请投资者理性投资,注意风险。

以上具体内容详见公司于2021年1月4日、2月4日披露的《关于被债权人申请重整的提示性公告》(公告编号:2021-003)、《关于法院决定对公司启动预重整并指定预重整期间管理人的公告》(公告编号:2021-026)、《关于预重整债权申报的通知》(公告编号:2021-027)。

因ZRDZ有限公司向深圳中院申请对公司全资子公司HZHND破产重整,HSTD公司向深圳中院申请对公司全资子公司HMSY破产重整,深圳中院于2021年4月21日分别作出(2021)粤03破申3号、(2021)粤03破申18号《决定书》,决定对公司全资子公司HZHND、HMSY启动预重整,并指定深圳诚信会计师事务所(特殊普通合伙)、北京市君合(深圳)律师事务所共同担任HZHND、HMSY预重整期间管理人。具体内容详见公司于2021年4月28日披露的《关于法院决定对公司全资子公司启动预重整并指定预重整期间管理人的公告》(公告编号:2021-056)。

八、重大诉讼、仲裁事项(如适用)

公司应当披露报告期内重大诉讼、仲裁事项。已在上一年度报告中披露,但尚未结案的重大诉讼、仲裁事项,公司应当披露案件进展情况、涉及金额、是否形成预计负债,以及对公司未来的影响。对已经结案的重大诉讼、仲裁事项,公司应当披露案件执行情况。

根据深交所编制系统要求,上市公司还应汇总披露未达到重大诉讼披露标准的其他诉讼情况。如报告期内公司无重大诉讼、仲裁,应当明确说明"本年度公司无重大诉讼、仲裁事项"。

上市公司披露重大诉讼、仲裁事项时容易犯三种错误:一是持续披露问题。对本年尚未结案或已结案但未执行完毕的诉讼或仲裁,有的公司以为上一年度已经披露了,当年就不再披露。二是就重大诉讼、仲裁对公司经营可能造成的重大风险披露不充分。三是以定期报告代替临时公告。对于重大诉讼、仲裁在报告期内的重大进展，有的公司认为在年报中披露就行了，用不着发布临时公告。

防范第一种错误，对照规则执行就能避免。避免第二种错误，需要充分发挥律师和公司内部法务、财务、业务等部门的作用，结合生产经营特点，做好相关风险因素的梳理和总结。至于避免第三种错误，请大家牢记“定期报告不能代替临时公告”这一基本原则。定期报告是上市公司对报告期内经营情况和重大事项及其进展的回顾、总结，它与临时公告及时向投资者传递信息的定位有着重要区别。通过定期报告披露一件本应在事发时就要及时公告的事项，属于信息披露不及时的典型违规行为，因此受到处罚的案例屡见不鲜。

【例】上市公司处罚案例

根据公司年报，公司与北京 ZEGS 签订《焦炭销售协议》，该公司预付公司货款 3 000 万元用于购买焦炭。受经济形势不利影响，公司未能在约定期限供货，双方合意解除合同。因公司未能及时全部退还 ZEGS 货款，2016 年 1 月，ZEGS 就此事向太原市中级人民法院提起诉讼，要求判令公司返还货款，并承担到期的利息及逾期违约金，目前该案尚在审理阶段。基于对诉讼结果的预判，公司在 2016 年末将 400 万元可能需支付的利息及违约金确认为预计负债，占 2015 年经审计净利润的比例为 10.55%。上述诉讼事项达到应当披露的标准，但公司未及时履行信息披露义务，仅在 2016 年年报中予以披露，公司有关诉讼事项的信息披露不及时。

公司未及时披露诉讼等重大事项，而是以定期报告代替临时公告，损害了投资者的知情权。结合其他事项，上交所作出如下纪律处分决定：对公司和时任公司董事长兼董事会秘书予以通报批评。山西证监局决定对公司采取责令改正的监管措施，并记入证券期货市场诚信档案。

九、上市公司及其董事、监事、高级管理人员、控股股东、实际控制人涉嫌违法违规、受到处罚及整改情况（如适用）

若报告期内公司存在以下四种情形的，应当如实、充分地说明原因和结论：

（1）公司涉嫌犯罪被依法立案调查，公司的控股股东、实际控制人、董事、监事、高级管理人员涉嫌犯罪被依法采取强制措施。

（2）公司或者公司的控股股东、实际控制人、董事、监事、高级管理人员受到刑事处罚，涉嫌违法违规被中国证监会立案调查或者受到中国证监会行政处罚，或者受到其他有权机关重大行政处罚。

（3）公司的控股股东、实际控制人、董事、监事、高级管理人员涉嫌严重违纪违法或者职务犯罪被纪检监察机关采取留置措施且影响其履行职责。

（4）公司董事、监事、高级管理人员因涉嫌违法违规被其他有权机关采取强制措施且影响其履行职责。

公司应当披露报告期内公司或者公司的控股股东、实际控制人、董事、监事、高级管理人员被中国证监会采取行政监管措施和被证券交易所采取纪律处分的情况。若涉及限期整改要求，还应当披露整改责任人、整改期限、整改措施、整改完成情况。

【例】上市公司年报披露节选

处罚及整改情况

☑适用　□不适用

2021 年 3 月 3 日，公司收到中国证券监督管理委员会江西监管局下发的《关于对 BYSW 制药集团股份有限公司、廖某、梁某、范某采取责令改正措施的决定》，根据《上市公司信息披露管理办法》第五十八条、第五十九条的规定，对公司及上述相关人员采取责令改正的监管措施，并记入证券期货市场诚信档案。GTJ 集团收到《关于对深圳市 GTJ 投资集团有限公司采取责令改正措施的决定》，根据《上市公司信息披露管理办法》第五十九条的规定，决定对 GTJ 集团采取责令改正的监督管理措施，并记入证券期货市场诚信档案。详见 2021 年 3 月 3 日披露的《关于收到江西证监局对公司及相关责任人、控股股东采取责令改正措施决定的公告》。

公司及相关人员就上述处罚进行了整改，整改情况详见 2021 年 4 月 1 日披露的《关于江西证监局对公司采取责令改正措施的整改报告的公告》。

十、公司及其控股股东、实际控制人的诚信状况（如适用）

公司应当披露报告期内公司及其控股股东、实际控制人的诚信状况，包括但不限于是否存在未履行法院生效法律文书确定的义务、所负数额较大的债务到期未清偿等情况。

公司不存在上述情况的，可以勾选不适用或者参考下例的表述。

【例】上市公司年报披露节选

报告期内公司及其控股股东、实际控制人诚信状况的说明

□适用 ☑不适用

本公司及本公司控股股东、实际控制人诚信状况良好，不存在重大失信情况，包括但不限于未履行法院生效判决、未按期偿还大额债务、未履行承诺、被证监会采取行政监管措施或受到证券交易所纪律处分的情况等。

【例】上市公司年报补充更正披露节选

报告期内公司及其控股股东、实际控制人诚信状况的说明

☑适用 □不适用

报告期内公司第一大股东——中国 NKJT 有限公司存在未履行法院生效判决情况，具体情况如下：

2017 年 5 至 6 月期间，NKJT 公司作为买方与大连 YFS 贸易有限公司签订两份购销合同。同时 YFS 与 ZJGS 商业保理有限公司签订保理协议，将对 NKJT 购销合同项下应收账款债权转让给 ZJGS。后因货物不实，YFS 未履行交货义务，NKJT 未支付货款，故 2018 年 3 月，ZJGS 向上海浦东新区人民法院（以下简称"浦东新院"）提起诉讼，要求 NKJT 支付货款及相应违约金。2018 年 9 月，浦东新院一审判决 NKJT 向 ZJGS 支付 5 022 万元及相应违约金，NKJT 不服一审判决并提起上诉。2019 年 4 月，上海金融法院二审判决维持原判。判决生效后，ZJGS 已向法院申请强制执行。2020 年 1 月上海高院裁定驳回 NKJT 再审申请。截至目前，浦东新院从 NKJT 所属账户划走现金 551 681 元并冻结 NKJT 持有上市公司的 21 469 889 股股票。

ZJGS 向浦东新院申请强制执行后，浦东新院责令 NKJT 向 ZJGS 支付本金人民币 5 022 万元及违约金、逾期利息、延期履行期间的加倍债务利息，因 NKJT 至今未履行，ZJGS 向浦东新院申请，在淘宝拍卖平台整体拍卖 NKJT 持有上市公司的 23 692 600 股无限售流通股。2020 年 4 月，浦东新院裁定整体拍卖 NKJT 持有上市公司的无限售流通股份 23 692 600 股（占上市公司总股本的 2.189%）。

目前上述诉讼案仍处于执行过程中，NKJT 及其法定代表人因此被法院采取限制消费措施，不得实施高消费以及非生活和工作必须的消费行为。为维护

NKJT及上市公司权益,NKJT正在积极筹措资金,尽快履行支付义务,避免其所持有的上市公司部分股票被拍卖的风险。

【提示】

本例中的上市公司因第一大股东所持公司股份被冻结,不仅要履行临时公告义务,及时披露股份冻结进展情况,还需要按规定在年报中予以披露。该公司在年报补充更正公告中,按照时间顺序梳理诉讼情况及股份冻结情况,同时说明了解决措施,逻辑清晰、叙述完整,可供参考。

十一、重大关联交易

公司应当披露报告期内发生的重大关联交易。若对于某一关联方,报告期内累计关联交易总额在3 000万元以上且占公司报告期末净资产值5%以上(科创板公司披露标准为报告期内累计关联交易总额在3 000万元以上且占公司报告期末总资产或市值1%以上),应当按照以下六种类型分别披露:与日常经营相关的关联交易;资产或股权收购、出售发生的关联交易;公司与关联方共同对外投资;公司与关联方存在的债权债务往来或担保等事项;公司与存在关联关系的财务公司、公司控股的财务公司与关联方之间存在的存款、贷款、授信或其他金融业务;其他重大关联交易。

需要特别注意的是,此部分关联人及关联交易的披露应当遵守上市规则和《年报准则》的规定,而财务报告部分则是遵守《企业会计准则第36号——关联方披露》的规定,二者有所不同。

编制该部分年报时,依据交易所年报模板,上交所公司还可以将上述六种交易类型进一步区分为"已在临时公告披露且后续实施无进展或变化的事项""已在临时公告披露,但有后续实施的进展或变化的事项"和"临时公告未披露的事项"这三种情况来披露,对应适用详略不同的披露要求,以减少重复披露。

【例】上市公司年报披露节选

十四、重大关联交易

(一)与日常经营相关的关联交易

1. 已在临时公告披露且后续实施无进展或变化的事项

☑适用 □不适用

事项概述	查询索引
结合生产经营发展的需要，公司第九届董事会第二十次会议审议通过了关于预计公司2020年度日常关联交易的事项。公司与关联方的日常关联交易将严格遵守监管部门相关文件和《公司章程》等有关规定。	具体内容详见公司于2020年4月28日刊登在上海证券交易所网站www.sse.com.cn和上海证券报上的公告。

2. 已在临时公告披露，但有后续实施的进展或变化的事项

□适用 ☑不适用

3. 临时公告未披露的事项

☑适用 □不适用

单位：元　币种：人民币

关联交易方	关联关系	关联交易类型	关联交易内容	关联交易定价原则	关联交易价格	关联交易金额	占同类交易金额的比例	关联交易结算方式	市场价格
JYCX实业集团有限公司热电厂	母公司的全资子公司	销售商品	热能蒸汽	政府指导价	155.04	10 725 375.70	98.17%	货币资金	155.04
合计				—	—	10 725 375.70	98.17%	—	—
关联交易的说明			公司与关联方的交易是为保证公司日常生产经营活动所必要的经营行为，交易内容具体、连续，按市场原则定价，交易公平，对上市公司独立性无影响，并未损害公司全体股东利益。预计部分关联交易还将延续。						

深交所公司需要根据编制系统提示，将“已在临时公告披露且后续实施无进展或变化的事项”的事项直接在其他重大关联交易中披露概述，并提供临时报告披露网站的相关查询索引。除此之外，则直接使用表格方式披露重大关联交易相关信息。

【例】上市公司年报披露节选

十六、重大关联交易

1. 与日常经营相关的关联交易

☑适用 □不适用

关联交易方	关联关系	关联交易类型	关联交易内容	关联交易定价原则	关联交易价格	关联交易金额（万元）	占同类交易金额的比例	获批的交易额度（万元）	是否超过获批额度	关联交易结算方式	可获得的同类交易市价	披露日期	披露索引
SHCD 金属制品有限公司	受控股股东家庭成员重大影响	采购商品	采购机械材料	市场价	0.52	4.58	0.01%	150	否	TT 75 天	0.6	2020 年 04 月 25 日	《日常关联交易预计公告》（2020-014）
SHYJ 包装厂	受控股股东家庭成员重大影响	采购商品	采购外包装材料	市场价	5.97	136.17	0.49%	200	否	TT 90 天	6.5	2020 年 04 月 25 日	《日常关联交易预计公告》（2020-014）
SHYQ 实业有限公司	受控股股东家庭成员重大影响	采购商品	采购外包装材料	市场价	0.85	125.26	0.74%	300	否	TT 90 天	1	2020 年 04 月 25 日	《日常关联交易预计公告》（2020-014）
合计				—	—	266.01	—	650	—	—	—	—	—
大额销货退回的详细情况				不存在大额销货退回的情况									
按类别对本期将发生的日常关联交易进行总金额预计的，在报告期内的实际履行情况（如有）				公司 2020 年 4 月 23 日第四届董事会第二十三次会议审议通过《关于 2020 年度日常关联交易的议案》，2020 年度公司预计向 SHYJ 包装厂年采购额不超过 200 万元，向 SHCD 金属制品有限公司年采购额不超过 150 万元，向 SHYQ 实业有限公司年采购额不超过 300 万元									
交易价格与市场参考价格差异较大的原因（如适用）				不适用									

在分类具体披露关联交易时，公司需要注意：

（1）对于日常经营相关的关联交易，公司至少应当披露关联交易方、交易内容、定价原则、交易价格、交易金额、占同类交易金额的比例、结算方式。可获得的同类交易市价，如实际交易价与市价存在较大差异，应当说明原因。大额销货退回需披露详细情况。

特别注意，公司按类别对报告期内发生的日常关联交易进行总额预计的，应当披露日常关联交易事项在报告期内的实际履行情况，不要遗漏。

（2）对于资产或股权收购、出售发生的关联交易，公司至少应当披露关联交易方、交易内容、定价原则、资产的账面价值、评估价值、交易价格、结算方式及交易对公司经营成果和财务状况的影响情况等内容。交易价格与账面价值或评估价值差异较大的，应当说明原因。如相关交易涉及业绩约定的，应当披露报告期内的业绩实现情况。

（3）公司与关联方共同对外投资发生关联交易的，应当至少披露共同投资方、被投资企业的名称、主营业务、注册资本、总资产、净资产、净利润、重大在建项目的进展情况。

（4）公司与关联方存在债权债务往来或担保等事项的，应当披露形成原因，债权债务期初余额、本期发生额、期末余额，及其对公司的影响。上交所编制系统提示，“发生额”“余额”应包括“其他应收款”“其他应付款”科目下的有关金额以及“应收账款”“预付账款”科目中的代垫经营性费用及成本部分的加总。

（5）公司与存在关联关系的财务公司、公司控股的财务公司与关联方之间存在存款、贷款、授信或其他金融业务的，应当至少披露每日最高存款限额、存款利率范围、期初余额、发生额、期末余额；贷款额度、贷款利率范围、期初余额、发生额、期末余额，授信总额、其他金融业务额度及实际发生额等情况。

对于此类金融业务，证监会在 2020 年 12 月 10 日发布的《关于开展上市公司治理专项行动的公告》配套的自查清单中，也要求上市公司对相关情况进行自查，重点防范非经营性资金占用。

十二、重大合同及其履行情况

本部分涉及的重大合同主要包括托管、承包、租赁合同，重大担保合同，委托理财合同和其他重大合同。

（一）托管、承包、租赁合同

在报告期内发生或以前期间发生但延续到报告期的托管、承包、租赁其他公司资产，或其他公司托管、承包、租赁公司资产的事项，且该事项为公司带来的损益额达到公司当年利润总额的 10%以上时，应当详细披露有关合同的主要内容，包括但不限于有关资产的情况，涉及金额、期限、损益及确定依据，同时应当披露该损益对公司的影响。

（二）重大担保合同

有关重大担保合同的年报披露要求主要有三：

（1）披露范围覆盖报告期内履行的及尚未履行完毕的担保合同。报告期之前已经履行完毕的担保合同无需披露。

（2）披露的内容包括担保金额、担保期限、担保对象、担保类型（一般担保或连带责任担保）、担保物（如有）、反担保情况（如有）、担保的决策程序等。

关于担保的总体情况，还需披露三项指标，分别是报告期内发生额、报告期末担保余额和担保总额及其占公司净资产的比例。

报告期内发生额和报告期末担保余额需要按照公司及其子公司对外担保（不含对子公司的担保）和公司及其子公司对子公司提供担保两类列示。

公司担保总额及其占公司净资产比例的披露，一是注意统计口径包括报告期末公司及其子公司对外担保余额（不含对子公司的担保）和公司及其子公司对子公司的担保余额，其中子公司的担保余额为该子公司对外担保总额乘以公司持有该子公司的股权比例；二是注意分别列示公司及其子公司为股东、实际控制人及其关联方提供担保的余额，公司及其子公司直接或间接为资产负债率超过 70%的被担保对象提供的担保余额，以及公司及其子公司担保总额超过报告期末净资产50%部分的金额。

（3）对于未到期担保合同，如果报告期内发生担保责任或有证据表明有可能承担连带清偿责任，应当明确说明。

【例】上市公司年报披露节选

（二）担保情况

☑适用 □不适用

单位：元　币种：人民币

公司对外担保情况（不包括对子公司的担保）													
担保方	担保方与上市公司的关系	被担保方	担保金额	担保发生日期（协议签署日）	担保起始日	担保到期日	担保类型	担保是否已经履行完毕	担保是否逾期	担保逾期金额	是否存在反担保	是否为关联方担保	关联关系
XMGM集团股份有限公司	公司本部	YYKG集团（中国）有限公司	17 309 400.00	2020.3.30	2020.3.30	2023.3.29	连带责任担保	否	否	0.00	否	否	
报告期内担保发生额合计（不包括对子公司的担保）							17 309 400.00						
报告期末担保余额合计（A）（不包括对子公司的担保）							17 309 400.00						
公司及其子公司对子公司的担保情况													
报告期内对子公司担保发生额合计							65 643 754 730.00						
报告期末对子公司担保余额合计（B）							27 256 532 305.00						
公司担保总额情况（包括对子公司的担保）													
担保总额（A+B）							27 273 841 705.00						
担保总额占公司净资产的比例							104.14%						
其中：													
为股东、实际控制人及其关联方提供担保的金额（C）							0						
直接或间接为资产负债率超过70%的被担保对象提供的债务担保金额（D）							21 268 652 515.00						
担保总额超过净资产50%部分的金额（E）							14 161 227 169.74						
上述三项担保金额合计（C+D+E）							35 429 879 684.74						
未到期担保可能承担连带清偿责任说明							无						
担保情况说明							YYKG集团（中国）有限公司作为控股股东对XMDY地产有限公司（系联营企业XMGY同丰置业有限公司的孙公司）拟抵顶（使用）项目一定比例的预售监管资金提供担保3 461.88万元。鉴于本公司合计持有XMDY地产有限公司50%权益，本公司按权益比例向YYKG集团（中国）有限公司提供不超过1 730.94万元的反担保。股东双方按照出资及权益股比承担担保义务。						

【提示】

重大担保事项的决策合规性、披露及时性和或有风险揭示的充分性是监管部门事后审核的重点，上市公司在对照交易所年报披露模板逐项填写信息时应特别留意。如有需要说明的情况，公司可以在“担保情况说明”处详细阐述或者在交易所模板表格之外酌情增加说明。

（三）委托理财合同

公司应当按照银行理财产品、券商理财产品、信托理财产品、其他产品（如公募基金产品、私募基金产品）等类型，分别披露报告期内委托理财的资金来源、发生额、未到期余额及逾期未收回金额情况。

对于单项金额重大的委托理财，或安全性较低、流动性较差的高风险委托理财，公司应披露委托理财发生额、未到期余额及逾期未收回金额的具体情况，包括资金来源、受托机构名称（或受托人姓名）及类型、金额、产品期限、资金投向、报酬确定方式、参考年化收益率、预期收益（如有）、当年度实际收益或损失和实际收回情况。公司还应说明该项委托是否经过法定程序，未来是否还有委托理财计划。公司若就该项委托计提投资减值准备，应当披露当年度计提金额。

【例】上市公司年报披露节选

（三）委托他人进行现金资产管理的情况

1. 委托理财情况

（1）委托理财总体情况。

☑适用 □不适用

单位：万元 币种：人民币

类型	资金来源	发生额	未到期余额	逾期未收回金额
银行理财产品	自有资金	20 000	0	0
信托理财产品	自有资金	160 000	27 000	0
其他类	自有资金	75 681	0	0

其他情况

☑适用 □不适用

除上述委托理财外，公司金融服务板块计入主营损益的委托理财发生额为53 474.89 万元，未到期余额 39 125.25 万元，逾期未收回金额 0 元。

若委托理财出现预期无法收回本金或存在其他可能导致减值的情形，预计对公司具有较大影响的，公司应当说明对财务状况或当期利润的影响。

若存在委托贷款事项，公司也应当比照上述委托行为予以披露。

【例】上市公司年报披露及监管函回复节选

某公司年报披露称无委托理财和委托贷款情况，但在财务报告附注部分又列示了委托贷款收益，因此引发交易所问询。公司回复：2016 年对外委托贷款取得收益为 281.80 万元，该笔委托贷款实际发生于 2015 年，……，已于 2016 年 2 月 25 日到期……，其中按照权责发生制计入 2016 年度的利息收入为 281.80 万元。

【提示】

本例中，该公司的披露主要存在两个问题：一是报告期内没有新增委托理财、委托贷款，因此披露称无委托理财和委托贷款情况。需要注意的是，若报告期内有存续的委托理财、委托贷款事项，则需要在年报中披露。二是年报正文披露内容与财务报告附注不匹配。

（四）其他重大合同

本部分作为兜底性规定，公司应从合同对公司资产、负债、权益和经营成果产生重大影响的角度进行判定，列表披露相关合同订立双方的名称、签订日期、合同标的所涉及资产的账面价值、评估价值、相关评估机构名称、评估基准日、定价原则以及最终交易价格等，并披露截至报告期末合同的执行情况。

十三、其他重大事件

公司应当披露其他在报告期内发生的《证券法》《上市公司信息披露管理办法》所规定的重大事件，以及公司董事会判断为重大事件的事项。

【例】上市公司年报披露节选

十六、其他重大事项的说明

☑适用 □不适用

根据中国证监会《关于核准 CJDL 股份有限公司发行全球存托凭证并在伦敦证券交易所上市的批复》（证监许可〔2020〕2288 号）及相关境内外监管机构的核准，公司于 2020 年 10 月 19 日完成 GDR 发行，共计发行 74 185 923 份 GDR（包含超额配售 5 085 923 份 GDR)，每份发行价格为 26.46 美元，募集资金总额 1 962 959 522.58 美元。扣除与发行有关的费用 7 229 354.04 美元后，实际募集资金净额为 1 955 730 168.54 美元。

根据公司 GDR 招股说明书中披露的募集资金用途，本次募集资金在扣除相关发行费用后，用于替换全资子公司 CDGJ(香港)有限公司收购秘鲁路德斯公司股权相关国际银团贷款以及补充公司运营资金。截至 2020 年 12 月 31 日，公司已使用募集资金 1 955 360 594.77 美元，占募集资金净额的 99.98%，剩余 369 573.77 美元募集资金将用于后续 GDR 相关事项管理费以及补充运营资金。

第七节　股份变动及股东情况

本节内容包括上市公司股份变动情况、股东和实际控制人情况、股份回购的实施情况三大部分。有关优先股的信息披露在本章第八节中详细展开，但公司应注意本节的各项统计还应包括表决权恢复的优先股。

一、股份变动情况

(一) 普通股股份变动情况

公司应当按照证监会《公开发行证券的公司信息披露内容与格式准则第 5 号——公司股份变动报告的内容与格式》(2007 年修订)规定的格式，就表 2-7-1 中各要素进行逐项披露。

表 2-7-1　普通股股份变动情况表

单位:股

项目	本次变动前		本次变动增减(+,-)					本次变动后	
	数量	比例	发行新股	送股	公积金转股	其他	小计	数量	比例
一、有限售条件股份									
1. 国家持股									
2. 国有法人持股									
3. 其他内资持股									

续表

项目	本次变动前		本次变动增减(+,-)					本次变动后	
	数量	比例	发行新股	送股	公积金转股	其他	小计	数量	比例
其中: 境内非国有法人持股境内自然人持股 4. 外资持股 其中: 境外法人持股 境外自然人持股 二、无限售条件股份 1. 人民币普通股 2. 境内上市的外资 3. 境外上市的外资 4. 其他									
三、股份总数									

(1) 有限售条件股份是指股份持有人依照法律、法规规定或按承诺有转让限制的股份,包括因股权分置改革暂时锁定的股份、内部职工股、机构投资者配售股份、董事、监事、高级管理人员持有股份等。

(2) 国家持股是指有权代表国家投资的机构或部门(如国有资产授权投资机构)持有的上市公司股份。例如财政部、汇金公司和全国社会保障基金理事会等持有的股份就属于国家持股。

(3) 国有法人持股是指国有企业、国有独资公司、事业单位以及第一大股东为国有及国有控股企业且国有股权比例合计超过50%的有限责任公司或股份有限公司持有的上市公司股份。

(4) 其他内资持股是指境内非国有及国有控股单位(包括民营企业、中外合资企业、外商独资企业等)及境内自然人持有的上市公司股份。

(5) 外资持股是指境外股东,包括境外法人和境外自然人持有的上市公司股份。这里的境外包括了中国港澳台地区,例如香港中央结算有限公司持有的股份属于境外法人股。

(二) 证券发行与上市情况

公司应当披露报告期内证券发行(不含优先股)情况,包括股票、可转换公司债券、分离交易的可转换公司债券、债券(包括企业债券、公司债券以及非金融企业债务融资工具)、存托凭证及其他衍生证券的种类、发行日期、发行价格(或利率)、发行数量、上市日期、获准上市交易数量、交易终止日期等。

报告期内因送股、转增股本、配股、增发新股、向特定对象发行股票(非公开发行)、权证行权、实施股权激励计划、企业合并、可转换公司债券转股、减资、内部职工股上市、债券发行或其他原因引起公司股份总数及股东结构的变动、公司资产和负债结构的变动,公司应当予以说明。另外,现存内部职工股的,应当说明其发行日期、发行价格、发行数量等。

【例】上市公司年报披露节选

(一) 截至报告期内证券发行情况

☑适用　□不适用

单位:股　币种:人民币

股票及其衍生证券的种类	发行日期	发行价格(或利率)	发行数量	上市日期	获准上市交易数量	交易终止日期
普通股股票类						
可转换公司债券、分离交易可转债、公司债类						
公司债券	2020 年 7 月 14 日	7.0%	17 300 000	2020 年 7 月 21 日	17 300 000	2022 年 7 月 14 日
其他衍生证券						

截至报告期内证券发行情况的说明(存续期内利率不同的债券,请分别说明):

☑适用　□不适用

(1) 公司 2020 年发行的公司债券面值 100 元,按面值发行,期限为 2 年期,采用单利按年计息,不计复利,每年付息一次,到期一次还本,最后一期利息随本金的兑付一起支付。

(2) 公司于 2015 年面向合格投资者公开发行人民币 28 亿元公司债券,该公司债券(简称:15GC 债,代码:122444)已于 2020 年 8 月 26 日完成兑付兑息并摘牌。

(3) 公司于 2018 年 12 月发行 2018 年第一期中期票据(简称:18GCDT

MTN001,代码:101801506),发行规模为人民币6亿元。2020年12月,该中期票据在回售时间窗口下调下一年度票据利率至7.5%,并完成回售金额7 850万元,目前存续金额52 150万元。

二、股东和实际控制人情况

公司应当在本部分按照股东、控股股东、实际控制人的顺序依次披露以下信息。

(一)公司股东数量及持股情况

(1)截至报告期末以及年度报告披露日前上一月末的普通股股东总数、表决权恢复的优先股股东总数(如有)及持有特别表决权股份的股东总数(如有)。

【例】上市公司年报披露节选

公司在2020年年报中更正"第六节　股份变动及股东情况/三、股东和实际控制人情况/1.公司股东数量及持股情况"部分内容。

更正前

报告期末普通股股东总数	144 250 200	年度报告披露日前上一月末普通股股东总数	144 306 000	报告期末表决权恢复的优先股股东总数(如有)	0	年度报告披露日前上一月末表决权恢复的优先股股东总数(如有)	0

更正后

报告期末普通股股东总数	18 098	年度报告披露日前上一月末普通股股东总数	18 391	报告期末表决权恢复的优先股股东总数(如有)	0	年度报告披露日前上一月末表决权恢复的优先股股东总数(如有)	0

【提示】

注意区分股东总数和总股数。

【例】上市公司年报披露节选

公司2020年年度报告"第六节　股份变动及股东情况"之"三、股东和实际控制人情况"项下"(一)股东总数"及2020年年度报告摘要"二、公司基本情况”之“4 股本及股东情况”项下“4.1 普通股股东和表决权恢复的优先股股东数量及前 10 名股东持股情况表”中一处内容需要更正，具体更正内容如下：

更正前

年度报告披露日前上一月末的普通股股东总数(户)	7 317

更正后

年度报告披露日前上一月末的普通股股东总数(户)	6 859

更正原因：由于先前信批工作人员误将年度报告披露日(2021 年 4 月 29 日)前上一月末的普通股股东总数，解读成年度报告截止日(2020 年 12 月 31 日)前上一月末的普通股股东总数，现予以更正。

【提示】

年报要求披露的是年度报告披露日前上一月末的普通股股东总数，而非年度报告截止日前上一月末的普通股股东总数。

(2) 截至报告期末持有公司 5%以上股份的股东名称，报告期内股份增减变动情况，报告期末持股数量，所持股份类别及所持股份质押、标记或冻结情况。如持股 5%以上的股东少于 10 人，则应当列出至少前 10 名股东的持股情况。

对前 10 名股东的披露是本部分难点，需要注意以下几点：

第一，要披露公司前 10 名股东和前 10 名无限售流通股股东的名称全称、年末持有股份的数量和种类(A、B、H 股或其他)。所持股份中包括无限售条件股份(或已上市流通股份)、有限售条件股份(或未上市流通股份)的，应当分别披露其数量。其中，持有的有限售条件股份数量，按照实际持有的限售股数量填写，不包括转融通已借出的股份。此外，所持股份被质押、标记或冻结的，应与登记公司提供的股东名册进行核对。

【例】上市公司年报披露节选

公司在年报“第六节　股份变动及股东情况/三、股东和实际控制人情况/1. 公司股东数量及持股情况”中补充 SJGJ 有限公司质押数量。

更正前

报告期末普通股股东总数	20 338	年度报告披露日前上一月末普通股股东总数	18 748	报告期末表决权恢复的优先股股东总数(如有)	0	年度报告披露日前上一月末表决权恢复的优先股股东总数(如有)		0
持股5%以上的股东或前10名股东持股情况								
股东名称	股东性质	持股比例	报告期末持股数量	报告期内增减变动情况	持有有限售条件的股份数量	持有无限售条件的股份数量	质押或冻结情况	
							股份状态	数量
……	……	……	……	……	……	……	……	……
SJGJ有限公司	境外法人	5.00%	11 779 163	971 975	0	11 779 163		

更正后

报告期末普通股股东总数	20 338	年度报告披露日前上一月末普通股股东总数	18 748	报告期末表决权恢复的优先股股东总数(如有)	0	年度报告披露日前上一月末表决权恢复的优先股股东总数(如有)		0
持股5%以上的股东或前10名股东持股情况								
股东名称	股东性质	持股比例	报告期末持股数量	报告期内增减变动情况	持有有限售条件的股份数量	持有无限售条件的股份数量	质押或冻结情况	
							股份状态	数量
……	……	……	……	……	……	……	……	……
SJGJ有限公司	境外法人	5.00%	11 779 163	971 975	0	11 779 163	质押	5 000 000

第二,投资者通过客户信用交易担保证券账户持有的股票不应计入证券公司自有证券,应与投资者通过普通证券账户持有的同一家上市公司的证券数量合并

计算。也就是说,最终在年报中披露的股东名称不应该出现“客户信用交易担保证券账户”,而应该按股份实际持有人进行统计和披露。

【例】上市公司年报披露节选

更正前

前 10 名无限售条件股东持股情况			
股东名称	报告期末持有无限售条件股份数量	股份种类	
		股份种类	数量
华泰证券股份有限公司客户信用交易担保证券账户	77 500	人民币普通股	77 500

更正后

前 10 名无限售条件股东持股情况			
股东名称	报告期末持有无限售条件股份数量	股份种类	
		股份种类	数量
中国石油天然气集团公司企业年金计划—中国工商银行股份有限公司	8 528	人民币普通股	8 528

第三,前 10 名无限售流通股股东之间,以及前 10 名无限售流通股股东和前 10 名股东之间存在关联关系或属于《上市公司收购管理办法》规定的一致行动人的,应当予以说明。对于无法核实的情况,公司可以披露为“未知其他股东之间是否存在关联关系或者属于一致行动人”。

【例】上市公司年报披露节选

上述股东关联关系或一致行动的说明	前十大股东中,公司已知南通投资管理有限公司为南通产业控股集团有限公司全资子公司;除此之外,公司未知其他股东之间是否存在关联关系或者属于一致行动人
表决权恢复的优先股股东及持股数量的说明	无

第四,前 10 名股东中存在回购专户的,应当予以特别说明,但不纳入前 10 名股东列示,此时应将股东名册所载第 10 名以后的股东按前后顺序提前至前 10 名

内列示。

第五，前10名股东存在委托表决权、受托表决权、放弃表决权的，应当予以说明。

第六，有战略投资者或一般法人因配售新股成为前10名股东的，应当予以注明，并披露约定持股期间的起止日期。

第七，公司具有表决权差异安排的，应当披露截至报告期末拥有公司5%以上表决权的股东的名称、报告期内表决权变动的情况、报告期末表决权数量、表决权类别及表决权受到限制的情况。如拥有公司5%以上表决权的股东少于10人，则应当至少列出公司表决权比例前10名的股东情况。

第八，此部分所涉股东性质，包括国家、国有法人、境内非国有法人、境内自然人、境外法人、境外自然人等，标准与股份变动表的要求一致。

第九，在计算持股比例时，仅计算普通股、表决权恢复的优先股和特别表决权股份数量。

第十，报告期末完成股权分置改革的公司应当按照中国证监会对公司股份变动报告规定的格式披露前10名股东中原非流通股股东持有股份的限售条件。

（3）公司应当披露其他持股在10%以上的法人股东名称、单位负责人或法定代表人、成立日期、注册资本、主要经营业务或管理活动等情况。

（二）公司控股股东情况

控股股东为法人的，应当披露名称、单位负责人或法定代表人、成立日期、主要经营业务等。控股股东为自然人的，应当披露其姓名、国籍、是否取得其他国家或地区居留权、主要职业及职务。

公司应当披露控股股东报告期内控股和参股的其他境内外上市公司的股权情况。

如不存在控股股东，公司应当予以特别说明。如报告期内控股股东发生变更，公司应当就变更情况予以特别说明。

此外，公司控股股东或第一大股东及其一致行动人累计质押股份数量占其所持公司股份数量比例达到80%以上的，应当披露股票质押融资总额、具体用途、偿还期限、还款资金来源、是否存在偿债或平仓风险，以及是否会存在影响公司控制权稳定的情况。

（三）公司实际控制人情况

公司应当参照有关控股股东的披露要求，披露公司实际控制人的情况，并以方框图及文字形式披露公司与实际控制人之间的产权和控制关系。实际控制人应当披露到自然人、国有资产管理机构、集体组织，或者股东之间达成某种协议或安排的其他机构或自然人，包括以信托方式形成实际控制的情况。

【例】上市公司年报披露节选

更正前

实际控制人性质：地方国资管理机构

实际控制人类型：法人

实际控制人名称	法定代表人/单位负责人	成立日期	组织机构代码	主要经营业务
江苏省GX资产管理集团有限公司	MQL	2002年02月02日	统一社会信用代码：91320000××××××××G	省政府授权范围内的国有资产经营、管理、转让、投资、企业托管、资产重组以及经批准的其他业务，房屋租赁。（依法须经批准的项目，经相关部门批准后方可开展经营活动）
实际控制人报告期内控制的其他境内外上市公司的股权情况	截至2015年12月31日，江苏省GX资产管理集团有限公司持有HT证券股份有限公司17.46%股权；持有江苏省XNYKF有限公司95%股权			

更正后

实际控制人性质：地方国资管理机构

实际控制人类型：法人

实际控制人名称	法定代表人/单位负责人	成立日期	组织机构代码	主要经营业务
江苏省人民政府国有资产监督管理委员会	XGP		757×××××-3	管理江苏省国有资产
实际控制人报告期内控制的其他境内外上市公司的股权情况	江苏省人民政府国有资产监督管理委员会控制江苏省多家省属国资上市公司股权，包括江苏舜天、华泰证券、宁沪高速、汇鸿集团、金陵饭店、弘业股份和井神股份等上市公司			

【提示】

本例中,该公司将国有资产管理机构控制的下属资产管理集团有限公司披露为实际控制人,不符合实际控制人需追溯至国有资产管理机构的要求,因此发布了更正公告。

若实际控制人为自然人,公司应当披露其过去10年曾控股的境内外上市公司情况。

实际控制人通过信托或其他资产管理方式控制公司的,应当披露信托合同或者其他资产管理安排的主要内容,包括信托或其他资产管理的具体方式,信托管理权限(包括公司股份表决权的行使等),涉及的股份数量及占公司已发行股份的比例,信托或资产管理费用,信托资产处理安排,合同签订的时间、期限及变更、终止的条件,以及其他特别条款等。例如,某省人民政府作为上市公司实际控制人,通过信托有限责任公司以信托计划受托人方式持有公司25.58%的股份,公司即按照上述要求进行了披露。

公司认定不存在实际控制人的,应当就认定依据予以特别说明。如公司最终控制层面存在多位自然人或自然人控制的法人共同持股的情形,且其中没有一人的持股比例(直接或间接持有下一级控制层面公司的股份比例)超过50%,各自的持股比例比较接近,公司无法确定实际控制人的,应当披露最终控制层面持股比例在10%以上的股东情况;如公司没有持股10%以上的股东,则应当披露持股比例5%以上的股东情况。

【例】上市公司年报披露节选

报告期内,自2018年7月6日限制性股票激励计划实施完毕之后,公司股权结构发生变化,公司单一股东持有股份的比例均未超过公司总股本的30%,同时,公司任何股东均无法单独通过实际支配公司股份表决权决定公司董事会半数以上成员选任以及公司重大事项。基于上述情况,依据《公司法》和证券监管相关规定,公司经审慎判断,目前公司无实际控制人,无控股股东,详情请见公司于2018年7月6日在巨潮资讯网披露的《关于公司无实际控制人的提示性公告》。

【提示】

有关不存在控股股东或实际控制人的认定需要十分谨慎,公司应当从股东持股比例差异、董事会席位分配以及一致行动人等方面，说明不存在能够对公司股东大会决议产生决定性影响，或实际支配公司行为的股东。

若报告期内公司控制权发生变更，公司应当就变更情况予以特别说明。

此外，还需注意，报告期间，上市公司首次公开发行股票、再融资、发行股份购买资产或者构成重组上市的重大资产重组申请或者相关披露文件存在虚假记载、误导性陈述或者重大遗漏，被中国证监会立案稽查的，应当披露控股股东、实际控制人、重组方及其他承诺主体股份限制减持情况。

三、股份回购的实施情况

公司应当披露股份回购在报告期内的实施情况，包括回购股份方案披露时间、拟回购股份数量及占总股本的比例、拟回购金额、拟回购期间、回购用途、已回购数量、已回购数量占股权激励计划所涉及标的股票的比例（如有）。公司采用集中竞价交易方式减持回购股份的，应披露减持进展情况。

第八节　优先股相关情况

发行优先股的公司应当在年度报告中以单独章节披露优先股情况，具体包括优先股近3年的发行与上市情况、股东情况、利润分配情况、回购或转换情况、恢复表决权情况和相关会计政策及理由这六个方面。年度报告其他章节与该部分要求披露内容相同的，公司可以建立相关查询索引，避免重复。

一、近3年优先股的发行与上市情况

公司应当披露截至报告期末近3年优先股公开发行或向特定对象发行（非公开发行）的发行日期、发行价格和票面股息率、发行数量、上市日期、获准上市交易数量、终止上市日期、募集资金使用及变更情况等。符合《上市公司重大资产重组管理办法》规定条件发行优先股购买资产的，参照上述规定披露。

如果公司报告期内多次发行优先股，可以通过列表加附注的形式进行披露，更为简明。

【例】上市公司年报披露节选

单位:万股

优先股代码	优先股简称	发行日期	发行价格(元)	票面股息率	发行数量	上市日期	上市交易数量	终止上市日期
×××××	HX 优 1	2016-3-23	100	4.20%	20 000	2016-4-20	20 000	—

注:(1) 根据《中国银监会关于 HXYH 非公开发行优先股及修改章程的批复》(银监复〔2015〕×××号)和证监会《关于核准 HXYH 股份有限公司非公开发行优先股的批复》(证监许可〔2016〕×××号),本公司于 2016 年 3 月 23 日非公开发行 2 亿股优先股,并自 2016 年 4 月 20 日起在上海证券交易所综合业务平台挂牌转让。

(2) HX 优 1 首五年票面股息率 4.20%,包括本次优先股发行缴款截至日前 20 个交易日(不含当日)5 年期的国债收益率算术平均值 2.59% 及固定溢价 1.61%。票面股息率根据基准利率变化每五年调整一次。

(3) 募集资金使用情况:经证监会核准,本公司于 2016 年 3 月 23 日非公开发行 2 亿股优先股,每股面值 100 元。扣除发行费用后实际募集资金净额为 199.78 亿元,全部用于补充一级资本。

二、优先股股东情况

对优先股股东情况的披露要求和普通股股东基本相同,主要差异有三:

(1) 股东所持优先股在除股息分配和剩余财产分配以外的其他条款上具有不同设置的,应当分别披露其持股数量。

(2) 对股东间关联关系或一致行动人关系的说明,既包括前 10 名优先股股东之间的,也包括前 10 名优先股股东与前 10 名普通股股东之间的。

(3) 以上列出的优先股股东情况中应当注明代表国家持有股份的单位和外资股东。

三、优先股利润分配情况

与普通股相比,优先股股东对股息分配更加敏感,因此,优先股利润分配情况的披露要求也比普通股更加详细。

公司应当披露报告期内优先股的利润分配情况,包括股息率及分配金额、是否符合分配条件和相关程序、股息支付方式、股息是否累积、股息是否参与剩余利润分配等。对于因本会计年度可分配利润不足而累积到下一会计年度的差额或可参与剩余利润分配的部分,公司应当单独说明。

调整或变更优先股利润分配政策的,公司应当披露原因和变更程序。报告期内盈利且母公司未分配利润为正,但未对优先股进行利润分配的,公司应当详细披露原因以及未分配利润的用途和使用计划。

如公司章程涉及优先股分配的其他事项,公司应当予以说明。

四、优先股回购或转换情况

报告期内公司进行优先股回购或商业银行发行的优先股转换成普通股的,应当按照以下要求披露相关的回购或转换情况:

(1) 优先股的回购情况,包括回购期间、回购价格和定价原则、回购数量和比例、回购的资金总额以及资金来源、回购股份的期限、回购选择权的行使主体、对公司股本结构的影响等,并披露相关的程序。

(2) 优先股的转换情况,包括转股条件、转股价格、转换比例、转换选择权的行使主体,对公司股本结构的影响等,并披露相关程序。

五、优先股恢复表决权情况

公司累计 3 个会计年度或连续 2 个会计年度未按约定支付优先股股息的,优先股股东有权出席股东大会,每股优先股股份享有公司章程规定的表决权。报告期内存在优先股表决权恢复的,公司应当按照以下要求披露相关情况:

(1) 公司应当披露相关表决权的恢复、行使情况,包括恢复表决权的优先股数量、比例、有效期间、对公司股本结构的影响等,并披露相关的决议与程序。如果存在公司章程规定的优先股表决权恢复的其他情形,应当予以说明。

(2) 如前 10 名股东、持有 5%以上股份的股东或实际控制人所持股份中包含表决权恢复的优先股,公司应当按照《年报准则》第五十九条规定单独披露表决权恢复的优先股涉及的股东和实际控制人情况。

六、对优先股采取的会计政策及理由

公司应当披露对优先股采取的会计政策及理由，财务报表及附注中的相关内容应当按照证监会制定的有关财务报告规定进行编制。

【例】上市公司年报披露节选

根据财政部颁布的《企业会计准则第22号——金融工具确认和计量》《企业会计准则第37号——金融工具列报》(2014年修订)及《金融负债与权益工具的区分及相关会计处理规定》等要求以及本次优先股发行方案，本公司本次发行的优先股将作为权益工具核算。权益工具是指能证明拥有本公司在扣除所有负债后的资产中的剩余权益的合同。在同时满足下列条件的情况下，本公司将发行的金融工具分类为权益工具：①该金融工具应当不包括交付现金或其他金融资产给其他方，或在潜在不利条件下与其他方交换金融资产或金融负债的合同义务；②将来须用或可用本公司自身权益工具结算该金融工具。如为非衍生工具，该金融工具应当不包括交付可变数量的自身权益工具进行结算的合同义务；如为衍生工具，本公司只能通过以固定数量的自身权益工具交换固定金额的现金或其他金融资产结算该金融工具。……综上，本公司根据本次发行优先股的合同条款及经济实质，确认为其他权益工具。

【提示】

优先股依条款设置不同，既可以偏股也可以偏债，对应适用不同的会计处理并直接影响发行人的资产负债表。该公司将其发行的优先股认定为其他权益工具，并充分说明了认定条件。

第九节　债券相关情况

2020年12月，证监会与中国人民银行、国家发改委联合发布《公司信用类债券信息披露管理办法》，对公开发行公司信用类债券的公司年度报告内容与格式编制要求进行了规定。修订后的《年报准则》相应章节对前述内容进行了吸收。

公开发行企业债券、公司债券以及银行间债券市场非金融企业债务融资工具的上市公司应当在本节披露债券相关情况，包括所有在年度报告批准报出日存续

的债券情况，以及公司偿债能力情况两部分。如果公司发行多只债券，披露本节相关事项时应当指明与债券的对应关系。由于年度报告其他章节与本节规定要求披露的部分内容可能相同，公司可以建立相关查询索引，避免重复。

【例】上市公司年报披露节选

三、公司债券募集资金使用情况

公司债券募集资金使用情况及履行的程序	详见本报告“第四节　经营情况讨论与分析/五、投资状经营情况讨论与分析/5.募集资金使用情况”部分内容
年末余额（万元）	54 277.85
募集资金专项账户运作情况	详见本报告“第四节　经营情况讨论与分析/五、投资状经营情况讨论与分析/5.募集资金使用情况”部分内容
募集资金使用是否与募集说明书承诺的用途、使用计划及其他约定一致	是

一、债券情况

公司应当披露所有在年度报告批准报出日存续的债券情况，主要包括债券基本情况、中介机构情况、债券募集资金相关情况、资信评级情况、偿债保障措施情况等。

（一）债券基本情况

债券基本情况包括债券名称、简称、代码、发行日、起息日、到期日、债券余额、利率、还本付息方式、交易场所、投资者适当性安排（如有）、适用的交易机制、是否存在终止上市交易的风险（如有）和应对措施。公司有逾期未偿还债券的，应当说明未偿还余额、未按期偿还的原因及处置进展等情况。

债券附发行人或投资者选择权条款、投资者保护条款等特殊条款的，公司应当披露报告期内相关条款的触发和执行情况。

【例】上市公司年报披露节选

债券名称	简称	代码	发行日	到期日	债券余额	利率	还本付息方式	交易场所
华夏幸福基业股份有限公司 2015 年公司债券（第一期）	15 华夏 05	122494	2015-10-22	2022-10-22	40.00	5.50%	按年付息，最后一期利息随本金的兑付一起支付	上海证券交易所

续表

债券名称	简称	代码	发行日	到期日	债券余额	利率	还本付息方式	交易场所
华夏幸福基业股份有限公司 2016 年公司债券(第一期)	16 华夏债	136167	2016-1-20	2023-1-20	15.00	4.88%	按年付息,最后一期利息随本金的兑付一起支付	上海证券交易所
华夏幸福基业股份有限公司 2016 年公司债券(第二期)	16 华夏 02	136244	2016-3-3	2021-3-3	19.9996	7.00%	按年付息,最后一期利息随本金的兑付一起支付	上海证券交易所
华夏幸福基业股份有限公司 2016 年非公开发行公司债券(第一期)	16 华夏 01	135082	2016-3-4	2021-3-9	28.00	7.40%	按年付息,最后一期利息随本金的兑付一起支付	上海证券交易所

(二)中介机构情况

中介机构情况包括为对应债券发行及存续期业务提供服务的中介机构名称、办公地址、签字会计师姓名、联系人及联系电话。

报告期内上述中介机构发生变更的,应当披露变更的原因、履行的程序及对债券投资者权益的影响等。

(三)债券募集资金相关情况

公司应当按债项逐一披露截至报告期末的募集资金使用情况,包括募集资金总金额、已使用金额、未使用金额、募集资金专项账户运作情况(如有)、募集资金违规使用的整改情况(如有)等,并说明是否与募集说明书承诺的用途、使用计划及其他约定一致。

募集资金用于建设项目的,公司应当披露项目的进展情况及运营效益。

公司报告期内变更上述债券募集资金用途的,需说明募集资金变更履行的程序、信息披露情况及变更后用途的合法合规性。

【例】上市公司年报披露节选

三、公司债券募集资金使用情况

☑适用　□不适用

ZGHJ2019 年公开发行可续期公司债券(第一期、第二期)募集资金使用情况及履行程序、募集资金专项账户运作情况严格按照该债券募集说明书和《ZGHGYJS 股份有限公司募集资金管理制度》执行,该债券募集资金扣除发行费用后全部用于置换子企业银行贷款,截至本报告期末已使用完毕。

ZGHJ 公开发行可转换公司债券募集资金使用情况及履行程序、募集资金专项账户运作情况严格按照中国证监会《上市公司监管指引第 2 号——上市公司募集资金管理和使用的监管要求》《上海证券交易所上市公司募集资金管理办法》(2013 年修订)、《ZGHGYJS 股份有限公司募集资金管理制度》的规定执行,该债券募集资金扣除发行费用后,本报告期已累计投入募投项目 144 241.45 万元,后续将根据募投项目实施进展持续投入。募投项目中,三都水族自治县市政基础设施建设 PPP 项目完工时点由 2020 年 9 月预计延期至 2021 年 5 月。广安职业技术学院二期建设 PPP 项目完工时点由 2020 年 8 月预计延期到 2020 年 12 月。上述延期事宜已提交公司第三届董事会第十七次会议、第三届监事会第十五次会议审议通过。

ZGHJ2020 年公开发行超短期融资债券募集资金使用情况及履行程序、募集资金专项账户运作情况严格按照该债券募集说明书和《ZGHGYJS 股份有限公司募集资金管理制度》执行,该债券募集资金全部用于置换子企业银行贷款,截至本报告期末已使用完毕。

ZGHJ2020 年公开发行中期票据券募集资金使用情况及履行程序、募集资金专项账户运作情况严格按照该债券募集说明书和《ZGHGYJS 股份有限公司募集资金管理制度》执行,该债券募集资金全部用于置换等额到期中期票据,截至本报告期末已使用完毕。

(四) 资信评级情况

资信评级情况包括报告期内信用评级机构(如有)对公司或债券作出的信用评级结果调整情况,包括但不限于信用评级级别及评级展望变动,以及信用评级结果变化的原因等。

【例】上市公司年报披露节选

四、公司债券评级情况

☑适用 □不适用

2020 年 5 月,中诚信国际信用评级有限责任公司对公司主体及相关债券进行跟踪评级,对公司主体信用等级维持 AAA 级,各债券信用等级维持 AAA。2021 年 1 月 18 日,中诚信国际信用评级有限责任维持公司主体和相关债项信用等级为 AAA,评级展望由稳定调整为负面。2021 年 1 月 29 日,中诚信国际信用评级有限责任公司将公司主体及相关债券等级由 AAA 调降至 AA+,并将公司主体和债项信用等级列入可能降级的观察名单。2021 年 2 月 3 日,中诚信国际信用评级有限责任公司将公司主体和相关债项等级由 AA+将至 A,并将公司主体和债项信用等级继续列入可能降级的观察名单。2021 年 2 月 20 日,中诚信国际信用评级有限责任公司将公司主体和相关债项等级由 A 降至 B,并将公司主体和债项信用等级继续列入可能降级的观察名单。

2020 年 6 月,大公国际资信评估有限公司对公司主体及相关债券进行跟踪评级,对公司主体信用等级维持 AAA 级,各债券信用等级维持 AAA。2021 年 1 月 18 日,大公国际资信评估有限公司将公司和相关债项等级由 AAA 调降至 AA+,评级展望由稳定调整为负面。2021 年 2 月 3 日,大公国际资信评估有限公司将公司和相关债项等级由 AA+调降至 BB,评级展望由稳定调整为负面。

2020 年 6 月,东方金诚国际信用评估有限公司对公司主体及相关债券进行跟踪评级,对公司主体信用等级维持 AAA 级,各债券信用等级维持 AAA。2021 年 1 月 29 日,东方金诚国际信用评估有限公司维持公司主体和相关债项信用等级为 AAA,评级展望由稳定下调为负面。2021 年 2 月 3 日,东方金诚国际信用评估有限公司将公司和相关债项等级由 AAA 调降至 A,评级展望由稳定调整为负面。2021 年 2 月 23 日,东方金诚将公司和相关债项等级由 A 调降至 B,评级展望由稳定调整为负面。

(五)偿债保障措施情况

偿债保障措施情况包括担保情况、偿债计划及其他偿债保障措施在报告期内的现状、执行、变化情况及变化情况对债券投资者权益的影响。

报告期内上述担保情况、偿债计划及其他偿债保障措施发生变更的,公司应当披露变更后情况,说明变更原因,变更是否已取得有权机构批准,以及相关变更对债券投资者权益的影响。

二、公司偿债能力

报告期内合并报表范围亏损超过上年末净资产 10%的,公司应当披露亏损情况、亏损原因以及对公司生产经营和偿债能力的影响。

公司应当披露报告期末除债券外的有息债务逾期情况,包括但不限于金额、发生原因及处置进展。

报告期内是否有违反法律法规、公司章程、信息披露事务管理制度规定的情况以及债券募集说明书约定或承诺的情况，并披露相关情况对债券投资者权益的影响。

存续面向普通投资者交易的债券的，公司应当采用数据列表方式，披露截至报告期末公司近2年的主要会计数据和财务指标，包括但不限于：

（1）扣除非经常性损益后净利润。

（2）EBITDA全部债务比。

$$\text{EBITDA 全部债务比}=\frac{\text{EBITDA}}{\text{全部债务}}$$

（3）利息保障倍数。

$$\text{利息保障倍数}=\frac{\text{息税前利润}}{\text{计入财务费用的利息支出}+\text{资本化的利息支出}}$$

（4）现金利息保障倍数。

$$\text{现金利息保障倍数}=\frac{\text{经营活动产生的现金流量净额}+\text{现金利息支出}+\text{所得税付现}}{\text{现金利息支出}}$$

（5）EBITDA利息保障倍数。

$$\text{EBITDA 利息保障倍数}=\frac{\text{EBITDA}}{\text{计入财务费用的利息支出}+\text{资本化的利息支出}}$$

（6）贷款偿还率。

$$\text{贷款偿还率}=\frac{\text{实际贷款偿还额}}{\text{应偿还贷款额}}$$

（7）利息偿付率。

$$\text{利息偿付率}=\frac{\text{实际支付利息}}{\text{应付利息}}$$

面向普通投资者交易的债券，是指公众投资者可以认购及交易的国债、地方政府债券、政策性银行金融债券、公开发行的可转换公司债券以及符合《公司债券发行与交易管理办法》和《公司债券上市规则》规定条件，面向公众投资者公开发行的公司债券等债券品种。公司存续面向普通投资者交易的债券，是指截至报告期末依然存续的,由公司面向公众投资者公开发行的可转换公司债券和公司债券等债券品种。

第十节 财务报告

财务报告是年报中最为重要的一节。一方面,它全面系统地揭示了企业某一时点的财务状况、某段时间内的经营成果和现金流量,以便投资者进行分析和投资决策;另一方面,它也有助于相关部门了解和掌握各行业、各地区的经济发展情况,以便监督企业经营管理、进行宏观调控和优化资源配置。

一、财务报告所反映的主要问题

财务报告的披露内容由两大部分构成:经审计的财务报表以及财务报表附注。根据《公开发行证券的公司信息披露编报规则第 15 号——财务报告的一般规定》(简称《编报规则第 15 号》),财务报表附注共分为 15 小节及补充资料。除了《年报准则》和《编报规则第 15 号》,上市公司还应遵守各项具体会计准则(合称《企业会计准则》)的规范要求进行财务报表的编制和披露。披露的财务信息如果难以真实反映公司的经营现状和业绩水平,不仅会误导投资者和其他使用者,还可能加剧投机炒作,积累资本市场风险。对此,证券交易所往往前移年报监管端口,采用"事前约谈"和"质疑式问询"等方式,预判风险,提前行动,有效监管年报财务信息披露。

此外,为掌握上市公司执行会计准则、企业内部控制和财务信息披露规范等情况,证监会会计部也会组织专门力量抽样审阅上市公司年度报告,并将年报审核结果在每年的上市公司年报会计监管报告中公布;同时,还会通过建议专项核查等方式及时处理发现的问题,并向有关各方传递关于会计准则、内部控制规范和财务信息披露等方面的监管标准。

经整理发现,上市公司年报财务信息部分主要存在如下问题。

(一)利用会计准则进行不当盈余管理

1. 会计核算方式变更

例如,长期投资的核算方式变更,包括部分上市公司仅通过派驻董事或通过表决权暂时委托等方式，改变对股权投资的核算方法从而确认大额投资收益；通过表决权委托或协议安排，在持股比例不变的情况下，变更公司的合并范围。

对于该类事项，监管部门会关注是否具有实际控制能力或重大影响的判断依据，公司的经营实质是否发生变化及变更会计核算方式的合理性。

2. 计提和转回资产减值

部分上市公司在收购的子公司承诺期内业绩不达标或踩线达标时，不计提商誉减值，承诺期满后大幅计提商誉减值。

部分上市公司在原有坏账计提方法的基础上，新增“低信用风险组合”，转回大额坏账损失；在当年盈利无望时，对按单项计提的应收账款确认大额坏账损失。

存在前述业绩“大洗澡"嫌疑的公司，往往或被要求补充披露商誉减值测试的具体情况及其合理性，说明以前年度计提资产减值是否充分；或被要求补充披露转回的原因及合理性，说明以往年度计提坏账准备是否恰当。

3. 提前或延后确认收入

（1）收入确认条件和时点不正确：部分上市公司的商品销售对价中包含来自政府的补贴，该补贴的取得需要满足一定条件，公司在发出商品时即全额确认收入，而未考虑商品销售价款收回以及商品验收合格的不确定性。

（2）收入确认和成本结转不配比：部分公司未按实际完工进度确认收入及结转成本，存在已完工项目成本未及时结转的情况。

（3）履约义务的认定和划分不清楚：部分公司在出售商品时仍需提供未来服务，公司在未来服务未履行时提前确认收入。

该类公司往往会被要求补充说明具体收入确认政策、收入确认依据。

（二）构造交易

1. 构造没有商业实质的交易

部分上市公司通过小幅增加或减少对子公司的持股比例，认定该子公司的控制权发生变更，对持有的股权进行重估并确认收益。

监管部门会关注该类交易的商业合理性以及认定控制权发生变更的依据和公司经营实质。

2. 关联方交易定价不公允

部分上市公司将房屋、土地使用权等非流动资产高溢价转让给关联方；与关联方签订定价不公允的购销合同；部分上市公司在与关联方签订服务合同时，人为改变市场价格明确的费用标准。

与关联方的交易，交易价格的公允性和交易的合理性往往会引起监管关注和市场热议。

3. 突击交易

部分上市公司在临近年末挂牌出售房屋建筑物或其他资产并确认处置收益；在年末挂牌转让子公司股权，签订相应股权转让协议并于当年确认处置收益。

通常情况下，短时间内公司较难满足搬迁、解除抵押等资产交付条件或完成控制权的转移，这类因业绩压力而进行的突击交易是监管重点关注事项。

（三）选择性会计确认

1. 延迟计提预计负债

部分上市公司在收到判决通知书后，以上诉为由不确认相关损失和预计负债，在实际赔偿时计入当期损益；部分上市公司需承担资产弃置等义务，公司在被要求开展环境恢复治理等特定事项时才确认上述义务所导致的负债。

对于计提预计负债事项，公司往往会被要求补充说明关于预计负债最佳估计数的判断依据及其是否符合会计准则的规定，公司支付能力以及是否存在流动性风险。

2. 集中确认存货跌价准备

实践中，部分上市公司当期确认大额存货跌价准备或者将存货大规模结转成本；还有部分上市公司通过自查确认内控存在重大缺陷导致了存货盘亏。该类上市公司以前年度往往存在存货结转不及时、少计营业成本导致存货不实等问题，以往年度的成本核算方法是否发生变化，公司内部控制缺陷是否会影响公司的经营情况往往会引起关注。

二、财务报告编制要求

本节除了介绍财务报告编制的基本要求，还将通过相关案例和规则梳理，参考沪深交易所的年报事后审核情况答记者问、证监会发布的《上市公司年报会计监管报告》《上市公司执行企业会计准则案例解析》《会计监管工作通讯》、会计师事务所专业技术问题的研讨情况通报等，以及中国注册会计师协会和各地注册会计师协会的审计风险提示，总结年报中受到监管机构关注的会计处理问题和财务信息披露重点，以期为上市公司提供参考。

（一）公司的基本情况

公司应简要披露基本情况，包括注册地、总部地址、业务性质、主要经营活动以及财务报告批准报出日。需要编制合并财务报表的公司，应说明本期的合并财务报表范围及其变化情况。由于合并财务报表范围及变化情况在“合并财务报表项目附注”和“合并范围的变动”中会详细阐释，多数公司在此只是简要总结并提示参考其他小节内容。例如，采用如下用语：

本期合并财务报表范围及其变化具体情况详见本财务报表附注“八、合并范围的变更”和“九、在其他主体中的权益”。

（二）财务报表的编制基础

公司应披露财务报表的编制基础，并应评价自报告期末起至少 12 个月的持续经营能力。

需要注意的是，如果公司对持续经营能力的评价结果表明对持续经营能力产生重大怀疑，应披露导致对持续经营能力产生重大怀疑的因素，以及公司拟采取的改善措施。

【例】上市公司年报及问询函节选

1. 编制基础

本公司财务报表以持续经营为编制基础。

2. 持续经营

☑适用　☐不适用

本公司受应收债权投资事件影响，债权方申请法院冻结、查封本公司及子公司资产、股权、银行账户等，以致公司正常经营受到较大影响。现警方正积极追讨本公司资产，医疗板块供应链业务正在重整。本公司债权人正在与本公司商讨债务重组事宜，以维持本公司的持续经营，因此本财务报表系在持续经营假设的基础上编制。

一些上市公司营业收入逐年下降、成本上升、出现亏损，甚至被出具涉及公司持续经营能力判断的非标审计意见，依然以持续经营为财务报表编制基础，这种情况会容易受到监管机构问询，监管机构会要求公司分析未来持续经营能力是否存在重大不确定性，以及拟采取的进一步措施等。

【例】上市公司年报问询函及回复节选

交易所问询函节选：

（一）关于持续经营能力

审计报告显示，公司持续经营能力存在重大不确定性，公司2020年度归母净利润-6.03亿元，货币资金严重短缺，截至2020年年末，逾期债务未清偿余额为9.30亿元。此外，年报显示，公司当前面临大量诉讼及对外担保事项，主要子公司股权及资产均处于冻结或抵押状态。请公司补充披露：在上述背景下，按照持续经营假设编制财务报告的恰当性，并提供相关支持性证据；当前公司面临较大偿债及亏损压力，请公司说明拟采取的改善持续经营能力的措施并就相关事项充分提示风险。

公司回复节选：

公司自2018年初以来由于受国家金融去杠杆、公司自身资本结构缺陷、投资项目未达预期等多方面因素的影响，公司现金流紧张致可供经营活动支出的货币资金严重短缺，产生大量逾期未偿还债务，且存在很可能无法在正常的经营过程中变现资产、清偿债务情况，给公司的生产经营带来了严重的负面影响。截至2020年12月31日，公司银行借款余额为51.67亿元，逾期债务未清偿余额为9.30亿元，公司违规担保期末合同涉诉余额为16.50亿元。公司存在银行账户、子公司股权、土地使用权、在建工程等资产因涉诉被冻结或查封。

但公司管理层认为上述资产冻结或查封系相关债权人为保证自身债权的回收采取的保全措施，且并未导致公司被冻结的资产被拍卖处置而严重影响公司正常的生产经营。虽然公司面临的资金紧张、逾期债务以及违规担保等事项尚未得到完全解决，但公司在实控人SYHG提供财务资助和主要金融机构的支持下，公司资金压力得到一定程度的缓解。随着新冠肺炎疫情的缓解，CZ、JY LNG接收站项目的工程建设按施工计划稳步推进，海外油气开采业务、国内天然气销售业务均回归到正常经营状态，公司经营管理团队保持稳定。

基于上述情况，公司管理层认为虽然公司持续经营存在一定的重大不确定性，但公司自2020年12月31日起12个月仍具备持续经营能力。因此，按照持续经营假设编制的公司2020年年度财务报告是恰当的，具有合理性，符合企业会计准则的相关规定。

针对当前公司面临较大的偿债及亏损压力，公司将在实际控制人SYHG的支持下，采取如下措施改善公司的持续的经营能力：

（1）积极寻求相关政府部门的支持，积极推进JY LNG接收站项目配套专用码头项目的审批工作、通过获取新的项目融资渠道来加快推进CZ、JY LNG接收站工程项目的建设并争取早日投产运营，扩大公司的天然气销售规模，增强公司的盈利能力。但因JY接收站配套码头项目审批涉及政府部门多、审批程序烦琐；因公司资金紧张出现多笔债务违约致资信不良，获取新的融资渠道存在较大难度，推进JY、CZ LNG接收站项目建设并争取早日投产运营能否如期实施仍存在较大困难。

（2）加大对海外油气资源的整合，剥离部分长期亏损、后续开采不具有经济性的区块油气资产，提升海外油气资产的盈利水平。

（3）整合原油贸易资源，恢复国际油气贸易业务，拓展主营业务新的盈利点。但因国际油气贸易业务具有资金需求较大、国际油气价格波动较大风险的特点，国际贸易业务能否如期恢复并取得较好的盈利存在不确定性。

（4）在银行债委会的协调下，争取银行对公司的继续支持，通过借新还旧、展期、降低贷款利率等方式做好历史存量金融债务的续贷和融资成本降低工作。

【提示】

判断公司是否具有持续经营能力，可以从公司是否能够开展日常经营活动，是否仍有正常的经营业务收入以及相应的现金流入；公司经营活动的现金净流入是否为正；筹资活动投资活动中是否会发生资金链断裂等角度着手。

（三）重要会计政策及会计估计

公司应制定与实际生产经营特点相适应的具体会计政策，并充分披露报告期内采用的重要会计政策和会计估计。公司根据实际生产经营特点制定的具体会计政策和会计估计，应在本节对相关事项进行提示。

【例】上市公司年报披露节选

1. 遵循企业会计准则的声明

本公司所编制的财务报表符合企业会计准则的要求，真实、完整地反映了公司的财务状况、经营成果、股东权益变动和现金流量等有关信息。

2. 会计期间

本公司会计年度自公历1月1日起至12月31日止。

3. 营业周期

☑适用 □不适用

本集团的营业周期为12个月。

4. 记账本位币

本公司及境内子公司以人民币为记账本位币。本公司之境外子公司根据其经营所处的主要经济环境自行决定其记账本位币,编制财务报表时折算为人民币。本集团编制本财务报表时所采用的货币为人民币。

5. 同一控制下和非同一控制下企业合并的会计处理方法

……

【提示】

《编报规则第15号》罗列了33项重要会计政策及会计估计,实践中公司应按照自身业务模式以及生产经营特点,正确理解和使用会计准则,提升信息披露质量。

经整理证监会的年报会计监管报告、沪深交易所关于年报审核工作的新闻以及年报问询函,发现对于本节内容,监管部门重点关注的事项包括新会计准则的执行是否规范、重要会计准则的披露是否符合实际,以及会计估计变更是否符合未来适用法等。

1. 新会计准则的执行

2017年财政部先后发布修订的《企业会计准则第22号——金融工具确认和计量》《企业会计准则第23号——金融资产转移》《企业会计准则第24号——套期会计》和《企业会计准则第37号——金融工具列报》(统称新金融工具准则)及《企业会计准则第14号——收入》(简称新收入准则),规定境内外同时上市的企业以及在境外上市并采用国际财务报告准则或企业会计准则编制财务报告的企业自2018年1月1日起施行上述准则,其他境内上市企业自2019年1月1日起施行新金融工具准则(保险公司除外)、自2020年1月1日起施行新收入准则,并允许部分企业提前执行。

2018年12月13日,财政部发布修订的《企业会计准则第21号——租赁》(简称新租赁准则),规定在境内外同时上市的企业以及在境外上市并采用国际财务报告准则或企业会计准则编制财务报表的企业,自2019年1月1日起施行;其他执行企业会计准则的企业自2021年1月1日起施行。

2019年全体上市公司适用新金融工具准则,2020年上市公司全面执行新收入准则,2021 年全体上市公司适用新租赁准则。证监会发布的年报会计监管报告显示,新旧准则平稳过渡的同时,也出现了一些共性问题。

(1) 新收入准则的相关问题。和原收入准则相比,新收入准则要求采用统一的收入确认模型规范所有与客户之间的合同产生的收入,并以控制权转移作为收入确认时点的判断标准,同时对于收入相关信息的披露也提出了更高要求。实践中,在新旧准则过渡时,部分上市公司未恰当调整首次执行新收入准则的累积影响数,未在附注中充分披露新收入准则相关信息,影响报表使用者的理解和使用。

(2) 新金融工具准则相关问题。与原金融工具准则相比,新金融工具准则按照企业持有金融资产的业务模式和金融资产合同现金流量特征将金融资产分类由“四分类”改为“三分类”,新的分类标准充分考虑金融工具特点,同时与企业对金融工具的管理和运营模式相结合;将金融资产减值会计由“已发生损失法”改为“预期损失法”,更加及时、足额地计提金融资产减值准备;同时进一步优化信息披露相关要求。实践中,部分上市公司存在新金融工具准则首次执行日衔接信息披露错误的问题,包括错误将首次执行日当日处置子公司所导致的资产和负债的减少披露为执行新金融工具准则的影响,未披露将原金融资产账面价值调节到新金融资产账面价值时的重分类和重新计量影响,以及在披露执行新金融工具准则的会计影响和调节表时,存在多处明显错误(如漏填各种财务数据等)。另外,部分上市公司以执行新金融工具准则的名义进行其他会计政策变更、会计估计变更或前期差错更正,在这类情况下,企业应当根据实际情况,参照《企业会计准则第 28 号——会计政策、会计估计变更和差错更正》的规定进行追溯调整并调整比较数据。

【例】上市公司年报披露节选

重要会计政策和会计估计变更

(1) 重要会计政策变更。

☑适用　□不适用

经本公司第八届董事会第十一次会议于 2018 年 10 月 25 日决议通过,本公司按照财政部的要求时间开始执行前述五项会计准则。

在新金融工具准则下所有已确认金融资产其后续均按摊余成本或公允价值计量。在新金融工具准则施行日,以本公司该日既有事实和情况为基础评估管理金融资产的业务模式、以金融资产初始确认时的事实和情况为基础评估该金融资产上的合同现金流量特征,将金融资产分为三类:按摊余成本计量、按公允价值计量且其变动计入其他综合收益、按公允价值计量且其变动计入当期损益。其中，对于按公允价值计量且其变动计入其他综合收益的权益工具投资，当该金融资产终止确认时，之前计入其他综合收益的累计利得或损失将从其他综合收益转入留存收益，不计入当期损益。在新金融工具准则下，本公司以预期信用损失为基础，对以摊余成本计量的金融资产、以公允价值计量且其变动计入其他综合收益的债务工具投资、租赁应收款、合同资产及财务担保合同计提减值准备并确认信用减值损失。本公司追溯应用新金融工具准则，但对于分类和计量（含减值）涉及前期比较财务报表数据与新金融工具准则不一致的，本公司选择不进行重述。为执行新收入准则，本公司重新评估主要合同收入的确认和计量、核算和列报等方面。

根据新收入准则的规定，本公司选择仅对在2018年1月1日尚未完成的合同的累积影响数进行调整，首次执行的累积影响全额调整为首次执行当期期初（即2018年1月1日）的留存收益及财务报表其他相关项目金额，对2017年年度财务报表不予调整。由于执行新收入准则对公司收入的确认和计量并无实质影响，只有预收的货款需要调整列示。

（2）……

（3）首次执行新金融工具准则或新收入准则调整首次执行当年年初财务报表相关项目情况。

☑适用 □不适用

A. 执行新金融工具准则前后金融资产确认和计量对比表

单位：元

金融资产类别	2017年12月31日（变更前）		2018年1月1日（变更后）	
	计量类别	账面价值	计量类别	账面价值
应收票据及应收账款	贷款和应收款	7 886 097 430.59	摊余成本	7 886 097 430.59
可供出售金融资产	可供出售金融资产	2 453 000 000.00	以公允价值计量且其变动计入当期损益的金融资产	2 453 000 000.00
			以公允价值计量且其变动计入其他综合收益的金融资产	

B. 首次执行日,金融工具分类和账面价值调节表

单位:元

项目	2017年12月31日（变更前）	重分类	重新计量	2018年1月1日（变更后）
资产:				
以公允价值计量且其变动计入当期损益的金融资产	94 000 000.00	-94 000 000.00		
交易性金融资产		94 000 000.00		94 000 000.00
可供出售金融资产	2 453 000 000.00	-2 453 000 000.00		
其他非流动金融资产		2 453 000 000.00		2 453 000 000.00

C. 执行新收入准则对公司的影响

单位:元

变更内容	报表项目	2018年1月1日（变更后）	2017年12月31日（变更前）
预收货款	合同负债	243 182 891.22	
预收货款	预收账款		243 182 891.22

(4) 首次执行新金融工具准则追溯调整前期比较数据的说明。

□适用　☑不适用

【提示】

该公司为A+H股公司,已于2018年1月1日施行新金融工具准则和新收入准则。

新收入准则根据向客户收取价款的权利与向客户转让商品的义务之间的关系核算与客户相关的往来款项,增加了合同资产、合同负债项目。“合同资产”核算公司已向客户转让商品而有权收取对价的权利,仅取决于时间流逝因素的权利通过“应收账款”核算;“合同负债”核算公司已收或应收客户对价而应向客户转让商品的义务。在向客户转让商品之前,公司若已经取得合同价款或取得了无条件收取合同对价的权利,应将其确认为银行存款或应收账款,同时确认合同负债,并在后续期间随着商品转让而结转合同负债。在向客户转让商品之后,上市公司若取得了无条件收取合同对价的权利,则应在确认收入的同时确认应收账款,否则

应计入合同资产。对于同一合同下的合同资产与合同负债,上市公司应以净额进行列示。如本案例调整所示,公司在适用新收入准则对因销售商品收到的预收款进行处理,不再使用"预收账款"科目及"递延收益"科目。

新收入准则引入"履约义务"的概念,公司在履行了合同中的履约义务,即在客户取得相关商品控制权时确认收入。围绕履约义务的识别、类型判断、履约进度的确定等方面,新收入准则对收入确认的判断作出要求。新收入准则下,公司进行收入确认时不再区分业务类型,而是根据"五步法"进行收入确认,即识别合同、识别履约义务、确定交易价格、分摊交易价格和最终确认收入。需要明确的是,有些合同会产生收入,但应该按其他准则确认收入,比如租赁、金融资产转移等。在确定交易价格时,新收入准则强调公司应当考虑可变对价、合同中存在的重大融资成分、非现金对价、应付客户对价等因素的影响。

在执行新收入准则前,公司将运输费全部计入销售费用。在执行新收入准则后,其确认和列报应当分情况考虑:对于与履行客户合同无关的运输费用,若运输费用属于使存货达到目前场所和状态的必要支出,形成了预期会给企业带来经济利益的资源时,运输费用应当计入存货成本,否则应计入当期损益;对于与履行合同相关的运输活动,发生在商品的控制转移之前的,不构成单项履约义务,相关支出应作为商品销售成本披露;发生在商品的控制转移之后的,构成单项履约义务,企业应当在确认运输服务收入的同时,将相关支出作为运输服务成本披露。

此外,新收入准则规定了首次执行新收入准则的企业应根据累积影响数仅调整当年年初的留存收益及财务报表其他相关项目金额,而不调整可比期间信息。企业可选择仅对在首次执行日尚未完成的合同的累积影响数进行调整。

新金融工具准则相较于原金融工具准则发生了颠覆性的变化。根据新金融工具的衔接要求,在该准则施行日,企业应当按照准则的规定对金融工具进行分类和计量(含减值),涉及前期比较财务报表数据与本准则要求不一致的,尤需调整。金融工具原账面价值和在准则施行日的新账面价值之间的差额,应当计入本准则施行日所在年度报告期间的期初留存收益或其他综合收益。企业如果调整前期比较财务报表数据,应当能够以前期的事实和情况为依据,且比较数据应当反映新金融工具准则的所有要求。

(3)新租赁准则相关问题。和原租赁准则相比,新租赁准则在租赁定义和识别、承租人会计处理方面作了较大修改,出租人会计处理基本延续现有规定。核心变化在于完善了租赁的定义，增加了租赁识别、分拆和合并等内容；取消承租人关于融资租赁与经营租赁的分类，要求承租人对所有租赁（选择简化处理的短期租赁和低价值资产租赁除外）确认使用权资产和租赁负债；改进承租人后续计量，增加选择权重估和租赁变更情形下的会计处理。在出租人方面，新租赁准则丰富了出租人的信息披露，如要求出租人披露对其在租赁资产中保留的权利进行风险管理的情况、为降低相关风险所采取的措施等。

鉴于租赁准则新旧变动较大，新租赁准则为承租企业提供两种衔接方法：一是允许企业采用追溯调整；二是根据首次执行本准则的累积影响数，调整首次执行本准则当年年初留存收益及财务报表其他相关项目金额，不调整可比期间信息。同时，第二种方法提供了多项简化处理安排。分析发现，部分上市公司未按照新租赁准则的规定披露衔接信息，在首次执行新租赁准则时，未披露首次执行日确认租赁负债所采用的增量借款利率的加权平均值，亦未披露上年年末重大经营租赁尚未支付的最低租赁付款额现值与首次执行日租赁负债的差额。

【例】上市公司年报披露节选

……

44. 重要会计政策和会计估计的变更

1）重要会计政策变更

☑适用　☐不适用

……

2018 年，财政部颁布了修订的《企业会计准则第 21 号——租赁》，采用与现行融资租赁会计处理类似的单一模型，要求承租人对除短期租赁和低价值资产租赁外的所有租赁确认使用权资产和租赁负债，并分别确认折旧和利息费用。本集团自 2019 年 1 月 1 日开始按照新修订的租赁准则进行会计处理，对首次执行日前已存在的合同，选择不重新评估其是否为租赁或者包含租赁，并根据衔接规定，对可比期间信息不予调整，将首次执行日新租赁准则与现行租赁准则的差异追溯调整至 2019 年年初留存收益。

对于首次执行日之前的经营租赁，本集团根据剩余租赁付款额按首次执行日的增量借款利率折现的现值计量租赁负债，并根据每项租赁按照与租赁负债相等的金额，根据预付租金进行必要调整计量使用权资产。

本集团对首次执行日之前租赁资产属于低价值资产的经营租赁或将于 12 个

月内完成的经营租赁,采用简化处理,未确认使用权资产和租赁负债。此外,本集团对于首次执行日之前的经营租赁,采用了下列简化处理:

(1) 计量租赁负债时,具有相似特征的租赁可采用同一折现率;使用权资产的计量可不包含初始直接费用。

(2) 存在续租选择权或终止租赁选择权的,本集团根据首次执行日前选择权的实际行使及其他最新情况确定租赁期。

(3) 对于首次执行日前的租赁变更,本集团根据租赁变更的最终安排进行会计处理。

对于2018年财务报表中披露的重大经营租赁尚未支付的最低租赁付款额,本集团按2019年1月1日本集团作为承租人的增量借款利率折现的现值,与2019年1月1日计入资产负债表的租赁负债的差异调整过程如下:

单位:元

2018年12月31日重大经营租赁最低租赁付款额	2 401 422
减:采用简化处理的租赁付款额	135 169
其中:短期租赁	29 727
剩余租赁期少于12个月的租赁	105 442
加权平均增量借款利率	5.10%
2019年1月1日经营租赁付款额现值	2 124 624
2019年1月1日租赁负债	2 124 624

此外,首次执行日开始,本集团将偿还租赁负债本金和利息所支付的现金在现金流量表中计入筹资活动的现金流出,对于采用简化处理的短期租赁付款额和低价值资产租赁付款额以及未纳入租赁负债计量的可变租赁付款额仍然计入经营活动现金流出。

执行新租赁准则对2019年财务报表的影响如下:

合并资产负债表

单位:元

项目	报表数	假设按原准则	影响
预付款项	101 679	125 972	-24 293
其他应付款	754 676	867 434	-112 758
使用权资产	1 609 398		1 609 398

续表

项目	报表数	假设按原准则	影响
租赁负债	1 300 452		1 300 452
一年内到期非流动负债	799 667	361 614	438 053
预计负债	35 299	37 577	-2 278
未弥补亏损	1 414 703	1 325 661	89 042
合计	6 015 874	2 718 258	3 297 364

合并利润表

单位:元

项目	报表数	假设按原准则	影响
销售费用	5 174 636	5 243 073	-68 437
管理费用	483 183	479 734	3 449
财务费用	241 713	164 022	77 691
资产减值损失	778 479	655 587	122 892
营业外支出	20 357	22 635	-2 278
资产处置收益(损失)	19 876	-24 399	44 275
合计	6 718 244	6 540 652	177 592

【提示】

该公司为A+H股公司,已于2019年1月1日施行新租赁准则。自2021年1月1日起,全体上市公司适用新租赁准则。

2. 会计政策与会计估计的披露问题

一方面,上市公司适用会计准则的准确性关系着财务报表能否准确、可靠地反映公司的年度经营成果;另一方面,上市公司结合自身生产经营特点充分披露所适用的会计准则,也是投资者从财务报表中获取有用决策信息的重要手段。实践中,部分上市公司只在“重要会计政策与会计估计”小节机械地罗列原则性的会计准则,没有结合行业特点和自身经营状况进行充分披露,这类情况往往会受到监管的关注。下面以最受监管部门关注的收入、成本的确认和计量为例,分析会计政策、会计估计的披露要求。

收入、成本的确认和计量是和企业经营最相关、最重要的会计政策和会计估计。收入和成本是判断公司经营发展、行业地位、市场竞争力的重要因素,是否正确确认和计量收入与成本决定了公司的年度财务报告能否正确反映公司的年度业绩,进而影响投资者的决策,因此是监管部门年报审核的重点。

以定制软件开发服务的收入确认为例,定制化软件开发实践中需要一定的时间,企业在判断是属于某一时段内履行的义务还是某一时点履行的义务上往往产生疑惑,这可能导致收入确认不正确,继而影响财务报表使用者合理判断公司财务经营成果。根据新收入准则结合财政部 2020 年 7 月 17 日发布的《收入准则应用案例——定制软件开发服务的收入确认》,满足客户能在企业履约的同时取得并消耗其软件开发过程所带来的经济利益,客户能在开发过程中控制履约过程中的在建商品,该定制软件具有不可替代用途且企业能够在整个合同期内任一时点就累计至今已完成的履约部分收取能够补偿其已发生成本和合理利润的款项这三个条件之一的,定制软件开发业务满足属于在某一时段内履行履约义务的条件,其他情况下定制软件开发业务属于在某一时点履行的履约义务。

【例】上市公司年报及监管函回复节选

交易所问询函节选:

《关于 2020 年第一季度报告、2020 年半年度报告和 2020 年第三季度报告会计差错更正调整的公告》显示,你公司自 2020 年 1 月 1 日开始执行新收入准则,对在定制软件开发业务中客户能够控制企业履约过程中的在建商品按照履约进度确认收入。年审会计师认为该类业务应当归属于在某一时点履行的履约义务,相应收入确认应调整为在客户取得相关商品控制权时点确认收入。

请你公司结合上述定制软件开发业务合同的具体条款、业务模式、项目周期、软件交付、款项支付安排等,说明判断定制软件开发业务合同不满足在某一时段内履行履约义务三个条件的原因。

公司回复节选:

结合新收入准则条款、收入准则应用案例、公司定制软件开发业务合同条款及其执行等综合判断,定制软件开发业务合同不满足在某一时段内履行履约义务三个条件,具体原因如下:

(1) 客户在公司履约的同时不能取得并消耗公司履约所带来的经济利益、不能够控制公司履约过程中的在建商品。

对于在自有环境进行的软件开发服务项目,客户并未在我司履约的同时取得并消耗公司软件开发过程中所带来的经济利益,直至开发完成后,我司才交付软件产品、源代码及相关文档。因此在开发过程中,客户不能主导我司开发形成的商品,即源代码及相关文档,并从中获得经济利益,不能够控制我司履约过程中的在建商品。

对于在客户提供的系统环境或者场地进行的软件开发业务,客户也拥有软件开发过程中形成的所有程序、文档等所有权和知识产权,可以主导其使用。但上述安排主要是基于信息安全的考虑,客户并不能够合理利用开发过程中形成的程序、文档,并从中获得几乎全部的经济利益,所以客户不能够控制公司履约过程中的在建商品。

(2) 公司履约过程中所产出的商品具有不可替代用途,但公司在整个合同期间内无权就累计至今已完成的履约部分收取款项。

公司履约产出的商品为定制软件,且定制化程度较高,具有不可替代用途。但是定制软件的合同款项支付通常为分阶段付款,若是客户单方面解约,仅需支付合同价款一定比例的违约金,因此公司不能在整个合同期内任一时点就累计至今已完成的履约部分收取能够补偿其已发生成本和合理利润的款项,即对于绝大部分软件定制开发业务,公司无合格收款权。

综上,公司定制软件业务合同不满足属于在某一时段内履行履约义务的三个条件。

【提示】

现有准则和规范对于收入和成本的确认、计量和信息披露仅有原则性规定。随着市场上新兴行业的不断发展,业务模式不断创新,交易安排日趋复杂,一些业务的会计处理需要大量主观判断。财政部先后发布了三批共计 11 项新收入准则应用案例,旨在为公司作出上述判断提供进一步依据。收入确认时点、成本结转时点、收入与成本的配比问题、创新型业务以及特殊业务的收入确认的判断及会计处理等问题成为监管部门的关注重点。

根据《编报规则第 15 号》第十六条,公司应结合实际生产经营特点制定收入确认会计政策,披露具体收入确认时点及计量方法。充分披露对确定收入确认的时点和金额具有重大影响的判断以及判断的变更,包括确定履约进度的方法及采用该方法的原因、评估客户取得所转让商品控制权时点的相关判断,在确定交易价格、估计计入交易价格的可变对价、分摊交易价格以及计量预期将退还给客户的款项等类似义务时所采用的方法等。同类业务因采用不同经营模式导致收入确认会计政策存在差异的,应当分别披露。

随着国内城镇化速度的不断加快，基础设施建设快速发展，地方政府不断加大招商引资力度，全国范围内的基础设施建设出现 BOT、BT、TBT、PPP 等多种模式，参与这类项目的公司也呈现出多样化的会计处理。财政部于 2021 年 1 月 26 日发布《企业会计准则解释第 14 号》，规定了社会资本方对政府和社会资本合作（PPP）项目合同的会计处理原则，并且于 2021 年 8 月 10 日发布了 PPP 会计处理实施问答和应用案例，为社会资本方对 PPP 项目合同的会计处理提供了进一步的实务指引。

【例】上市公司年报及监管函回复节选

某上市公司在年报中披露，公司完成了 ZJ 水投 BT 项目、YX 隔湖东湖 BT 项目、JL 东八路 BT 项目等。公司在其中的职能分工为提供融资，然后按期收取资金使用费。其投资收益情况如下：

单位：元

项目	金额	占利润总额比例	形成原因说明	是否具有可持续性
投资收益	70 161 359.12	167.28%	BT 项目投资收益	是

交易所发函要求公司说明参与 BT 项目方式、本报告期内 BT 项目确认的收入及成本，并请会计师发表核查意见。公司答复：

公司参与 BT 项目方式：公司子公司具体负责实施，其从事 BT 项目经营一般与施工企业合作，组成项目联合体。在联合体中，公司子公司为 BT 项目融资方，负责项目的融资并委派项目管理人员负责项目的管理，施工企业负责项目工程的实际施工。

公司对于 BT 项目确认收入及成本的会计处理：公司按照未提供建造服务的方式确认 BT 项目投资收益，记入“投资收益”科目，未按照提供建造服务的方式采用完工百分比法确认相关的收入和成本，符合相关规定。

【提示】

在本例中，该上市公司的子公司作为 BT（建设—移交）业务的项目公司并未提供建造服务，故未确认相关收入与成本，符合会计准则的要求。BT 业务本身相对一般的合同有一定的特殊性，企业会计准则对此也有相应原则性的要求。上市公司采用 BT 模式参与公共基础设施建设业务、项目公司同时提供建造服务的，以及项目公司未提供建造服务的，应当按照《企业会计准则第 14 号——收入》的规定，识别合同中的各项履约义务，将交易价格按照各项履约义务单独售价的相对比例分摊至各项履约义务。上市公司参与 BT 项目，应当充分披露其参与方式、确认收入及成本的会计处理等信息，使投资者对于其业务模式和盈利模式有更清晰的认识和理解。

3. 会计估计变更是否严格采用未来适用法

【例】上市公司年报及监管函节选

公司年报节选：

五、公司对会计政策、会计估计变更或重大会计差错更正原因和影响的分析说明

（一）公司对会计政策、会计估计变更原因及影响的分析说明

☑适用　□不适用

……

2. 会计估计变更

（1）本次会计估计变更经本公司第六届董事会 2018 年第八次会议决议批准并获得 2018 年 12 月 20 日召开的第二次临时股东大会通过。变更内容如下：

变更前采用账龄分析法计提坏账准备的组合计提比例

账龄	应收账款计提比例	其他应收款计提比例
1 年以内（含 1 年，下同）	3%	3%
1～2 年	5%	5%
2～3 年	15%	15%
3～4 年	30%	30%
4～5 年	40%	40%
5 年以上	50%	50%

变更后的采用账龄分析法计提坏账准备的组合计提比例

账龄	应收账款计提比例	其他应收款计提比例
1 年以内（含 1 年，下同）	5%	5%
1～2 年	10%	10%
2～3 年	30%	30%
3～4 年	50%	50%
4～5 年	80%	80%
5 年以上	100%	100%

变更原因：为了客观、公允地反映本公司的财务状况及经营成果，为投资者提供可靠、准确的会计信息，根据《企业会计准则第28号——会计政策、会计估计变更和差错更正》的相关规定，合理反映坏账准备计提，结合本公司货款回收情况、其他应收款的款项性质及信用风险特征，客观、公允地反映本公司各项业务的实际情况，本公司对应收款项计提坏账准备的会计估计进行变更。

执行日期：2018年12月20日开始执行。

交易所问询函节选：

请结合销售情况、信用政策、汇款情况、应收账款历史出现坏账的情况、同行业可比公司情况等，说明会计估计变更的原因及合理性，变更执行时点及比例选取是否符合《企业会计准则》的相关规定。

【提示】

根据相关监管要求，会计估计变更应自该估计变更被正式批准后生效。为方便实务操作，新会计估计最早可以自最近一期尚未公布的定期报告开始使用，原则上不能追溯到更早会计期间。

（四）税项

公司应按税种分项说明报告期执行的税率。存在执行不同企业所得税税率纳税主体的，应按纳税主体分别披露。公司应披露重要的税收优惠政策及依据。

【例】上市公司年报披露节选

1. 主要税种及税率

主要税种及税率情况

☑适用 □不适用

税种	计税依据	税率
增值税	销售货物或提供应税劳务	3%、5%、6%、10%、11%、16%、17%
城市维护建设税	应缴流转税税额	7%
企业所得税	应纳税所得额	15%、25%
教育费附加	应缴流转税税额	3%
地方教育附加	应缴流转税税额	2%
房产税	从价计征的，按房产原值一次减除30%后余值的1.2%计缴；从租计征的，按租金收入的12%计缴	1.2%、12%

存在不同企业所得税税率纳税主体的，披露情况说明

☑适用 □不适用

纳税主体名称	所得税税率
本公司	详见本财务报表附注四(二)
A 房地产开发有限公司	25%

2. 税收优惠

☑适用 □不适用

根据《关于深入实施西部大开发战略有关税收优惠政策问题的通知》(财税〔2011〕58 号)，自 2011 年 1 月 1 日至 2020 年 12 月 31 日，对设在西部地区的鼓励类产业企业减按 15%的税率征收企业所得税，上述鼓励类产业企业是指以《西部地区鼓励类产业目录》中规定的产业项目为主营业务，且其主营业务收入占企业收入总额 70%以上的企业。经主管国家税务局审核批准，本公司享受上述优惠政策，2017 年度按 15%税率缴纳企业所得税；2018 年度，由于本公司主营业务收入占企业收入总额的比例低于 70%，暂按 25%税率申报缴纳企业所得税。

3. 其他

☑适用 □不适用

【提示】

根据《编报规则第 15 号》第十七条，公司应按税种分项说明报告期执行的税率。存在执行不同企业所得税税率纳税主体的，应按纳税主体分别披露。本案例中，上市公司下属某房地产开发公司为不同企业所得税税率纳税主体，该公司将其列示。此外，如高新技术企业或境外子公司等也常为执行不同企业所得税税率纳税主体，上市公司应注意分别披露其所得税税率。

税收优惠项不仅包括所得税优惠，还包括享受的增值税优惠。

(五) 合并财务报表项目附注

这一节对资产负债表、利润表、现金流量表下具体科目的附注编写要求进行了详细规定，是对财务报表的补充与说明，在编写时需要对照条规一一披露。这一节的难点在于，其内容涉及许多财务会计判断问题。下面主要就会计分类和减值准备作详细分析。

1. 会计分类的确认

会计科目的准确分类和确认有利于投资者对公司资产负债、营收利润作出精

确的判断。在上市公司年报编制过程中，因为对相关概念把握不精准，对相关会计处理规则理解不准确，不少公司存在未能按照准则要求进行分类确认的情况。其中，难以准确区分各类金融资产的问题较为严重。例如，金融资产分类问题、权益工具与金融负债的区分、长期股权投资与金融资产的区分、复合金融工具的会计处理与信息披露等。因此，每年的年报审核中监管部门都会对此予以重点关注。

本部分主要梳理与金融工具相关的会计分类问题相关监管规则及案例，以供企业参考并做好披露工作。

（1）新金融工具准则下金融资产分类相关问题。根据新金融工具准则，对具备与基本借贷安排相一致的合同现金流量特征的金融资产，如果公司管理该金融资产的业务模式既以收取合同现金流量又以出售为目标，则该项金融资产应分类为以公允价值计量且其变动计入其他综合收益的金融资产。《2018 年上市公司年报会计监管报告》指出："部分上市公司出于资金压力或者其他原因，将应收票据以贴现或背书等形式转让并终止确认，且该类业务发生较为频繁、涉及金额也较大。在这种情况下，上市公司管理该应收票据的业务模式可能不是以收取合同现金流量为目标，导致其持有的应收票据不应被划分为以摊余成本计量的金融资产。"《2019 年上市公司年报会计监管报告》中总结了全面执行新金融工具准则后金融资产分类不正确的两类重点问题，一是将不满足权益工具定义的投资指定为其他权益工具，部分上市公司将不满足权益工具定义的金融资产，如可赎回私募基金投资、对有限寿命主体的投资等，错误地指定为以公允价值计量且其变动计入其他综合收益的金融资产；二是存在金融资产重分类错误，上市公司应当根据其管理金融资产的业务模式和金融资产的合同现金流量特征，对金融资产进行分类，一经确定不得随意变更，仅在企业改变其管理金融资产的业务模式时，可以进行重分类。个别上市公司在初始将应收账款和应收票据分别分类为以摊余成本计量的金融资产和以公允价值计量且其变动计入其他综合收益的金融资产后，在未改变管理应收票据业务模式的情况下，仅因部分应收票据的出票人未履约，将其重新分类为应收账款，这类随意变更金融资产类别的会计处理是不恰当的。

（2）新金融工具准则下权益工具与金融负债的区分。现行会计准则对权益工具和金融负债这两个科目的定义较为抽象和晦涩，除非是经验丰富的会计师，否则很难透彻地理解和精确地把握，因此，不少上市公司在财务报告中将两者混淆。例如,中国证监会会计部主办的《会计监管工作通讯》2017 年第 4 期提示:个别上市公司仍基于法律形式进行分类,如某公司引入国家发展基金有限公司对其子公司增资,并约定投资期限届满后由该公司回购股权并给予特定的投资回报,合并财务报表中依然将该笔款项作为其他权益工具处理。

因此,上市公司需要仔细分析发行的金融工具的具体合同条款,按照《企业会计准则第 37 号——金融工具列报》等规定,确定相应的会计科目。

【例】上市公司年报披露节选

某上市公司于年内完成优先股非公开发行,面值总额为人民币 48.5 亿元,每股面值为人民币 100 元,发行数量为 48 500 000 股,票面股息率 4.6%。优先股股东按照约定的票面股息率获得分配后,不再同普通股股东一起参与剩余利润分配,且此优先股采取非累积股息支付方式,在出现约定的强制转股触发事件的情况下,报银保监会审查并决定,该公司上述优先股将全额或部分强制转换为普通股。

在当年以及次年的年度报告中,该公司将优先股发行所募集的资金在扣除发行费用后,全部列示为其他权益工具,支付给优先股股东的股息作为利润分配处理。

【提示】

根据《企业会计准则第 37 号——金融工具列报》的规定,如果企业发行的金融工具合同条款中包括向其他方交付现金或其他金融资产的合同义务,该金融工具为金融负债。该公司发行的优先股要求每年按 4.6%的股息率支付优先股股息,因此公司承担了支付未来每年 4.6%股息的合同义务,应当就该强制付息的合同义务确认金融负债。

【例】上市公司年报披露节选

某上市公司发布公告称,将通过簿记建档、集中配售的方式在全国银行间债市公开发行面值共计 10 亿元人民币中期票据。该中票赎回权设于第五年及其后每个付息日,发行人有权按面值加应付利息赎回,票面利率每五年重置一次。如果发行人不行使赎回权,从第六个计息年度开始票面利率调整为当期基准利率加上初始利差,再加上 300 个基点。此后每五年重置票面利率,以当期基准利率加上初始利差,再加上 300 个基点确定。在当年的年报中,该公司将永续中票计入了资本公积。

【提示】

上市公司发行永续中票,合同条款里有利息累计但发行方可以递延,同时发行方有赎回选择权,不存在或有结算事项,且无需用企业自身权益工具结算。也就是说,发行方可以自主决定是否支付,符合无条件地避免以交付现金或其他金融资产来履行一项合同义务的特点,因此该公司在财务报表中,将其记入"其他权益工具"项目。

法律形式的债务,可能并不一定是会计上的债务,法律形式上的股权也可能并不一定是会计意义上的权益。在编制财务报表时,公司应严格按照相关规定对金融负债和权益工具予以区分。在区分金融负债和权益工具时需考虑以下两个因素:①合同所反映的经济实质。在判断一项金融工具是否应划分为金融负债或权益工具时,应当以相关合同条款及其所反映的经济实质而非仅以法律形式为依据。②工具的特征。有些金融工具可能既有权益工具的特征,又有金融负债的特征,如前述案例中的优先股。因此,公司应当全面细致地分析此类金融工具各组成部分的合同条款,以确定其显示的是金融负债还是权益工具的特征,并进行整体评估,以判定整个工具应划分为金融负债、权益工具,还是既包括金融负债成分又包括权益工具成分的复合金融工具。

在合并财务报表中对金融工具(或其组成部分)进行分类时,公司应考虑集团成员和金融工具的持有方之间达成的所有条款和条件,以确定集团作为一个整体是否由于该工具而承担了交付现金或其他金融资产的义务,或者承担了以其他导致该工具分类为金融负债的方式进行结算的义务。《2018 年上市公司年报会计监管报告》指出:"部分上市公司合并范围内的结构化主体为有限寿命的主体(例如明确约定合伙期限的合伙企业),上市公司在合并报表中将该结构化主体其他投资人的出资分类为少数股东权益。对于此类结构化主体其他投资人的出资,在个别报表层面和合并报表层面应当分别考虑。在有限合伙企业个别报表层面,如果其仅在清算时才有义务向投资方按比例交付其净资产,且同时满足特殊金融工具的其他特征,应分类为权益工具。在合并报表层面,企业集团作为一个整体,由于该结构化主体到期清算是确定事件且不受企业集团的控制,在清算时承担了向其他方交付现金的义务,应当将其他方的出资分类为金融负债。"

(3) 长期股权投资与金融资产的区分。在实践中,区分长期股权投资与金融资产(新金融工具准则中包括以公允价值计量且其变动计入当期损益的金融资产和以公允价值计量且其变动计入其他综合收益的金融资产),最主要看的还是公司对被投资单位是否能控制、共同控制或者具有重大影响。对是否控制的判断较为容易，但是对是否具有重大的影响的判断却时常引发异议。根据证监会《2016年上市公司年报会计监管报告》，“关于是否对被投资单位具有重大影响，企业会计准则给出了原则性定义，即对一个企业的财务和经营政策有参与决策的权力，但并不能够控制或者与其他方一起共同控制这些政策的制定。实务中应结合直接或间接拥有被投资单位的比例、是否在被投资单位的董事会或类似权力机构中派有代表等因素进行判断”。例如，当投资方直接或间接持有被投资单位20%以上但低于50%的表决权时，一般认为对被投资单位具有重大影响，除非有明确的证据表明不能参与被投资单位的生产经营决策，不具有重大影响。根据《编报规则第15号》，对于持有被投资单位20%或以上表决权但不具有重大影响的，公司应披露相关判断和依据。但是，实践中存在部分上市公司持有被投资单位股权比例较高，却认定对被投资单位不具有重大影响，也未披露相关信息，导致无从辨别其分类是否恰当。如此披露将引起监管部门的关注和问询。

【例】上市公司年报及监管函回复节选

A上市公司在年报中披露，公司持有C企业（有限合伙）41.67%的股权，计入可供出售金融资产。交易所即发函要求公司补充说明将上述投资划分为可供出售金融资产的原因，以及是否符合会计规则的要求。

A公司在回复中声称该合伙企业日常管理由B公司负责，而A公司在B公司投资比例为10%。公司作为合伙企业的有限合伙人，根据合伙协议等文件的约定，对合伙企业的日常经营及投资决策不存在控制或重大影响，根据会计准则的规定，对此类不存在控制或重大影响的股权投资，应记入“可供出售金融资产”项目核算，该会计处理符合会计规则有关规定。

【提示】

若上市公司对被投资单位持股20%以上，却采用可供出售金融资产列示该部分投资，则需要充分说明判断其对被投资单位不具有重大影响的依据。本案例中，A公司对C企业及其日常管理方B公司都没有控制或者重大影响，所以可以列为可供出售金融资产。如果A公司能对B公司产生重大影响或控制，则把C企业列为可供出售金融资产是不合适的。

由于会计准则对“重大影响”仅有原则性定义，部分上市公司在持股比例未发生变化的情况下，通过向被投资企业董事会增减董事等方式，变更会计核算方法。

中国证监会于2020年11月13日发布的《监管规则适用指引——会计类第1号》对“重大影响”的判断提供了明确指导性意见:“重大影响的判断关键是分析投资方是否有实质性的参与权而不是决定权。另外,值得注意的是,重大影响为对被投资单位的财务和经营政策有‘参与决策的权力’而非‘正在行使的权力’(例如,投资方已派驻董事并积极参与被投资方的经营管理)。其判断的核心应当是投资方是否具备参与并施加重大影响的权力,而投资方是否正在实际行使该权力并不是判断的关键所在。”

投资方有权力向被投资单位委派董事,一般可认为对被投资单位具有重大影响,除非有明确的证据表明其不能参与被投资单位的财务和经营决策。投资方向被投资单位派驻了董事,但存在明确的证据表明其不能实际参与被投资单位的财务和经营决策时,不应认定为对被投资单位具有重大影响。例如,存在被投资单位控股股东等积极反对投资方欲对其施加影响的事实,可能表明投资方不能实质参与被投资单位的经营决策。

一般而言,在被投资单位的股权结构以及投资方的持股比例等未发生实质变化的情况下,投资方不应在不同的会计期间,就是否对被投资单位具有重大影响,作出不同的会计判断。

【例】上市公司年报及监管函回复节选

上市公司A原持有B公司4.99%的股权,因A公司向B公司委派一名董事,并且A公司对B公司的持股比例于2018年3月29日由4.99%增加至5.00%,A公司将持有的B公司股权由可供出售金融资产变更为长期股权投资,并以权益法确认损益。交易所随即发函要求公司审慎核实上述会计核算方法变更是否符合企业会计准则的规定,是否符合公司的经营实质。

在收到交易所问询函后,会计师事务所认为上市公司能够对被投资企业施加实质性重大影响的依据不充分,因此不建议上市公司对被投资企业改按权益法核算。首先,上市公司通过在二级市场买入被投资企业0.1万股的方式,从而使对被投资企业的持股比例从4.99%增加至5%。但是,该0.1万股本身并不会实质增加上市公司在被投资企业的影响,也不足以表明上市公司对被投资企业的持有意图从财务投资者转变为重大影响。其次,被投资企业前两大股东持股比例达到78.13%,在被投资企业股东大会的表决权上,前两大股东占有绝对优势,因而上市公司持有的5%股份并不能对被投资企业的经营及财务决策施加重大影响。最后,虽然上市公司向被投资企业增派了一名董事,在被投资企业的董事会中仅占1/17的席位,且未在其董事会下的5个委员会(包括审计与风险委员会、提名委员会、薪酬委员会、战略委员会和特别委员会)中担任任何职务,因而对被投资企业实施的影响非常有限。最后,A公司根据会计师事务所的意见,取消此次会计核算方法变更。

(4)嵌入衍生工具的会计处理与信息披露。衍生金融工具通常是独立存在的,但也可能嵌入非衍生金融工具或其他合同。

随着金融创新的快速发展,衍生金融工具种类越来越繁多。除了标准的衍生金融工具,场外的非标准化衍生金融工具合约可以就时间、金额、杠杆比率、价格、风险级别等参数进行设计,以满足客户充分保值避险的需要,其创新具有很高的灵活性。这些创新也给会计核算和财务信息披露带来挑战,嵌入衍生工具的分拆和单独计量就是其中之一。

嵌入衍生工具与主合同构成混合工具。例如,可转换债券是持有者可以在一定时期内按一定比例或价格将其转换成一定数量的另一种证券的债券,实质上嵌入了普通股票的看涨期权。此外,目前我国商业银行发行的可转换为普通股的优先股和某些券商发行的收益凭证,都属于混合工具的范畴。

第一,嵌入衍生工具的分拆和单独计量。2017年修订的《企业会计准则第22号——金融工具确认和计量》规定,衍生工具如果附属于一项金融工具但根据合同规定可以独立于该金融工具进行转让,或者具有与该金融工具不同的交易对手方,则该衍生工具不是嵌入衍生工具,而应当作为一项单独存在的衍生工具处理。

与旧金融工具准则相比,新金融工具准则简化了混合金融工具的分类。包含金融资产主合同的混合合同中的嵌入衍生工具,不再单独核算。新金融工具准则对所有金融工具以及带有金融资产主合同的混合合同采用单一分类方法。与其他金融资产相一致,具有金融资产主合同的混合合同应从整体上分类和计量,而非按照原准则中运用"紧密相关"来决定一项嵌入衍生工具是否应与主合同分离的要求,由此消除金融资产分拆的复杂性。对于混合合同包含的主合同不属于金融工具准则规范的资产的情形,企业需要评估所有合同,以确定是否应当从混合合同中分拆嵌入衍生工具,将其作为单独存在的衍生工具处理。在证监会近几年的《上市公司年报会计监管报告》中,多次提到嵌入衍生金融工具的分拆和单独计量问题。例如,《2018 年上市公司年报会计监管报告》指出:“个别上市公司与被投资公司签订投资协议的同时与其他投资方约定上市公司自其他投资方收取约定收益,不再享有被投资公司的损益。两份协议交易对手不同,应当视为两项单独的工具,分别进行会计处理。具体而言,上市公司对被投资公司的股权投资应当按照长期股权投资准则或金融工具准则进行处理,上市公司与其他投资方之间的安排应当作为衍生工具进行处理。”

第二,对于银行理财产品的财务列报。在没有合适的投资项目的情况下,很多上市公司会将闲置资金用于购买理财产品。

银行发行的理财产品按收益类型分为固定收益类(保本保固定收益)、保本浮动收益类(包括保本保固定收益附加浮动收益及保本不保收益)和不保本浮动收益类(不保本不保收益)三种。对于固定收益类理财产品,属于纯债权的非衍生金融资产,其未来回收金额固定或可确定,按照摊余价值计量。不保本浮动收益类理财产品需按照公允价值计量,虽然该类产品往往无活跃市场报价,但需按照各类产品相关的预期收益率等评估其公允价值。2018 年 4 月 27 日,中国人民银行、中国银行保险监督管理委员会(简称银保监会)、中国证监会和国家外汇管理局联合发布了《关于规范金融机构资产管理业务的指导意见》(简称《资管新规》)。《资管新规》颁布后,很多银行主动分批下架了“保本型”银行理财产品,也有一些银行加快出售“假结构性存款”,以实现高息揽储目的。针对这一问题,银保监会于 2019 年 10 月 18 日制定并发布施行《关于进一步规范商业银行结构性存款业务的通知》,对结构性存款业务进行规范。

根据新金融工具准则规定,企业应当根据其管理金融资产的业务模式和金融资产的合同现金流量特征,区分理财产品属于哪一类金融资产。结构性存款产品结构复杂,收益率与利率、汇率、贵金属或大宗商品行情挂钩,收益存在不确定性,风险程度较高。在旧金融工具准则下,上市公司的通常做法是将其分拆为一项普通定期存款(本金+保底收益部分)和一项衍生工具(浮动收益部分),后者作为“以公允价值计量且其变动计入损益的金融资产”。新金融工具准则下,结构性存款整体应指定为“以公允价值计量且其变动计入损益的金融资产”,不再有可列入“货币资金”的金额。

【例】上市公司年报披露节选

本集团持有的某些结构性存款,其收益与黄金、外汇等变量挂钩。本集团于2018年1月1日之前将结构性存款中嵌入的衍生工具单独核算，主债务合同列报为货币资金。2018年1月1日之后，本集团分析其合同现金流量代表的不仅仅为对本金和以未偿本金为基础的利息的支付，因此将该等结构性存款重分类为以公允价值计量且其变动计入当期损益的金融资产，列报为交易性金融资产。

第三，带有换股权的公司债或优先股等复合金融工具分类。企业所发行的非衍生工具可能同时包含金融负债成分和权益工具成分，例如带有换股权的公司债或优先股。

【例】上市公司年报披露节选

某银行上市公司发行了触发事件发生时强制转换为普通股的优先股，当满足强制转股触发条件时，仍然存续的优先股将在监管部门批准的前提下以10.96元/股的价格全额或部分转换为A股普通股。这里，带有换股权的优先股包含两个组成部分：一是在未触发强制换股条件时持续支付股息的义务；二是嵌入衍生工具——换股权。

复合金融工具没有统一的定义，合同条款千变万化，因此很难归纳出统一的会计处理方式。例如，公司债、优先股除了换股权，通常还会有其他的带有衍生工具特征的合同条款，如可回售权、可赎回权、提前还款权等。新金融工具准则规定，对于复合金融工具，发行方应于初始确认时将各组成部分分别分类为金融负债、金融资产或权益工具。

发行在外的其他权益工具情况表

发行在外的其他权益工具	股息率	发行价格（元）	数量（股）	2015年12月31日金额（百万元）	本年增加	2016年12月31日金额（百万元）	到期日或续期情况	转换情况
××优选1	前5年的股息率为6%	100	1.5亿	14 960	—	14 960	无到期日	未发生转换
××优选2	前5年的股息率为5.5%	100	1.5亿	14 960	—	14 960	无到期日	未发生转换
				29 920	—	29 920		

续表

2014 年 11 月 28 日和 2015 年 3 月 6 日，本行向境内投资者发行票面金额合计 300 亿元的非累积优先股，本行按扣除发行费用后的金额计人民币 29 9.20 亿元计入其他权益工具。在优先股存续期间，在满足相关要求的情况下，如得到银监会的批准，本行有权在优先股发行日期满 5 年之日起于每年的优先股股息支付日行使赎回权，赎回全部或部分本次发行的优先股，优先股股东无权要求本行赎回优先股。发行的优先股采用分阶段调整的票面股息率，即在一个 5 年的股息率调整期内以固定股息率每年一次以现金方式支付股息。本行有权全部或部分取消优先股股息的宣派和支付。当本行发生下述强制转股触发事件时，经银监会批准，本行发行并仍然存续的优先股将全部或部分转为本行普通股：①当本行核心一级资本充足率降至 5.125%（或以下）时，由本行董事会决定，本次发行的优先股应按照强制转股价格全额或部分转为本行 A 股普通股，并使本行的核心一级资本充足率恢复至 5.125% 以上；②当本行发生二级资本工具触发事件时，发行的优先股应按照强制转股价格全额转为本行 A 股普通股。当满足强制转股触发条件时，仍然存续的优先股将在监管部门批准的前提下以 10.96 元/股的价格全额或部分转换为 A 股普通股。在董事会决议日后，当本行发生送红股、转增股本、增发新股（不包括因本行发行的带有可转为普通股条款的融资工具，如优先股、可转换公司债券等转股而增加的股本）和配股等情况时，本行将按上述条件出现的先后顺序，依次对转股价格按照既定公式进行累积调整
依据适用法律法规和《银监会关于 X 银行非公开发行优先股及修改公司章程的批复》（银监复〔2014〕J564 号），优先股募集资金用于补充本行其他一级资本。在本行清算时，本行优先股股东优先于普通股股东分配，其所获得的清偿金额为票面金额；本行剩余财产不足以支付的，按照优先股股东持股比例分配

2. 减值准备的计提

减值准备是在财务报告中经常被监管机构关注和问询的事项，也是年报披露的重点之一。企业应当定期或者至少于每年年度终了，对各项资产进行全面检查，判断资产是否减值。如果资产存在某些可能已经发生减值的迹象，企业需根据谨慎性原则的要求，对其可收回金额进行正式估计，计提减值准备。

《企业会计准则第 8 号——资产减值》规定企业应当在财务报表附注中披露与资产减值有关的信息。

常见的资产减值准备包括应收款项坏账准备、存货跌价准备、固定资产减值准备、在建工程减值准备、无形资产减值准备、商誉的减值准备等。企业所有的资产在发生减值时，原则上都应当对所发生的减值损失及时加以确认和计量。因此，资产减值包括所有资产的减值。但是，由于有关资产特性不同，其减值会计处理有所差别，适用不同的会计准则。例如，存货的减值适用《企业会计准则第 1 号——存货》，应收账款的减值适用《企业会计准则第 22 号——金融工具确认和计量》。

由于资产减值迹象的判断和测试、确定损失都充满了专业判断，一些公司在确定减值损失和减值准备时有较大的随意性。例如，根据现行上市规则，若是上市公司最近一个会计年度经审计的净利润（以扣除非经常性损益前后孰低者为准）为负值且营业收入低于人民币1亿元，或追溯重述后最近一个会计年度净利润为负值且营业收入低于1亿元，其股票则会被实施退市风险警示，在公司股票简称前冠以"*ST"字样。为避免净利为负给企业造成的压力，一些业绩不佳的上市公司会集中在一年进行资产减值准备计提，甚至包括往年没有计提的资产减值，从而避免业绩连续亏损。因此，减值准备计提成为上市公司调节利润的重要手段，这严重影响了投资者对会计信息的理解，资产减值准备成为监管层关注的焦点之一。

梳理沪深交易所对于上市公司近几年年报的问询函，监管部门对于减值准备的关注要点，主要包括计提减值准备核算方法前后期的一致性、合理性、充分性以及合规性。

【例】上市公司年报及监管函回复节选——应收账款坏账准备

补充前

……

5. 应收账款

未披露坏账准备的本期变动及实际核销情况。

补充后

……

（3）坏账准备的情况

单位：元　币种：人民币

类别	期初余额	本期变动金额				期末余额
		计提	收回或转回	转销或核销	其他变动	
应收账款坏账准备	16 750 827.13	10 991 496.44	—	—	—	27 742 323.57
合计	16 750 827.13	10 991 496.44	—	—	—	27 742 323.57

（4）本期实际核销的应收账款情况

□适用　☑不适用

【提示】

根据《编报规则第15号》第十九条第（五）款，上市公司应当分类披露应收票据、应收账款、其他应收款的坏账准备期初余额、期末余额、本期变动金额。公司应当结合实际情况,披露用以确定本期坏账准备计提金额以及信用风险自初始确认后是否已显著增加等事项的依据(包括所采用的输入值、假设等)。本期坏账准备收回或转回金额重大的,应披露转回原因、收回方式、确定原坏账准备计提的依据及其合理性。

需要注意的是,新金融工具准则的实施对于应收账款计提坏账准备的会计处理逻辑发生了根本性的变化。相对于原金融工具准则采用“已发生损失法”,新金融工具准则采用“预期信用损失法”,根据未来可能发生的损失来确认减值准备。

【例】上市公司年报及监管函回复节选——商誉减值

交易所问询函节选:

年报显示,报告期末公司商誉原值2.24亿元,账面价值0.87亿元,系2017年起连续收购EZ二医院有限公司、XYY医院有限公司等医院资产形成。

请公司补充披露本期商誉减值测试涉及的资产评估报告(如有),以及商誉减值测试的具体步骤和详细计算过程,充分说明确定未来各年度营业收入、净利润、现金流量、折现率等重要评估参数的理由。

公司回复节选:

期末,公司对收购EZ二医院和新友谊医院形成的商誉进行减值测试,同时聘请具有证券评估资质的资产评估机构KY资产评估有限公司协助公司对商誉减值测试所涉及的EZ二医院、XYY医院资产组可回收价值进行评估,由KY资产评估有限公司分别对EZ二医院和XYY医院所涉商誉资产组出具了《价值评估项目资产评估报告》,并根据测试结果计提相应减值准备。

截至期末公司商誉及商誉减值准备具体情况如下:

……

【提示】

根据《企业会计准则第8号——资产减值》,企业合并所形成的商誉,至少应当在每年年度终了进行减值测试。在信息披露方面,根据《编报规则第15号》第十九条第(二十三)款,公司应当充分披露商誉减值测试过程、参数及商誉减值损失的确认方法。

随着重组并购盛行，商誉已成为市场的热议话题。根据小多数据中心统计，剔除金融行业后，2020 年年度报告中 A 股上市公司列报的商誉账面价值总额超过 10 636 亿元，占 A 股上市公司归属于母公司净资产的比值超过 4.15%。商誉减值情况可以看作前期并购重组的后续信息披露，即被收购对象是否发生业绩“变脸”或亏损，是否未达到并购时的业绩承诺，之前的并购估值是否过高。一些被收购公司本身属于轻资产企业，被并购时采用收益法估值，上市公司合并报表会产生金额较大的商誉，并购之后一旦发生技术替代、丧失独家代理权、市场变化等不确定性问题，产生的商誉减值可能导致上市公司亏损。根据 2020 年年报情况统计，约 40 余家上市公司因计提商誉减值使净利润由正转负。此外，部分上市公司对企业合并形成的商誉，在会计期末以被并购企业实现当期业绩承诺为由，认为商誉不存在减值迹象，不进行减值测试。根据《企业会计准则第 8 号——资产减值》的规定，因企业合并所形成的商誉和使用寿命不确定的无形资产，无论是否存在减值迹象，每年都应当进行减值测试。公司在披露商誉减值时一定要当心避免雷区，充分披露商誉减值或未发生减值的依据和测试过程。

【例】上市公司年报及监管函回复节选——存货跌价准备

交易所问询函节选：

请公司补充披露：……说明存货跌价准备测算的过程，结合毛利率下降及公司降价策略等因素，说明存货跌价准备计提是否充分。

公司回复节选：

（一）存货跌价准备测算过程

期末公司按存货的成本与可变现净值孰低提取或调整存货跌价准备。①通过存货盘点、复核库龄、产成品毛利率分析等方法辨识存在减值迹象的存货；②对于直接用于出售的产成品和用于出售的原材料，以该存货的估计售价减去估计的销售费用和相关税费后的金额，确定其可变现净值；③对于需要经过加工的原材料，以所生产的产成品的估计售价减去至完工时估计将要发生的成本、估计的销售费用和相关税费后的金额，确定其可变现净值；④估计售价以市场同类产品或类似产品的市场价格作为参考。

（二）结合毛利率下降及公司降价策略等因素，说明存货跌价准备计提是否充分

期末主要产成品的存货成本与预计可变现净值对比情况如下：

产成品名称	产品销售收入占营业收入总金额的比例	存货成本是否大于预计可变现净值	是否存在跌价
184	26.85%	否	否
1173	15.42%	否	否
TPO/TPO-L	16.49%	是	是
ITX/DETX	7.96%	否	否
907	6.4%	是	是
169	2.48%	否	否
合计	75.6%		

如上表所述,经测试,除TPO和907两个产品外,公司其他主要产品的期末存货均不存在减值情况。因市场整体需求低迷,TPO、907产品竞争激烈,公司为保持或加大市场占有率,亦采用策略性降价参与市场竞争。期末产品市场价格略低于存货成本,公司已根据跌价测试结果计提存货跌价准备。

除上述因市场价格下降而计提存货跌价准备外,公司通过盘点清查,对库龄时间长的存货亦根据预计可收回金额补提了存货跌价准备。

存货跌价准备按计提原因列示如下:

单位:元

计提原因	存货成本	存货跌价准备	计提比例
产品停产,原料不可再利用	8 485 183.29	8 485 183.29	100.00%
市场价格下降,成本大于售价	16 534 810.53	2 624 478.06	15.87%
不良品,可变现净值减少	2 347 740.20	1 672 979.15	71.26%
合计	27 367 734.02	12 782 640.50	46.71%

经测算,期末库存商品(产成品)应计提存货跌价准备12 782 640.50元,本期需补提存货跌价准备5 262 991.44元,其他存货未出现减值,无需计提存货跌价准备。

综上,公司年末已对所有存货按照会计准则进行跌价测算,并相应补提跌价准备,期末存货跌价准备计提充分。

【提示】

受新冠肺炎疫情的影响,部分上市公司因市场低迷,行业竞争加剧,主动或被动降低销售价格导致毛利率下降甚至出现个别业务负毛利的情况,这种情况下,是否对相应的存货计提充分的跌价准备也是监管关注的重点。《2020 年上市公司年报会计监管报告》指出“个别上市公司披露其主营产品价格下降,导致产成品及在产品价值的可变现净值低于存货成本,却未见其对产成品计提存货跌价准备,亦未披露存货可变现净值的确定依据。”根据《编报规则第 15 号》第十九条第(九)款,除了根据类别列示存货期初余额、期末余额,以及对应的跌价准备的期初余额、期末余额及本期计提、转回或转销金额,公司还应披露确定可变现净值的具体依据及本期转回或转销存货跌价准备的原因。

【例】上市公司年报及监管函回复节选——在建工程减值准备

补充前

在建工程情况

单位:元

项目	年末余额			年初余额		
	账面余额	减值准备	账面价值	账面余额	减值准备	账面价值
SBZB 大厦	343 365 313.46		343 365 313.46	279 056 650.35		279 056 650.35
合计	343 365 313.46		343 365 313.46	279 056 650.35		279 056 650.35

补充后

公司年末根据已完成投资以及未完成工程量所需投资预计项目总投资额,经测算和对比,预计项目未来现金流量现值不低于项目总投资额,项目的经济绩效与原预计金额没有发生重大不利变化。从内外部信息来源来看,SBZB 大厦在建工程不存在减值的迹象,在建工程不需计提减值准备。

【提示】

根据《编报规则第 15 号》第十九条第(十七)款,上市公司需披露在建工程账面余额、减值准备累计金额以及账面价值的期初余额、期末余额。对于在建工程减值准备金额,公司需要说明计提原因,披露其合理性。本案例中,公司所处行业为珠宝行业,因珠宝电商业务市场竞争激烈,珠宝行业景气度下降,公司变更了部分募集资金投资项目的用途。而大厦项目作为募投项目,公司未对此项在建工程计提减值准备,因此受到问询。

(六)合并范围的变动

合并范围的变化会导致财务报表数据的核算口径不一致,使收入、成本、费用等数据发生较大变化，从而降低财务报表可比性，因此，上市公司应披露合并范围变动的情况。这一节的内容包括了报告期内因企业合并或者丧失子公司控制权等导致合并范围变动时应披露的信息，具体分为非同一控制下企业合并、同一控制下企业合并、借壳上市或反向购买、丧失子公司控制权等情形。

【例】上市公司年报披露节选

五、合并范围的变更

1. 反向购买

根据《企业会计准则》《企业会计准则讲解》及相关规定，非同一控制下的企业合并，以发行权益性证券交换股权的方式进行的，通常发行权益性证券的一方为收购方。但在某些企业合并中，发行权益性证券的一方因其生产经营决策在合并后被参与合并的另一方所控制的，发行权益性证券的一方虽然为法律上的母公司，但其为会计上的被收购方，该类企业合并通常被称为“反向购买”。

本次交易完成后，上市公司向标的公司所有股东发行股份购买其持有的标的公司100%股权，同时A公司、自然人B将取得上市公司的控制权。因此本次重组法律意义上的收购方（上市公司）将成为会计上的被收购方，本次重组法律意义上的被收购方（标的公司）将成为会计上的收购方，本次重组构成反向购买。

根据《企业会计准则》及相关规定，本次交易将形成非同一控制下企业合并，企业合并成本与取得的上市公司可辨认净资产公允价值份额的差额应当确认为商誉。由于上市公司按发行价折算的市值较上市公司净资产增值较高，在满足确认商誉的条件下预计将确认较高的商誉。

……

2. 非同一控制下企业合并

2018年6月，某上市公司全资子公司A与股权转让方B、标的公司C、自然人D签署了《关于标的公司C的股权转让协议》，上市公司全资子公司A以现金方式出资人民币4 550万元收购非关联法人股权转让方B所持标的公司C的70%股权。

本次股权收购是非同一控制下的企业合并，收购完成后上市公司将标的公司C纳入合并财务报表范围，并确认2 262.47万元的商誉。

……

3. 处置子公司

报告期内，根据公司2018年4月24日公司第十届董事会第十五次会议和

2018 年 6 月 28 日公司 2017 年年度股东大会审议通过的《关于处置子公司 A 公司股权的议案》,上市公司以 1 元价格对第三方(非关联方)转让所持 A 公司 80%股权的全部权益,同时收回与 A 公司的往来债权 1 383.36 万元。

2018 年 12 月 28 日和 2019 年 3 月 28 日,公司分别收到交易对方支付的代 A 公司清偿其所欠上市公司债务款项及股权转让价款。同时,上市公司与交易对方在工商行政管理部门就上述股权转让事宜办理工商变更登记。

因本次处置已完成,A 公司将不再纳入公司合并报表范围。

【提示】

重组上市情况下,由于财务报表主体的变化,母公司的资产、负债需按照重组日的公允价值进行确认和计量。因此,重组上市公司需要披露被购买方于重组日的资产和负债情况。公司以发行股份购买资产等方式实现非上市公司或业务借壳上市并构成反向购买的,还应说明构成反向购买的依据、交易之前公司的资产是否构成业务及其判断依据、合并成本的确定方法、交易中确认的商誉或计入当期的损益或调整权益的金额及其计算过程。

非同一控制下企业合并需要披露取得的被合并方的权益比例,合并后取得控制的依据,合并成本的构成,或有对价或有负债以及商誉等信息。

同一控制下企业合并不涉及商誉,除此之外,其他披露要求与非同一控制下合并相同。

本期发生丧失子公司控制权交易的,应根据证监会的有关规定披露其对公司财务状况影响等相关信息。

(七)在其他主体中的权益

在这一节中,公司需要披露企业集团构成,子公司及公司对子公司的持股比例、表决权情况等信息,以及联营、合营、共同控制经营的相关信息等。

联营是企业之间、企业与事业单位之间横向经济联合的一种法律形式。合营是指按合同约定对某项经济活动所共有的控制,是指由两个或多个企业或个人共同投资建立的企业,该被投资企业的财务和经营政策必须由投资双方或若干方共同决定。共同控制经营是指企业使用本企业的资产或其他经济资源与其他合营方共同进行某项经济活动(该经济活动不构成独立的会计主体),并且按照合同或协议约定对该经济活动实施共同控制。在共同控制经营的情况下,并不单独成立一个区别于各合营方的企业、合伙组织等(即不构成一个独立的会计主体)。为了共同生产一项产品，各合营方分别运用自己的资产并且相应发生自身的费用。

这一部分披露的重点与难点在于合并财务报表范围的确定。根据企业会计准则相关规定，合并财务报表范围应当以控制为基础予以确定。根据《会计准则第33号——合并财务报表》第七条规定，"控制，是指投资方拥有对被投资方的权力，通过参与被投资方的相关活动而享有可变回报，并且有能力运用对被投资方的权力影响其回报金额"。判断控制并不能仅仅考虑持股比例的大小，公司还应当根据权力、回报及相互之间的影响综合判断。

近年来，新经济、新业态、新产业的发展给控制的判断带来了巨大的挑战。一般而言，上市公司将持有半数以上表决权的公司认定为子公司并纳入合并范围。然而，上市公司在判断合并范围时，容易遇到控制权不太明确而需要综合考虑的情况。鉴于是否纳入合并报表的判断往往会影响到上市公司的财务数据，部分公司有意通过控制的判断调节公司财务报表，这也是监管部门关注的重点。

上市公司对控制判断包含三要素，即投资方拥有对被投资方的权力，对被投资方享有可变回报，有能力运用对被投资方的权力影响其回报金额。当且仅当投资方具备上述三要素时，才能表明投资方能够控制被投资方。

上市公司对控制判断的合理性和披露的充分性是监管部门在年报审核过程中关注的重要内容。常见的问题包括持股比例与纳入合并报表范围的判断、结构化主体纳入合并范围的判断、涉及委托或受托经营时合并范围的判断、清算阶段的子公司纳入合并报表范围的判断等。

【例】上市公司年报披露节选

补充前

本公司经董事会及股东大会决议，基于本公司现有轻型全地形车业务，以与轻型全地形车业务相关的部分实物及无形资产作为出资，与B、C、D公司共同出资设立有限责任公司A。本公司持有A公司45%股权，拟将其纳入合并报表范围。

补充后

公司持有A公司45%股权，为单一最大股东。其他出资方均为本公司控股股东的子公司，持股比例较为分散，不参与A公司的生产经营管理。A公司董事长及总经理、财务负责人等关键管理人员均为本公司委派或兼任，其生产经营依赖于本公司。鉴于公司拥有对A公司的权力，公司可以实质性控制A公司，故拟将其纳入合并报表范围。

【提示】

根据《编报规则第15号》第三十一条，公司持有其他主体半数或以下表决权但仍控制该主体的以及公司持有其他主体半数以上表决权但不控制该主体的，公司应披露相关判断和依据。在本例中，该公司持有的表决权足以使其目前有能力主导被投资方的相关活动，因此被视为拥有控制权，可以纳入合并范围，但是应在附注中披露原因。

【例】上市公司年报披露节选

补充前

单位：亿元

项目名称	本期期末数	本期期末数占总资产的比例	上期期末数	上期期末数占总资产的比例	本期期末金额较上期期末变动比例	情况说明
发放贷款和垫款	38.94	20.36%	25.43	27.77%	53.12%	因合并结构化主体贷款规模增加
以公允价值计量且其变动计入当期损益的金融负债	11.25	5.88%				因合并结构化主体产生的金融负债

公司仅说明因合并结构化主体增加贷款规模并产生负债。

补充后

公司对结构化主体是否应纳入合并范围进行判断，包括公司作为受托人的结构化主体和公司投资的由其他机构发行的结构化主体。公司补充披露产品总规模、公司认购份额、持有比例及影响。

公司作为受托人的结构化主体由于公司认购了绝大部分信托计划份额，获取绝大部分收益等因素，故纳入合并范围。

公司投资的由其他机构发行的结构化主体由于设立目的单一明确为参与上市公司非公开发行股票认购项目，公司认购份额占其总体份额的绝大部分，并且按照认购的份额享有收益或亏损，故纳入合并范围。

【提示】

根据《编报规则第15号》第三十一条规定，对于纳入合并范围的重要的结构化主体，应披露控制的相关判断和依据。在本例中，对于该公司管理、投资的结构化主体，由于该公司拥有对结构化主体的权利、享有可变回报，并且有能力运用对结构化主体的权利来影响其回报的金额，故可以纳入合并范围。

对于结构化主体是否纳入合并范围的判断是交易所关注的要点之一。《2018年上市公司年报会计监管报告》指出："部分上市公司仅基于有限合伙人的身份，就认为对其投资的合伙企业不具有控制，未纳入合并报表范围。例如，有的上市公司作为有限合伙人持有结构化主体99%份额，剩余1%份额由普通合伙人持有，普通合伙人作为执行事务合伙人负责结构化主体日常事务的管理并收取固定报酬。该结构化主体的设立目的是服务于上市公司的并购或融资需求，上市公司参与并主导其设立。这种情况下，上市公司依据持有的份额按比例承担和分享了该结构化主体绝大部分的风险和可变回报，并且结合其设立目的，应将其纳入合并报表范围。"《2019年上市公司年报会计监管报告》也提到"部分上市公司承担了对其投资的合伙企业其他投资者的差额补足义务或回购义务，以保证其他投资者可以收回投资本金和预期回报。但是，上市公司仅基于其有限合伙人的身份，或者仅基于其未在合伙企业的投资委员会中占半数以上席位，就认为对该合伙企业不具有控制，未将其纳入合并报表范围"。

总之，上市公司在判断时，不能仅仅根据其在合伙企业中的名义角色（GP或LP）判断是否将结构化主体纳入合并范围，而需要根据合伙协议的具体条款、持有的份额性质（优先级、普通级、劣后级）以及进入与退出机制等相关情况，综合分析其决策权、享有的回报与承担的风险等因素，判断是否对合伙企业具有控制。

【例】上市公司年报及问询函回复节选

2018年3月23日，某上市公司与A公司签署《股权转让协议》，转让上市公司持有的B公司18.982%股权，各方理解并同意，通过本次交易上市公司向A公司让渡对于B公司的实际控制权。上市公司根据本次交易的付款进度以及实际失去的对B公司的经营决策权，判断于2018年03月31日已失去对B公司的控制权，其不再纳入公司合并报表范围。截至2018年12月31日，本次股权转让的股份以及关于董事改选尚未进行工商变更登记，且有部分尾款未付清。经公司所聘请的审计机构最终确认，B公司应纳入上市公司2018年度合并报表范围，因此上市公司追溯调整半年报、三季报。

对于上市公司对B公司在报告期内出现不同的合并处理，交易所对其进行了问询，要求详细说明造成上述差异的原因。

公司回复：

公司年审会计师根据《企业会计准则第33号——合并财务报表》中关于“控制”的相关规定，并结合上市公司对B公司的董事会席位、持股情况，即董事会席位尚未变更，B公司5名董事会席位中公司占3名，且股权未变更，公司持有B公司51.126%股权，以及上述交易尚有部分尾款未付清，判断B公司应纳入公司合并报表范围。

【提示】

本案例中，上市公司虽然在2018年3月协议转让了B公司的部分股权，但是截至2018年12月31日，本次股权转让的股份尚未进行工商变更登记，董事会席位尚未变更。根据判断控制的“三要素”，公司仍然可对B公司实施控制，应当将B公司纳入合并报表范围。

除了协议转让子公司股权，上市公司当存在协议委托其他企业管理子公司或代理其他公司管理标的公司的情况时，对“控制”关系判断则更为复杂。根据《2016年证监会会计监管报告》，上市公司通过协议将子公司委托其他企业进行管理或接受其他方委托管理标的企业的，应结合委托经营协议条款，综合考虑委托经营的商业目的与经济实质、对被委托单位的经营管理及处置权、是否享有被委托经营标的剩余权益以及享有可变回报（包括委托期间和退出时的可变回报）的重大程度、董事会等类似权力机构成员任命程序、与委托经营交易对手方是否为关联方等因素，判断上市公司与委托经营标的企业是否存在“控制”关系，从而确定是否将其纳入合并报表范围。

【例】上市公司年报披露节选

某上市公司的控股子公司A受市场持续低迷影响，连续多年亏损停产，被国务院国资委认定为“僵尸企业”，纳入“处僵治困”范围。该上市公司于2018年10月11日召开第八届董事会第二次会议，审议通过了《关于控股子公司拟进行破产清算的议案》。

2018年12月6日，人民法院出具《民事裁定书》和《决定书》，裁定受理申请人上市公司对被申请人控股子公司A的破产清算申请，同时指定破产清算案的管理人。控股子公司A破产清算由法院受理并指定破产管理人后，上市公司将丧失对其控制权，不再将其纳入公司合并报表范围。故上市公司2018年度报告不再将其控股子公司 A 纳入合并资产负债表，但将其期初至处置日的收入、费用、利润和现金流量纳入 2018 年度合并利润表、合并现金流量表。

【提示】

根据《中华人民共和国企业破产法》相关规定，公司进入破产清算后，由人民法院指定管理人负责清算日常事宜，决定内部管理事务。本案例中，截至报告期末，上市公司没有权利参与子公司的相关事宜并获取可变回报，因此上市公司失去对子公司的控制权。上市公司应当充分披露相关情况。

合并财务报表的合并范围是以控制为基础加以确定的。对于主动清算的子公司，若上市公司仍然对清算过程中的子公司实施控制，则仍然应将其纳入合并财务报表的合并范围；对于进入破产清算的子公司，上市公司对处于清算阶段的子公司失去控制，则不应将其纳入合并报表范围。

（八）与金融工具相关的风险

根据新金融工具准则，企业应当披露信用风险相关定性及定量的信息，如风险管理实务，信用风险是否显著增加的判断标准，确定已发生信用减值的依据，如何考虑前瞻性信息，与金融工具减值相关的输入值、假设和估值技术，预期信用损失三阶段的情况等。常见的金融工具产生的风险包括信用风险、流动性风险、市场风险等各类风险。

【例】上市公司年报披露节选

本公司在日常活动中面临各种与金融工具相关的风险，主要包括信用风险、流动风险及市场风险。管理层已审议并批准管理这些风险的政策，概括如下。

（一）信用风险

信用风险，是指金融工具的一方不能履行义务，造成另一方发生财务损失的风险。本公司的信用风险主要来自银行存款和应收款项。为控制上述相关风险，本公司分别采取了以下措施……

（二）流动风险

流动风险，是指本公司在履行以交付现金或其他金融资产的方式结算的义务时发生资金短缺的风险。流动风险可能源于无法尽快以公允价值售出金融资产；或者源于对方无法偿还其合同债务；或者源于提前到期的债务；或者源于无法产生预期的现金流量。

（三）市场风险

市场风险，是指金融工具的公允价值或未来现金流量因市场价格变动而发生波动的风险。市场风险主要包括利率风险和外汇风险。

上市公司应披露风险敞口及其形成原因，风险管理目标、政策和程序，计量风险的方法，以及上述信息在本期发生的变化；期末风险敞口的量化信息，以及有助于投资者评估风险敞口的其他数据。

（九）公允价值的披露

公司应按持续和非持续的公允价值计量，分项披露期末公允价值金额和公允价值计量的层次。

公允价值的计量分为三个层次。第一层次是企业在计量日能获得相同资产或负债在活跃市场上报价的，以该报价为依据确定公允价值；第二层次是企业在计量日能获得类似资产或负债在活跃市场上的报价，或相同或类似资产或负债在非活跃市场上的报价的，以该报价为依据作必要调整确定公允价值；第三层次是企业无法获得相同或类似资产可比市场交易价格的，以其他反映市场参与者对资产或负债定价时所使用的参数为依据确定公允价值。

（十）关联方及关联交易

关联方和关联方交易往往折射出上市公司是否建立健全完善的内部控制和公司治理机制。部分上市公司存在控股股东或关联方通过违规担保或非经营性资金占用等多种形式侵占上市公司利益，对上市公司财务报告产生影响，上市公司关联方和关联交易的披露一直都是监管部门审查的重中之重。公司应按照《企业会计准则》及证监会有关规定中界定的关联方，披露关联方情况。这里的关联方与交易所上市规则中的关联方界定有所差异。

根据《会计准则第 36 号——关联方披露》一方控制、共同控制另一方或对另一方施加重大影响，以及两方或两方以上同受一方控制、共同控制或重大影响的，构成关联方。

控制，是指有权决定一个企业的财务和经营政策，并能据以从该企业的经营活动中获取利益。共同控制，是指按照合同约定对某项经济活动所共有的控制，仅在与该项经济活动相关的重要财务和经营决策需要分享控制权的投资方一致同意时存在。重大影响，是指对一个企业的财务和经营政策有参与决策的权力，但并不能够控制或者与其他方一起共同控制这些政策的制定。

财政部发布于2020年1月1日起施行的《企业会计准则解释第13号》对关联方认定进行了补充说明。结合《企业会计准则解释第13号》，下列各方构成企业的关联方：

（1）该企业的母公司。

（2）该企业的子公司。

（3）与该企业受同一母公司控制的其他企业。

（4）对该企业实施共同控制的投资方。

（5）对该企业施加重大影响的投资方。

（6）该企业的合营企业。

（7）该企业的联营企业。

（8）该企业的主要投资者个人及与其关系密切的家庭成员。主要投资者个人，是指能够控制、共同控制一个企业或者对一个企业施加重大影响的个人投资者。

（9）该企业或其母公司的关键管理人员及与其关系密切的家庭成员。关键管理人员，是指有权力并负责计划、指挥和控制企业活动的人员。与主要投资者个人或关键管理人员关系密切的家庭成员，是指在处理与企业的交易时可能影响该个人或受该个人影响的家庭成员。

（10）该企业主要投资者个人、关键管理人员或与其关系密切的家庭成员控制、共同控制或施加重大影响的其他企业。

（11）企业与其所属企业集团的其他成员单位（包括母公司和子公司）的合营企业或联营企业。

（12）企业的合营企业与企业的其他合营企业或联营企业。

除第（5）条和第（6）条规定外，两方或两方以上同受一方重大影响的，不构成关联方。《会计准则第36号——关联方披露》中所指的联营企业包括联营企业及其子公司，合营企业包括合营企业及其子公司。

公司应按照关联交易类型，分别披露各类关联交易的金额。披露应收、应付关联方款项情况，以及未结算应收项目的坏账准备计提情况。

（十一）股份支付

公司应披露本期授予、行权和失效的各项权益工具总额，期末发行在外的股票期权或其他权益工具行权价格的范围和合同剩余期限。

【例】上市公司年报披露节选

截至2020年12月31日,A公司2020年限制性股票激励计划累计确认股份支付费用161.83万元,而公司激励计划于2020年12月28日完成授予。监管予以关注并在年报问询函中要求A公司说明股份支付费用的计算依据。

A公司在回复中,补充明说了公司因授予员工第二类限制性股票产生的股份支付的计算依据。根据财政部会计司发布的《股份支付准则应用案例——授予限制性股票》,第二类限制性股票为一项股票期权。公司根据《企业会计准则第11号——股份支付》和《企业会计准则第22号——金融工具确认和计量》的相关规定,以授予日收盘价确定限制性股票的每股股份支付费用。公司于授予日2020年12月28日对授予的440万股限制性股票的股份支付费用进行了测算,每股限制性股票的股份支付=限制性股票公允价值(公司2020年12月28日收盘价)137.01元/股—授予价格65元/股=72.01元/股。预计摊销的总费用=首次授予限制性股票数量440万股×每股费用72.01元/股=31 684.40万元。

【提示】

2021年5月,财政部发布了5项股份支付准则应用案例,其中包括《股份支付准则应用案例——授予日的确定》。本案例中不以股权激励方案获得股东大会批准作为授予日,是因为股东大会批准之日尚未确定拟授予股份的激励对象及授予股份数量,不满足授予日定义中"获得批准"的要求,即"企业与职工就股份支付的协议条款或条件已达成一致"。后来,该公司又召开董事会确定了股权激励对象及授予股份数量,该日公司与职工就股份支付的协议条款或条件已达成一致,股份支付交易的授予日应为该日。

(十二)或有事项

公司应披露资产负债表日存在的重要或有事项。公司没有重要或有事项的,也应说明。或有事项是指过去的交易或者事项形成的,其结果须由某些未来事件的发生或不发生才能决定的不确定事项。其主要包括未决诉讼或仲裁、债务担保、产品质量保证(含产品安全保证)、承诺、亏损合同、重组义务、环境污染整治等。

或有事项中,监管机构特别关注或有负债和预计负债。

1. 或有负债披露的完整性

或有负债是公司应承担的潜在义务,可能导致企业未来现金流出。为了减少其不利影响，不少企业铤而走险，选择隐瞒披露或推迟披露或有负债信息。因此，监管机构在审核年报时会关注或有负债是否完全披露，并要求公司自查是否还有应披露而未披露的或有负债事项。

【例】上市公司年报披露及问询函回复节选

某上市公司披露《重大诉讼公告》，称10名自然人投资者因公司信息披露违法违规一事受到损失，请求法院判令公司向原告赔偿经济损失合计23 121 613.83元。但是，该公司未在年报相关章节对上述重大诉讼的情况予以披露。为此，交易所要求该公司补充披露相关情况，同时要求公司自查是否存在其他应披露未披露的重大诉讼、仲裁事项，如有，应及时履行信息披露义务。

该公司补充披露了上述10名自然人投资者因公司信息披露违法违规而起诉公司的诉讼事项。

【例】上市公司年报披露及问询函回复节选

某上市公司的控股子公司A于6月22日收到环境保护局《停产通知书》："经查，你公司涉嫌私设暗管偷排化工废水，现责令你公司立即停止一切生产行为。"因当时未涉及诉讼，该公司经营班子认为其停产时间不长，对公司全年影响有限，故未及时向公司报告，以致公司未能及时了解情况并及时披露。该公司于8月8日接到A公司总经理许某某家属报告：许某某及两名员工因涉嫌污染环境罪被人民检察院批准逮捕。为此，该公司于8月9日披露了《关于控股子公司相关人员涉嫌污染环境罪的公告》，公告披露了A公司已停产整改及前一年该公司净利润为1 040.49万元，提醒投资者注意投资风险。

此后，该公司在当年年报中只披露了收到《停产通知书》一事，而对总经理许某某及两名员工被批准逮捕之事只字未提。交易所在年报事后审核问询函中要求对子公司A停产整改事件予以完整披露。

【提示】

做好或有负债的信息披露工作，一是要对所有达到或有负债披露标准的事项进行披露；二是对每一件需要披露的或有负债事项都要按照要求充分披露相关信息，不得有所遗漏。对于第一个要求，公司要准确把握或有负债的定义，满足该定义的事项即达到披露标准，就需要及时披露；对于第二个要求，公司应严格遵守《企业会计准则》中的相关规定，充分披露或有负债的种类、形成原因、不确定性说明及可能的影响。公司还应关注年报信息披露与临时公告信息披露的一致性以及年报与财务报告的一致性，不可因临时公告已经披露相关或有负债事项，在年报中有所遗漏，亦不可在同一份年度报告中，前后披露不一致。影响或有负债的多种因素是处于不断变化中的，企业应当持续地对这些因素予以关注。

2. 预计负债计提的合理性

预计负债是公司需要承担的现时义务，是真正的负债，会导致公司经济利益的流出，进而影响公司当期的盈利情况。监管机构在审核年报时，特别关注是否存在不确认、少计提或者多计提预计负债的情况。

【例】上市公司年报披露及问询函回复节选

某上市公司被A公司和B公司起诉，一审法院判决公司赔偿410万元，并承担诉讼费用63 260元。公司不服继续上诉，且未就该事项计提预计负债。次年5月27日，该公司披露公告称收到法院二审判决，就本案驳回公司上诉，维持原判，判决书落款日期为次年3月28日。该公司于4月29日披露年报，年报中未就上述案件计提预计负债。

交易所在年报问询函中要求公司补充披露：公司或其代理人知悉判决结果以及收到二审判决书的日期；公司有关上述预计负债的计提是否合理。

该公司在回复中声称：公司代理律师于次年5月25日收到二审判决，知悉了判决结果，并同时将相关信息告知我公司。在编制年报时，公司判断二审败诉导致赔付的可能性不超过50%，故公司决策不计提诉讼赔偿预计负债。

【提示】

根据企业会计准则，当与或有事项相关的义务同时满足以下三项条件的应当确认为预计负债：现时义务、很有可能导致经济利益流出和流出金额能可靠计量。一旦同时满足这三个条件，不管是否已经影响利润，影响的程度有多大，都应当确认预计负债。对于很有可能导致公司经济利益的流出的判断，指的是履行相关义务导致经济利益流出企业的可能性超过50%但小于或等于95%。针对因未决诉讼、仲裁形成的或有负债，往往随着事态的进展，相关未决诉讼导致经济利益流出的可能被证实，且该义务金额也能够依据进展可靠计量，这种情况下企业应当确认预计负债。本案例中，公司在一审败诉、二审判决书落款日期早于年报披露日的情况下，仍然没有确认预计负债，这样的会计处理值得商榷。实践中，有个别上市公司作为被告在法院一审判决其败诉并要求对原告进行赔偿的情况下，上市公司仍以上诉为由未确认相关损失和预计负债，缺乏合理性。

【例】上市公司年报披露节选

公司和供应商H于2015年签订了原材料长期供应合同，由于市场价格剧烈波动等，公司于合同签订后未按照约定向供应商H采购任何产品，也未支付任何货款。公司因此收到供应商H向当地法院提交的控诉，要求其按照合同条款无条件赔偿其损失。

2016年，公司与供应商H签订了和解协议以及新供应合同，在和解协议中约定，如果本公司能按时履行新供应合同中所规定的采购义务，供应商H将不会对本公司就原供应合同项下的违约情况提起诉讼，同时不追偿违约金；如果本公司不能按时履行新供应合同中所规定的采购义务，供应商H则有权利就原供应合同或者新供应合同提起诉讼并求偿。本公司经过充分评估后，认为能够履行新供应合同项下的采购义务。同时，本公司基于市场计划、原料需求和海外工厂产能等因素，重新评估了新供应合同下的预计亏损金额，于2020年12月31日确认预计负债为7 536 259.50元。

【提示】

公司在履行合同义务的过程中，若不可避免会发生的成本将超过预期经济利益，则该合同为亏损合同，其导致的预计负债应当反映退出该合同的最低净成本，即履行该合同的成本与未能履行该合同而发生的补偿或处罚两者之中的较低者。本案例中，与亏损合同相关的义务不可撤销，公司就存在了现时义务，同时该义务很可能导致经济利益流出企业且金额能够可靠地计量，因此应当确认预计负债。

（十三）资产负债表日后事项

资产负债表日后事项所涵盖的期间，是指报告年度次年的1月1日至董事会对财务报告的批准报出日之间的期间。

公司应披露资产负债表日后存在的股票和债券的发行、重要的对外投资、重要的债务重组、自然灾害导致的资产损失以及外汇汇率发生重要变动等非调整事项，分析其对财务状况、经营成果的影响。无法作出量化分析的，应说明原因。

公司应披露资产负债表日后利润分配情况，包括拟分配的利润或股利、经审议批准宣告发放的利润或股利金额等。在资产负债表日后发生重要销售退回的，公司应披露相关情况及对报表的影响。

【例】上市公司年报披露节选

资产负债表日后事项

1. 其他资产负债表日后事项说明

☑适用 □不适用

(1) 子公司A清算注销事项

本公司全资子公司A设立时的任务和目标已达到,根据公司经营管理的需要,为简化管理流程,于2019年2月1日召开的第三届董事会第二十次会议审议通过了《关于注销全资子公司A的议案》。2019年2月25日,本集团收到X市场监督管理局核准的《准予注销登记通知书》,A公司完成注销登记。

(2) 孙公司B清算注销事项

本公司全资孙公司B公司设立时的任务和目标已达到,根据公司经营管理的需要,为简化管理流程,B公司于2018年11月2日的股东大会通过了注销决议。

2019年1月17日,本公司收到工商行政管理局核准的《准予注销登记通知书》,B公司完成注销登记。

(3) 对外投资成立合资公司事项

公司第三届董事会第二十次会议审议通过了《关于对外投资设立合资公司暨关联交易的议案》,决定与C公司共同出资设立合资公司,合资公司已完成工商注册登记手续,取得了统一社会信用代码及营业执照。

(4) E公司股权质押事项

因本公司参股公司E公司2018年未完成业绩承诺,2019年3月8日,E公司原股东将其持有的E公司股权质押给本公司(已办理工商备案登记),作为其履行业绩补偿款支付义务的担保。

除存在上述资产负债表日后事项披露事项外,本集团无其他重大资产负债表日后非调整事项。

(十四)其他重要事项

其他重要事项包括本期发现的前期会计差错;本期发生重要债务重组;本期发生重要资产置换(包括非货币性资产交换)、重要资产转让及出售;年金计划的主要内容及重要变化;报告分部的确定依据;其他对投资者决策有影响的重要交易和事项。

【例】上市公司年报披露节选

补充前

报告分部的财务信息

单位：元

项目	液压润滑设备	锅炉及配件	分部间抵销	合计
主营业务收入	486 691 204.14	293 506 771.73		780 197 975.87
主营业务成本	370 132 435.07	282 745 312.76		652 877 747.83

注：因母公司存在液压润滑设备、锅炉及配件两部分业务，无法区分所属分部资产和负债，未披露各报告分部的资产总额和负债总额。

项目	液压润滑设备	锅炉及配件	未分配项目	合计
分部收入	487 604 954.96	300 647 676.83	1 041 265.04	789 293 896.83
分部费用	460 409 477.42	393 305 928.05	19 666 793.54	873 382 199.01
分部利润	27 195 477.54	-92 658 251.22	-18 625 528.50	-84 088 302.18
分部资产	927 230 406.84	671 354 636.49	139 554 588.20	1 738 139 631.53
分部负债	344 117 930.34	213 706 955.42	27 230 292.68	585 055 178.44
其他项目				
主营业务收入	486 691 204.14	293 506 771.73		780 197 975.87
主营业务成本	370 132 435.07	282 745 312.76		652 877 747.83

补充后

报告分部的财务信息

分部利润与财务报表营业利润总额的衔接如下：

单位：元

项目	金额
分部利润	-84 088 302.18
加：投资收益	73 306.68
营业利润	-84 014 995.50

根据《编报规则第 15 号》，公司应披露报告分部的确定依据、分部会计政策、报告分部的财务信息（包括主营业务收入、主营业务成本等），以及分部财务信息

合计金额与对应合并财务报表项目的调节过程。公司无报告分部的,应说明原因。

披露分部信息的目的是体现管理层制定经营决策,使投资者可以评估分部层面的业绩。如果不披露分部信息,那么若公司一些重要分部存在亏损,就会被总体盈利的表象掩盖,从而误导投资者的决策。

(十五)母公司财务报表的重要项目附注

公司应披露母公司财务报表的重要项目附注,包括但不限于应收账款、其他应收款、长期股权投资、营业收入和营业成本、投资收益等。

第三章 上市公司分行业年报披露

拥有千亿身家的股神巴菲特的制胜法宝之一，就是认真细致地研究上市公司财报，即使在金融科技高度发展的今天，他仍然坚持着这一习惯。很显然，包含财务报表的年报的重要性不言而喻。自20世纪90年代初我国第一份年报准则制定以来，监管部门对年报一直保持高度关注。

随着分行业监管实践的深入，与以往不同，监管部门对年报披露的要求不再局限于规范运作、财务报表等合规性的平铺直叙，而是更强调从经营模式、行业特征等多角度分析公司的价值与风险，以利于投资者的投资决策。这一变化与金融服务实体经济的政策导向一脉相承。避免市场"脱实向虚"，打击概念炒作，严管壳公司，提倡现金分红等一系列举措，反映出监管部门引导金融资源投向有价值企业，倡导企业干实业、做实事的坚定决心。

从近年来交易所的年报公开问询及政策发布可以观察到，以合规和有效为目标的年报审核重点聚焦于行业宏观、客户市场、关键资源、战略规划、关键流程及合规披露等六个维度。年报审核不再是对某一财务会计、规范运作等单一事项的审核，而是财务与非财务相结合的全面审核。具体体现为以下特点。

（一）更突出行业经营性信息披露审核

上市公司需要依照行业指引，结合年报格式准则要求，从自身经营特点出发，全面覆盖行业宏观影响、客户市场发展、关键资源现状、盈利战略规划和关键流程执行（分别简称为行业宏观、客户市场、关键资源、战略规划、关键流程）这五个维度，充分披露公司的价值与风险，具体如表3-0-1所示。

表3-0-1　行业经营性信息的五个维度

维度	主要内容
行业宏观	● 国家宏观政策 ● 公司所处行业的经济发展趋势 ● 与公司行业相关的上下游行业发展情况

续表

维度	主要内容
客户市场	● 客户市场规模 ● 公司行业地位 ● 竞争对手情况
关键资源	● 公司拥有的人才、资本、技术、储备、资质、平台等 ● 上市公司的新产业、新模式、新业态等
战略规划	● 经营战略 ● 业务转型方向
关键流程	● 内控制度 ● 经营模式 ● 主要会计政策

（二）更重视财务信息的非财务解读

在分析年度财务数据时，上市公司不能只是简单对比或说明数据变化，而应当将行业经营周期、同行业公司情况、客户市场发展、拥有的资源变化、经营模式特点等非财务信息与财务数据相匹配，充分揭示数据变化的逻辑和原因。

（三）仍坚持合规信息披露的底线要求

对于涉及股东变化、公司治理、重大事项、财务会计是否符合准则要求等合规信息的披露，仍然持续保持高标准严要求。

综观前述年报审核的六个重点维度，前五个维度与分行业的财务与非财务信息紧密相关，最后一个维度与基础的合规性要求相关。前一章结合年报的总体框架阐述了合规性要求，本章将结合案例，重点分析分行业信息披露的基本要求和应关注重点。

第一节 分行业信息披露总体要求

根据证监会于2012年修订的《上市公司行业分类指引》，上市公司根据行业属性划分为19个门类、90个大类。4 000多家上市公司分属不同行业，在经营模式、产品特征、风险因素、盈利和竞争优势等方面均有着不同特点，很难用统一标准来衡量和认知。过往主要适用于传统制造业上市公司的信息披露规则已经无法适应于不同行业上市公司的差异化披露需求，无法满足投资者对信息披露有效性的更高追求。

早在2000年,证监会就制定并发布了证券公司和商业银行的年报信息披露编报规则,开始对金融行业上市公司的年报信息披露作出规范。2007年,证监会发布了保险公司年报信息披露特别规定。至此,银行、证券、保险等金融类上市公司的年报信息披露得以适用针对性更强的行业规范。

为进一步向投资者提供更加有效的投资决策信息,提高上市公司监管的针对性和有效性,交易所从2013年开始陆续出台非金融行业的分行业信息披露指引,紧密结合行业具体特点,要求上市公司主动披露对投资者决策有重大影响,与上市公司业务相关的行业信息和经营性信息。

鉴于非金融行业与金融行业的差异性较大,本章将在第二节单独介绍证监会关于金融行业上市公司年报信息披露的特别规定,其余部分主要结合交易所的要求对非金融行业上市公司的分行业年报信息披露要求进行说明。

一、分行业信息披露所涉及的行业

截至2021年11月,上交所主板已发布17件现行有效的行业信息披露指引(其中第一号指引为"一般规定"),涉及16个行业。沪市主板上市公司应当按照行业分类归属,适用相应的分行业信息披露指引。同时,考虑到部分上市公司实际经营业务与证监会公布的公司行业类型不一致,允许公司可按实际情况选择所属行业。上市公司同时从事多个行业的,可以分别参照相应行业披露指引要求,履行信息披露义务。科创板上市公司依据《上海证券交易所科创板股票上市规则(2020年12月修订)》8.1.1条第二款,根据行业分类归属,参照适用上交所制定的行业信息披露指引。

截至2021年11月,深交所已发布18件现行有效的行业信息披露指引和15件单独适用于创业板新兴行业的信息披露指引,共涉及33个行业。深交所规定,上市公司相关业务营业收入占公司最近一个会计年度经审计的营业收入30%以上,或净利润占公司最近一个会计年度经审计的净利润的30%以上,或者该业务可能对公司业绩或股票及其衍生品种价格产生重大影响的,应当按照相应指引履行信息披露义务。

交易所已发布指引所涉及的行业,具体见表3-1-1。

表 3-1-1　交易所已发布的分行业和信息披露指引

上交所主板	深交所	
	深市行业指引*	创业板
一般指引		
房地产	房地产	
煤炭	固体矿产资源	
电力	电力	
零售	零售相关	
汽车制造	汽车制造	
医药制造		药品、生物制品
钢铁		
建筑	土木工程建筑	
	装修装饰	
光伏		光伏产业链相关
服装	纺织服装	
新闻出版		
食品制造	食品及酒制造	
酒制造		
化工	化工	
家具制造		
有色金属		
	畜禽、水产养殖相关	
	种业、种植	
	工程机械相关	
	快递服务	
	民用爆破相关	
	珠宝相关	
	软件与信息技术服务	
	非金属建材	
		影视
		节能环保服务
		互联网游戏

续表

上交所主板	深交所	
	深市行业指引*	创业板
		互联网视频
		电子商务
		互联网营销及数据服务
		LED 产业链相关
		医疗器械
		工业机器人产业链相关
		集成电路
		锂离子电池产业链相关
		通信
		网络安全

注：* 表示根据深交所上市公司定期报告制作系统，深市 18 件行业指引同时适用于深市主板公司和创业板公司，创业板 15 件行业指引特定适用于创业板公司。

二、分行业信息披露的总体框架

（一）基本原则

1. 强制性与自愿性相结合原则

交易所行业信息披露指引以法定信息披露为基础，着重增加了上市公司关于非财务信息的披露要求。考虑到不同公司的规模大小和内部控制水平不同，披露成本也有差异，交易所将行业信息披露区分为“应当披露”和“鼓励披露”两个层次，将实践中对投资决策确有重大影响、具备行业普遍性的非财务信息作为强制披露要求，同时鼓励公司对部分个性化经营指标和行业发展中的实际问题进行自愿性披露。

【例】上市公司年报披露节选

外购煤成本

本公司销售的外购煤包括自有矿区周边及铁路沿线的采购煤、国内贸易煤及进口、转口贸易的煤炭。

2020 年，本集团外购煤销售量为 150.4 百万吨（2019 年：162.3 百万吨），同比下降7.3%，占本集团煤炭总销售量的33.7%（2019年：36.3%）。全年外购煤成本为48 742百万元（2019年：53 831百万元），同比下降9.5%。

【提示】

上交所煤炭行业信息披露指引中明确，上市公司可以在年度报告中披露报告期内外购煤的采购量、销售量、价格和成本等，这部分并非强制披露要求。本例中，该公司披露外购煤销售量及成本情况即属于自愿性披露情形。

2. 相关性、可比性和可理解性原则

与相对统一和标准化的财务信息相比，非财务信息存在行业个性化特征明显、披露口径多元化等特点。上市公司披露行业经营性信息时，应当注意结合实际经营情况，合理引用行业数据，引用内容应当充分可靠、客观权威，并注明来源。权威机构尚未发布相关数据的，公司应当提示并披露数据查询路径；引用的数据和口径应当前后一致，与同行业公司具有可比性；使用的公告语言应当简明易懂，对行业专业术语、专业背景、行业知识等进行必要的介绍和解释说明，避免使用生僻用词或者术语，保证披露信息的有质量、有价值、易理解和可接受，便于投资者尤其是中小投资者理解公司实际经营状况和风险信息。

【例】上市公司年报披露节选

产品主要应用领域行业发展情况

报告期内，公司产品主要应用于智能终端、物联网及汽车电子领域。其中，应用于智能终端的产品是贡献公司营收的主要来源，同时，公司加速拓展物联网与汽车电子市场，尤其是BLE和健康传感器系列产品的解决方案获得显著突破和成长。

智能终端市场，5G智能终端大规模应用的趋势明显加速。根据中国信通院发布的数据，2020年国内智能手机出货量累计达2.96亿部，其中5G手机累计出货量1.63亿部，占比52.9%；IDC预测，截至2021年底，40%的中国手机用户将切换为5G手机，国内市场的5G手机覆盖率将领先于全球。5G手机占比不断扩大，加上居家办公和在线教育需求猛增带来的PC与平板市场爆发，将为公司生物识别、人机交互等创新产品提供更大的市场机遇。

物联网领域，随着5G和AI技术的加速推进，物联网应用将覆盖数以千亿计可感知、可控制、可连接的各类智能终端及设备。丰富的应用领域以及庞大的市场空间，将为上游自研芯片产业创造优越的发展条件。在物联网技术应用广泛的

可穿戴领域，据IDC统计，全球可穿戴设备出货量近年来保持高速增长，从2015年的0.78亿台增长至2019年的3.37亿台，年复合增长率达44%；而在无线传输领域，蓝牙技术联盟(SIG)2020年报告指出，蓝牙技术正不断从个人通信解决方案扩展为面向商业和工业级应用的互联引擎，预计至2024年，仅蓝牙音频传输设备年出货量将达到15亿，较2019年增长40%。随着2020年全新低功耗音频(LE Audio)标准的推出，蓝牙技术将再次改变体验音频的方式，在未来拓展更丰富的音频创新应用市场。

在汽车智能化大潮下，全球汽车芯片市场保持高速增长。IDC预计，2020年全球汽车领域的半导体市场收入约为319亿美元，2024年将达到428亿美元，国产汽车芯片发展迎来新机遇。尤其是近年来自动驾驶、车联网等技术创新层出不穷，触摸屏、指纹识别、声控、机器视觉等新兴的"人机交互"技术成为新的需求增长点。基于在人机交互、生物识别、传感器等领域雄厚的技术积淀，公司在汽车电子领域的发展空间将更为广阔。

……

【提示】

本例中，该公司在介绍5G手机、可穿戴设备、蓝牙技术、汽车芯片发展趋势时引用了中国信息通信研究院和市场调研机构IDC的报告，并结合新市场需求和公司技术积累情况，介绍了公司产品的未来发展空间，使得行业分析更加充分、客观。

3. "不披露即解释"原则

鉴于上市公司存在个体差异，部分上市公司可能因各种原因无法全面执行行业指引的披露要求，如可能导致上市公司难以反映经营活动的实际情况、难以符合行业监管要求或者公司注册地有关规定等，规则要求这些公司应当解释未按要求进行披露的原因，并予以特别提示。不披露即解释，一方面为上市公司根据客观实际进行披露提供了"缓冲带"；另一方面也使得消极回避行业信息披露义务的公司有"需要作出解释"的压力。

【例】上市公司年报问询函回复披露节选

问：结合行业变化趋势、市场供需情况、行业格局、公司竞争力变化、价格和成本变化等分析公司首发上市以来业绩持续大幅下滑的原因及合理性，并结合同行业可比公司情况说明是否与同行业一致。

答：……因同行业可比上市公司无从事以硫磷类产品为主的执行贸易业务，因此我们选择将供应链物流业务毛利率与同行业可比上市公司同类业务毛利率进行比较。

2017年至2019年，公司供应链物流业务毛利率变化与同行业可比上市公司同类业务毛利率均呈现下降趋势，变化趋势一致，具体情况如下：……

【提示】

本例中，交易所问询函要求公司结合行业变化趋势、价格和成本变化等因素进行综合分析。基于数据来源问题，公司无法完全满足披露要求，因此在回复函中说明了不披露以硫磷类产品为主的执行贸易业务毛利率同行业比较的理由，并且阐述了供应链物流业务毛利率与同行业可比上市公司同类业务毛利率的比较情况。

（二）披露框架

根据分行业信息披露指引，上市公司行业经营性信息披露包括三个层面：

第一个层面为定期报告披露。定期报告披露以年度报告为主，要求上市公司结合所属行业的宏观因素、市场环境、发展状况、经营特点及公司的行业地位，对公司的商业模式、竞争优势、经营成果、经营风险等能够反映自身投资价值的事项进行讨论和分析。

第二个层面为定期经营数据披露。定期经营数据披露要求上市公司按月或者季度披露反映行业特点的主要经营数据。

第三个层面为重大经营事项披露。重大经营事项披露要求上市公司及时披露行业经营性事项的重大进展或变化。

第二节　金融行业年报信息披露

本节所称金融行业特指银行业、证券业和保险业，这三个行业的公司运营均以资金为主，若发生风险将产生重大社会影响。与此同时，银行业、证券业和保险业的经营模式不但与制造业等非金融行业存在差异，相互之间也大有不同。监管部门对这三个行业公司的监管要求均严于其他行业公司。

下文主要就银行业、证券业和保险业上市公司的年报披露中需特别注意的内容进行介绍说明。

一、商业银行年度报告特殊披露要求

（一）主要规则

《公开发行证券的公司信息披露编报规则第 26 号——商业银行信息披露特别规定》

（二）年报特殊披露要求

商业银行的年报特殊披露要求如表 3-2-1 所示。

表 3-2-1　商业银行年报特殊披露要求

要点	具体内容
主要会计数据与财务指标	商业银行应在定期报告中披露截至报告期末前 3 年的主要会计数据，包括资产总额及结构、负债总额及结构、股东权益、存款总额及结构、贷款总额及结构、资本净额及结构（包括核心一级资本、其他一级资本和二级资本）、加权风险资产净额、贷款损失准备。 商业银行应在定期报告中披露截至报告期末前 3 年合并财务报表口径的主要财务指标，包括营业收入、利润总额、归属于本行股东的净利润、归属于本行股东的扣除非经常性损益后的净利润、资本充足率、一级资本充足率、核心一级资本充足率、不良贷款率、存贷比、流动性比例、单一最大客户贷款比率、最大 10 家客户贷款比率、正常类贷款迁徙率、关注类贷款迁徙率、次级类贷款迁徙率、可疑类贷款迁徙率、拨备覆盖率、拨贷比、成本收入比。
分级管理与分支机构	商业银行应根据自身经营管理特点在定期报告中合理确定并披露分级管理情况及各层级分支机构数量和地区分布，包括名称、地址、职员数、资产规模等。
信贷资产质量	商业银行应在定期报告中披露报告期信贷资产质量情况，包括按五级分类中的正常类贷款、关注类贷款、次级类贷款、可疑类贷款和损失类贷款的数额和占比，以及与上年末相比的增减变动情况；还应披露报告期公司重组贷款、逾期贷款的期初、期末余额以及占比情况。商业银行应对上述增减变动情况进行分析。
贷款损失准备	商业银行应在定期报告中披露报告期内贷款损失准备的计提和核销情况，包括贷款损失准备的计提方法、贷款损失准备的期初余额、本期计提、本期转出、本期核销、期末余额、回收以前年度已核销贷款损失准备的数额。
应收利息	商业银行应在定期报告中披露报告期应收利息的增减变动情况，包括期初余额、本期增加数额、本期收回数额和期末余额，应收利息坏账准备的提取情况，坏账核销程序与政策。商业银行应对应收利息和坏账准备的增减变动情况进行分析。
营业收入结构	商业银行应在定期报告中披露报告期营业收入中贷款利息净收入、拆放同业利息收入、存放中央银行款项利息收入、存放同业利息收入、债券投资利息收入、手续费及佣金净收入及其他项目的数额、占比及同比变动情况，并予以分析。

续表

要点	具体内容
贷款投放	商业银行应在定期报告中披露贷款投放的前十个行业和主要地区分布情况、贷款担保方式分布情况、金额及占比，前十大贷款客户的贷款余额以及占贷款总额的比例。
抵债资产	商业银行应在定期报告中披露截至报告期末抵债资产情况，包括抵债资产金额，计提减值准备情况等。
计息负债	商业银行应在定期报告中分类披露计息负债的平均余额和平均利率，生息资产的平均余额和平均利率。它包括但不限于企业活期存款、企业定期存款、储蓄活期存款、储蓄定期存款的平均余额和利率以及合计数；企业贷款、零售贷款；一般性短期贷款利率、中长期贷款利率；存放中央银行款项、存放同业、债券投资的平均余额和平均利率；同业拆入、已发行债券平均成本。
金融债券	商业银行应在定期报告中披露持有的金融债券的类别和金额，面值最大的十只金融债券的面值、年利率及到期日，计提减值准备情况。
理财业务、资产证券化、托管、信托、财富管理等业务	商业银行应在定期报告中披露报告期理财、资产证券化、托管、信托、财富管理等业务的开展和损益情况，包括但不限于披露为开展该业务而设立的载体的性质、目的、融资方式以及是否将该载体纳入合并范围的判断原则，并区分是否纳入合并财务报表的合并范围和业务类型，披露所涉及业务的规模。对于未纳入合并范围的载体，还应披露在该载体中权益的最大损失敞口及其确定方法。
表外项目	商业银行应在定期报告中披露对财务状况和经营成果造成重大影响的表外项目余额，包括但不限于信贷承诺（不可撤消的贷款承诺、银行承兑汇票、开出保函、开出信用证）、租赁承诺、资本性支出承诺等项目的具体情况。
风险计量	商业银行应在定期报告中披露下列各类风险的计量方法，风险计量体系的重大变更，以及相应的资本要求变化： （1）信用风险状况。商业银行应披露信用风险管理、信用风险暴露、逾期贷款总额、信用风险资产组合缓释后风险暴露余额、信贷资产质量和收益的情况，包括产生信用风险的业务活动、信用风险管理和控制政策、信用风险管理的组织结构和职责划分、资产风险分类的程序和方法、信用风险分布情况、信用风险集中程度、不良贷款分析、贷款重组、不良贷款的地区分布和行业分布等情况。 （2）流动性风险状况。商业银行应披露能反映其流动性状况的有关指标，分析资产与负债在期限、结构上的匹配情况，分析影响流动性的因素，说明本行流动性管理策略。 （3）市场风险状况。商业银行应披露其市场风险状况的定量和定性信息，包括所承担市场风险的类别、总体市场风险水平及不同类别市场风险的风险头寸和风险水平；所承担各类市场风险的识别、计量和控制方法；有关市场风险的敏感性分析，包括利率、汇率、股票及其他价格变动对商业银行经济价值或财务状况和盈利能力的影响；市场风险管理的政策和程序；市场风险资本状况等。 （4）操作风险状况。商业银行应披露由于内部程序、人员、系统的不完善或失误，或外部事件造成损失的风险。 （5）其他风险状况。其他可能对本行造成严重不利影响的风险因素。

【例】上市公司年报披露节选

案例一

报告期信贷资产质量情况

单位:千元　币种:人民币

五级分类	金额	占比	与上年末相比增减
正常贷款	117 314 028	97.20%	增加 0.63 个百分点
关注贷款	1 345 198	1.12%	减少 0.63 个百分点
次级贷款	834 744	0.69%	减少 0.31 个百分点
可疑贷款	1 126 054	0.93%	增加 0.37 个百分点
损失贷款	69 826	0.06%	减少 0.06 个百分点
合计	120 689 850	100.00%	

公司重组贷款和逾期贷款情况

单位:千元　币种:人民币

分类	期初余额	期末余额	所占比例
重组贷款	2 133 037	1 907 832	1.58%
逾期贷款	1 603 257	1 161 774	0.96%

报告期末逾期 90 天以上贷款余额与不良贷款比例为 44.36%。报告期末逾期 60 天以上贷款余额与不良贷款比例为 46.35%。

案例二

贷款质量分析

报告期内,宏观经济形势复杂多变,叠加新冠肺炎疫情影响,存在诸多不确定性。本集团积极应对,持续完善资产质量管控机制,夯实信贷基础管理,加强大额授信及重点区域、重点行业、重点客户风险防控,提升风险经营管理能力,资产质量整体保持稳定。

1. 按五级分类划分的贷款分布情况

报告期内,受突发疫情加剧经济下行压力的影响,部分企业面临生产经营困难、还款能力下降等,不良贷款率较上年末略微上升。报告期末,不良贷款率 1.22%,本集团已采取有效措施,积极应对,遏制新增风险暴露并加大不良化解处置力度,资产质量整体保持相对平稳。(表略)

2. 按产品类型划分的贷款及不良贷款分布情况

报告期末，本集团公司贷款和垫款余额6 646.50亿元，较上年末增长13.85%，占客户贷款和垫款总额的比例为60.52%，较上年末提高0.49个百分点；个人贷款和垫款余额3 489.45亿元，较上年末增长8.44%，占客户贷款和垫款总额的比例为31.78%，较上年末下降1.31个百分点。

本集团持续优化公司信贷结构，强化大额授信风险管控，严控不良贷款新增，主动提前应对潜在风险；压降存量不良，加大不良化解处置力度，公司信贷资产质量稳步改善。报告期末，本集团公司贷款和垫款不良率为1.43%，较上年末下降0.01个百分点。

受宏观经济形势复杂多变、共债风险上升等外部因素，叠加新冠肺炎疫情影响，个人贷款资产质量短期波动。本集团聚焦客群质量管控，从模型准入、客群优化、阈值管控、清收化解、联动监测、优选合作方等六方面建立全流程管控体系，在收益覆盖风险的基础上，确保个人消费贷款健康有序发展。报告期末，本集团个人贷款和垫款不良率为1.12%，较上年末略有上升，较2020年6月末下降0.11个百分点。其中，个人消费贷款不良率1.87%，较上年末有所上升，较2020年6月末下降0.02个百分点。从时序结构看，2020年上半年受疫情影响，催收能力受限，消费贷款逾期发生额增长，并在2020年第二季度生成不良，自下半年起，单月不良新增逐月下降，9月起不良贷款余额呈下降趋势，已逐步趋于稳定。

本集团重点支持一、二线城市刚性及改善性购房融资需求，报告期末，住房按揭贷款不良率0.14%，较上年末下降0.02个百分点，资产质量继续保持优良。

受疫情影响，2020年上半年信用卡贷款投放减缓导致规模负增长，信用卡贷款不良率上升，下半年随着贷款规模稳步回升以及持续强化逾期贷款清收化解，资产质量稳定可控。报告期末，信用卡贷款不良率为1.74%，较上年末略上升，较2020年6月末下降0.10个百分点，优于行业平均水平。（表略）

3. 按行业划分的贷款及不良贷款分布情况

本集团始终坚持服务实体经济原则，紧跟国家重大战略规划，突出服务实体经济重点领域和关键环节，重点支持关系民生、符合国家产业政策和结构调整升级导向的行业，支持科创企业、制造业等高质量发展；服务先进制造业和现代服务业深度融合；支持新基建和传统基建行业，积极介入重点区域的基础设施建设和公共消费领域相关项目；严格落实“房住不炒”政策精神及房地产行业调控政策。

报告期内，贷款主要投向租赁和商务服务业，制造业，水利、环境和公共设施管理业、批发和零售业等行业，其中，租赁和商务服务业投向，水利、环境和公共设施管理业投向的贷款余额占比分别较上年末提高1.80个百分点、0.95个百分点；房地产业投向的贷款余额占比较上年末下降1.61个百分点。

本集团加大对重点行业、重点客户监测力度，实施分类管理，通过滚动排摸、持续督导、大额管控、定期监测、预警退出、灵活保全、加快处置等多措并举，化解预期风险。批发和零售业，文化、体育和娱乐业，制造业贷款资产质量有所改善，报告期末，不良贷款率分别较上年末下降4.14个百分点、1.15个百分点和0.93个百分点。

受宏观经济下行影响，建筑业及交通运输、仓储和邮政业不良贷款率略有上升；受房地产调控政策持续加码、收紧等影响，个别项目施工和租售进度未达预期，还款能力有所下降，导致房地产业不良贷款率有所波动。本集团对房地产行业坚持“确保合规、总体从紧、严格准入、好中选优、平衡收益”二十字方针，落实差异化管控政策，分类管理、严格准入、定期沟通、联防联控、细化刚性标准、做实主动退出，强化风险化解处置，整体风险可控。2021年将进一步提高准入门槛、优化结构、稳健经营。（表略）

4. 按地区划分的贷款及不良贷款分布情况

本集团始终坚持深耕上海，助力上海地区新基建及传统基建等重大项目建设，支持国资国企参与“三大重点产业”项目，围绕上海“五个中心”建设和具有世界影响力的现代化国际大都市建设，加大对市区两级优质国有企业、上市公司、细分行业龙头企业的支持。同时，支持国家重大战略规划实施落地和区域经济发展，聚焦长三角、粤港澳大湾区、京津冀等重点区域建设。

报告期末，本集团上海地区、长三角地区（除上海地区）、珠三角地区及香港地区贷款余额居前三位，分别为4 906.16亿元、2 675.28亿元和2 063.68亿元，占比分别为44.68%、24.36%和18.79%。

本集团坚持适度、审慎、择优的原则，持续加强异地授信管控。报告期末，长三角地区（除上海地区）资产质量持续改善，不良贷款率较上年末下降0.34个百分点；受个别对公大额不良及个人消费金融全行业风险叠加新冠肺炎疫情等因素的影响，上海地区、珠三角地区及香港地区、环渤海地区不良率分别较上年末略有上升，各区域授信风险均处于可控范围。（表略）

5. 按担保方式划分的贷款及不良贷款分布情况

本集团根据客户主体资质的不同，实行差异化的担保缓释要求，推进授信业务担保结构持续优化。2020 年上半年，受个人消费金融全行业风险叠加新冠肺炎疫情等因素的影响，信用贷款不良率较上年末略有上升，自下半年起，个人消费贷款不良新增、不良余额呈下降趋势，已逐步趋于稳定。报告期末，信用贷款不良率为 0.98%，较 2020 年 6 月末下降 0.39 个百分点；保证贷款资产质量持续大幅改善，报告期末，保证贷款不良率为 1.40%，较上年末下降 1.60 个百分点；受房地产调控政策持续加码、收紧等影响，个别对公房地产业务新增不良，抵押贷款不良率略有上升，本集团通过强化全流程风险管控，整体风险可控。（表略）

6. 前 10 名贷款客户情况

报告期末，本集团单一最大客户贷款余额 147.07 亿元，占资本净额的比例为 6.42%，占客户贷款和垫款总额比例为 1.34%；前十大客户贷款总额 692.12 亿元，占资本净额的比例为 30.23%，占客户贷款和垫款总额比例为 6.30%，符合监管要求。（表略）

7. 逾期、重组贷款情况

本集团加大对逾期贷款"控新增、压存量"的管控力度，持续夯实资产质量，压降存量逾欠，滚动排查与重点个案逐户督导结合，推进存量逾欠压降；严控新增逾欠，对大额风险客户还本付息落实情况逐户跟踪，强化风险预警和主动退出，严控非预期风险暴露。

报告期末，本集团逾期客户贷款和垫款占比为 1.60%，较上年末下降 0.05 个百分点；逾期不良比为 130.86%，较上年末下降 11.54 个百分点，较 2020 年 6 月末下降 49.70 个百分点。逾期 60 天以上贷款余额与不良贷款比例为 110.80%，较 2020 年 6 月末下降 1.16 个百分点，逾期 90 天以上贷款余额与不良贷款比例为 105.87%，主要由于个别大额逾期业务纳入债委会统一管理。本集团严格遵照债委会一致行动原则，加强与债委会和管理人沟通，共同推进重整事宜，上述相关业务已按审慎原则充分计提减值准备，整体风险可控。（表略）

……

【提示】

为加强对信贷资产质量的动态监控，加大对重点领域的风险管控，在贷款监管五级分类制度下，商业银行应在定期报告中披露正常类贷款、关注类贷款、次级类贷款、可疑类贷款和损失类贷款的数额和占比，以及与上年末相比的增减变动情况。此外，商业银行还应披露报告期公司重组贷款、逾期贷款的期初、期末余额以及占比情况。本例中，案例一披露的内容已满足上述要求，案例二在前述内容的基础上，还按产品类型、行业、地区、担保方式等维度对贷款和不良贷款情况进行了细分说明，同时对数据变动原因进行了深入分析，具有更高的可读性。

二、证券公司年度报告特殊披露要求

（一）主要规则

《证券公司年度报告内容与格式准则》

（二）年报特殊披露要求

证券公司的年报特殊披露要求如表 3-2-2 所示。

表 3-2-2　证券公司年报特殊披露要求

要点	具体内容
历史沿革	公司应简要介绍其历史沿革，主要包括以前年度经历的改制重组、增资扩股等情况。
业务创新	公司应披露在报告期内业务创新情况，分析其对公司经营业绩和未来发展的影响，以及如何进行风险控制。
业务资格	公司应披露报告期内各单项业务资格的变化情况。
融资情况	公司应披露其主要的融资渠道、长短期负债结构以及为维持流动性水平所采取的措施和相关的管理政策，同时分析其融资能力、或有事项及其对财务状况的影响。
现金流转情况	公司应分析报告期内现金流转情况，包括经营活动、投资活动和筹资活动产生的现金流量及其主要影响因素。
风险控制	公司应说明动态的风险控制指标监控和补足机制建立情况，报告期内风险控制指标触及预警标准、不符合规定标准的情况及采取的整改措施、整改效果。 公司应按照监管部门的有关要求计算净资本、风险资本准备及相关风险控制指标，并列示期初数和期末数。若监管部门在报告期内修订相关计算标准，期初数应按照新标准重新计算列示。
表外项目	公司应披露可能影响其财务状况和经营成果的主要表外项目（如担保、抵押、质押、融资合约、重要的承销合同等）的总金额及有关情况。

续表

要点	具体内容
审计费用	公司应分项披露归属于报告期和报告期内实际支付的年报相关审计费用情况，以及目前的审计机构和签字会计师已为公司提供年度财务报表审计服务的连续年限。
薪酬情况	公司应披露董事、监事和高级管理人员薪酬管理的基本制度、决策程序以及薪酬情况，包括报告期末每位现任及报告期内离任董事、监事和高级管理人员在报告期内计提的薪酬金额、实际获得的薪酬金额、薪酬延期支付和非现金薪酬情况。

【例】上市公司半年报问询函节选

问：半年报披露，公司资产管理业务实现营收 10.55 亿元，比上年减少24.78%，毛利率较去年基本持平。请公司结合市场和行业情况、收入确认政策、相关产品的期限结构、主动管理与通道类业务规模变化等因素，对本期资管业务经营业绩进行具体分析。

回复：在资管新规的大背景下，资产管理业务向主动管理内涵式增长转型，压缩通道类业务规模，大力发展主动管理业务，实现产品净值化管理已经成为行业共识。根据中国证券投资基金业协会披露的数据，截至 2019 年 6 月末，基金管理公司及其子公司、证券公司、期货公司、私募基金管理机构资产管理业务总规模约51.67 万亿元，较 2018 年底基本持平。

公司的资产管理业务主要有 XQJJ 管理有限公司（以下简称“XQJJ”）、XZZQ 资产管理有限公司和 XZCX 资本管理有限公司三家子公司负责运营。近年来，公司按照资管新规要求，持续压缩通道业务规模，提升主动管理能力，构建持续稳定盈利能力，公司资产管理规模呈稳定增长态势。2019 年 6 月末，公司资产管理业务总规模 3 926 亿，较年初增长 9%，其中 90%以上为主动管理产品。产品期限方面，除了私募股权基金以 5 至 7 年为主外，其他为无固定期限的公募基金和以 10 年期为主的资管产品。

公司资产管理业务取得的手续费收入主要是管理费收入和销售手续费收入等。其中，管理费收入包含固定管理费收入和业绩报酬，固定管理费收入依据资管产品合同约定的基数和固定管理费率按照权责发生制计算确认，固定管理费收入受管理规模和管理费率影响；业绩报酬于资管产品终止时、分红时或投资者退出时，根据资管产品合同约定计算并确认，业绩报酬受产品业绩影响。销售手续费收入按照代销协议规定的归属于公司部分的收入计算确认，销售手续费收入受产品认购、申赎规模和销售费率影响。公司资产管理业务手续费收入的确认政策自公司执行企业会计准则后未做过重大变更，并在日常会计核算工作中得到有效的贯彻执行。

2019 年上半年，公司实现资产管理业务收入 10.55 亿元，同比下滑 24.78%。主要是因为 XQJJ 管理费收入同比减少 3.17 亿元，占总资产管理业务收入减少额的 91%。XQJJ 固定管理费收入基本稳定，管理费收入下降主要是由于业绩报酬减少。业绩报酬受基金产品投资业绩影响，波动性较大，且由于业绩报酬根据合同约定于资管产品终止时、分红时或投资者退出时计算并确认，业绩报酬的收入确认存在滞后性。2017 年上证综指全年上涨 6.56%，深圳成指上涨8.48%，受益于市场的上涨以及公司优秀的投资管理能力，2017 年度 XQJJ 产品投资业绩优异，由于收入确认的滞后性，在 2018 上半年确认了较为丰厚的基金业绩报酬收入。而 2018 年 A 股行情低迷，上证综指全年下跌 24.59%，深圳成指全年下跌34.42%，受市场影响，2018 年度基金产品投资业绩较 2017 年有较大幅度下降，体现为 2019 上半年基金业绩报酬收入随之减少。

【提示】

证券行业受到较强的行业监管，政策的调整变化对行业格局和公司业务布局与发展都会产生不同程度的影响。中国人民银行、中国银行保险监督管理委员会、中国证券监督管理委员会、国家外汇管理局于 2018 年 4 月 27 日联合发布《关于规范金融机构资产管理业务的指导意见》，对金融机构的资产管理业务有较大影响。本例中，问询函主要关注公司资产管理业务业绩下滑的具体原因，公司结合资管新规，对行业发展背景、公司业务模式调整及对公司业绩的影响等进行了具体阐述，便于投资者理解。

三、保险公司年度报告特殊披露要求

（一）主要规则

《公开发行证券的公司信息披露编报规则第 4 号——保险公司信息披露特别规定》

（二）年报特殊披露要求

保险公司的年报特殊披露要求如表 3-2-3 所示。

表 3-2-3　保险公司年报特殊披露要求

要点	具体内容
会计数据、财务指标	公司应在定期报告中披露会计数据、财务指标时，应当包括以下内容：已赚保费、投资资产、未决赔款准备金（非寿险）、未到期责任准备金（非寿险）、赔付支出；已赚保费增长率、投资收益率、综合成本率（非寿险）、综合赔付率（非寿险）及退保率（寿险）。
内含价值信息	保险公司（涉及人寿保险、健康保险、养老保险业务的）应当按照《公开发行证券的公司信息披露编报规则第 3 号——保险公司招股说明书内容与格式特别规定》第 13 条的规定，在年度报告中披露有关内含价值信息。
总精算师信息	在披露董事、监事及高级管理人员的信息时，公司应当同时披露总精算师的信息。
经营情况	公司应在按照有关定期报告的内容与格式准则及编报规则的要求对相关经营情况进行回顾时，应当包括以下内容： （1）经营状况与成果分析。包括但不限于以下内容：区分寿险业务与非寿险业务，并按主要险种类别分析其经营状况与成果，其中寿险业务应区分个人与团体业务。 （2）赔付支出、手续费及佣金支出情况。按主要险种类别披露赔付支出、手续费及佣金支出的构成，并分析其增减变动情况及原因。 （3）准备金计提情况。按主要险种类别披露各项准备金余额，分析其变动情况及原因，并披露准备金充足性测试情况。 （4）投资资产情况。披露公司投资政策、投资资产构成，并分析其变动情况及原因。投资资产应按投资对象和持有目的进行分类，根据投资对象分类时，应分为现金及现金等价物、定期存款、债券、基金、股票、基础设施投资、贷款及其他资金运用方式；根据持有目的分类时，应分为以公允价值计量且其变动计入当期损益的金融资产、持有至到期投资、可供出售金融资产、长期股权投资、贷款及其他。 （5）再保业务情况。按主要险种类别披露分出保费、分入保费及分保准备金等增减变动情况及原因；再保险业务的相关政策及主要业务伙伴、主要分保类型；尚处有效期的重大分保事项的有关情况。 再保险公司应按主要险种类别披露分保费收入、转分保分出保费等。 财产保险公司应披露报告期末承担重大保险责任的保单情况及其分保安排。 （6）偿付能力状况。分析本期末偿付能力情况，包括但不限于实际偿付能力额度、最低偿付能力额度及偿付能力充足率。实际偿付能力额度低于最低偿付能力额度时，应予相应说明并提出解决措施。
内部控制制度	公司应在年度报告正文中披露内部控制制度的建立健全及其执行情况，包括但不限于以下控制环节： （1）销售、核保、核赔、再保险等业务控制。 （2）预算、费用管理、财务报告等财务控制。 （3）资金调度、投资决策、投资风险管理等资金控制。 （4）信息技术、信息安全管理等信息技术控制。

续表

要点	具体内容
风险管理状况	公司应当在年度报告正文中从定性和定量的角度披露风险管理状况，包括风险管理组织框架与工作模式、风险类别（如承保风险、资产负债不匹配风险、市场风险、利率风险、信用风险及经营风险等）、风险管理流程与手段、风险管理效果评估与说明。
会计政策、会计估计	公司在定期报告中披露会计政策和会计估计时，应当包括以下内容： （1）主要保险业务类别保费收入（含分保费收入）确认和计量的具体方法。 （2）提取各项准备金及进行准备金充足性测试的主要精算假设和方法。 再保险公司应重点披露各项分保准备金的核算方法。
应收保费构成	公司应当按主要险种类别及账龄披露报告期末应收保费构成。应收保费中如有持有保险公司5%及以上股份的股东单位欠款，应予以说明。
应收、应付分保账款金额	公司应当按主要分保公司及账龄披露报告期末应收、应付分保账款金额。应收分保账款中如有持保险公司5%及以上股份的股东单位欠款，应予以说明。
应付手续费及佣金、保单质押贷款及抵债物资	公司应当披露报告期内应付手续费及佣金、保单质押贷款及抵债物资的变化情况，并对增减变动原因予以说明。
存出资本保证金、保险保障基金	公司应当披露存出资本保证金、保险保障基金的计提依据及金额。

【例】上市公司年报披露节选

公司债券

截至2020年12月31日，本公司保险资金组合投资的公司债券规模为1 100.19亿元，在总投资资产中占比2.9%，占比较2020年初、2019年初分别下降1.1个百分点、2.9个百分点。从信用水平上看，本公司保险资金组合投资的公司债券信用水平较高，外部信用评级约100.0%为AA及以上，约91.0%为AAA评级，相较于去年年底整体评级水平持平；从信用违约损失来看，本公司保险资金投资的公司债券整体风险较小，稳健可控。对于公司债券的风险管理，本公司主要从资产配置、准入管理、动态检视等方面保障公司债券的投资风险得到全流程评估和管控。公司于2003年建立了内部信用评级团队，严格按照内部信用评级对公司债券的投资进行准入管理，并加强评级检视和调整，确保信用评级合理反映公司债券发行主体的信用水平。同时，本公司通过债券名单制管理对存在潜在风险的公司债券进行事前监测，建立负面舆情快速响应机制，对公司债券开展有效排查与上报管理，提升风险预警与应对效率。2020年下半年，国内多家地方国有企业债券相继出现违约，由此引发市场对信用债的担忧，严重冲击了信用债市场。公司通过完善的公司债券管理措施，有效地规避了本次违约潮中的风险债券，确保了公司保险资金组合投资的公司债券安全性。

【提示】

使用寿险、财产保险等保险业务的可投资资金进行组合投资是保险公司的一项重要经营业务。保险公司信息披露特别规定要求保险公司在定期报告中披露投资资产情况，包括公司投资政策、投资资产构成，并分析其变动情况及原因。本例中，该上市公司披露了对公司债券的投资政策、变动情况及其原因，也坦陈报告期内多家地方国有企业信用债违约对市场的冲击，以及公司的应对措施，以回应投资者对这一市场热点事项的关切。

【例】上市公司年报披露节选

赔款及保户利益分析

截至12月31日止　　　　单位：百万元　币种：人民币

年度	2020年	2019年	变动幅度
退保金	33 275	50 851	-34.6%
赔付支出	133 340	127 919	4.2%
寿险业务	76 892	74 327	3.5%
健康险业务	49 733	47 410	4.9%
意外险业务	6 715	6 182	8.6%
提取保险责任准备金	418 773	335 122	25.0%
保单红利支出	28 279	22 375	26.4%

本报告期内，本公司退保金同比下降34.6%，主要原因是部分产品退保减少。赔付支出中，寿险业务赔付支出同比增长3.5%，主要原因是寿险业务满期给付增加；健康险业务赔付支出同比增长4.9%，主要原因是健康险业务规模稳定增长；意外险业务赔付支出同比增长8.6%，主要原因是部分业务赔款支出波动。受保险业务增长及退保减少的共同影响，提取保险责任准备金同比增长25.0%。分红账户的投资收益率上升使得保单红利支出同比增长26.4%。

【提示】

保险公司应当按主要险种类别披露赔付支出的构成，并分析其增减变动情况及原因。

第三节　非金融行业年报信息披露

众所周知，不同行业的上市公司会有不同的行业宏观发展趋势与政策、不同的经营资源和不同的客户市场状况，受此影响，公司会形成不同的经营战略规划。当然，美好的战略规划取决于公司的经营执行。财务报表是面镜子，是前述多个维度经营状况的集中体现。例如，当行业发展趋缓时，行业内公司可能在营业收入增长上就会有所反映；又如，公司拥有的矿产资源、专利技术等经营资源就可能体现在报表的无形资产中。因此，深刻理解公司的行业经营信息披露，并与其财务信息反映相互印证，就可以深度揭示公司的价值与风险。本节将根据各个不同行业指引的要求，结合实际案例，认识理解披露重点与监管审核的关注点。

一、房地产行业

（一）适用的指引

上交所《上市公司行业信息披露指引第二号——房地产》

深交所《行业信息披露指引第 3 号——上市公司从事房地产业务》

（二）年报披露要求

房地产行业上市公司年报一般要求披露行业宏观、客户市场、关键资源、战略规划、关键流程等相关内容，具体如表 3-3-1 至表 3-3-5 所示。

表 3-3-1　行业宏观

要点	具体内容
宏观经济政策	上市公司应当披露对房地产行业产生影响的宏观经济形势、行业发展政策、金融税收政策、新兴运营模式等外部因素的变化情况，并说明其对公司当期和未来发展的具体影响，以及公司已经或计划采取的应对措施。业务分布区域集中的，公司应当披露该区域的房地产行业政策情况。（上交所）
	与房地产行业相关的宏观经济形势、行业政策环境的变化情况。（深交所）

续表

要点	具体内容
行业发展状况	上市公司应当披露反映房地产行业发展状况的信息，包括房地产土地购置面积、房地产新开工面积、施工（在建）面积、竣工面积、房地产销售面积，以及房地产库存去化周期等。（上交所）
	上市公司应当披露公司主要项目所在城市的行业发展现状及政策情况，并说明其对上市公司未来经营业绩和盈利能力的影响。（深交所）

【例】上市公司年报披露节选

案例一

报告期内，经营环境发生深刻变化。一方面，新冠肺炎疫情作为年内最大的“黑天鹅”，在对各行各业产生冲击的同时，也加速催化了部分趋势。另一方面，经济动能切换和内外双循环相互促进的新发展格局，为国内众多行业注入新的发展动能。本集团作为“城乡建设与生活服务商”，旗下各项业务所在行业也受到不同程度的影响。

新冠肺炎疫情后，全国商品房销售面积恢复增长。2020 年初，受新冠肺炎疫情影响，全国商品房销售规模一度大幅下滑。随着新冠肺炎疫情防控形势的好转，3 月后市场逐步企稳回升。全年来看，全国商品房销售面积为 17.61 亿平方米，同比增长 2.6%；销售金额17.36 万亿元，同比增长 8.7%。分季度看，全国商品房销售面积增速依次为-26.3%、3.2%、9.9%和 12.7%。

尽管商品房销售恢复较快，但房地产开发投资以及新开工仍显乏力。国家统计局数据显示，2020 年全国房屋新开工面积 22.4 亿平方米，同比下降 1.2%，而上年为增长 8.5%；全国房地产开发投资 14.1 万亿元，同比增长 7.0%，增速比上年回落 2.9 个百分点。

各地加大土地供应，土地成交面积有所增长。一季度后土地市场快速复苏，供需两旺。根据中国指数研究院统计，2020 年全国 300 个城市住宅类用地供应建面同比增长 3.9%，成交建面同比增长 9.4%。全年土地市场竞争较为激烈，住宅类用地的平均溢价率为 15.4%。

案例二

2020 年，新冠肺炎疫情对中国经济及房地产行业造成一定的冲击，行业政策、流动性等经历了从宽松扶持到定向收紧的转换，全年市场总体表现出较强的韧性。2020 年，全国商品房销售金额 17.36 万亿元，同比增长 8.7%，增速较 2019 年同期增长 2.2 个百分点；商品房销售面积 17.61 亿平方米，同比增长 2.6%，增速较 2019 年同期增长 2.7 个百分点。

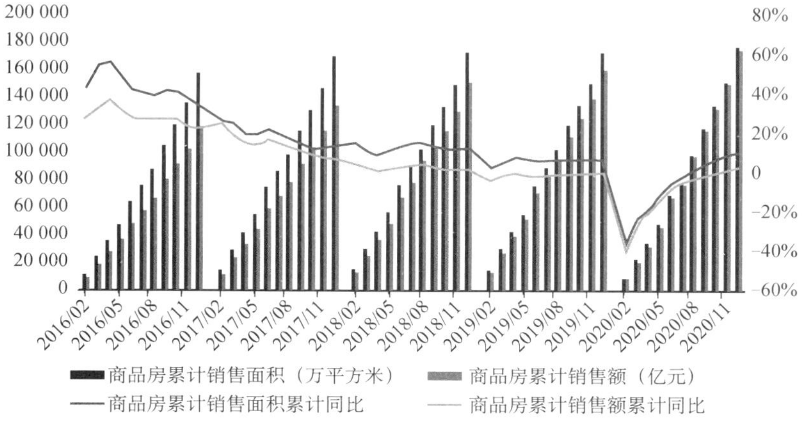

全国商品房销售情况

2020 年，行业延续市场分化趋势。作为调控的重点区域，一二线城市市场表现各异。其中一线城市热度稳中有升，成交面积同比增长 9.7%；二线城市市场出现波动，成交面积较去年同期下降 3.3%；三线城市延续弱化趋势，成交面积同比下降 4.0%。

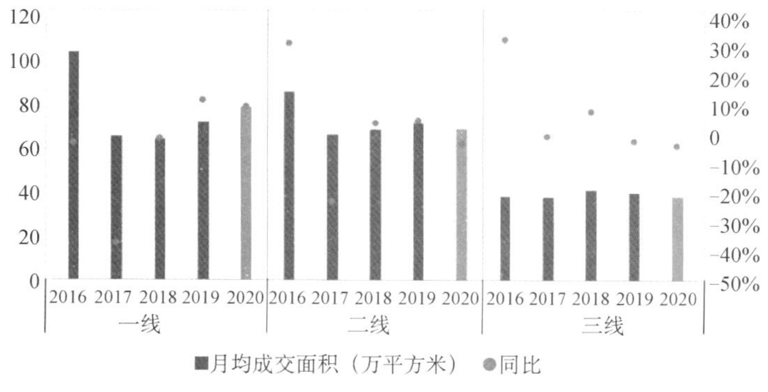

不同级别代表城市住宅月均成交面积情况

数据来源：中国指数研究院。代表城市为70个大中城市，城市线划分参照国家统计局标准。一线包括北京、上海、广州、深圳4个城市；二线包括天津、石家庄、太原、呼和浩特、沈阳、大连、长春、哈尔滨、南京、杭州、宁波、合肥、福州、厦门、南昌、济南、青岛、郑州、武汉、长沙、南宁、海口、重庆、成都、贵阳、昆明、西安、兰州、西宁、银川、乌鲁木齐31个城市，主要指各省会城市和副省级城市；三线城市包括唐山、秦皇岛、包头、锦州、吉林、牡丹江、丹东、无锡、扬州、徐州、温州、金华、蚌埠、安庆、泉州、九江、赣州、烟台、济宁、洛阳、平顶山、宜昌、襄阳、岳阳、常德、韶关、湛江、惠州、三亚、桂林、北海、泸州、南充、遵义、大理35个城市，主要指地级市。

2020 年初受销售活动暂停影响，库存商品房面积自 2016 年以来首次出现回升。进入 3 月份新冠肺炎疫情防控情况好转，市场逐步升温，库存去化速度加快，库存商品房面积不断下降。截至2020年末，全国商品房待售面积5.0亿平方米，较2019年同期微增0.1%。其中，住宅待售面积2.2亿平方米，同比微降0.4%。

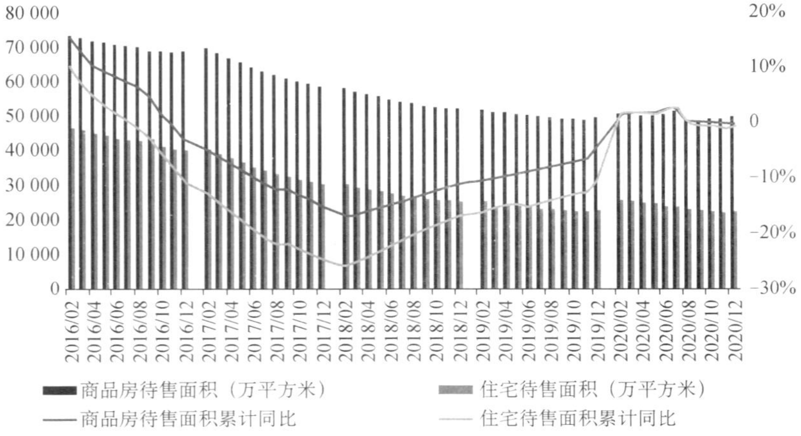

全国商品房待售情况

2020年，全国土地成交1.7万亿元，同比增长17.4%；成交面积2.6亿平方米，同比下降1.1%；平均土地成交单价6 762元/平方米，创近年来新高。其中，一季度受新冠肺炎疫情影响，房企销售及资金回笼压力增大，叠加政府土地供应规模减少，土地成交规模下降。二季度以来，各地供地力度加大，同时得益于销售市场回暖及流动性宽松影响，企业拿地力度加强，土地市场迅速升温，呈现量价齐升的态势。进入下半年后，宏观流动性边际收紧，"三道红线"政策试点推行，土地市场趋于理性，成交价款累计规模增速趋缓，但仍稳中有升。

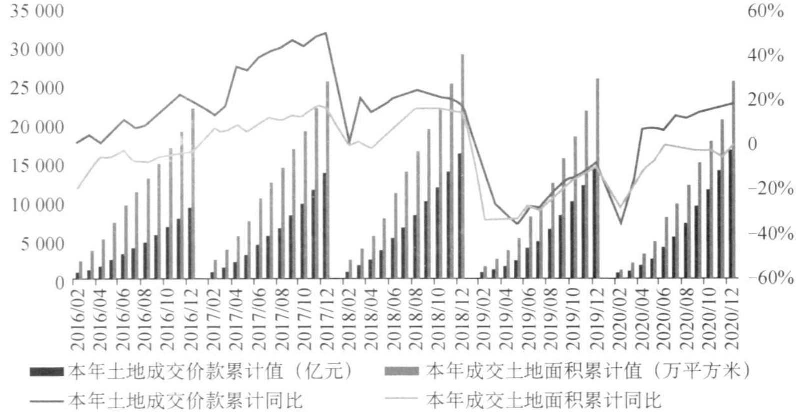

全国土地市场成交情况

2020年，房地产开发投资完成额14.1万亿元，同比增长7.0%，增速自6月份转正以来不断扩大。受新冠肺炎疫情影响，人口流动及房屋施工活动停滞，行业工程施工进程放缓，导致企业开竣工进度受到冲击。2020年，全国房屋新开工面积22.4亿平方米，累计同比下降1.2%；房屋竣工面积9.1亿平方米，累计同比下降4.9%。

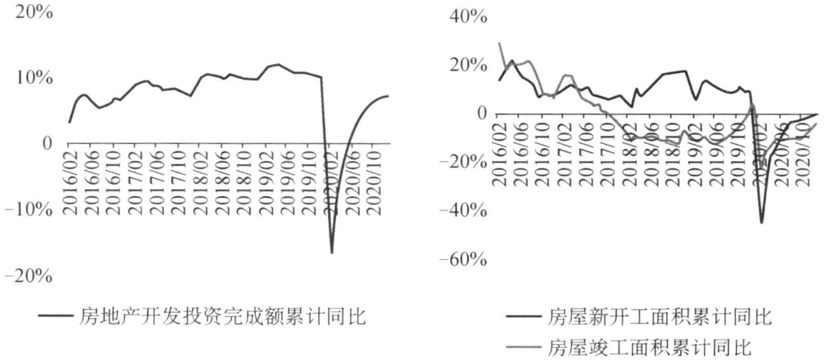

全国房地产开发投资情况全国房屋开竣工情况

2020年，全国房地产开发资金来源总量为19.3万亿元，较去年同期增加1.5万亿元，同比增长8.1%。其中受下半年房地产信贷边际收紧的影响，全年国内贷款为2.7万亿元，同比增长5.7%，增速落后于资金总量增长。房企自筹资金、定金及预收款分别为6.3万亿元和6.7万亿元，同比分别增长9.0%和8.5%；个人按揭贷款3.0万亿元，同比增长9.9%。

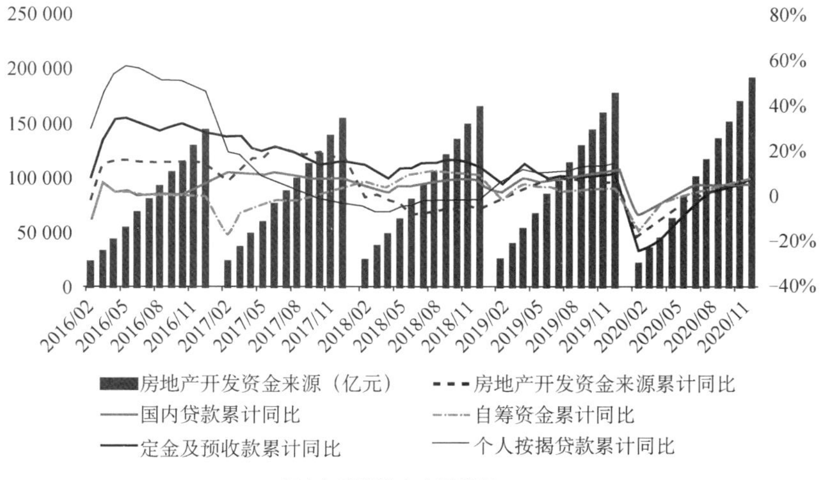

房地产开发资金来源情况

报告期内，中央坚持“房住不炒”调控基调，精准施策保障行业平稳健康发展。上半年受新冠肺炎疫情影响，经济增速放缓，政府在供需两端出台政策助力行业有效应对冲击。随着局部地区市场转热，地价、房价迅速升温，地方政府因城施策调控力度加强，市场过热的情况得到控制；而中央则通过“三道红线”“房地产贷款集中度管理制度”等宏观调控进一步完善行业长效机制与房地产金融监管体系，力促市场回归理性，引导行业健康发展。

长期来看，以人为核心的新型城镇化将是社会发展的总体趋势：人口向都市圈及城市群不断集聚，城市居民对居住面积及住房品质提升的需求持续增强，城市更新也将成为城市发展的重要内容，综合来看房地产行业发展的根本驱动力没有改变。同时，政府对房地产调控的决心不会动摇，“房住不炒”的基调不会改变。“三道红线”“房地产贷款集中度管理制度”等行业长效机制的不断完善，标志着房地产行业将步入精准调控期，因城施策、因企施策将成为调控主基调，行业平稳健康发展的基础正不断夯实。短期内，区域分化、局部区域市场周期性波动将是行业发展常态。随着宏观经济恢复形势向好，市场流动性或将边际收紧，房地产行业流动性压力进一步加剧。同时，房企原有高杠杆的经营模式受到冲击，而产品品质、成本管控、服务等综合能力将成为下阶段房企的竞争核心。

【提示】

上述两个案例，上市公司都根据行业指引介绍了 2020 年房地产行业宏观政策变化和发展状况，从多角度结合数据阐述了 2020 年房地产发展状况，包括销售情况、土地供应情况、开发投资等，维度丰富，条理清晰；同时，在论述中注意定性与定量相结合，使得数据分析与结论总结更具有说服力，有利于投资者更全面了解房地产行业宏观政策变化和发展状况。此外，案例二还采取了图文并茂的方式来进行论述，更为直观，值得借鉴。

表 3-3-2　客户市场

要点	具体内容
行业地位	上市公司应当披露公司主要经营业态，并结合所处行业、业务分布区域、经营业态特征，分析公司的市场地位、竞争优势等情况。竞争优势包括但不限于开发能力、投融资能力、规划设计、成本管控、市场营销、招商经营、物业服务、城市运营、园区配套等。（上交所）
	上市公司应当披露公司主要经营模式、经营项目业态，主要项目所在城市的房地产销售情况，上市公司市场地位及竞争优势，面临的主要风险及应对措施。（深交所）

续表

要点	具体内容
房地产开发投资情况	上市公司应当按照不同经营业态、区域分布，分项目披露房地产开发投资情况，包括：在建项目、新开工项目及竣工项目的用地面积、规划计容建筑面积；在建项目、新开工项目及竣工项目的总建筑面积、在建建筑面积、已竣工面积；拟建和在建项目的总投资额、本年实际投资额等。（上交所）
	上市公司应当披露报告期内主要项目开发情况，包括但不限于项目名称、所在位置、项目业态、权益比例、开工时间、开发进度（在建、竣工、停工等）、土地面积、计容建筑面积、累计竣工面积、本期竣工面积、预计总投资金额、累计已投资金额；项目实际开发进度与计划进度在投资金额、建设周期等方面出现50%以上差异，或者项目出现停工、达到可销售条件后的十二个月内未实现销售等情形的，应当披露具体情况及原因。 涉及一级土地开发业务的，应当披露报告期内主要项目情况，包括但不限于项目名称、所在位置、权益比例、预计总投资金额、累计投资金额、规划平整土地面积、累计平整土地面积、本期平整土地面积、累计销售面积、本期销售面积、累计结算土地面积、本期结算土地面积、累计一级土地开发收入、本期一级土地开发收入、相关款项回收情况等。（深交所）
房地产销售情况	上市公司应当按照不同经营业态、区域分布，分项目披露报告期内房地产销售和结转情况，包括：可供出售面积、已售（含已预售）面积；结转面积、结转收入金额、报告期末待结转面积等。 鼓励上市公司按照不同经营业态、区域分布，披露以下房地产销售信息：房地产的区域分布结构、业态分布结构；每平方米平均售价；销售面积区间分布等。（上交所）
	上市公司应当披露报告期内主要项目销售情况，包括但不限于项目名称、所在位置、项目业态、权益比例、计容建筑面积、可售面积、累计预售（销售）面积、本期预售（销售）面积、本期预售（销售）金额、累计结算面积、本期结算面积、本期结算金额等。（深交所）
出租业务	上市公司应当按照不同经营业态、区域分布，分项目披露自持物业的建筑面积、权益比例及租金收入。鼓励公司按照不同经营业态、区域分布，分项目披露可出租面积、出租率、每平方米平均基本租金及同比变化情况等其他房地产出租信息。（上交所）
	上市公司应当披露报告期内主要项目出租情况，包括但不限于项目名称、所在位置、项目业态、权益比例、可出租面积、累计已出租面积、平均出租率等。（深交所）
经营信息	对于采用公允价值模式计量的投资性房地产，上市公司应当披露以下信息：租金收入占房地产公允价值比，若租金收入占营业总收入不足10%，可免于披露；土地或房产的期末公允价值，并对期末公允价值变动超过10%的，说明变动原因。（上交所）

续表

要点	具体内容
购房担保	上市公司报告期内存在向其商品房承购人因银行抵押贷款提供担保的，应当披露截至报告期末尚存在担保责任的担保余额、报告期内已承担担保责任且涉及金额占上市公司最近一期经审计净利润10%以上的具体情况等。（深交所）
公司与员工共同投资	上市公司直接或者间接与其员工共同投资开展房地产业务的，上市公司应当披露开展前述业务的总体情况，包括但不限于项目总数、员工跟投总额、占项目资金峰值比例、退出情况等。投资主体为上市公司董事、监事、高级管理人员及其所控制或者委托的组织，或者与其关系密切的家庭成员，且参与投资金额在三十万元以上的，上市公司应当披露投资项目情况，包括但不限于项目名称、投资主体类别、各类主体投资金额及占比、占项目资金峰值比例、累计收益、退出情况等，并说明实际投资金额与收益分配金额的匹配性。（深交所）

表3-3-3　关键资源

要点	具体内容
房地产储备	上市公司应当披露房地产储备情况，包括持有待开发土地（含待开发房产）的区域分布、土地总面积、规划计容建筑面积；一级土地整理面积；合作开发项目涉及的面积和权益占比等。（上交所）
	上市公司应当披露报告期内新增主要土地储备项目情况，包括但不限于宗地或项目名称、所在位置、土地规划用途、土地面积、计容建筑面积、土地取得方式、权益比例、土地总价款、权益对价等；分项目或区域列示的累计土地储备情况，包括但不限于项目或区域名称、总土地面积、总计容建筑面积、剩余可开发计容建筑面积等（深交所）
财务融资情况、投融资计划	上市公司应当披露财务融资情况及投融资计划，包括期末融资总金额、平均融资成本、利息资本化金额等；结合下一年度新增房地产储备计划、在建和拟建项目投资计划等，披露融资安排。 鼓励公司披露报告期内以下财务融资情况：各类融资途径的融资金额、融资成本；不同期限结构的融资金额、融资成本等。（上交所）
	上市公司应当按融资途径（如银行贷款、票据、债券、信托融资、基金融资等）披露截至报告期末各类融资余额、融资成本区间或平均融资成本、期限结构等。（深交所）

表 3-3-4 战略规划

要点	具体内容
发展战略、经营计划	上市公司应当披露公司的发展战略和经营计划,包括下一年度计划新开工面积、计划竣工面积,以及前述经营数据较本年度的增减情况与设定依据。(上交所)
	上市公司应当结合房地产宏观环境及上市公司经营情况,披露发展战略和未来一年经营计划,包括但不限于土地储备、开发、销售和融资安排等。(深交所)

【例】上市公司年报问询函节选

问:你公司连续五年无新增土地储备。年报显示,报告期内你公司使用闲置资金委托理财的发生额为 4.50 亿元。你公司计划于 2020 年继续推进 JJMJ H3 项目和 JH 公司 B 区项目完成竣工备案及财务决算工作、推进 MJ H4 项目余房销售、推进 H2 项目工程建设工作并开盘销售。请你公司:

(1) 说明报告期内购买“其他类”理财产品的具体情况,包括受托机构名称、产品类型、金额、期限、参考年化收益率等。

(2) 根据《深圳证券交易所行业信息披露指引第 3 号——上市公司从事房地产业务(2019 年修订)》第五条第(九)项规定,补充披露未来一年计划增加土地储备情况,并结合公司发展战略和经营计划等,说明公司连续多年未获取土地储备却购买大额理财的主要考虑,在土地储备逐年减少的情况下公司如何保证持续经营能力并提升经营业绩。

【提示】

土地储备是房地产公司未来持续发展的重要基础之一。本例中,该上市公司未按指引要求披露土地储备计划,故被监管机构要求补充披露并说明在土地储备逐年减少的情况下,如何保证持续经营能力、提升经营业绩。

表 3-3-5 关键流程

要点	具体内容
会计政策	上市公司应当在企业会计准则原则性规定的基础上,依据自身的经营业态和结算方式,披露与行业相关的具体会计政策,包括细化年度报告财务报表附注中存货、借款费用、资产减值准备、各经营业态销售收入等会计政策,并披露确认条件、确认时点、计量依据等会计政策标准。(上交所)

续表

要点	具体内容
会计政策	上市公司应当依据自身经营模式和结算方式，在年度财务报告部分披露与房地产行业特征相关的收入确认、存货、投资性房地产等具体会计政策，并披露以下信息： (1) 在“存货”项目附注中按“开发成本”“开发产品”披露主要项目信息，包括但不限于项目名称、期初余额、本期增加、本期减少、期末余额；存货余额中的利息资本化金额及利息资本化率情况，截至报告期末权属受限存货的期末账面价值、受限原因等。 (2) 在“存货跌价准备”项目附注中披露主要项目信息，包括但不限于项目名称、期初余额、本期增加、本期减少、期末余额，对于其中的在建项目，可以合并列示；涉及“停工”“烂尾”“空置”项目但不计提或者计提比例较低的，应当说明原因。 (3) 对投资性房地产采用公允价值进行后续计量的，在“投资性房地产”项目附注中披露以下信息： ① 报告期内新增以公允价值计量的投资性房地产的，披露主要项目的原会计核算方法、原账面价值、入账公允价值、变动时间、差额的处理方式及依据等； ② 处于建设期的投资性房地产的主要项目情况，包括但不限于项目名称、所处位置、开工日期、预计投资总额、期初金额、期末金额、预计竣工时间； ③ 已竣工投资性房地产的主要项目情况，包括但不限于项目名称、所处位置、竣工时间、建筑面积、报告期内租金收入、期初公允价值、期末公允价值等；报告期内投资性房地产公允价值变动超过 10%的，应当对比可比项目披露变动原因；投资性房地产公允价值变动损益占公司最近一期经审计净利润 30%以上的，应当单独披露投资性房地产公允价值评估报告、评估说明或者市场价值调研报告。 (4) 在“预收账款”项目附注中披露预售房产收款的信息，包括但不限于截至报告期末预售金额前五项目的名称、期初余额、期末余额。 (5) 在“营业收入”项目附注中披露报告期内确认收入金额前五的项目名称、收入金额等。（深交所）

二、煤炭及固体矿产资源行业

（一）适用的指引

上交所《上市公司行业信息披露指引第三号——煤炭》

深交所《行业信息披露指引第 2 号——上市公司从事固体矿产资源相关业务》（固体矿产资源相关业务包括：①上市公司向矿产资源主管部门提出新设矿业权申请、通过参加矿产资源主管部门组织的矿业权招标拍卖挂牌活动有偿取得矿业权、受让其他主体拥有的矿业权、直接或间接收购已取得矿业权的矿山企业股权；②上市公司转让其拥有的矿业权或转让其拥有矿业权的矿山企业股权；③上市公司进行的矿产资源勘探及开采活动。上述矿业权包括探矿权和采矿权）

（二）年报披露要求

煤炭及固体矿产资源行业上市公司年报一般要求披露行业宏观、客户市场、关键资源、战略规划、关键流程等相关内容，具体如表 3-3-6 至表 3-3-10 所示。

表 3-3-6　行业宏观

要点	具体内容
宏观经济政策	上市公司应披露报告期内直接影响行业发展的宏观经济走势、税费制度改革、限产转型政策、下游需求以及新兴运营模式等外部因素的变化情况，并说明其对公司当期和未来发展的具体影响，以及公司已经或计划采取的应对措施。（上交所、深交所）

表 3-3-7　客户市场

要点	具体内容
行业地位	上市公司应当结合自身经营情况，披露以下反映煤炭开采和洗选行业发展状况与公司行业地位的信息： （1）公司主要煤种的国内资源量、资源储量、产量、常用价格指数等情况。 （2）公司在全行业或区域市场的市场地位、竞争优势等情况。 上市公司可以披露公司在全行业或区域市场的市场份额，以及在行业总体经济总量中的占比等情况。（上交所）
	上市公司应结合自身经营情况，披露下列反映行业发展状况与公司行业地位的信息： （1）主要产品或者服务的用途。 （2）主要产品的工艺流程或者服务流程。 （3）主要经营模式，包括生产模式和销售模式。 鼓励上市公司披露在全行业或区域市场的市场地位、竞争优势、市场份额，以及在行业总体经济总量中的占比等情况，相关数据须注明数据来源及测算方法。（深交所）

表 3-3-8　关键资源

要点	具体内容
煤炭资源	上市公司应当披露各煤炭矿区资源情况，包括各主要矿区和主要煤炭品种的资源量、可采储量、证实储量等，同时披露相关储量的计算标准。（上交所）
重大煤矿建设项目进展	上市公司应当披露重大煤矿建设项目进展，包括报告期内重大煤矿建设项目的建设规模，截至报告期末的投资额、完成进度。同时，披露项目截至报告期末所处的阶段，如完成初步设计、获取地质报告批复、煤炭采矿许可证、开工建设批复、竣工验收批复等。（上交所）

续表

要点	具体内容
收购或出售重大煤炭资产	上市公司应当披露收购或出售重大煤炭资产的情况，包括收购或出售交易标的资源量、可采储量、资产状况、盈利能力及其对公司主营业务的影响。（上交所）
矿井情况	上市公司可以在年度报告中披露主要煤矿矿井的名称、开采工艺、地质条件、目前生产状况等。（上交所）
外购煤情况	上市公司可以在年度报告中披露报告期内外购煤的采购量、销售量、价格和成本等。（上交所）

表 3-3-9　战略规划

要点	具体内容
发展战略、经营计划	上市公司应当披露发展战略和经营计划，包括下一年度的煤炭产量、销售量，以及前述经营数据较本年度的增减情况与设定依据。（上交所）
资本开支、投融资计划	上市公司应当披露资本开支及投融资计划，包括在本报告期内及下一报告期新建和改建煤炭矿井、购置采掘设备、股权投资等主要资本开支计划，以及结合重大资本开支计划的股权、债权融资计划。（上交所）

表 3-3-10　关键流程

要点	具体内容
经营数据	上市公司应当披露主要煤种的开采、销售情况，包括报告期内主要煤种的产量、销量、销售收入、销售成本及毛利等。（上交所）
	上市公司应分品种披露矿产品的产销量、营业收入、营业成本、毛利率等主要经营、财务数据及其较前一年度的变动情况。如果上市公司拥有多个矿山，鼓励上市公司分矿山进行披露。（深交所）
主要经营模式、业务板块	上市公司应当按煤炭采掘和贸易、煤化工、运输、发电、煤矿装备等主要业务板块，披露销售量、销售价格、营业收入、营业成本、毛利率等主要经营和财务数据及其较前一年度的变动情况。 上市公司经营两个以上业务板块的，应当披露相互间联系，包括业务板块协同效应、公司内部采购量和销售量及占比等。 上市公司从事互联网供应链等煤炭延伸产业链的，应当同时披露新业务的主要经营模式、与现有业务的协同效应及其可能存在的风险。（上交所）
安全生产	上市公司应当披露安全生产情况，包括报告期内进行安全管理、发生安全事故及整改、实施安全生产举措及进行安全检查等情况。（上交所）

续表

要点	具体内容
矿产勘探	上市公司应披露报告期内进行的矿产勘探活动，以及相关的勘探支出情况，包括资本化金额和费用化金额。若报告期内未进行任何矿产勘探活动，应如实说明。另外，上市公司应根据首次披露的固体矿产资源/储量情况，结合之后进行的勘探活动所增加的固体矿产资源/储量、开采活动所消耗的固体矿产资源/储量情况，披露固体矿产资源/储量的最新资料。（深交所）
会计政策	上市公司应当结合自身的经营模式和结算方式，在年度报告财务报表附注中披露勘探开发支出、资源税、维简费、安全生产费及其他与行业直接相关费用的提取标准、年度提取金额、使用情况、会计政策标准。（上交所）
	上市公司应披露与行业相关的具体会计政策。上市公司应在年度报告财务报表附注中披露勘探开发支出、资源税、维简费、安全生产费及其他与行业直接相关费用的提取标准、年度提取金额、使用情况、会计政策。公司应在企业会计准则的基础上，依据公司自身的经营模式和结算方式，细化收入、在建工程转固定资产等确认条件、确认时点、计量依据等会计政策标准。 上市公司从事固体矿产资源相关业务未达到本条规定标准的，鼓励公司参照本条规定执行。（深交所）

【例】上市公司年报披露节选

案例一

产量与销量

报告期内，公司实现煤炭产量 12 535.63 万吨，同比增加 1 041.82 万吨，增长 9.06%。

单位：万吨

商品煤产量	2020 年度	2019 年度	变化率	增减量
WB 矿区	965.80	1 000.03	-3.42%	-34.23
BH 矿区	3 758.15	3 835.71	-2.02%	-77.56
SB 矿区	7 811.68	6 658.08	17.33%	1 153.60
合计	12 535.63	11 493.81	9.06%	1 041.82

2020 年公司煤炭产品销售收入情况

2020 年煤炭采掘收入 920.38 亿元，上年煤炭采掘收入 706.15 亿元，同比增加 214.23 亿元，其中："一票制"结算收入使同比增加 20.59 亿元，煤炭销量和售价变化使同比增加 193.64 亿元，分别从产品来源和销售品种分析：

按产品来源分析，2020年公司销量24 160.50万吨，同比增加6 311.54万吨，影响收入增加259.19亿元；煤炭综合售价363.45元/吨，同比下降20.03元/吨，售价影响收入减少65.54亿元。自产煤销售12 387.19万吨，同比增加1 051.24万吨，影响收入增加38.09亿元；自产煤售价347.41元/吨，同比下降14.90元/吨，影响收入减少18.45亿元。贸易煤销售11 773.31万吨，同比增加5 260.31万吨，影响收入增加221.10亿元；贸易煤售价380.32元/吨，同比减少40元/吨，影响收入减少47.09亿元。"一票制"结算收入同比增加20.59亿元。

煤炭采掘业毛利率下降的主要原因为本期贸易煤销量增加，另外就是由于新收入会计准则的影响，将原来计入销售费用的运输费调整到营业成本。

产品来源分析	2020年		2019年		增减额		增减幅	
	销售量（万吨）	价格（元/吨）	销售量（万吨）	价格（元/吨）	销售量（万吨）	价格（元/吨）	销售量	价格
一、自产煤	12 387.19	347.41	11 335.95	362.30	1 051.24	-14.90	9.27%	-4.11%
其中：WB矿区	971.71	286.94	978.73	301.90	-7.02	-14.96	-0.72%	-4.95%
BH矿区	3 758.56	400.36	3 845.93	431.03	-87.37	-30.67	-2.27%	-7.12%
SB矿区	7 656.92	329.09	6 511.29	330.79	1 145.63	-1.70	17.59%	-0.51%
二、贸易煤	11 773.31	380.32	6 513.01	420.32	5 260.31	-40.00	80.77%	-9.52%
合计	24 160.50	363.45	17 848.96	383.47	6 311.54	-20.03	35.36%	-5.22%

按销售品种分析，2020年公司原选煤销售收入830.58亿元，同比增加收入220.31亿元。其中原选煤销量21 861.10万吨，同比增加6 159.89万吨，影响收入增加230.91亿元；原选煤售价360.60元/吨，同比下降14.26元/吨，影响收入减少31.18亿元。洗煤销售收入89.80亿元，同比减少收入6.08亿元。其中洗煤销量2 299.40万吨，同比增加151.65万吨，影响收入增加6.77亿元；洗煤售价390.53元/吨，同比下降55.91元/吨，影响收入减少12.86亿元。"一票制"结算收入同比增加20.59亿元。

销售分类	2020年		2019年		增减额		增减幅	
	销售量（万吨）	价格（元/吨）	销售量（万吨）	价格（元/吨）	销售量（万吨）	价格（元/吨）	销售量	价格
原选煤销售	21 861.10	360.60	15 701.21	374.86	6 159.89	-14.26	39.23%	-3.81%

续表

销售分类	2020 年		2019 年		增减额		增减幅	
	销售量（万吨）	价格（元/吨）	销售量（万吨）	价格（元/吨）	销售量（万吨）	价格（元/吨）	销售量	价格
洗煤销售	2 299.40	390.53	2 147.75	446.44	151.65	-55.91	7.06%	-12.52%
合计	24 160.50	363.45	17 848.96	383.47	6 311.54	-20.03	35.36%	-5.22%

案例二

1. 煤炭产量

2020 年本集团生产商品煤 12 027 万吨，同比增加 1 064 万吨或 9.7%。2020 年本集团商品煤产量如下表：

单位：千吨

项目	2020 年	2019 年	增减	增减幅
公司	30 659	31 173	-514	-1.65%
HZNH	3 282	2 725	557	20.44%
SXNH	1 612	1 717	-105	-6.14%
WLNY	17 762	15 162	2 600	17.15%
EEDSNH	15 821	13 784	2 037	14.78%
HSMY	8 241	3 907	4 334	110.95%
YMAZ	37 776	35 517	2 259	6.36%
YMGJ	5 118	5 647	528	9.36%
合计	120 270	109 631	10 640	9.71%

2. 煤炭价格与销售

2020 年本集团销售煤炭 14 762 万吨，同比增加 2 203 万吨或 17.5%。2020 年本集团实现煤炭业务销售收入 694.47 亿元，同比增加 23.06 亿元或 3.4%。2020 年本集团分煤种产、销情况如下表：

项目	2020 年				2019 年			
	产量	销量	销售价格	销售收入	产量	销量	销售价格	销售收入
	（千吨）	（千吨）	（元/吨）	（百万元）	（千吨）	（千吨）	（元/吨）	（百万元）
一、公司	30 659	28 237	543.20	15 338	31 173	30 046	631.57	18 976
1 号精煤	739	783	753.07	589	1 117	1 122	936.68	1 051

续表

项目	2020年				2019年			
	产量（千吨）	销量（千吨）	销售价格（元/吨）	销售收入（百万元）	产量（千吨）	销量（千吨）	销售价格（元/吨）	销售收入（百万元）
2号精煤	8 813	9 119	705.87	6 437	9 382	9 469	866.53	8 205
3号精煤	3 221	3 327	559.12	1 860	3 108	3 129	608.51	1 904
块煤	2 025	2 161	602.71	1 303	2 117	2 112	722.41	1 526
精煤小计	14 798	15 390	662.06	10 189	15 724	15 833	801.29	12 687
经筛选原煤	15 861	12 846	400.81	5 149	15 448	14 213	442.51	6 289
二、HZNH	3 282	3 093	869.76	2 690	2 725	2 385	1 010.20	2 409
2号精煤	2 557	2 638	953.87	2 517	2 172	2 080	1 104.33	2 297
经筛选原煤	725	455	381.91	174	553	305	367.21	112
三、SXNH	1 612	1 661	282.31	469	1 717	1 681	322.56	542
经筛选原煤	1 612	1 661	282.31	469	1 717	1 681	322.56	542
四、WLNY	17 762	15 908	355.77	5 660	15 162	14 301	367.32	5 253
3号精煤	2 637	2 637	374.06	986	4 558	4 522	392.14	1 773
块煤	4 228	4 102	381.36	1 564	3 267	3 296	397.48	1 310
经筛选原煤	10 897	9 169	339.06	3 109	7 337	6 483	334.67	2 170
五、EEDSNH	15 821	13 225	260.64	3 447	13 784	11 546	256.11	2 957
经筛选原煤	15 821	13 225	260.64	3 447	13 784	11 546	256.11	2 957
六、HSMY	8 241	8 124	298.16	2 422	3 907	3 849	300.73	1 157
经筛选原煤	8 241	8 124	298.16	2 422	3 907	3 849	300.73	1 157
七、YMAZ	37 776	37 275	413.70	15 420	35 517	35 518	548.86	19 495
半硬焦煤	207	205	683.65	140	184	183	847.81	155
半软焦煤	1 632	1 610	615.19	990	2 780	2 780	823	2 289
喷吹煤	2 334	2 303	613.38	1 413	2 385	2 386	844.98	2 016
动力煤	33 603	33 157	388.38	12 877	30 168	30 169	498.37	15 035
八、YMGJ	5 118	5 253	353.32	1 856	5 647	5 534	376.24	2 083
动力煤	5 118	5 253	353.32	1 856	5 647	5 534	376.24	2 083
九、贸易煤	—	34 843	635.55	22 144	—	20 729	688.39	14 270
十、本集团总计	120 270	147 619	470.45	69 447	109 631	125 589	534.61	67 142

影响煤炭业务销售收入变动因素分析如下表：

项目	煤炭销量变化影响（百万元）	煤炭销售价格变化影响（百万元）
公司	-1 143	-2 495
HZNH	716	-434
SXNH	-6	-67
WLNY	590	-184
EEDSNH	430	60
HSMY	1 286	-21
YMAZ	964	-5 038
YMGJ	-106	-120
贸易煤	9 716	-1 841

【提示】

根据行业指引，上市公司应当披露主要煤种的开采、销售情况，包括报告期内主要煤种的产量、销量、销售收入、销售成本及毛利等。上述案例中，两家上市公司的披露有两个共同特点：一是均结合自家情况进行多维度的分类披露，一家分地区、分自产煤和贸易煤、分原选煤和洗煤三个维度，另一家分经营主体和不同煤种两个维度，并附以数据表格，易于理解。二是从销量和价格两个方面分析收入变动原因，清晰完整。

三、电力行业

（一）适用的指引

上交所《上市公司行业信息披露指引第四号——电力》

深交所《行业信息披露指引第15号——上市公司从事电力相关业务》（电力相关业务主要是指电力生产，包括火力发电、热电联产、水力发电、核力发电、风力发电、太阳能发电、生物质能发电等方面的电力生产活动）

（二）年报披露要求

电力行业上市公司年报一般要求披露行业宏观、客户市场、关键资源、战略规划、关键流程等相关内容，具体如表3-3-11至表3-3-15所示。

表 3-3-11　行业宏观

要点	具体内容
宏观经济政策	上市公司应当披露报告期内对其具有重大影响的涉及电力行业发展的国家宏观经济政策、电力政策、环保政策和法规的变化情况，并说明其对公司当期和未来发展的具体影响，以及公司已经或计划采取的应对措施。（上交所）
	报告期内对电力业务存在重要影响的政策发生较大变化，或者新政策出台对公司装机容量、发电量、电力业务收入或成本有重大影响的，上市公司应当汇总披露。（深交所）
行业发展状况	上市公司应当披露全国及公司主要经营地区（分省、直辖市、自治区，下同）内的电力生产、销售状况及发展趋势。（上交所）
	上市公司应当在年度报告中结合自身的电源种类、经营区域、生产规模等介绍公司主要经营区域（分省、直辖区、自治区，下同）内的电力生产、销售状况及发展趋势。（深交所）

表 3-3-12　客户市场

要点	具体内容
行业地位	上市公司应当披露公司主要经营地区、生产经营规模及当年变动情况，以及公司在全行业或地区市场的市场地位、竞争优势等。（上交所）
发电量、上网电量或售电量、上网电价或售电价	上市公司应当披露发电量、上网电量或售电量情况。公司应当按总量、分地区和电源种类，披露报告期内发电量、上网电量。公司有售电业务的，应当按总量、分地区披露报告期内售电情况。 上市公司应当披露上网电价或售电价。公司应当按总量、分地区和电源种类，披露报告期内上网电价的均价及其与上年度差异。公司有售电业务的，应当按总量、分地区披露报告期内售电电价的均价及其与上年度差异，还应当披露外购电量及其收入和成本情况。（上交所）
	上市公司应当分电源种类、经营区域披露报告期及上年同期发电量、上网电量或售电量、平均上网电价或售电价。公司有售电业务的，还应当披露代理或外购电量的具体情况及占公司总销售电量的比重。如报告期相关数据发生重大变化的，应当披露变化原因。（深交所）
发电效率	上市公司应当披露发电效率情况。公司应当按总量、分地区和电源种类，披露报告期内发电厂用电率、利用小时数及其与上年度差异。（上交所）
	上市公司应当分电源种类、经营区域披露报告期及上年同期的发电厂平均用电率、利用小时数。（深交所）

续表

要点	具体内容
电力市场化交易	上市公司参与电力市场化交易的，应当披露报告期内市场化交易的总电量、市场化交易总电量占总上网电量的比例及同比变动情况。（上交所）
	上市公司参与电力市场化交易的，鼓励公司披露市场化交易总电量、占总上网电量的比例及同比变动情况。（深交所）

表 3-3-13　关键资源

要点	具体内容
装机容量	上市公司应当披露装机容量情况。公司应当按地区和电源种类，披露境内外控股电力公司总装机容量、新投产机组的装机容量、核准和在建项目的计划装机容量。（上交所）
	上市公司应当分电源种类、经营区域披露公司总装机容量、新投产机组的装机容量、核准和在建项目的计划装机容量等。（深交所）
资本性支出	上市公司应当披露资本性支出情况。公司应当披露资本性支出计划总金额、资金来源及使用情况；并按项目披露报告期内资本性支出项目进展，包括项目总预算、项目进度、报告期投入金额、累计实际投入金额以及报告期项目收益情况等。（上交所）

表 3-3-14　战略规划

要点	具体内容
收购、出售	上市公司应当披露报告期内收购、出售和关停子公司或项目情况，及其对公司经营的影响。（上交所）
新能源业务	上市公司涉及新能源发电业务的（如风电、水电、光伏发电、生物质能发电、潮汐能发电等），鼓励披露新能源发电业务的产能投建、扩张以及资产收购进展及未来规划情况；鼓励披露报告期内新能源补贴情况及对公司业绩的影响。（深交所）

表 3-3-15　关键流程

要点	具体内容
主要经营模式	上市公司应当披露主要经营模式，并按电源种类披露营业收入、营业成本构成及同比变化，并说明经营模式运行情况。上市公司经营售电业务的，应当披露售电业务的经营模式、增值服务的具体内容，以及对公司的影响。（上交所）
	上市公司应当披露主要经营模式，如经营模式发生重大变化的，应当披露变化的具体情况和原因，以及对公司经营效率的影响。 上市公司经营售电业务的，应当披露售电业务的经营模式及服务内容。（深交所）

续表

要点	具体内容
财务指标	上市公司应当在年度报告中分电源种类、经营区域披露报告期及上年同期的收入构成、成本构成、毛利率等财务指标，如相关财务指标发生较大变化的，应当说明原因。（深交所）
环保	上市公司应当披露环保情况。公司应当披露报告期内环保政策、法规对公司的影响，公司已采取及拟采取的措施。（上交所）
	上市公司应当根据法律、法规及部门规章的规定在年度报告“企业社会责任”部分披露报告期内环保政策、法规对公司的影响，鼓励披露公司执行环保政策、法规要求的经营性、资本性支出和下一年度预算（如适用）。（深交所）
节能减排	上市公司应当披露供电煤耗等节能减排关键指标的情况（如适用）。公司可以披露脱硫设备投运率、二氧化硫、氮氧化物、烟尘和废水排放情况等与节能减排相关的指标。（上交所、深交所）
风险因素	上市公司应当结合行业特点和自身经营模式，披露可能对公司未来发展战略和经营目标的实现产生不利影响的风险因素，包括电力行业相关的政策风险、环保风险、电价风险、市场风险、技术风险等。 上市公司披露的风险因素应当充分、准确、具体，并进行实质分析，说明对公司当期及未来经营业绩的影响，以及公司已经或计划采取的措施及效果。 报告期内上市公司经营模式或市场环境发生重大变化的，应当对新增风险因素及其产生的原因、对公司的影响、拟采取的应对措施等进行分析。（上交所）

【例】上市公司年报披露节选

经营情况讨论与分析：

……

2020年，公司火电机组平均等效可用率达93.2%，燃煤发电机组平均供电煤耗为298.45克/千瓦时，较上年同期下降0.58克/千瓦时；火电厂用电率4.97%，较上年同期降低0.05个百分点，公司33台火电机组在全国大机组能效对标竞赛中获奖；常规燃煤机组100%实现超低排放，脱硫、脱硝、除尘等环保设施安全稳定运行，各类污染物的排放均满足国家标准和属地要求。

……

环境信息情况：

属于环境保护部门公布的重点排污单位的公司及其重要子公司的环保情况说明

排污信息

公司火电企业属于重点排污单位，各单位严格执行排污许可制，做到持证排污、按证排污，并按照要求通过重点企业自行监测信息发布平台向社会公布主要污染物及特征污染物的名称、排放方式、排放浓度和总量等事项，接受社会监督。截至2020年底，公司常规燃煤机组100%实现超低排放，脱硫、脱硝、除尘等环保设施安全稳定运行，各企业在气、水、声、渣、危废、固废等方面依法合规运营，各类污染物的排放均满足国家标准和属地要求。

省份	单位名称	燃料	二氧化硫排放量	氮氧化物排放量	烟尘排放量	排放方式	达标情况
辽宁	GZFD 有限责任公司	燃煤	0.067	0.140	0.010	与排污许可证一致	达标
	BJGDDL 有限公司大连开发区热电厂	燃煤	0.081	0.115	0.007	与排污许可证一致	达标
	GDDLCYRD 有限公司	燃煤	0.041	0.112	0.008	与排污许可证一致	达标
	GDDLDLZHFD 有限责任公司	燃煤	0.059	0.138	0.012	与排污许可证一致	达标
山西	SHSDDLSXHQFD 有限公司	燃煤	0.026	0.150	0.009	与排污许可证一致	达标
	GDGDDL 有限公司大同第二发电厂	燃煤	0.040	0.144	0.004	与排污许可证一致	达标
	GDDLDTFD 有限责任公司	燃煤	0.052	0.129	0.006	与排污许可证一致	达标
河北	SHFD 有限责任公司	燃煤	0.056	0.072	0.008	与排污许可证一致	达标
	HBHDRD 股份有限公司	燃煤	0.041	0.079	0.002	与排污许可证一致	达标
	电 GDDLHDDJRD 有限责任公司	燃煤	0.057	0.076	0.008	与排污许可证一致	达标
	GDDLFZ 股份有限公司邯郸热电厂	燃煤	0.047	0.085	0.002	与排污许可证一致	达标
内蒙古	NMGGHHLBEFD 有限公司	燃煤	0.021	0.149	0.014	与排污许可证一致	达标
	NMGGHZGEFD 有限责任公司	燃煤	0.063	0.120	0.011	与排污许可证一致	达标
	BJGDDL 有限公司萨拉齐电厂	燃煤	0.255	0.271	0.025	与排污许可证一致	达标
	BJGDDL 有限公司上湾热电厂	燃煤	0.413	0.612	0.055	与排污许可证一致	达标
	GDNMGDSRD 有限公司	燃煤	0.083	0.143	0.015	与排污许可证一致	达标
	GDJSNMGNY 有限公司	燃煤	0.039	0.160	0.008	与排污许可证一致	达标
安徽	SWHFLJFD 有限责任公司	燃煤	0.059	0.063	0.008	与排污许可证一致	达标

【提示】

本例中，公司按照行业指引的要求，在经营情况讨论与分析部分介绍了节能减排关键指标供电煤耗的数据及变动情况，并在排污信息中详细披露了二氧化硫、氮氧化物、烟尘等主要污染物的排放量、排放方式等信息。电力行业上市公司在年报编制前，应当做好相关数据的收集与汇总工作。

四、零售行业

（一）适用的指引

上交所《上市公司行业信息披露指引第五号——零售》

深交所《行业信息披露指引第8号——上市公司从事零售相关业务》（零售业务是指以百货商场、购物中心、大型综合卖场、连锁超市、便利店、线上销售等经营业态形式面向终端消费者销售商品的业务模式）

（二）年报披露要求

零售行业上市公司年报一般要求披露行业宏观、客户市场、关键资源、关键流程等相关内容，具体如表3-3-16至表3-3-19所示。

表3-3-16　行业宏观

要点	具体内容
宏观经济政策	上市公司应当披露报告期内对零售行业产生直接影响的宏观经济形势、国家及地方金融税收政策、居民消费价格指数（CPI）、新兴经营模式等外部因素的变化情况，并说明其对公司当期和未来发展的具体影响，以及公司已经或计划采取的应对措施。（上交所）
行业发展状况	上市公司应当披露反映零售行业发展状况与公司行业地位相关的信息。 公司可以对比全国或地区的社会消费品零售总额等行业指标与相关宏观经济数据，说明行业发展状况；并分析报告期内公司经营情况与行业发展是否一致。（上交所）
	上市公司应当结合宏观经济数据与行业指标（如社会消费品零售总额等）说明行业发展状况、公司经营情况与行业发展是否匹配，如公司情况与行业情况存在较大差异，应当分析原因。（深交所）

表3-3-17　客户市场

要点	具体内容
行业地位	上市公司应当披露所在细分行业或区域的市场竞争状况、公司的市场地位以及竞争优势等情况。（上交所、深交所）

续表

要点	具体内容
客户情况	上市公司应当披露客户特征或类别及销售额、销售占比,依据会员类别披露会员数量及销售额、销售占比等信息。 上市公司可以披露报告期参加或举办的主要促销或营销活动及其财务或业务效果。(上交所)
线上销售情况	上市公司应当披露线上销售情况。上市公司应当披露线上和线下销售额及其占比情况;自建线上销售平台的交易额(GMV)、营业收入、访问量、入驻商家数量;加盟外部线上平台情况及营业收入。 线上销售占公司总销售额10%以下的,可免于披露交易额、营业收入以外的其他信息。(上交所)
	上市公司应当披露报告期内线上销售情况,包括自建销售平台及第三方销售平台的交易额(GMV)、营业收入;自建销售平台的注册用户数量、注册用户人均消费金额、入驻商家数量。 线上销售占公司总销售额5%以下的,公司可以只披露自建销售平台及第三方销售平台的交易额、营业收入。 鼓励上市公司披露线上销售的退回情况。(深交所)
自有品牌销售情况	自有品牌(定制包销、定牌生产、原始设计等)商品销售收入占总销售额5%以上的上市公司,应当披露自有品牌商品的类别、营业收入及占比情况。(深交所)

表 3-3-18 关键资源

要点	具体内容
门店分布及变动情况	上市公司应当按下列要求披露报告期末门店分布及变动情况: (1)门店分布情况。公司应当按经营业态及地区,披露报告期末各类门店的建筑面积、物业权属等信息。上市公司经营百货商场、购物中心业态的,应当按单个门店披露上述信息以及门店名称、地址、开业时间、租赁期限等有关信息;经营大型综合卖场等业态且门店数量较多的,应当披露营业收入前10家门店的上述信息; (2)门店变动情况。公司应当按经营业态及地区,披露报告期门店变动信息,包括新增门店的名称、地址、建筑面积、开业时间或预计开业时间、取得方式、租赁期限;减少门店的名称、地址、减少原因、停业时间、建筑面积;将于下一年度租赁期满的门店及续租安排。 上市公司可以披露下一年度开关店计划,并对拟开设的重要门店进行可行性分析,包括拟开店地区经济发展状况及相关宏观数据、市场竞争格局及公司开店的市场定位和优势等。重要门店包括百货商场及购物中心业态门店,以及公司认为对其发展战略或经营业绩等有重要影响的其他业态门店。(上交所)

续表

要点	具体内容
门店分布及变动情况	上市公司应当披露报告期内实体经营业态即门店的经营情况： (1) 报告期末门店的经营情况，包括按所在地区、经营业态披露所有门店的分布情况，直营店营业收入和来自加盟店收入（加盟费、品牌使用费、批发收入等）情况，并披露公司收入排名在前10名的门店的名称、地址、开业日期、合同面积（建筑面积或使用面积）、经营业态、经营模式（直营、加盟或其他模式）、物业权属状态（自有物业、租赁物业或其他权属状态）等。 (2) 报告期内门店的变动情况，包括按地区、经营业态披露新增和关闭门店的数量、合同面积、对公司业绩的影响；新增门店对公司业绩有重大影响的，应披露新增门店的名称、地址、开业时间、合同面积（建筑面积或使用面积）、经营业态、经营模式（直营、加盟或其他模式）、物业权属状态（自有物业、租赁物业或其他权属状态）；关闭门店对公司业绩有重大影响的，应披露关闭门店的名称、地址、关闭原因、停业时间、合同面积（建筑面积或使用面积）。 鼓励上市公司披露下一年度新增和关闭门店的计划。（深交所）
店效信息	上市公司应当披露反映店效的信息。公司应当区分经营业态和地区，披露各类门店平均销售增长率、单位面积销售额、每平方米建筑面积租金。（上交所）
	上市公司应当按地区和经营业态披露直营门店店面平效（终端零售收入除以经营面积）、平均销售增长率、门店可比营业收入、净利润的变化情况。如加盟门店与公司存在关联交易，则应比照上述要求披露。 鼓励上市公司披露加盟门店的店效信息。（深交所）
仓储物流	上市公司应当披露仓储物流情况。公司应当披露物流体系总体情况或模式、自有物流体系与外包物流承担的比重、物流中心（仓储）的地区分布、本年度仓储物流支出、物流体系建设计划等信息。（上交所）
	上市公司应当披露仓储与物流情况，包括物流体系总体情况或模式、仓储中心的数量及地区分布、仓储与物流支出、自有物流与外包物流运输支出占比情况等。（深交所）
商品采购与存货情况	上市公司自营模式收入占比在10%以上的，应当披露自营模式下商品采购与存货情况。公司应当按主要商品类别，披露货物货源情况、货源中断风险及对策、对滞销及过期商品的处理政策及减值计提政策。 公司可以披露自营模式下主要供应商对公司的信用政策、公司期末存货的有效期分布等信息。（上交所）
	上市公司应当披露商品采购与存货情况，包括按照商品类别披露前五名供应商的供货比例、向关联方采购的金额及占比、存货管理政策、对滞销及过期商品的处理政策等。（深交所）

【例】上市公司年报披露节选

1. 公司营业收入前10家门店信息

序号	名称	地址	物业权属	面积（平方米）	经营业态
1	GZGGSY有限公司红旗店	江西省赣州市章贡区红旗大道68号地下一层至六层	租赁	12 000.00	超市及百货
		江西省赣州市章贡区环城路10号地下一层	租赁	1 600.00	
2	JXGGSYLS股份有限公司阳明店	江西省吉安市吉州区阳明商城一楼	自有	10 443.62	超市
		江西省吉安市吉州区凯震阳明商城C1-27号	租赁	38.65	
		江西省吉安市吉州区阳明商城C幢地下室	租赁	126.41	
3	JXGGSYLS股份有限公司安福购物中心	江西省吉安市安福县武功山大道中段(望京国际内)	自有	46 427.84	超市及百货
4	GZGGSY有限公司南康生活广场	江西省赣州市南康区蓉江街道办事处溶江中路16号	自有	33 824.81	超市及百货
5	GZGGSY有限公司信丰店	江西省赣州市信丰县嘉定镇解放西路	自有	8 943.82	超市及百货
		江西省赣州市信丰县城景江花园23号店铺	租赁	37.16	
6	JXGGSYLS股份有限公司遂川店	江西省吉安市遂川县泉江镇东路小区泉江大桥头边	自有	10 430.61	超市及百货
7	JXGGSYLS股份有限公司泰和分公司	江西省吉安市泰和县城中山路15号	自有	19 069.28	超市及百货
8	GZGGSY有限公司于都店	江西省赣州市于都县贡江镇长征中路5号	自有	8 970.59	超市及百货
		江西省赣州市于都县贡江镇长征中路5号(地王广场)	租赁	90.94	
9	JXGGSYLS股份有限公司新干店	江西省吉安市新干县金川中大道56号	自有	12 376.90	超市及百货
10	GZGGSY有限公司中央星城店	江西省赣州市赣江源大道8号云星世纪广场12号楼	租赁	7 790.72	超市

2. 公司店效信息

地区	业态	销售同比	坪效(万元/m^2)	租金均价(元/月/m^2)
吉安	超市	8.89%	1.26	31.61
	百货	-22.80%	0.47	59.76
	小计	8.26%	1.17	33.44
赣州	超市	2.90%	1.22	23.04
	百货	-35.69%	0.54	37.09
	小计	2.09%	1.13	24.77
其他城市	超市	-37.61%	0.54	16.63
	百货	-53.43%	0.16	—
	小计	-37.90%	0.46	16.63
合计	超市	4.80%	1.21	26.39
	百货	-29.34%	0.47	43.23
	小计	4.10%	1.12	28.01

说明:公司2020年开始执行新的收入准则,在计算销售同比时把2019年数据换算成与2020年口径一致后进行对比;在计算坪效时,未含出租面积和停车场面积、未含租金收入。

3. 公司仓储物流情况

1) 仓储物流总体概况

公司现有吉安物流仓储配送中心和赣州物流仓储配送中心,仓储物业面积3.88万平米,2020年配送额达到13.05亿元,同比上升4.2%。公司物流采取统一收货、集中分拨、统一配送、统一存储的方式,利用先进的信息化平台,实现专业化、标准化、精细化的收货存储和配送作业,及时、高效配送商品服务门店,覆盖江西省吉安、赣州、宜春、新余等地区。公司物流运输体系采取自有物流与社会第三方物流结合的方式运行,自有配送车辆11辆,外租车辆60辆,第三方物流运输占比70%,2020年配送车次达3.5万次。

2) 2020年物流体系建设

为改善和提升物流服务水平及商品经营品质,对吉安物流仓储配送中心进行了升级改造,新建改建冻库、保鲜库、恒温库,新增带称叉车、外挂货梯等设备。完善作业流程36项,推行标准件收货,提升作业标准化,管理精细化,高效、准确完成配送作业任务。

在赣州新建智能化的物流仓储配送中心——JXGGYCKJ 有限公司，该项目是智能化物流存储配送和生鲜食品加工项目，利用科技手段，将信息流、资金流、物流高效组合，项目建成后将大幅提升公司的仓储物流能力，提升智能化物流处理水平，目前该项目正在建设之中。

4. 自营模式下公司商品采购与存货情况

1）2020 年自营商品采购及存货情况

单位：万元　币种：人民币

商品类别	2020 年采购额（含税进价）	2020 年库存金额（含税进价）
生鲜	74 159.30	3 054.61
食品	75 509.21	13 469.09
非食	24 676.38	6 841.15
针纺	3 478.08	1 500.03
百货	1 840.01	1 808.03
合计	179 662.97	26 672.91

2）货源中断风险及对策

（1）公司与供货合作商均签订了采购合同，合同对相关风险、责任、处罚进行约定，包括按订单送货、送货时间、保质期限要求、违约责任及相关处罚、债权债务免责等规定。

（2）门店日常销售库存使用自动补货系统补货，公司商品管理部和门店营运部根据销售情况随时关注库存指标，及时补货和消化滞销商品。

（3）重大节假日和大型促销活动前期，召开营采会议，提前做好商品采购计划，预估销量合理备货，避免缺货，并提前与物流中心沟通做好储存规划。

（4）公司商品管理部根据不同门店类型核定各店 SKU 数量，合理制定商品价格带，利用价格带商品最大限度防范断货风险，满足顾客需求。

（5）门店加强对缺货商品管理，加大现场商品陈列丰满度检查，严格控制缺货率。

3）滞销及过期商品的处理政策及减值计提政策

公司制定了《存货管理制度》《仓库与存货内部控制》《商品损耗控制处罚规定》《存货跌价准备计提规定》等制度以规范存货管理；公司成立商品管理部，对商品的 SKU 数量、订货、退换货、库存情况进行管控，并监督指导各店做好库存日常管理；营运部及时跟进不动销商品情况，合理控制库存，预防和降低库存损失风险，提升商品周转速度，减少资金占用，对滞销及临期商品及时通过换货、退货、加大促销力度等方式进行处理，减少商品滞销损失；公司根据商品品类的不同，将进货后90天以上尚未销售的超市商品、180天以上尚未销售的百货商品认定为滞销商品，公司对滞销商品采用库龄分析法计提存货跌价准备。

【提示】

本例中，该上市公司根据行业指引，一是通过表格数据直观展示了门店情况与店效信息；二是从总体概况与体系建设两个角度论述了仓储物流情况；三是从商品类别角度分类披露了商品采购与存货情况，详细说明了货源中断风险及对策、对滞销及过期商品的处理政策和减值计提政策。

表 3-3-19　关键流程

要点	具体内容
经营信息	上市公司应当披露与行业特点相关的财务数据。上市公司应当按经营业态、地区、经营模式、商品主要类别、销售渠道披露营业收入、营业成本和毛利率（额）（如适用）及其与上年同期的变化。 前述细化后，经营业态、地区、经营模式、商品类别、销售渠道中任一项的营业收入占总营业收入10%以下的，可免于披露与之相对应的上述信息。 上市公司应当披露行业相关的费用信息。上市公司应当披露与行业特点相关的费用项目，并分析其变动情况，包括租金、广告宣传及促销费、门店装饰装修费、物流费用（区分自有物流与外包物流）等。（上交所）
主要经营模式	上市公司应当披露主要经营模式，以及各经营模式下经营场所的建筑面积、销售额或租（佣）金收入等信息。（上交所）
会计政策	上市公司应当披露行业具体的收入确认政策。公司应当在企业会计准则原则性规定的基础上，依据公司自身经营模式和结算方式，明确不同经营模式下公司采用的收入确认方法（总额法/净额法）及对应的成本构成，并披露具体的判断依据。（上交所）
	上市公司根据《公开发行证券的公司信息披露编报规则第15号——财务报告的一般规定》披露财务报告附注时，应当同时按照以下要求履行信息披露义务： （1）结合上市公司的经营特点，披露不同销售模式下的收入结算方式、确认时点和确认方法，以及存货计量和跌价准备等会计政策。 （2）结合上市公司的经营特点，披露会员消费积分、积分兑换、销售退回、销售返利及销售奖励的会计核算方法和账务处理方式。（深交所）
套期保值工具	黄金珠宝零售类上市公司，应当在财务报表附注中披露应用套期保值工具管理存货的情况、套期保值损益及其对当期损益的影响。（上交所）

【例】上市公司年报问询函回复披露节选

问：请按照《上市公司行业信息披露指引第五号——零售》(2020 年修订）的规定，补充披露公司各经营模式下的销售额及同比变动、店效信息、自营模式下商品采购与存货情况、行业具体的收入确认政策等信息。

答：……

4）行业具体的收入确认政策

公司以商业零售业务为主，属于在某一时点履行的履约义务，在客户取得相关商品或服务控制权时点确认收入。

(1）采取直接收款方式销售货物。若本公司在向顾客转让商品之前控制商品，则本公司为主要责任人，按照已收或应收顾客对价总额确认收入。若本公司的履约义务为安排另一方提供商品，则本公司为代理人，按照预期有权收取的佣金或手续费的金额确认收入。本公司在客户取得相关商品或服务的控制权时，按预期有权收取的对价金额确认收入；本公司在向客户转让商品时，需要向客户支付对价的，将支付的对价冲减销售收入，但应付客户对价是为了自客户取得其他可明确区分商品的除外。

本公司给予客户的信用期根据客户的信用风险特征确定，与行业惯例一致，不存在重大融资成分。

(2）会员奖励积分。本公司在销售产品或提供服务的同时会授予客户奖励积分，客户可以将奖励积分抵现消费、兑换为公司或第三方提供的免费或折扣的商品或服务。该奖励积分计划向客户提供了一项重大权利，本公司将其作为单项履约义务，将销售对价按照单独售价在已售出商品和授予的积分之间进行分配，分配于奖励积分的销售对价作为合同负债，并在客户取得积分兑换商品或服务控制权时或积分失效时确认收入。

本公司综合考虑客户兑换或不兑换会员奖励积分所能获得免费商品的可观察单独售价或折扣的差异以及客户行使该兑换权的可能性等全部相关信息后，对会员奖励积分单独售价予以合理估计。估计客户行使该兑换权的可能性时，本公司根据积分兑换的历史数据和当前积分兑换情况综合分析确定。

(3）资产出租收入按与承租方签定的合同或协议规定的承租期间和金额，确认资产出租收入的实现。

(4）同类业务因采用不同经营模式导致收入确认会计政策存在差异的情

况。本公司百货、超市和电器业态中的商品销售均分为自营和联营两种模式，两种模式下收入确认会计政策不一致。自营模式下本公司作为主要责任人，采用总额法确认收入，即按照已收或应收顾客对价总额确认收入，将商品采购成本作为自营成本；联营模式下，本公司作为代理人，采用净额法确认收入，即按照已收或应收顾客对价总额扣除向联营方支付对价后的金额确认收入，将与取得代理收入直接相关的租赁费、房屋及设备折旧费、土地使用权摊销及物业管理费作为联营成本。

【提示】

2020 年 1 月 1 日起实施的新收入准则对部分零售行业的上市公司影响较大。本例中，该上市公司未在年报中按行业指引要求详细披露具体的收入确认政策、不同经营模式下采用的收入确认方法，因而被要求补充。

五、汽车制造行业

（一）适用的指引

上交所《上市公司行业信息披露指引第六号——汽车制造》

深交所《行业信息披露指引第 16 号——上市公司从事汽车制造相关业务》（汽车制造相关业务是指汽车整车制造和汽车零部件制造业务）

（二）年报披露要求

汽车制造行业上市公司年报一般要求披露行业宏观、客户市场、关键资源、战略规划、关键流程等相关内容，具体如表 3-3-20 至表 3-3-24 所示。

表 3-3-20　行业宏观

要点	具体内容
宏观经济政策	上市公司应当结合当前宏观经济形势、汽车产业周期、新兴业态以及汽车进出口、税收、消费等行业政策因素，分析说明公司的整体发展状况、前景、风险以及应对措施。（上交所）
	报告期内对所处细分行业或公司生产经营有重大影响的行业管理体制、产业政策及主要法规（如市场准入、燃油标准、排放要求、新能源、进出口与消费等方面）发生较大变化的，上市公司应当披露变化的具体情况及对公司的影响。（深交所）

续表

要点	具体内容
行业发展状况	上市公司应当披露行业整体运行情况，包括公司各车型类别或主要零部件类别所处细分行业的总体销量、同比增幅等； 行业发展变化情况，包括公司生产或主要零部件配套的各车型类别所处细分行业的市场准入、燃油标准、排放要求、新能源、进出口与消费等相关政策及实施变化情况，并提示相关风险。（上交所）
	上市公司应当结合宏观经济形势、汽车产业周期及行业指标（如行业总体产销量、同比增幅等），说明所处细分行业发展状况、公司经营情况与行业发展是否匹配，如公司情况与行业情况存在较大差异，应当分析原因。（深交所）

【例】上市公司年报披露节选

行业情况：

（1）汽车产销降幅同比略有下降，市场表现好于预期。

2020年，突如其来的新冠肺炎疫情为汽车行业带来巨大冲击。全行业不畏艰难，坚决落实党中央、国务院的决策部署，加快转变营销方式，积极促进汽车消费，全年汽车产销分别完成2 522.5万辆和2 531.1万辆，同比分别下降2%和1.9%。

（2）乘用车降幅大于行业水平，SUV产销规模首次超过轿车。

2020年，全国乘用车产销分别完成1 999.4万辆和2 017.8万辆，同比分别下降6.5%和6%，降幅比上年分别收窄2.7和3.6个百分点。其中轿车产销同比分别下降10%和9.9%；SUV产销同比分别增长0.1%和0.7%，SUV产销分别达到939.8万辆和946.1万辆，年度产销规模首次超过轿车。

（3）新能源汽车产销同比正增长。

2020年，新能源汽车产销分别达到136.6万辆和136.7万辆，同比增长7.5%和10.9%。占汽车产销总量均为5.4%，其中纯电动汽车产销分别完成110.5万辆和111.5万辆，同比增长5.4%和11.6%。插电式混合动力汽车产销分别完成26万辆和25.1万辆，同比增长18.5%和8.4%。

（4）汽车出口稳中略降。

2020年，汽车企业共出口99.5万辆，同比下降2.9%。其中乘用车出口共76万辆，同比增长4.8%，商用车出口23.5万辆，同比下降21.4%，新能源汽车出口接近7万辆，同比增长89.4%，占汽车出口总量的7.0%。

注：上述行业数据来源于中国汽车工业协会。

【提示】

本例中，公司除了说明报告期内汽车行业整体产销情况，还结合自身业务，披露了乘用车、新能源汽车的产销情况以及汽车出口情况。在内容上，该公司通过小标题总结行业趋势要点，并引用行业协会发布的官方数据作为支撑，简洁清晰。

表 3-3-21　客户市场

要点	具体内容
行业地位	上市公司应当披露行业竞争格局，包括公司各车型类别或主要零部件类别所处细分行业的主要竞争对手、各车型类别或主要零部件类别的市场占有率及相关变动情况等。（上交所）
	上市公司应当结合公司主要产品类别、经营区域、竞争对手等情况说明所处细分行业的市场竞争格局和公司的行业地位。 鼓励上市公司从行业标准制定、研发能力、产品设计、产品性能、成本控制、专有设备或技术、营销和服务能力、品牌优势等方面分析公司的核心竞争优势。（深交所）
整车经营业务的信息	上市公司整车制造业务收入占公司主营业务收入10%以上的，应当单独披露下列反映报告期内整车经营业务的信息： （1）整车产销量，包括按车型类别、境内和境外地区或其他方式分类统计的整车产品产销数据，以及导致相关数据同比变化幅度超过30%的行业及自身经营因素。 （2）整车销售收入、成本及毛利，包括按车型类别统计的主要整车产品收入、成本、毛利率及其上年度可比数据。 （3）零部件配套体系，包括主要车型类别的零部件外购和自制比例，以及零部件配套体系建设情况；发动机、变速器、底盘，以及动力电池、电机、电控系统等核心零部件的外购比例超过50%的，应当汇总或分别披露该零部件前5名供应商的采购额及占该零部件采购总额的比例。 （4）整车销售方式，采用代理销售模式的，应当披露报告期末授权销售门店数量，以及报告期内新增门店数量和退网门店数量；采用直接销售模式的，应当披露报告期内通过互联网销售车辆的总体情况，报告期末直营门店数量，以及报告期内新增和关闭门店数量；采用订单销售模式的，应当披露报告期末已经签订但尚未履行完毕的主要订单情况，包括订单金额、尚未确认收入金额、仍需交付的车型类别和数量。上市公司应当披露报告期内，通过分期、租赁、新能源汽车车电分离销售等其他销售模式销售整车的数量、金额和占比。 （5）整车企业双积分政策达标情况，以及购买或销售新能源汽车积分等方面情况。（上交所）

续表

要点	具体内容
整车经营业务的信息	上市公司汽车整车制造业务收入占公司最近一个会计年度经审计营业收入30%以上的,应当单独披露下列反映报告期内整车生产经营情况的信息: (1)按车型类别、境内和境外地区或其他方式分类统计的整车产品产销数据及同比变化情况,同比变化30%以上的,需分析说明变化原因。 (2)零部件配套体系建设情况,主要车型类别的核心零部件自主生产、对外采购的情况。 (3)采用经销商销售模式的,应当披露报告期末合作经销商的数量;采用订单销售模式的,应当披露已签订的重大订单截至报告期末的履行情况,包括订单基本情况、生效时间、订单总金额、订单履行的进度、本期及累计确认的销售收入金额、应收账款回款情况等。履行进展与合同约定出现重大差异,影响合同金额30%以上的,还应当说明并披露原因。(深交所)
零部件经营业务的信息	上市公司汽车零部件制造业务对外销售收入占公司主营业务收入10%以上的,应当单独披露下列反映报告期内零部件经营业务的信息: (1)零部件产销量,包括按零部件类别、整车配套和售后服务不同市场、境内和境外地区或其他方式分类统计的零部件产销数据,以及导致相关数据同比变化幅度超过30%的行业及自身经营因素。 (2)零部件销售收入、成本及毛利,包括按零部件类别分类统计的主要零部件产品收入、成本、毛利、毛利率及其上年度可比数据,以及零部件产品重要原材料价格变化对产品成本的影响。 (3)零部件销售方式,包括销售模式、销售渠道及其变化情况。(上交所)
	上市公司汽车零部件制造业务收入占公司最近一个会计年度经审计营业收入30%以上的,应当单独披露下列反映报告期内零部件生产经营情况的信息: (1)按零部件类别、整车配套和售后服务市场、境内和境外地区或其他方式分类统计的零部件产品产销数据及同比变化情况,同比变化30%以上的,需分析说明变化原因。 (2)零部件销售方式,包括销售模式、销售渠道及其变化情况。(深交所)
新能源汽车整车及零部件经营情况	上市公司开展新能源汽车相关业务的,应当单独披露报告期内新能源汽车整车及零部件经营情况,包括战略规划、技术路线、产品类别、车型结构、产能、产销量数据、销售收入、竞争优势,以及动力电池、电机、电控系统等核心零部件的研发、生产、对外采购情况等信息。 上市公司应当量化分析政府补贴对公司新能源汽车相关业务的影响,并提示政策风险。(上交所)
	上市公司开展新能源汽车(包括纯电动汽车、插电式混合动力汽车、燃料电池汽车等)相关业务的,应当单独披露报告期内新能源汽车整车及零部件的生产经营情况,包括产品类别、产能状况、产销数据、销售收入等方面。 上市公司应当披露新能源汽车补贴收入情况。报告期内新能源汽车补贴政策发生变化的,应当披露具体情况、对公司的影响并提示相关政策风险。(深交所)

续表

要点	具体内容
按揭销售、融资租赁情况	上市公司采用按揭销售、融资租赁等模式的销售金额占营业收入比重达到10%以上的，应当披露其业务模式、各类销售模式报告期内的销售金额及占营业收入的比例、期初应收或存在风险敞口的余额、前期款项回收的进展情况（如报告期收取租金或收到对方还款的总金额、款项逾期金额及占比）、期末应收或存在风险敞口的余额。 相关销售模式中由公司承担回购、追偿、垫付保证金（或月供、租金）义务或合同存在其他风险条款的，应当披露风险条款的设置情况，并结合条款内容说明公司销售收入的确认政策、计量标准及其合理性，说明可能发生风险损失的情形、会计处理等。 报告期内触发上述风险条款相关义务且对当期扣除非经常性损益后净利润的影响达到10%以上的，公司应当披露风险触发的具体情况，包括但不限于触发情形和原因，涉及回购、追偿或垫付的金额，相关会计处理，对当期主要财务指标的影响等，同时对未来报告期的风险情况进行充分评估和预判，披露公司的风险应对措施并作出相应风险提示。（深交所）
经销商担保情况	经销商向金融机构申请贷款并作为货款直接支付给上市公司，同时由上市公司对经销商的上述贷款提供担保且实质风险敞口为已收讫货款的，公司应当披露前述担保尚存在担保责任的期末余额、与该担保责任对应的销售收入金额、占营业收入的比例以及相关销售收入的确认政策、计量标准及其合理性。 报告期内触发上市公司履行相应担保义务且对当期扣除非经常性损益后净利润的影响达到10%以上的，应当披露触发相关义务的具体情形和原因、涉及金额、相关会计处理、对当期主要财务指标的影响、公司采取的风险应对措施等。（深交所）
海外业务的总体经营情况	上市公司开展海外业务的，应当披露海外业务的总体经营情况，包括经营规模、业务类型等，并分析汇率波动、所在国政策变化、市场环境变化、中国汽车出口退税政策调整等引起的经营风险。（上交所）
汽车金融业务情况	上市公司开展汽车金融业务的，应当披露下列反映报告期内汽车金融业务的信息： （1）汽车金融业务基本情况，包括报告期内相关子公司经营汽车金融业务的业务模式、注册资本、总资产、净资产、营业收入、营业利润、净利润等。 （2）汽车金融业务主要经营指标，包括报告期内发放贷款金额和笔数、贷款余额、信用减值损失情况、按五级分类划分的贷款分布情况等。 （3）汽车金融业务主要监管指标，资本充足率、一级资本充足率、核心一级资本充足率、不良贷款率、拨备覆盖率、贷款拨备率、流动性比例等。（上交所）
	上市公司开展汽车金融业务的，应当披露报告期内相关子公司经营汽车金融业务的业务模式及其注册资本、总资产、净资产、营业收入、营业利润、净利润等。（深交所）
其他业务经营情况	上市公司可以单独披露汽车租赁、汽车代理销售、汽车售后服务、汽车电子商务和汽车增值服务等其他汽车行业相关业务的经营情况。（上交所）

【例】上市公司年报披露节选

产品产销量分析：

车型类别	项目	销量(辆)			产量(辆)		
		本年累计	去年累计	累计同比增减	本年累计	去年累计	累计同比增减
皮卡	内销	209 859	147 408	42.37%	—	—	—
	出口	18 811	17 453	7.78%	—	—	—
	小计	228 670	164 861	38.70%	230 106	170 675	34.82%
SUV	内销	780 572	808 471	-3.45%	—	—	—
	出口	48 437	43 785	10.62%	—	—	—
	小计	829 009	852 256	-2.73%	836 957	870 655	-3.87%
轿车(主要为新能源车)	内销	56 523	37 365	51.27%	—	—	—
	出口	1 670	4 166	-59.91%	—	—	—
	小计	58 193	41 531	40.12%	56 980	45 439	25.40%
合计	内销	1 046 954	993 244	5.41%	—	—	—
	出口	68 918	65 404	5.37%	—	—	—
	小计	1 115 872	1 058 648	5.41%	1 124 043	1 086 769	3.43%

2020 年，本集团累计实现销量 111.59 万辆，同比增长 5.41%，在严峻的市场环境下，仍连续第五年突破百万辆的销量规模，其中，海外销量 6.89 万辆，同比增长 5.37%；全年营业总收入达人民币 1 033.08 亿元，创历史新高，同比增长 7.38%；净利润 53.62 亿元，同比增长 18.36%。

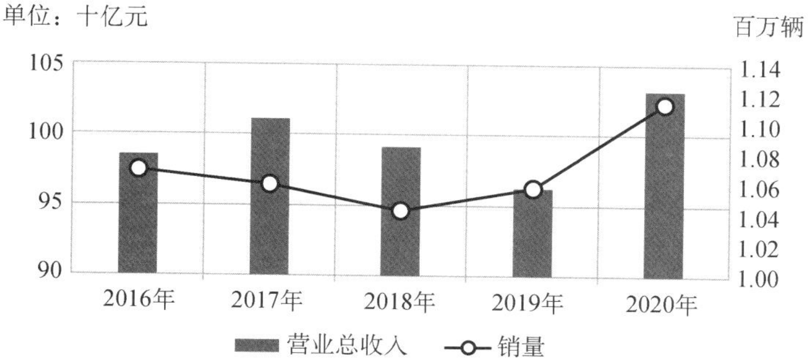

本集团近五年总销量及营业总收入表现

【提示】

本例中，公司按照车型类别，区分内销和出口，以图表形式详细披露了整车产销情况，直观明了。根据行业指引，披露整车产销量同时要披露“导致相关数据同比变化幅度超过30%的行业及自身经营因素”，但本例中该公司未在年报中就同比变化幅度超过30%的车型产销量进行具体说明，若进一步补充会更贴合行业指引的要求。

表3-3-22　关键资源

要点	具体内容
研发能力	上市公司应当披露研发能力，包括研发投入、核心研发人员情况、国内外专利、非专利技术、新能源汽车的研发、电子电气与软件的研发、自主研发能力、与领先研发机构或厂商开展合作情况等，以及在新技术、新兴业态等方面的研发情况。（上交所）
产能状况	上市公司应当披露产能状况，包括以列表方式披露公司主要工厂的设计产能、产能利用率、在建产能及其投资建设情况，并披露本公司的产能计算方法。 上市公司应当结合市场供求情况和计划释放产能，披露下一年度的产能调整方案。（上交所）
	上市公司应当披露产能状况，已披露的产能扩张、资产收购等重大投资计划在报告期发生较大变化的，应当披露变化的具体情况和原因。鼓励以列表方式披露公司主要工厂的设计产能、产能利用率、在建产能及其投资建设情况等。（深交所）
合资公司和参股公司主要经营情况	上市公司应当单独披露报告期内重要合资公司和参股公司的主要经营情况，包括但不限于总资产、净资产、营业收入、营业利润、净利润，以及报告期内整车或主要零部件销量等。（上交所）

表3-3-23　战略规划

要点	具体内容
发展战略	上市公司应当披露公司发展战略，包括竞争战略及业务调整计划、新业务新产品新业态发展规划、新项目投资计划等。 上市公司已公布重大产品上市计划或取得客户定点通知的，应当披露产品上市计划的进展情况，并提示可能导致重大产品推迟上市的风险因素。（上交所）
新兴业态	上市公司披露新兴业态情况的，应当从新兴业态的战略规划、商业模式、盈利模式、运营情况、主要竞争对手等方面，披露公司新兴业态的具体情况，包括新兴业态对公司当期盈利能力、未来经营模式等方面的影响，并提示相关风险。（上交所）

表 3-3-24 关键流程

要点	具体内容
经营模式	上市公司应当披露主要经营模式，如整车制造、零部件制造、新能源汽车等业务板块分布，产品规划、产能制造、营销售后等经营环节，以及自主、合资、合作等经营战略。 上市公司可以从生产组织、成本控制、设备先进水平、产品更新换代速度等方面，分析并披露公司产品设计与生产能力优势。（上交所）
	上市公司应当披露报告期内主要经营模式（如采购模式、生产模式、销售模式等）的变化情况（如有）及其原因，以及上述变化对公司经营效率的影响。（深交所）
产品召回	上市公司应当披露报告期内可能对公司产生重大影响的产品召回，或因产品设计与质量问题被客户大额索赔等情况，及相关收入、成本、预计负债等具体会计处理。公司已在临时报告中充分披露召回原因、召回数量、召回成本等信息的，可以采用公告索引的方式进行披露。（上交所）

六、医药制造行业

（一）适用的指引

上交所《上市公司行业信息披露指引第七号——医药制造》（医药制造细分行业主要指化学原料药、化学制剂、中药、生物制药等子行业）

深交所《创业板行业信息披露指引第 2 号——上市公司从事药品、生物制品业务》（上市公司及其控股子公司业务涉及《化学药品注册分类改革工作方案》规定的注册分类为 1、2、3、5 类的化学药品，从事《药品注册管理办法》规定的注册分类为 1~7 类的中药和天然药物，注册分类为 1~14 类的治疗性生物制品，注册分类为 1~11 类的预防用生物制品，应当按照本指引规定履行信息披露义务）

（二）年报披露要求

医药制造行业上市公司年报一般要求披露行业宏观、客户市场、关键资源、关键流程等相关内容，具体如表 3-3-25 至表 3-3-28 所示。

表 3-3-25 行业宏观

要点	具体内容
宏观经济政策	上市公司应当披露报告期内下列对公司具有直接或重要影响的医药行业相关政策法规的变化情况，并说明其对公司当期和未来发展的具体影响，以及公司已经或计划采取的应对措施： （1）医药监管、医药改革及医疗机构改革政策法规。 （2）药品研发、注册、生产政策法规。 （3）药品招标采购、药品互联网销售政策法规。 （4）环保、药品质量安全和产品责任政策法规。 （5）医保费用控制与支付政策法规。 （6）药品进出口政策法规。 （7）与公司主营业务有关的境外主要国家和地区医药监管、进出口政策法规。 （8）其他可能对公司产生直接或重要影响的行业政策法规。（上交所）
行业发展状况	上市公司应当披露所处医药制造细分行业的基本发展状况。（上交所）

【例】上市公司年报披露节选

1. “互联网+”医疗相关政策

2020 年 10 月，国家医保局发布了《国家医疗保障局关于积极推进“互联网+”医疗服务医保支付工作的指导意见》；2020 年 12 月，国家卫生健康委、国家医疗保障局、国家中医药管理局联合发布了《关于深入推进“互联网+医疗健康”“五个一”服务行动的通知》。一系列政策的出台表明自 2018 年国务院办公厅印发《关于促进“互联网+医疗健康”发展的意见》（国办发〔2018〕26 号）以来，各部门在推动“互联网+医疗健康”的发展方面取得了一定的成效，特别是在抗击新冠肺炎疫情期间发挥了积极的作用。未来，公立医院入局互联网医疗、互联网医保支付通道的打通、处方药网络销售管控的开放等，都将成为医药界里程碑的事件。

影响及应对：报告期内，公司在国家及行业“互联网+”相关政策指导下，结合企业实际情况，积极开展在品牌建设、产品开发及数字营销等领域的“互联网+”创新及线上线下的融合发展。一方面，运用互联网技术，建立心血管、泌尿等公司优势治疗领域的数字化管理服务平台，进一步提升对相关慢病患者的健康服务水平；另一方面，通过互联网销售渠道，建立药品新零售体系，满足患者方便快捷的用药需求。同时，公司不断加强政策学习及过程管控，确保在国家法律及政策允可的范围内，开展相应的健康服务与产品营销活动。

2. 医保支付方式改革政策

2020 年 3 月发布《中共中央国务院关于深化医疗保障制度改革的意见》，要求大力推进大数据应用，推广按疾病诊断相关分组付费；2020 年 6 月，国家医保局办公室发布了《关于印发医疗保障疾病诊断相关分组（CHS-DRG）细分组方案（1.0 版）的通知》；2020 年 10 月，国家医保局办公室又发布了《关于印发区域点数法总额预算和按病种分值付费试点工作方案的通知》，相较于按疾病诊断相关分组（DRG）付费，按病种（DIP）分值付费起点较低、技术开发难度小、通俗易懂，可以为 DRGs 的全面实行打好扎实的基础。

影响及应对：DRGs 及 DIP 实施后，医疗机构对药品的使用更多是从成本收益考虑，因此公司将积极转变企业的销售模式，关注医院成本领域的数据，调整企业自身的策略；从以往单个产品销售，向同一治疗领域内一组产品销售的方向进行转变。

【提示】

政策变化对于医疗行业影响较大，新药研发、药品采购、渠道销售等都与行业政策密切相关。近年来，我国接连推出多项医改政策，本例中的上市公司通过对“互联网+医疗”、医保支付方式变革等相关政策的逐项梳理，分析其影响并提出应对举措，披露了公司可能面临的经营风险。

表 3-3-26 客户市场

要点	具体内容
市场地位	上市公司应当结合自身的产品类别、经营特点以及所处细分市场的竞争格局，分析说明公司所处市场地位及竞争优劣势等信息。（上交所）
经营信息	上市公司应当按照药（产）品的主要治疗领域，分别披露报告期营业收入、营业成本、毛利率及同比增减情况，并进行同行业对比。相关数据同比变化达 30%以上的，应当说明发生变化的原因。 上市公司可以按照主要药（产）品分类或公司认为更有利于满足投资者行业信息需求的其他分类标准，进一步多维度地披露前款规定的经营信息。（上交所）
主要药（产）品基本情况	上市公司应当分别按照医药制造细分行业、主要治疗领域和公司认为更有利于满足投资者行业信息需求的其他分类标准，披露下列与公司主要药（产）品有关的信息： （1）药（产）品基本信息。 （2）发明专利起止期限（如适用）。 （3）是否属于报告期内推出的新药（产）品。 （4）是否纳入《国家基本药物目录》以及国家级、省级《基本医疗保险、工伤保险和生育保险药品目录》，以及新进入及退出情况。 （5）本所或公司认为其他需要披露的药（产）品信息。（上交所）

续表

要点	具体内容
主要药(产)品基本情况	上市公司应当详细披露报告期内药品和生物制品项目的研发、生产及销售情况，至少包括下列内容： (1) 已进入注册程序的、涉及指引规定范围的药品和生物制品的名称或代码、注册分类、适应症或者功能主治、注册所处的阶段、进展情况。 (2) 报告期内新进入或者退出国家级《国家基本医疗保险、工伤保险和生育保险药品目录》的药品名称、适应症或者功能主治、核心发明专利起止期限、所属注册分类、是否属于中药保护品种等。 (3) 本报告期及去年同期销售额占公司同期主营业务收入10%以上的主要药品名称、适应症或者功能主治、发明专利起止期限、所属注册分类、是否属于中药保护品种等。 (4) 本报告期及去年同期的生物制品批签发数量及其变动比例。(深交所)
药(产)品中标情况	上市公司应当披露报告期内公司主要药品在国家级、省级药品集中招标采购中的中标情况，包括药品名称、中标价格区间、医疗机构的合计实际采购量及对公司的影响等。(上交所)

表 3-3-27　关键资源

要点	具体内容
研发情况	上市公司应当披露下列与公司药(产)品研发有关的信息： (1) 研发总体情况、主要研发领域方向及发展计划。 (2) 主要研发项目基本情况，包括药(产)品基本信息、研发(注册)所处阶段等。 (3) 呈交国家药品监管部门审批、通过审批的药(产)品基本信息、审批类型及其对公司的影响。 (4) 主要研发项目的取消情况、原因及对公司的影响。 (5) 未能获得国家药品监管部门审批的药(产)品情况、原因及对公司的影响。 (6) 主要药品开展一致性评价的情况。 (7) 本所或公司认为其他需要披露的研发信息。(上交所)

【例】上市公司年报披露节选

按治疗领域或主要药(产)品等分类划分的经营数据情况：

单位：亿元　币种：人民币

治疗领域	营业收入	营业成本	毛利率	营业收入比上年增减	营业成本比上年增减	毛利率比上年增减	同行业同领域产品毛利率情况
代谢及消化系统核心产品	35.72	5.22	85.39%	-6.39%	-12.56%	1.03%	59.53%

续表

治疗领域	营业收入	营业成本	毛利率	营业收入比上年增减	营业成本比上年增减	毛利率比上年增减	同行业同领域产品毛利率情况
抗肿瘤及免疫调节核心产品	14.78	3.08	79.16%	138.39%	59.59%	10.29%	93.96%
抗感染核心产品	39.16	14.26	63.59%	-12.37%	11.49%	-7.79%	46.05%
中枢神经系统核心产品	13.82	1.39	89.94%	-36.87%	25.23%	-4.99%	77.03%
心血管系统核心产品	24.87	10.74	56.82%	8.32%	29.87%	-7.16%	72.73%
原料药和中间体核心产品	10.36	7.38	28.76%	-8.8%	-11.19%	1.91%	32.19%

情况说明：

(1) 代谢及消化系统疾病治疗领域同行业同领域产品毛利率数据来源于上海医药2020年年度报告的产品毛利率。

(2) 抗肿瘤治疗领域同行业同领域产品毛利率数据来源于恒瑞医药2019年年度报告中“抗肿瘤”分产品毛利率。

(3) 抗感染疾病治疗领域同行业同领域产品毛利率数据来源于上海医药2020年年度报告中“抗感染”分产品毛利率。

(4) 中枢神经系统疾病治疗领域同行业同领域产品毛利率数据来源于恩华药业2020年年度报告中“神经类”分产品毛利率。

(5) 心血管系统疾病治疗领域同行业同领域产品毛利率数据来源于上海医药2020年年度报告中“心脑血管”分产品毛利率。

(6) 原料药和中间体同行业同领域产品毛利率数据来源于丽珠集团2020年年度报告中“原料”分产品毛利率。

【提示】

本例中，该上市公司根据主要治疗领域将其产品细分为六大类，对报告期内六大类产品的经营状况以表格的形式进行了披露，并进行了同行业对比。此段披露有三个特点：一是分类尽可能明确完整，没有使用“其他”来进行笼统概括；二是进行同行业对比时，通过备注披露参照对象及比照内容；三是公司的产品分类及同行业参照对象与之前年度基本保持一致，保持了口径的一致性和可比性。

【例】上市公司年报披露节选

1. 研发总体情况

创新是 HR 多年来始终坚持的重大战略，也是推动公司发展的动力源泉。公司目前以抗肿瘤药、手术麻醉用药、造影剂、特殊输液、重大疾病以及尚未有有效治疗药物的领域为重点科研方向，形成了丰富的产品研发管线。公司打造了一支拥有 4 700 多人的研发团队，并在美国、日本、欧洲和中国建有研发中心，构建全球创新体系。坚持每年投入销售额 17%以上的研发资金，HR 的创新模式从创新初期"me-too""me-better"逐步走向源头创新，产生了具有自主知识产权的抗体毒素融合物（ADC）技术平台，掌握了肿瘤免疫抗体系列产品开发专有技术，在代表着全球医药产业发展方向的生物技术领域，公司搭建了一系列研发平台，并率先在国内申请国际领先的抗体毒素偶联物 ADC 药物（生物导弹）。截至目前，公司创新药艾瑞昔布、甲磺酸阿帕替尼、硫培非格司亭、马来酸吡咯替尼、卡瑞利珠单抗、甲苯磺酸瑞马唑仑和氟唑帕利上市。目前获准开展全球多中心或地区性临床研究的项目近 20 个，其中卡瑞利珠单抗联用阿帕替尼、氟唑帕利等产品已在国际多中心开展Ⅲ期临床试验。

报告期内公司累计研发投入 49.89 亿元，比上年同期增长 28.04%，有力地支持了公司的项目研发和创新发展。

2. 主要研发项目基本情况

研发项目（含一致性评价项目）	药（产）品名称	注册分类	适应症或功能主治	是否处方药	研发（注册）所处阶段
SHR0302	SHR0302 片	化学药品 1 类	治疗银屑病、类风湿性关节炎等适应症	是	Ⅲ期临床
SHR0302	SHR0302 碱软膏	化学药品 1 类	治疗特应性皮炎、白癜风等适应症	是	Ⅱ/Ⅲ期临床
SHR6390	SHR6390 片	化学药品 1 类	治疗乳腺癌等适应症	是	Ⅲ期临床
SHR3680	SHR3680 片	化学药品 1 类	治疗前列腺癌等适应症	是	Ⅲ期临床
SHR-1316	SHR-1316 注射液	治疗用生物制品 1 类	治疗小细胞肺癌及非小细胞肺癌等适应症	是	Ⅲ期临床
SHR-1701	SHR-1701 注射液	治疗用生物制品 1 类	治疗胰腺癌、非小细胞肺癌等适应症	是	Ⅱ期临床

3. 报告期内呈交监管部门审批、通过审批的药(产)品情况

(1) 报告期内,获得药(产)品注册批件情况。

序号	批准日期	品种名称	审批类型	注册分类
1	2020.3	注射用卡瑞利珠单抗(本品用于既往接受过索拉非尼治疗和/或含奥沙利铂系统化疗的晚期肝细胞癌患者的治疗)	上市申请	治疗用生物制品
2	2020.5	吉非替尼片	上市申请	化学药品 4 类
3	2020.6	注射用卡瑞利珠单抗(本品联合培美曲塞和卡铂适用于表皮生长因子受体(EGFR)基因突变阴性和间变性淋巴瘤激酶(ALK)阴性的、不可手术切除的局部晚期或转移性非鳞状非小细胞肺癌(NSCLC)的一线治疗)	上市申请	治疗用生物制品
4	2020.6	注射用卡瑞利珠单抗(本品用于既往接受过一线化疗后疾病进展或不可耐受的局部晚期或转移性食管鳞癌患者的治疗)	上市申请	治疗用生物制品
5	2020.6	注射用甲苯磺酸瑞马唑仑(本品适用于常规结肠镜检查的镇静)	上市申请	化学药品 1 类
6	2020.9	缬沙坦氨氯地平片(I)	上市申请	化学药品 4 类
7	2020.9	格隆溴铵注射液	上市申请	化学药品 3 类
8	2020.1	盐酸普拉克索缓释片	上市申请	化学药品 4 类
9	2020.11	他达拉非片	上市申请	化学药品 4 类
10	2020.12	氟唑帕利胶囊	上市申请	化学药品 1 类
11	2020.12	甲磺酸阿帕替尼片(既往接受过至少一线系统性治疗后失败或不可耐受的晚期肝细胞癌患者的治疗)	上市申请	化学药品 2.4 类

(2) 报告期内,获得临床批件的药(产)品情况:

……

4. 研发会计政策

划分内部研究开发项目的研究阶段和开发阶段具体标准,内部研究开发项目的支出分为研究阶段支出和开发阶段支出。研究阶段是为获取并理解新的科学或技术知识等而进行的独创性的有计划调查、研究活动的阶段。开发阶段是在进行商业性生产或使用前,将研究成果或其他知识应用于某项计划或设计,以生产出新的或具有实质性改进的材料、装置、产品等活动的阶段。

内部研究开发项目开发阶段的支出,同时满足下列条件时确认为无形资产:

①完成该无形资产以使其能够使用或出售在技术上具有可行性;②具有完成该无形资产并使用或出售的意图;③无形资产产生经济利益的方式,包括能够证明运用该无形资产生产的产品存在市场或无形资产自身存在市场,无形资产将在内部使用的,能够证明其有用性;④有足够的技术、财务资源和其他资源支持,以完成该无形资产的开发,并有能力使用或出售该无形资产;⑤归属于该无形资产开发阶段的支出能够可靠地计量。

开发阶段的支出,若不满足上列条件的,于发生时计入当期损益。研究阶段的支出,在发生时计入当期损益。

5. 研发投入情况(同行业比较)

单位:万元　币种:人民币

同行业可比公司	研发投入金额	研发投入占营业收入比例	研发投入占净资产比例	研发投入资本化比重
丽珠集团	98 959.00	9.41%	8.17%	10.66%
复星医药	400 300.00	13.21%	8.71%	30.18%
长春高新	68 154.00	7.95%	6.23%	30.36%
同行业平均研发投入金额		189 138.00		
公司报告期内研发投入占营业收入比例		17.99%		
公司报告期内研发投入占净资产比例		16.35%		
公司报告期内研发投入资本化比重		—		

6. 主要研发项目投入情况

单位:万元　币种:人民币

研发项目	研发投入金额	研发投入费用化金额	研发投入资本化金额	研发投入占营业收入比例	本期金额较上年同期变动比例	情况说明
SHR0302	15 755.56	15 755.56	—	0.57%	720.39%	研发阶段不同,投入差异大
SHR6390	14 039.85	14 039.85	—	0.51%	126.78%	研发阶段不同,投入差异大

续表

研发项目	研发投入金额	研发投入费用化金额	研发投入资本化金额	研发投入占营业收入比例	本期金额较上年同期变动比例	情况说明
SHR3680	8 588.28	8 588.28	—	0.31%	50.57%	研发阶段不同，投入差异大
SHR1316	6 901.30	6 901.30	—	0.25%	43.18%	研发阶段不同，投入差异大
SHR1701	7 991.97	7 991.97	—	0.29%	513.90%	研发阶段不同，投入差异大

【提示】

医药行业上市公司药品的研发情况，是投资者普遍关注的焦点。本例中，该公司首先介绍了报告期内研发投入的情况，对比了同期数据；其次，以表格形式披露了报告期内主要研发项目的进展、药(产)品获得注册或临床批件的情况；最后介绍了研发相关会计政策的处理方法，并进行同行业比较。从整体情况到重点项目披露，从自身纵向对比到行业横向比较，该公司的披露维度完整、条理清晰，可资借鉴。

表 3-3-28 关键流程

要点	具体内容
风险因素	上市公司应当结合行业特点及自身业务，披露可能对公司未来发展战略和经营目标的实现产生不利影响的风险因素，包括医药制造行业相关的重大政策变化风险、产品研发风险等。 上市公司披露的风险因素应当充分、准确、具体，并分析说明对公司当期及未来经营业绩的影响，以及公司已经或计划采取的应对措施及效果。(上交所)
主要销售模式、终端市场定价原则	上市公司应当披露公司主要销售模式，并按照主要客户类型、销售渠道等分类披露对应的营业收入及其占比和同比变动，说明主要药(产)品终端市场定价原则及其可能存在的经营风险。(上交所)
销售费用	上市公司应当结合医药制造业及所处细分行业特点、销售模式、销售渠道，披露报告期内下列销售费用信息： (1) 销售费用的具体构成，包括市场(学术)推广费、广告费、销售渠道费用等的开支及比重情况。 (2) 销售费用占同期营业收入的比例。相关数据同比变化达 30%以上的，应当说明发生变化的原因。 (3) 与同行业可比公司的销售费用率进行比较，说明公司销售费用发生的合理性以及控制费用措施的有效性。(上交所)

续表

要点	具体内容
研发投入信息	上市公司应当结合医药制造行业、所处细分行业特点和自身研发模式，披露报告期内公司下列研发投入信息： （1）公司研发的会计政策，研究阶段和开发阶段的划分标准，开发阶段有关支出资本化的具体条件，以及与研发相关的无形资产确认、计量的具体会计政策。 （2）公司研发投入总额、占公司最近一期经审计的净资产和营业收入的比例、资本化比重。相关数据同比变化达30%以上的，应当说明发生变化的原因。 （3）与同行业可比公司的研发投入比例、资本化比重进行比较，说明合理性。 （4）公司主要研发项目的研发投入总额、费用化和资本化的金额、研发投入同比变动、研发投入占营业收入的比例。（上交所）
中药生产	上市公司从事中药生产的，应当按照治疗领域分别披露公司主要中药产品涉及的重要原料药材，包括品种、供求情况、采购模式，以及价格波动对公司药品成本的影响情况。（上交所）

七、钢铁行业

（一）适用的指引

上交所《上市公司行业信息披露指引第八号——钢铁》（中国证监会公布的《上市公司行业分类指引（2012 年修订）》项下的黑色金属冶炼和压延加工业中从事钢铁生产和销售的上市公司，适用本指引）

（二）年报披露要求

钢铁行业上市公司年报一般要求披露行业宏观、客户市场、关键资源、战略规划、关键流程等相关内容，具体如表 3-3-29 至表 3-3-33 所示。

表 3-3-29　行业宏观

要点	具体内容
宏观经济因素	上市公司应当披露报告期内对钢铁行业具有重大影响的生产者物价指数（PPI）、进出口政策、环保政策、限产转型政策、下游需求及新兴经营模式等宏观因素的变化情况，并说明其对公司当期和未来发展的具体影响，以及公司已经或计划采取的应对措施。

表 3-3-30　客户市场

要点	具体内容
行业地位	上市公司应当结合行业经营状况和相关行业指标,披露公司或主要产品在行业中或主要业务开展地区所处地位、竞争优势,以及行业景气度对公司发展的影响。相关行业指标包括粗钢产量、粗钢表观消费量、钢材综合价格指数、钢铁行业固定资产投资、产能利用率、产业集中度、主要业务开展地区钢铁需求情况等。
钢材制造和销售情况	上市公司应当披露钢材制造和销售的以下情况: (1) 整体情况,结合经营战略,分地区、分产品披露的产量、销量、平均销售价格、营业收入、营业成本、毛利率(额)等主要经营数据,及其较前一年度的重大变动情况和变动原因。 (2) 优势品种,独有产品、领先产品、特殊钢铁等优势品种的品名、用途、产量、销量、核心竞争力、主要客户、主要销售区域、营业收入及占比、毛利率(额)、市场占有率,及其对应的下游行业发展状况等。 公司单一钢材品种的营业收入或毛利额占公司营业总收入或总毛利额 10%以下的,可免于披露上述信息。
	上市公司应当区分线上销售、线下销售披露对外销售实现的营业收入、净利润及其占比。
钢材贸易或贸易融资业务	上市公司从事钢材贸易或贸易融资业务,影响重大的,应当结合主要经营模式,披露营业收入、毛利率(额)、财务费用、票据承兑和贴现风险、抵押融资风险等情况。

表 3-3-31　关键资源

要点	具体内容
钢铁制造产能状况	上市公司应当披露钢铁制造的产能状况,包括: (1) 公司的许可产能、实际产能、在建产能,并披露产能计算方法。 (2) 受市场供求情况和国家产业政策等因素影响,计划下一年度释放或压缩产能的调整方案。
重大钢铁建设项目进展	上市公司在报告期内有重大钢铁建设项目的,应当披露进展情况,包括报告期内的建设规模,截至报告期末的投资额、完工进度,在建项目涉及的主要风险、实施障碍及其应对措施。
上游成本影响因素	上市公司应当披露铁矿石、废钢、煤炭、焦炭等生产所需主要原燃料情况及对公司成本的影响,包括: (1) 整体情况,按照自供、外购披露主要原燃料的供应量及其占比。 (2) 自供部分,应当结合自有矿山、产业链等情况,披露自供原燃料对公司成本的影响。公司拥有自有矿山的,应当同时披露资源储量、可开储量、品位、年产量等信息。 (3) 外购部分,应当结合运输费用、仓储情况、外汇波动等情况,区分国内采购、国外进口,披露外购原燃料对公司成本的影响。

表 3-3-32　战略规划

要点	具体内容
发展战略、经营计划	上市公司应当披露发展战略和经营计划，包括下一年度的生铁、粗钢和钢材的产量、销量、固定资产投资预算及其较本年度的增减情况。
重大投资	上市公司应当披露重大投资情况，包括报告期内投资情况及下一年度投资计划。上市公司应当结合重大投资情况，披露相应的融资安排，包括股权融资、债权融资及主要银行授信情况。

表 3-3-33　关键流程

要点	具体内容
各业务板块之间的影响	上市公司应当披露各业务板块之间的影响： （1）公司拥有行业产业链上中下游多业务板块的，应当结合主要产品、产业模式等情况，披露各板块间的协同效应及对公司发展的影响； （2）公司从事钢铁能源环保、新材料、数据中心等延伸产业链新业务的，应当披露新业务的主要经营模式、与现有业务的协同效应及其可能存在的风险。
重大安全事故	上市公司应当披露报告期内发生的重大安全事故、整改措施及其对公司的影响。
节能环保	上市公司应当披露报告期内各主要污染物及特征污染物排污总量是否超过政府许可总量指标，以及排放浓度是否符合排放标准。超过相关标准的，应当说明具体原因、对公司的影响及相关应对措施。
重大费用	上市公司应当披露行业相关的重大费用，包括固定资产折旧、运输仓储支出、利息支出等及其重大变化情况。
重大外币业务	上市公司应当披露重大外币业务情况，包括外币业务种类、规模、当期汇率波动对公司汇兑损益的影响金额，以及应对措施。

【例】上市公司年报披露节选

1. 排污信息

报告期内公司废气中主要污染许可总量：颗粒物为 31 708.82 吨，二氧化硫为 30 625.55 吨，氮氧化物为 59 132.74 吨。公司全年实际排放量颗粒物约 14 994.457 吨，二氧化硫约 10 995.61 吨，氮氧化物约 31 768.20 吨。废水中主要污染物许可总量：COD 为 2 139.66 吨，氨氮为 177.38 吨，实际排放量 COD 约 868.303 吨，氨氮约 47.83 吨。指标均符合排污许可证总量控制指标。经生态环境部门监督性监测及企业自测，公司各类污染物排放均符合国家《钢铁工业水污染物排放标准》（GB 13456—2012）、《钢铁烧结、球团工业大气污染物排放标准》（GB 28662—

2012)、《炼铁工业大气污染物排放标准》(GB 28663—2012)、《炼钢工业大气污染物排放标准》(GB 28664—2012)、《轧钢工业大气污染物排放标准》(GB 28665—2012)、《火电厂大气污染物排放标准》(GB 13223—2011)、《燃煤电厂大气污染物排放标准》(DB 31/936—2016)、《炼焦化学工业污染物排放标准》(GB 16171—2012)、《工业企业厂界环境噪声排放标准》(GB 12348—2008)中规定的污染物排放限值。

本公司及重要子公司污染物排放情况见下表:

公司或子公司名称	主要污染物及特征污染物的名称	排放方式	排放口数量	排放口分布情况	排放浓度	执行的污染物排放标准	2020年排放总量(吨/年)	2020年许可排放总量(吨/年)	2020年超标排放情况
BSGT股份有限公司	颗粒物	有组织排放	536	炼铁、炼钢、轧钢	均符合相关标准	《钢铁烧结、球团工业大气污染物排放标准》(GB 28662—2012)、《轧钢工业大气污染物排放标准》(GB 28665—2012)、《燃煤电厂大气污染物排放标准》(DB 31/936—2016)、《炼焦化学工业污染物排放标准》(GB 16171—2012)、《炼钢工业大气污染物排放标准》(GB 28664—2012)	3 154	8 893.6	无披露事项
	二氧化硫						2 398.38	7 576.1	
	氮氧化物						7 917.34	13 795.6	
	COD		6	废水处理排污口		《钢铁工业水污染物排放标准》(GB 13456—2012)、《污水综合排放标准》(DB 31/199—2009)	88.92	168.5	
	氨氮						2.88	8.2	
WHGT有限公司	颗粒物	有组织排放	367	炼铁、炼钢、轧钢	均符合相关标准	《钢铁烧结、球团工业大气污染物排放标准》(GB 28662—2012)、《炼钢工业大气污染物排放标准》(GB 28664—2012)、《轧钢工业大气污染物排放标准》(GB 28665—2012)、《火电厂大气污染物排放标准》(GB 13223—2011)	3 190	6 260	无披露事项
	二氧化硫						5 746	12 978	
	氮氧化物						13 729	21 300	
	COD		2	武钢有限北湖和工业港排口		《钢铁工业水污染物排放标准》(GB 13456—2012)	501	1 191	
	氨氮						41	120	

续表

公司或子公司名称	主要污染物及特征污染物的名称	排放方式	排放口数量	排放口分布情况	排放浓度	执行的污染物排放标准	2020年排放总量(吨/年)	2020年许可排放总量(吨/年)	2020年超标排放情况
BGZJGT有限公司	颗粒物	有组织排放	254	炼铁、炼钢、轧钢	均符合相关标准	《钢铁烧结、球团工业大气污染物排放标准》(GB 28662—2012)、《轧钢工业大气污染物排放标准》(GB 28665—2012)、《火电厂大气污染物排放标准》(GB 13223—2011)、《炼焦化学工业污染物排放标准》(GB 16171—2012)、《炼钢工业大气污染物排放标准》(GB 28664—2012)	2 683	4 472.13	无披露事项
	二氧化硫						1 335	3 903.72	
	氮氧化物						7 164	11 576.79	
	COD		1	深海排放口		《钢铁工业水污染物排放标准》(GB 13456—2012)	1.83	157.8	
	氨氮						0.02	14.5	
SHMSGT股份有限公司	颗粒物	有组织排放	141	炼铁、炼钢、轧钢	均符合相关标准	《钢铁烧结、球团工业大气污染物排放标准》(GB 28662—2012)、《炼铁工业大气污染物排放标准》(GB 28663—2012)、《炼焦化学工业污染物排放标准》(GB 16171—2012)、《轧钢工业大气污染物排放标准》(GB 28665—2012)	5 946.8	11 999.8	无披露事项
	二氧化硫		30				1 444.83	5 799.24	
	氮氧化物		23				2 780.79	11 976.3	
	COD		1	排放口		《钢铁工业水污染物排放标准》(GB 13456—2012)	118.74	400	
	氨氮						3	30	
BGRTQCB有限公司	颗粒物	有组织排放	13	轧钢	均符合相关标准	《轧钢工业大气污染物排放标准》(GB 28665—2012)	10.562	41	无披露事项
	二氧化硫		8				45.722	54	
	氮氧化物		8				86.342	196	
	COD		1			《钢铁工业水污染物排放标准》(GB 13456—2012)	56.64	80.36	
	氨氮		1				0.41	3.18	

续表

公司或子公司名称	主要污染物及特征污染物的名称	排放方式	排放口数量	排放口分布情况	排放浓度	执行的污染物排放标准	2020年排放总量(吨/年)	2020年许可排放总量(吨/年)	2020年超标排放情况
BWTCLKJ有限公司	颗粒物	有组织排放	22	焦油、苯加工	均符合相关标准	《大气污染物综合排放标准》(DB 31933—2015)、《炼焦化学工业污染物排放标准》(GB 16171—2012)	6.615	35	无披露事项
	二氧化硫		22				18.016	303	
	氮氧化物		22				49.325	218	
	COD		2	酚氰废水处理	均符合相关标准	《炼焦化学工业污染物排放标准》(GB 16171—2012)	101.173	142	
	氨氮		2				0.52	1.5	
BGGFHSTDB有限公司	颗粒物	有组织排放	1	冷轧机组	均符合相关标准	《轧钢工业大气污染物排放标准》(GB 28665—2012)	3.48	7.29	无披露事项
	二氧化硫						7.67	11.489	
	氮氧化物						41.41	70.05	

备注：由于过程管控不到位等原因造成WGYX热能电站锅炉出口SO_2超标等异常，2020年WGYX共受到环保行政处罚3次，共计89万元；造成MG公司热电厂1#、5#、6#锅炉SO_2超标，2020年MG公司受到环保行政处罚1次，罚金49.8万元。WGYX及MG公司高度重视并强化过程管控，积极落实整改。

2. 防治污染设施的建设和运行情况

根据最新的环保要求及污染源分布情况，各子公司加强了废气及废水污染物的综合治理。

BGGF总部重点实施了三四期干熄焦增设放散气体净化装置、三烧结烟气超低排放适应性改造、高炉集中供煤及一二高炉焦矿皮带机环保改造、一炼钢除尘系统超低排放改造、圆方坯产线电炉除尘系统综合改造、焚烧炉大修、管加工中心磷化水处理装置改造等项目。

WGYX克服新冠肺炎疫情影响，加快环保设施建设，焦化皮带通廊及转运站封闭改造工程、冷轧厂202酸再生机组烟气净化系统改造等工程已完工；JH公司煤气质量提升、原料、备煤系统环保综合改造项目、LT厂新增冶金含铁尘泥资源化再生装置、运二A区料场、一烧结增设烟气脱硝装置、LGSS分厂钢渣处理环保改造、钢轧区污、废水截污管网建设等项目正在推进中。

MG公司重点实施了原料码头智慧环保料场封闭化改造、干熄焦烟气脱硫超低改造、热电厂1#、2#、5#、6#锅炉脱硫改造、四号五号烧结区域环境整治、冷轧酸再生烟雾处理改造、一炼钢转炉一次除尘节能环保升级改造等项目，继续推进热电厂煤气锅炉烟气脱硝改造、制酸装置检修期间酸气回收环保改造、F11-F12转运站区域通廊封闭改造、烧结云盾环保输送系统改造等项目建设，全力推进废气超低排放改造，有效控制有组织和无组织扬尘；完成高炉水渣区域环境改造、一水厂污水处理系统改造等废水治理、工艺区域增设铁路排水管涵改造项目，积极推进实施冷轧水处理废水管廊管道改造项目，源头控制并降低废水污染物排放。

【提示】

绿色低碳正成为全球共识，实现碳中和目标将重塑全球能源和产业格局，钢铁行业也进入了产业变革的关键时期。对于该行业的上市公司而言，环境保护信息的披露显得尤为重要。本例中，该公司的碳减排目标是2021年发布低碳冶金路线图，2023年力争实现碳达峰，2050年力争实现碳中和。结合这个目标，公司在年度报告中的披露特点有三：一是逐家披露股份公司和重要子公司的排污信息；二是以表格方式定量披露主要污染物的排放结果；三是对防治污染举措的披露，表格中的每家主体具有说明，一一对应，十分完整。

八、建筑行业

（一）适用的指引

上交所《上市公司行业信息披露指引第九号——建筑》（建筑行业是指根据证监会的行业分类，从事土木工程施工、房屋建设、装饰及其附属物安装的行业，包括房屋建设、基建工程、专业工程、建筑装饰等细分行业。房屋建设包括公共建筑、居住建筑和其他建筑；基建工程包括道路、桥梁、隧道施工等基础设施项目；专业工程包括冶金工程、化工工程等项目）

深交所《行业信息披露指引第6号——上市公司从事装修装饰业务》

深交所《行业信息披露指引第7号——上市公司从事土木工程建筑业务》

（二）年报披露要求

建筑行业上市公司年报一般要求披露行业宏观、客户市场、关键资源、关键流程等相关内容，具体如表 3-3-34 至表 3-3-37 所示。

表 3-3-34　行业宏观

要点	具体内容
宏观经济政策	上市公司应当披露报告期内对建筑行业具有重大影响的宏观经济形势、财政税收政策、行业监管政策、工程建设资质及招投标管理政策等外部因素的变化情况，并说明对公司当期及未来发展的具体影响，以及公司已经或计划采取的应对措施。 公司从事专业工程或其他与特定市场需求密切相关的细分行业，还应当披露相关工程所处行业政策、国内外市场需求情况及对公司工程建设业务的影响。（上交所）
	上市公司应当披露说明与装修装饰行业相关的宏观经济形势、行业政策环境等外部因素的变化情况，公司主营业务的行业发展及市场需求情况，并说明对公司当期及未来发展的具体影响，以及公司已经或计划采取的应对措施。（深交所装饰装修业务）
	上市公司应当披露说明与土木工程建筑行业相关的宏观经济形势、行业政策环境等外部因素的变化情况，公司主营业务的行业发展及国内外市场需求情况，并说明对公司当期及未来发展的具体影响，以及公司已经或计划采取的应对措施。（深交所土木工程建筑业务）
行业发展状况、公司行业地位	上市公司应当按照房屋建设、基建工程、专业工程、建筑装饰等细分行业类别，披露公司所处细分行业的工程项目建设规划、区域市场竞争格局、市场集中程度、公司的市场份额。（上交所）
	上市公司应当披露所处细分行业的市场竞争格局、公司的市场地位。（深交所装饰装修业务、土木工程建筑业务）

表 3-3-35　客户市场

要点	具体内容
竞争优势及劣势	上市公司应当披露公司在品牌、专业技术、项目管理及项目融资等方面的竞争优势及劣势。（上交所、深交所装饰装修业务、深交所土木工程建筑业务）
竣工验收	上市公司应当披露报告期内竣工验收项目的以下情况： （1）项目总数量及总金额。 （2）境内与境外项目数量及金额，涉及境外项目的应列示区域分布情况。 （3）房屋建设、基建工程、专业工程、建筑装饰等细分行业的项目数量及金额。 （4）完工重大项目的验收、收入确认及回款。 重大项目或重大项目合同，是指项目金额或合同金额占公司上一会计年度营业收入 10%以上，或者利润占上市公司上一会计年度净利润 10%以上的项目或合同。（上交所）

续表

要点	具体内容
竣工验收	上市公司应当按照不同业务模式披露报告期内完工(已竣工验收)项目的总数量、总金额以及完工重大项目的验收、收入确认、结算和回款情况。 公司重大项目采用融资合同模式并涉及后续运营的,还应当披露特许经营、运营期限、收入来源及归属、保底运营量、投资收益的保障措施等主要安排。 重大项目,是指项目金额占公司上一会计年度经审计营业收入30%以上的项目。(深交所土木工程建筑业务)
境外项目情况	上市公司开展境外项目的,应当披露境外项目的数量、金额、区域分布情况以及重大境外项目的工期、结算、回款情况等。(深交所装饰装修业务)
	上市公司开展境外项目的,应当披露报告期内境外项目涉及的汇率风险等特殊风险以及公司的应对措施。 上市公司应当披露境外项目的数量、金额、区域分布情况,并披露重大境外项目的名称、金额、业务模式和完工情况。(深交所土木工程建筑业务)
营业收入情况	上市公司应当按细分行业汇总披露近3年工程项目营业收入占公司总收入的比重,营业收入结构的变化趋势,并分析原因。(上交所)

表3-3-36　关键资源

要点	具体内容
资质类型及有效期	上市公司应当披露报告期内取得的建筑行业资质类型及有效期。报告期内相关资质发生重大变化的,公司应当说明影响及应对措施。下一报告期内相关资质有效期限届满的,公司应当披露续期条件的达成情况。(上交所、深交所装饰装修业务、深交所土木工程建筑业务)
融资安排	上市公司应当披露以下融资安排情况: (1)整体情况,指按照股权融资、债权融资、融资租赁等方式分类披露的报告期公司融入资金余额,并结合工程结算、应收债权、款项回收与合同约定的重大差异等情况,分析披露资金安排的合理性及流动性风险。 (2)债权融资,指按照借款、债券等分类披露的各年偿付金额(5年内分年列示,5年以上累计列示)、利息支出等情况,以及利率、汇率波动风险;融资租赁及其他存在分期偿付的融资安排可以参照披露。 (3)或有事项,指项目融资中存在分红、资产处置、回购、担保等约束性安排且影响重大的,应当披露涉及的重大项目名称、金额及核心条款等情况。(上交所)
	上市公司应当按照融资途径(如银行贷款、票据、债券、信托融资、基金融资等)披露报告期末各类融资余额、融资成本区间、期限结构等。(深交所土木工程建筑业务)

【例】上市公司年报及监管函回复节选

问：年报披露，报告期末公司资产负债率80.28%，请公司说明目前主要采取的融资方式，并结合建筑行业指引补充披露融资安排相关信息。

答：根据公司所处行业特点，资产负债率普遍偏高，2019年度按照中国证监会行业分类统计行业平均资产负债率为75.36%，公司略高于行业水平，但总体可控。目前主要采取的融资方式包括发行可转债、资产证券化、银行短期借款、票据、供应链金融产品、PPP项目贷款等。

1. 公司融资相关安排

公司于2019年4月29日召开八届二十三次董事会、于2019年5月21日召开2018年度股东大会，审议通过了关于公开发行A股可转换公司债券方案的相关议案，拟发行可转债总额不超过人民币202 332.59万元。2019年12月6日，公司召开九届七次董事会，审议通过了关于调整公开发行A股可转换公司债券方案的议案，发行规模调整为不超过人民币194 946.90万元。募投资金拟主要用于PPP项目投资。截至目前，中国证监会正在审理中。

公司于2019年10月21日召开九届五次董事会，审议通过了关于开展应收账款资产证券化的议案，公司以持有的应收工程款作为基础资产，通过资产证券化产品管理人设立资产证券化产品，向投资者募集资金，发行规模不超过8.5亿元，期限不超过2.5年。2020年2月18日，公司收到上海证券交易所《关于对WK-LYJS应收账款资产支持专项计划资产支持证券挂牌转让无异议的函》（上证函〔2020〕239号），无异议函自出具之日起12个月内有效。

2019年度公司主要资金来源为银行借款，截至期末公司短期借款余额39.85亿元，主要用于公司传统施工项目及控股子公司的经营周转；长期借款余额129.59亿元，主要系PPP项目贷款，用于PPP项目投资。另外融资租赁余额0.67亿元。融资余额的偿付情况如下：

单位：亿元

债权融资	第1年	第2年	第3年	第4年	第5年	5年以上
长期借款还本计划	15.03	15.03	19.01	14.8	11.9	6.88
长期借款付息计划	9.24	8.65	7.73	6.66	5.8	2.33
融资租赁归还计划	0.37	0.35	—	—	—	—
合计	24.64	24.03	26.74	21.46	17.7	9.21

2. 融资余额偿还安排

公司短期借款的偿还安排：公司 2019 年度经营活动现金流入合计 159.51 亿元，可有效保证短期贷款正常还本付息及续借的流动性安全。

公司长期借款的偿还安排：公司的长期借款主要系各 PPP 项目公司的项目贷款，银行在审批 PPP 项目贷款时会将贷款期限及偿还安排与 PPP 项目的回款周期和政府在运营期每年支付的回款金额相匹配，同时根据财政部文件要求，政府方的支付义务需纳入政府中长期预算，并经人大审议通过，因此 PPP 项目的长期贷款偿还能够得到相应的保障，不会对公司造成额外的偿还压力。

同时国家政策也对政府工程款的按期支付提出明确要求，2019 年 10 月，国务院发布《优化营商环境条例》，提出“国家机关、事业单位不得违约拖欠工程、服务等账款”，有效落实市场主体公平待遇，保障企业基本权益。

【提示】

建筑行业上市公司的资产负债率普遍偏高，上市公司的主要融资方式和融资安排是投资者关心的重点。本例中的上市公司因年度报告对主要融资方式和融资安排的披露有所欠缺，被监管机构要求补充相关信息。公司在回复中对融资方式的相关内容进行了补充，并列示了融资余额的偿付情况，以及未来的偿还安排。

表 3-3-37　关键流程

要点	具体内容
主要业务模式	上市公司应当披露实施工程项目的主要业务模式，并按不同业务模式披露报告期末在手订单的总金额，包括已签订合同但尚未开工项目的总金额及在建项目中未完工部分的总金额。（上交所）
	上市公司应当按照业务模式，披露重大项目的定价机制、回款安排、融资方式、政策优惠等信息。公司重大项目采用融资合同模式并涉及后续运营的，还应披露特许经营、运营期限、收入来源、保底运营量、投资收益的保障措施等主要安排，并披露报告期内的收入情况。（上交所）
	上市公司应当详细披露实施工程项目的主要业务模式、模式的特有风险和模式变化情况。（深交所装饰装修业务）
	上市公司应当详细披露实施工程项目的主要业务模式，不同模式的特有风险、定价机制、回款安排、融资方式、政策优惠，及报告期内业务模式的变化情况。（深交所土木工程建筑业务）

续表

要点	具体内容
分业务类型数据	上市公司应当区分不同业务类型(如公共装修、住宅装修、家装业务、设计业务等)披露营业收入、营业成本、毛利率等财务数据以及相关数据的统计口径。通过互联网渠道开展装饰装修业务的,应当披露互联网业务开展情况,如互联网业务分部的体验店数量、体验店分布区域及营收情况等。(深交所装饰装修业务)
成本构成情况	上市公司应当按细分行业汇总披露近3年工程项目成本的主要构成,如原材料、人力成本等,并分析近3年各成本构成要素的变动情况及原因。(上交所)
	区分不同业务类型(如公共装修、住宅装修、家装业务、设计业务等)披露近2年项目成本的主要构成,如原材料、人力成本等,并分析近2年成本构成要素的变动情况及原因。(深交所装饰装修业务)
已完工未结算项目情况	上市公司应当汇总披露存货中已完工未结算项目的情况,包括累计已发生成本、累计已确认毛利、预计损失、已办理结算的金额、已完工未结算的余额。公司需披露已完工未结算重大项目的情况,包括项目名称、合同金额、已办理结算的金额、已完工未结算的余额,并说明是否存在未按合同约定及时结算情况、交易对手方的履约能力是否存在重大变化,以及相关项目结算是否存在重大风险,还应当说明长期未结算的原因及预计损失。(深交所装饰装修业务、深交所土木工程建筑业务)
未完工项目情况	上市公司应当披露报告期内在建项目的以下情况: (1)项目总数量及总金额。 (2)境内与境外项目数量及金额,涉及境外项目的应列示区域分布情况。 (3)房屋建设、基建工程、专业工程、建筑装饰等细分行业的项目数量及金额。 (4)在建重大项目的进展情况,包括项目名称、项目金额、业务模式、工期、完工百分比、本期及累计确认收入、本期和累计成本投入(按材料、人工、其他直接或间接费用等分项披露)、结算及回款情况,境外重大项目涉及的汇率波动、地缘政治等特殊风险及应对措施等。项目进展出现重大变化或者重大差异的,还应当说明并披露原因。(上交所)
	上市公司应当汇总披露报告期内未完工项目的情况,包括项目金额、累计确认产值、未完工部分金额。公司需披露重大未完工项目的进展情况,包括项目名称、项目金额、工期、完工百分比、本期及累计确认收入、回款情况、应收账款余额。项目进展与合同约定出现重大变化或者重大差异的,还应当说明并披露原因。(深交所装饰装修业务)

续表

要点	具体内容
未完工项目情况	上市公司应当按照不同业务模式披露报告期内未完工项目的情况，包括项目数量、项目金额、累计确认收入、未完工部分金额。公司需披露重大未完工项目的进展情况，包括项目名称、项目金额、业务模式、开工日期和工期、完工百分比、本期及累计确认收入、回款情况、应收账款余额。项目进展与合同约定出现重大变化或者重大差异的（影响项目或合同收入30%以上的情况），还应当说明并披露原因。 公司重大项目采用融资合同模式并涉及后续运营的，还应当披露特许经营、运营期限、收入来源及归属、保底运营量、投资收益的保障措施等主要安排。（深交所土木工程建筑业务）
质量控制体系	上市公司应当披露公司的质量控制体系、执行标准、控制措施及整体评价。 公司应当披露报告期内的重大工程质量问题，并说明可能产生的工程回款、收入确认及诉讼仲裁等风险。（上交所、深交所装饰装修业务、深交所土木工程建筑业务）
安全生产情况	上市公司应当披露报告期安全生产制度的运行情况。公司发生重大安全事故的，还应当披露影响及应对措施。（上交所、深交所装饰装修业务）
	上市公司应当披露报告期安全生产制度的运行情况。公司发生重大安全事故的，还应当披露影响及应对措施，涉及重大风险的，应当进行相应的风险提示。（深交所土木工程建筑业务）
会计政策	上市公司披露财务报告附注时，应当同时按照下列要求履行信息披露义务： （1）依据自身业务模式和结算方式对收入确认会计政策进行详细披露，并披露行业特殊的收入确认条件、确认时点、核算依据等，如按完工百分比法确认的，还应当详细披露确定完工进度的方法。 （2）按照不同业务模式对应收款项的确认、回款条件、坏账计提政策进行详细披露。 （3）若单个客户应收账款余额占应收账款总额比例超过10%且账龄3年以上的，应当在应收账款附注中详细披露该应收账款较高的原因并提示回款风险等。（深交所土木工程建筑业务）
	上市公司披露财务报告附注时，应当同时按照下列要求履行信息披露义务： （1）依据自身业务模式和结算方式对收入确认会计政策进行详细披露，并披露行业特殊的收入确认条件、确认时点、核算依据等。如按完工百分比法确认的，还应当详细披露确定完工进度的方法。 （2）按照不同业务模式对应收款项的确认、回款条件、坏账计提政策进行详细披露。 （3）应在应收账款附注中说明是否存在账龄超过3年的单项金额重大的应收账款，若存在，详细披露该应收账款较高的原因并提示回款风险等。（深交所装饰装修业务）

【例】上市公司年报及监管函回复节选

问:请你公司按照《深圳证券交易所行业信息披露指引第7号——上市公司从事土木工程建筑业务》的规定,补充披露已完工未结算项目的情况、重大项目质量问题情况,并按照融资途径披露报告期末各类融资余额、融资成本区间、期限结构。

答:1. 已完工未结算项目情况

(1) 报告期内完工(已竣工验收)项目的情况:

单位:万元

业务模式	项目数量(个)	项目金额	验收情况	收入确认情况	结算情况	回款情况
非融资模式	298.00	288 837.76	已取得验收报告	279 980.62	147 233.97	176 357.75

(2) 报告期内未完工项目的情况:

单位:万元

业务模式	项目数量(个)	项目金额	累计确认收入	未完工部分金额
非融资模式	1 532	2 863 057.14	1 305 741.80	1 557 315.34
融资模式	31	724 136.64	343 571.13	380 565.51

(3) 存货中已完工未结算项目的情况:

单位:万元

累计已发生成本	累计已确认毛利	预计损失	已办理结算的金额	已完工未结算的余额
1 546 086.62	353 575.42	36 419.33	1 290 428.02	572 814.69

其中,公司2020年末前20大已完工未结算项目情况如下表:

单位:万元

序号	项目名称	项目类型	合同金额	已办理结算金额	已完工未结算资产余额
1	白浪河入海口景观绿化BT项目	市政项目	65 000.00	—	61 729.39
2	吉首市创建国家级和省级园林城市园林绿化建设二期工程项目	PPP项目	90 642.81	54 190.58	24 648.83
3	聊城高新区九州洼月季城市公园施工(小湄河南延及九州洼湿地工程)项目	市政项目	27 803.35	7 512.55	20 095.74

续表

序号	项目名称	项目类型	合同金额	已办理结算金额	已完工未结算资产余额
4	雨花区道路品质提升工程项目	市政项目	42 000.00	6 604.27	17 140.31
5	白云区南湖公园建设项目总承包(设计与施工)	市政项目	40 232.38	33 846.47	15 694.27
6	邕江综合整治和开发利用工程(南岸:托洲大桥-清川大桥、南岸:三岸大桥-蒲庙大桥)	PPP 项目	116 129.12	65 463.18	15 430.37
7	莱阳市五龙河流域综合治理工程一期景观工程	PPP 项目	34 298.03	19 223.54	14 239.44
8	兴业环城大道绿化设计施工项目一期	市政项目	40 267.56	21 958.78	13 414.28
9	郑东新区龙湖生态绿化建设(一期)等项目施工一标段	市政项目	17 526.35	9 001.98	12 691.90
10	滨江北路水生态环境修复工程	市政项目	28 545.20	16 093.29	12 678.90
11	体育公园和淇兴全民健身广场综合项目设计、采购及施工总承包	市政项目	28 215.60	3 520.27	12 160.69
12	郑东新区龙子湖绿化改造提升工程设计、施工总承包	市政项目	14 258.16	8 249.65	10 620.50
13	南宁园博园项目园林景观工程(一标段:滨水画廊景区、玲珑湖景区)(SZ 西南 1-新)	市政项目	21 975.45	16 066.66	9 559.08
14	鞍山市鞍山路(通海大道至汇园大道)四标段、建国大道(鞍海路与建国大道交叉点至大屯老道)第一标段景观工程	市政项目	17 865.72	6 188.07	9 505.84
15	宝丰城区水系生态修复项目	市政项目	98 000.00	19 612.54	8 392.01
16	淮安区萧湖景区生态旅游一期建设工程	市政项目	9 115.24	—	8 338.09
17	广东中山翠亨湿地公园工程 EPC 总承包项目(市华南 1-新)	市政项目	32 966.06	21 456.36	7 725.21
18	坊子区虞河、凤翔河营子片区段河道景观工程总承包(EPC)项目	市政项目	9 677.28	—	7 116.16
19	鼎湖区 321 国道沿线绿化大提升工程项目设计总承包	市政项目	13 009.07	3 547.93	6 085.36

续表

序号	项目名称	项目类型	合同金额	已办理结算金额	已完工未结算资产余额
20	遂宁世界荷花博览园核心区(圣莲岛)建设项目(绿化、景观、道路及铺装、附属管网工程及配套设施)施工投融资	市政项目	24 916.83	20 916.83	5 980.07
合计			772 444.20	333 452.93	293 246.45

2. 重大项目质量问题情况

公司内部设置质量安全部门,并发布了《工程技术管理总控体系制度2020修订版》《安全生产管理制度2018修订版》两项管理制度。质量安全部门严格根据公司内部制度开展各项目质量安全监管工作,并以《工程建设国家标准》《国家安全生产法》和《QB/ZLZLD01-2014 ZL企业标准》为执行标准。

公司通过总部科技技术中心下属工程技术管理部、全国各区域质量安全管理部、全国各地方项目部实施三级管理措施进行全覆盖,同时依据公司制度规定,以常规巡检、抽检、专项巡检、联合巡检的形式按照制度规定的巡检频率对各区域项目进行质量安全监管;严格审核各专项施工方案;定期抽查质安平台上各项目上传的质安文件;定期开展专业质量技术培训;定期发布巡检质量分析数据和技术交流等质量控制措施。

截至目前,公司未发生重大项目质量、安全问题,没有因质量、安全问题可能产生的工程回款、收入确认及诉讼仲裁等风险。

【提示】

建筑行业上市公司部分项目周期较长,项目完成情况及结算情况十分关键。根据深交所行业指引要求,上市公司需在年度报告中披露已完工未结算项目的情况与重大项目的质量问题情况。本例中,该公司对上述信息的披露有所欠缺,因此被要求补充。

九、光伏行业

(一)适用的指引

上交所《上市公司行业信息披露指引第十号——光伏》(光伏产业相关业务是

指从事光伏产品的制造和销售业务以及光伏电站的工程承包、开发、运营、运维等业务。其中光伏产品主要包括：多晶硅、硅锭或硅棒、硅片、电池片、电池组件、逆变器等光伏核心产品；硅锭或硅棒生产设备、硅片生产设备、电池片制造设备、电池组件制造设备等光伏设备；光伏浆料、光伏背板、光伏胶膜、光伏玻璃、光伏支架等辅料及系统部件）

深交所《创业板行业信息披露指引第 3 号——上市公司从事光伏产业链相关业务》（光伏产业链相关业务是指光伏产业链相关核心产品的研发、生产、销售以及光伏电站的建设、运营、出售等业务活动，其中光伏产业链相关核心产品主要包括多晶硅、硅棒、硅锭、硅片、电池片、电池组件、逆变器以及光伏产业链领域的其他关键产品或设备）

（二）年报披露要求

光伏行业上市公司年报一般要求披露行业宏观、客户市场、关键资源、关键流程等相关内容，具体如表 3-3-38 至表 3-3-41 所示。

表 3-3-38 行业宏观

要点	具体内容
宏观经济政策	上市公司应当披露报告期内对光伏行业具有重大影响的国家宏观经济政策、贸易政策、产业规范、国家及地方行业政策、环保政策法规的变化情况，并说明对公司当期和未来发展的具体影响，以及公司已经或计划采取的应对措施。（上交所）
行业发展状况	上市公司应当披露以下反映光伏行业发展状况的信息，包括： （1）公司从事光伏产品制造和销售业务的，应当披露报告期内所生产光伏产品的行业整体技术进步情况。 （2）公司从事光伏电站建设和开发业务的，应当披露报告期内全行业光伏电站的累计装机容量和新增装机容量。 （3）公司从事光伏电站运营业务的，应当分别披露报告期内全行业运营的光伏电站的装机容量、并网发电情况。（上交所）
	上市公司从事电池组件、逆变器等产品的研发、生产、销售业务的，应当披露主要收入来源国（销售收入占同期营业收入 10%以上）的国家名称、报告期内当地光伏行业政策或贸易政策发生的重大不利变化及其对公司当期和未来经营业绩的影响情况（如有）。（深交所）

表 3-3-39　客户市场

要点	具体内容
经营情况和行业地位	上市公司应当披露以下反映公司行业地位的信息，包括： （1）公司从事光伏产品制造和销售业务的，应当披露报告期内公司光伏产品效率提升和单位生产成本下降等研发成果及技术工艺改良情况，以及公司产品在行业内的竞争优势和劣势。 （2）公司从事光伏电站建设和开发业务的，应当披露报告期内公司建设或开发的光伏电站的累计装机容量和新增装机容量，以及公司在全行业的市场地位、竞争优势和劣势。 （3）公司从事光伏电站运营业务的，应当分别披露报告期内公司运营的光伏电站的装机容量、并网发电情况，以及公司在全行业的市场地位、竞争优势和劣势。（上交所）
	上市公司从事光伏产业链相关核心产品的研发、生产、销售业务的，应当按照下列要求履行信息披露义务： （1）按技术类别（如单晶硅、多晶硅、非晶硅薄膜、铜铟镓硒薄膜、碲化镉薄膜等）披露报告期内所销售产品的销售量、销售收入、销售毛利率。 （2）按技术类别披露报告期内所销售产品的产能、产量、在建和计划建设产能。（深交所）
分国家和地区的销售情况	上市公司从事光伏产品制造和销售业务的，应当按照产品类别披露报告期内相关产品的产销率、分国家或地区列示的境内外销售收入、销售毛利率等主要财务指标。（上交所）
	上市公司从事电池组件、逆变器等产品的研发、生产、销售业务的，应当在年度报告、半年度报告中披露主要收入来源国（销售收入占同期营业收入10%以上）的国家名称、销售量、销售收入。（深交所）

表 3-3-40　关键资源

要点	具体内容
设备种类及产品技术	上市公司从事光伏设备制造业务的，应当披露报告期内对外销售设备的具体种类，以及产品的技术情况。（上交所）
关键技术指标	上市公司从事光伏产品制造和销售业务的，应当披露相关产品的以下关键技术指标： （1）太阳能级多晶硅各级产品产出比例。 （2）多晶硅片、单晶硅片等各种类型硅片产品的非硅成本情况。 （3）多晶硅电池、单晶硅电池、薄膜及其他新型太阳能电池等各种类型电池片产品的量产平均转换效率、研发最高转换效率。 （4）晶体硅电池、薄膜及其他新型太阳能组件等各种类型电池组件产品的量产平均组件功率、研发最高组件功率。 （5）逆变器产品的转换效率。 公司在披露光伏产品的关键技术指标时，应当详细披露指标含义、指标变化情况及反映的技术水平变化情况，并重点讨论与分析指标变化的原因及对公司当期和未来经营业绩的影响。（上交所）

续表

要点	具体内容
关键技术指标	上市公司从事光伏产业链相关核心产品的研发、生产、销售业务的，应当披露报告期内所销售产品的关键技术指标。光伏产业链各环节主要产品的关键技术指标如下： （1）多晶硅产品的少子寿命、生产综合电耗、单位生产成本等。 （2）硅片产品的少子寿命、厚度、单位生产成本等。 （3）电池片产品的转换效率、单位生产成本等。 （4）电池组件产品的转换效率、1 年和 25 年的衰减率、单位生产成本等。 （5）逆变器产品的转换效率、单位生产成本等。 上市公司在披露所销售产品的关键技术指标时，应当详细披露指标含义和指标变化情况，并重点讨论与分析指标变化的原因及其对公司当期和未来经营业绩的影响情况。（深交所）
产品生产和在建产能	上市公司从事光伏产品制造和销售业务的，应当披露报告期内相关产品生产和在建产能的以下情况： （1）按照产品类别，披露已投产的相关产品产量、投产时间、工艺路线、产能利用率。公司产能利用率发生重大变化的，应当说明原因及对公司的影响。 （2）按照项目或产品类别，披露在建生产线总投资额、当期投资额、设计产能、预计投产时间、工艺路线等。（上交所）
投资项目进展情况	上市公司在临时报告或定期报告中已披露光伏项目投资框架协议等自愿性信息的，应当披露前述投资项目的进展情况。如项目建设进度、投产情况、投资收益等与前期计划存在重大差异的，应当充分说明原因，并提示风险。（上交所）
光伏电站总装机容量和开发项目信息	上市公司从事光伏电站开发业务的，应当披露期初持有电站数及总装机容量、报告期内已出售电站数及总装机容量、期末持有电站数及总装机容量、在手已核准的总装机容量，以及报告期内已出售电站项目的总成交金额和对公司当期经营业绩产生的影响。 上市公司从事光伏电站开发业务的，单个电站项目总投资规模占公司报告期末净资产 10%以上，或者单个电站项目装机规模（兆瓦数）占公司持有且并网的电站合计装机规模（兆瓦数）10%以上；从事光伏电站工程承包业务的，单个电站项目收入或净利润占公司光伏电站业务当期收入或净利润 10%以上的，应当披露以下光伏电站的项目信息： （1）集中式和分布式光伏电站的装机容量、所在地、国家和地方的电价补贴及承诺年限。 （2）各电站项目的计划开发建设周期、投资规模、资金来源、当期已投入金额。 （3）各电站项目的进展情况，包括取得项目核准、开工建设、实现并网、持有待售、持有运营、已出售等。 （4）电站项目中使用自产产品的情况。 （5）报告期从事光伏电站工程承包业务确认的工程收入。（上交所）

续表

要点	具体内容
光伏电站总装机容量和开发项目信息	上市公司从事光伏电站业务的，应当披露报告期内各电站项目的基本情况，至少包括下列内容： （1）电站规模及所在地。 （2）所采取的业务模式，包括工程总承包（EPC）、建设-转让（BT）、建设-运营-转让（BOT）、持有待售、持有运营等。 （3）电站项目的进展情况，包括已核准、已并网、已出售等。 （4）自产产品在电站项目的供应情况。 （5）不同业务模式下相关业务活动的会计处理方法，包括资产的分类依据和计量方法、收入的确认原则和计量方法等。 （6）持有待售、持有运营等模式下，已并网项目的并网电价及其承诺年限，已运营电站的发电量、并网电量、电费收入和营业利润等。 （7）持有待售等模式下，已出售电站项目的规模、交易价格、交易产生的利润以及未出售电站项目的风险提示等。 上市公司电站项目数量较多的，可依据上述要求披露的各电站项目基本情况逐项披露报告期内规模前10名光伏电站项目的基本情况，对于其余电站项目则按照业务模式汇总披露。（深交所）
光伏电站运营信息	上市公司从事光伏电站运营业务（包括持有代售期间的电站运营）的，应当按区域披露本年度光伏电站的发电量、上网电量、结算电量和上网电价以及电站总收入中补贴和电费的构成。各地补贴持续周期存在差异的，应当披露相关的差异情况。单个电站营业收入占公司当期光伏电站业务收入10%以上的，应当披露光伏电站的运营信息，包括： （1）各光伏电站类型、所在地、国家和地方的电价补贴及承诺年限。 （2）各光伏电站的装机容量、发电量、上网电量、结算电量、上网电价、电费收入和营业利润、现金流。 （3）公司开发与电站电费收入等相关的金融衍生产品的，应当披露该金融衍生产品基础资产的基本情况，如项目电站的融资进展、建设进度、电费收入、补贴政策及领取情况等，以及相关产品的核心合同或协议条款、产品类型、现金流、盈利模式和相关风险。（上交所）

【例】上市公司年报披露节选

光伏产品关键技术指标

产品类别	技术指标	
硅片：	非硅成本情况	产品成本中电费占比情况
单晶硅片	2020切片环节平均非硅成本同比下降10.82%	2020年切片环节平均成本中电费占比1.24%
电池组件：	量产平均组件功率	研发最高组件功率

续表

产品类别	技术指标	
单晶组件	72 型 PERC 组件(M6):445W-460W 72 型 PERC 组件(M10):540W-550W	72 型 PERC 组件(M10):555W
指标含义及讨论与分析:①硅片非硅成本是指除硅料外的硅片成本,是体现硅片生产企业技术水平和成本控制能力的重要指标;②量产平均组件功率为已实现规模化生产的组件功率档位;③研发最高组件功率为研发试验中所测试的组件最高功率。		

在硅片产品方面,公司基于在拉晶、切片领域的技术积累坚持科技创新,开展品质改善研究,大力推广研发成果导入,在拉晶单产提升、工艺及成本优化、成品率提升等方面取得了积极成效,推动硅片产品成本持续下降,继续保持行业领先地位。

在组件产品方面,公司基于最优尺寸的设计理念,采用掺镓单晶硅片,应用半片、多主栅、智能焊接等技术,有效提升组件功率与可靠性,组件量产效率超21%,发电性能和产品品质领先行业水平。

【提示】

本例中,该上市公司对主要光伏产品的关键技术指标和含义进行了介绍,披露了截至报告期末公司单晶硅片切片环节平均非硅成本情况、单晶组件量产平均组件功率和研发最高组件功率。同时,该公司在过往年报中,也对上述关键技术指标进行了披露,使得相关信息具备了很高的对比性和参考价值。此外,公司还对硅片产品方面和组件产品方面的研发情况、发展态势以及行业地位进行了披露,帮助投资者更为直观地把握公司产品市场的地位和竞争力。

【例】上市公司年报及监管函回复节选

问:年报显示,公司新能源业务主要为太阳能电站的建设及运营管理业务,在捷克、意大利、美国、德国、保加利亚、罗马尼亚以及我国新疆地区建设光伏电站。太阳能电站装机总容量为88.54MW,全年实现营业收入1.59亿元,主要为上网电费收入、政府补贴以及能源卡收入,毛利率为26%。请公司:①按照相关行业信息披露指引要求,披露各光伏电站基本情况光伏业务具体情况;②按照相关行业信息披露指引要求,补充披露各光伏电站情况,包括装机容量、发电量、上网电量、结算电量、上网电价、电费收入和营业利润、现金流等情况。

答:(1)公司目前的新能源业务主要为太阳能光伏电站的运营。截至2019年

底,公司持有分布于各地的光伏电站88.54MW,基本情况如下表所示:

国家或地区	装机容量(MW)	电站类型	收入构成	补贴年限	备注
美国	19	集中式	投资补贴,电费收入及SREC交易,土地的租金收入	20	每发1 000度电可获得一个SREC指标
意大利	18.34	分布式及集中式	电费收入及政府补贴	20	
保加利亚	16.9	集中式	电费收入及政府补贴	20	
罗马尼亚	12.5	集中式	电费收入及能源卡交易	20	每发1 000度电可获得三张能源卡
中国新疆	20	集中式	电费收入及政府补贴	20	
中国江苏	1.8	分布式	电费收入及政府补贴	20	公司园区自用

上述电站全年实现收入1.59亿元,主要构成情况如下:

单位:万元

2019年度电站收入总额	收入构成			
	电费收入	补贴收入	其他收入	备注
15 946.50	6 203.29	9 639.79	103.42	补贴收入中,包括政府补贴、美国电站SREC交易收入、罗马尼亚电站绿色能源卡交易收入;其他收入为美国土地的租金收入

(2)按照相关行业信息披露指引要求,补充披露各光伏电站情况,包括装机容量、发电量、上网电量、结算电量、上网电价、电费收入和营业利润、现金流等情况。

单位:万元

光伏电站	装机容量(MW)	发电量(KWH)	上网电量(KWH)	结算电量(KWH)	上网电价	电费收入	营业利润	现金流入
中国新疆	20.00	24 000 000.00	24 563 000.00	24 563 000.00	0.81元/KWH	2 000.01	697.61	1 818.90

续表

光伏电站	装机容量(MW)	发电量(KWH)	上网电量(KWH)	结算电量(KWH)	上网电价	电费收入	营业利润	现金流入
美国	19.00	24 700 000.00	22 276 000.00	22 276 000.00	0.04 美元/KWH(未含能源卡收入)	5 747.44	1 037.79	5 110.05
保加利亚	16.90	21 000 000.00	21 100 000.00	21 100 000.00	0.25 欧元/KWH	3 724.13	953.93	3 734.59
罗马尼亚	12.50	13 000 000.00	13 600 000.00	13 600 000.00	0.035 欧元/KWH(未含能源卡收入)	1 411.61	403.02	525.44
意大利	18.34	19 700 000.00	19 740 586.00	19 740 586.00	0.1025 欧元~0.242 欧元/KWH	2 799.46	-1 050.58	2 862.85
中国江苏	1.80	1 700 000.00	1 733 610.00	1 733 610.00	0.93 元/KWH	160.42	110.48	180.53
合计	88.54					15 843.07	2 152.25	14 232.36

【提示】

光伏电站的基本情况、装机容量、发电量、上网电量等信息，综合体现了上市公司光伏业务开展的具体情况。根据上交所行业指引的要求，上市公司从事光伏电站运营业务的，应当按区域披露本年度光伏电站的发电量、上网电量、结算电量和上网电价以及电站总收入中补贴和电费的构成。本例中，该上市公司的太阳能电站建设与运营是其主要业务之一，全年营收 1.59 亿元，但未按指引要求披露相关信息，后被监管要求做出补充说明。

表 3-3-41　关键流程

要点	具体内容
风险因素	上市公司应当结合行业特点和自身经营模式，披露可能对公司未来发展战略和经营目标的实现产生不利影响的风险因素，包括光伏业务相关的补贴、装机量、电价等政策风险，国际贸易保护风险，技术迭代更新风险等。 上市公司披露的风险因素应当充分、准确、具体，并进行实质分析，说明对公司当期及未来经营业绩的影响，以及公司已经或计划采取的措施及效果。 报告期内上市公司经营模式或市场环境发生重大变化的，应当对新增风险因素及其产生的原因、对公司的影响、拟采取的应对措施等进行分析。（上交所）

十、服装行业

（一）适用的指引

上交所《上市公司行业信息披露指引第十一号——服装》（从事鞋帽、假发、提包等服装服饰类产品生产和销售的上市公司，应当比照本指引披露相关的行业经营性信息）

深交所《行业信息披露指引第 17 号——上市公司从事纺织服装相关业务》（纺织服装相关业务是指从事以棉、毛、麻、丝、人造纤维、皮革皮草等为原材料进行针织、纺织、印染、加工等相关业务，以及从事服装、鞋帽、箱包等相关服饰的设计、生产加工、销售业务）

（二）年报披露要求

服装行业上市公司年报一般要求披露行业宏观、客户市场、关键资源、关键流程等相关内容，具体如表 3-3-42 至表 3-3-45 所示。

表 3-3-42　行业宏观

要点	具体内容
宏观经济政策	上市公司应当披露报告期内对服装行业具有重大影响的宏观经济形势、居民收入水平、新兴业态、国家及地方税收、进出口政策、汇率、境内外市场环境等外部因素的变化情况，说明其对公司当期和未来发展的具体影响，以及公司已经或计划采取的应对措施。（上交所）
	上市公司应当披露反映纺织服装行业面临的宏观环境、市场环境、行业发展以及所处行业周期等外部因素： （1）公司应结合宏观经济数据与行业指标（如社会消费品零售总额等）说明行业发展状况、公司经营情况与行业发展是否匹配，如公司情况与行业情况存在较大差异，应当分析原因。 （2）鼓励公司结合业务规模、经营区域、产品类别和特点、竞争对手情况，披露所在细分行业或区域的市场竞争格局、发展趋势、公司市场地位、竞争优势及劣势等，并说明领域划分的具体标准。 （3）上市公司应披露报告期内对所在行业具有重大影响的国家及地方税收、进出口政策、境外市场尤其是投资项目所在地的市场环境等外部因素的变化情况，说明其对公司的具体影响、公司已经或者计划采取的应对措施，并进行必要的风险提示。（深交所）

表 3-3-43　客户市场

要点	具体内容
销售渠道	上市公司应当详细披露产品的销售渠道，包括但不限于线上销售、直营销售、加盟销售、分销销售等，并具体说明不同销售渠道的实际运营方式，还应当按照销售渠道分别列示营业收入、成本、毛利率以及同比变动情况，对毛利率变动幅度较大的，应当说明变化原因。主要渠道收入占比超过 50%的，鼓励上市公司将主渠道收入按照城市级别披露营业收入占比。（深交所）
线上销售情况	线上销售实现销售收入占比超过 30%的，应披露报告期内线上业务的具体运营模式及收入占比。对于自建销售平台的，公司应披露自建平台开始运营的时间、注册用户数量、月均活跃用户数量、主要销售品牌或品类的退货率等。对于与第三方销售平台合作的，公司应对销售收入占比超过 10%的平台分别列示报告期内的交易金额、向该平台支付费用、退货率等情况。涉及代运营模式的，公司应披露合作方名称、主要合作内容、费用支付情况等。（深交所）
实体门店销售终端	上市公司有实体门店销售终端的，应当按照直营店、加盟店以及其他更为符合公司实际经营特点的门店类型，分类披露以下门店分布、变动和店效情况： （1）实体门店分布情况，包括按地域披露的报告期内各品牌门店的数量、类型及所占比例，公司按照其他更为符合公司实际经营特点的类别进行披露的，应当明确类别划分标准，并保持披露的持续性和一致性。 （2）门店增减情况，包括报告期末各类型门店的数量与上年同期相比的增减情况、报告期内新开门店的数量和类型、报告期末关闭门店的数量、类型和关闭原因。 （3）直营门店店效情况，包括报告期内连续开业 12 个月以上直营门店的平均营业收入增长情况等。 （4）开关店计划，包括门店开设、调整、优化计划和实施进展等，预计资金投入合计达到报告期末净资产的 10%以上的，还应当披露资金投入计划和资金来源。（上交所）
	上市公司有实体门店销售终端的，应披露以下内容： （1）实体门店分布情况，公司应按照直营和加盟等分别披露门店的数量、面积、报告期内新开门店的数量和类型、报告期末关闭门店的数量、类型和关闭原因以及涉及品牌等。 （2）直营门店总面积和店效情况，包括开业 12 个月以上直营门店的平均营业收入变动情况，以及营业收入排名前五的门店名称、开业日期、营业收入及店面平效等信息。公司存在加盟或分销的，鼓励公司披露前五大加盟店的上述信息。（深交所）
加盟商、分销商	加盟商、分销商实现销售收入占比超过 30%的，应具体披露加盟、分销商的总数以及与加盟、分销商的具体合作模式，包括但不限于拿货政策、结算方式以及预计负债的计提等情况，并根据具体合作模式披露公司收入确认的会计政策，以及报告期内前五大加盟商、分销商情况（属同一控制的应合并计算）、开始合作时间、是否为关联方、销售总额、加盟商的层级。（深交所）

表 3-3-44 关键资源

要点	具体内容
品牌建设情况	上市公司生产和销售品牌服装服饰产品的，应当披露以下品牌建设情况： (1) 自有品牌，包括核心品牌及其他品牌名称和商标名称、各品牌的主要产品类型、特点、目标客户群、主要产品价格带、主要销售区域和城市级别等。 (2) 合作品牌，除本条第(1)项要求披露的事项外，还包括品牌及商标权权属、合作方名称、合作方式和合作期限等。 (3) 被授权品牌，除本条第(1)项要求披露的事项外，还包括授权方、授权期限、是否为独家授权等情况。 (4) 品牌营销与运营，包括各品牌的品牌定位、竞争格局、营销网络、销售模式、营销战略、报告期内的主要市场推广活动等。(上交所)
	上市公司涉及生产和销售品牌服装、服饰以及家纺产品的，应当披露以下品牌建设情况： (1) 自有品牌，包括核心品牌及其他品牌名称和商标名称、各品牌的主要产品类型、特点、目标客户群、主要产品价格带、主要销售区域和城市级别等。 (2) 合作品牌，除自主品牌中已包含的核心品牌、其他品牌名称、各品牌主要产品类型、特点等事项外，还包括品牌及商标权权属、合作方名称、合作方式和合作期限等。 (3) 被授权品牌，除自主品牌中已包含的核心品牌、其他品牌名称、各品牌主要产品类型、特点等事项外，还包括授权方、授权期限、是否为独家授权等情况。 (4) 公司应结合品牌的品牌定位和竞争格局分析报告期内各品牌的营销与运营，包括营销网络、营销战略、报告期内的主要市场推广活动以及推广活动产生的效应等。(深交所)
产能	上市公司加工制造服装服饰产品的收入占年度服装业营业收入 50%以上的，应当披露公司的产能状况，包括主要工厂或下属公司的产品类别、设计产能、产能利用率、在建产能及投资建设情况。公司还应当结合市场供求变化情况，披露产能实现的影响和调整计划。(上交所) 上市公司从事纺织业务或服装服饰生产加工业务的收入占上市公司年度营业收入 30%以上的，应当披露公司的自有产能状况，包括总产能、产能利用率、在建工厂情况。存在海外产能的，公司还应披露海内外产能的占比、布局、海外产能利用率并披露公司未来的海外产能扩建计划，包括但不限于当前或计划建设的工厂等。产能利用率同比变动超过 10%的，应结合订单、库存和销售情况说明原因。(深交所)
服装设计	上市公司从事服装设计相关业务的，应披露自有的服装设计师数量、签约的服装设计师数量、搭建的设计师平台的运营情况等信息。(深交所)

【例】上市公司年报及监管函回复节选

问：请根据本所《行业信息披露指引第 17 号——上市公司从事纺织服装相关

业务》的要求，补充披露以下事项：基于年报披露你公司报告期产能利用率为84.43%（上年同期为95.66%）、产能利用率同比变动超过10%的情况，结合订单、库存和销售情况披露产能利用率的变动原因；

答：受新冠肺炎疫情影响，2020年初国内停工停产，而后全球疫情暴发，大部分客户停工停产，订单暂缓发货，导致上半年公司产量、销售收入双双下降，主要产品巾被系列2020年上半年产量2.4万吨，较之2019年上半年产量3.1万吨下降22.6%，2020年上半年巾被销售收入13.44亿元，较之2019年上半年销售收入18.5亿元下降27.35%。2020年下半年国内复工复产后，公司加大销售力度全面接单，以弱化疫情对公司的影响，2020年下半年巾被产品产量3.1万吨，相比2019年下半年产量2.9万吨增长6.9%，2020年下半年巾被销售收入17.04亿元，相比2019年下半年销售收入16.58亿元增长2.77%。虽然公司实施的一系列的措施提升了2020年下半年的产销量，下半年产量及收入增长未能完全弥补上半年的下降数据，从而导致2020年度整体来看产能利用率较2019年度有所下降。

【提示】

产能利用率是反映服装行业成本的重要指标。根据深交所行业指引要求，若公司产能利用率同比变动超过10%，应结合订单、库存和销售情况说明原因。本例中，该上市公司报告期内的产能利用率为84.43%，同比变动超过10%，但未说明，因此被监管要求补充说明。

表3-3-45　关键流程

要点	具体内容
经营模式	上市公司应当披露公司经营模式，重点分析公司所在的产业链位置、业务范围、主要产品、盈利模式等要素，并披露公司在研发设计、原料供应和生产、产品采购、品牌经营、销售等经营环节的运作方式。 公司应当结合自身各产业链环节的特点，具体分析公司经营模式的核心竞争优势、可能存在的风险及其防范措施。 公司存在多种经营模式的，应当分别披露相应信息。 公司已在前次定期报告中完整披露其经营模式，报告期内未进行调整的，可以简化披露并提供查询索引；报告期内发生调整的，应当披露调整的原因，并分析新模式的特点、优势和风险。（上交所）
	上市公司应当披露主要产品和经营模式，包括研发设计模式、采购模式、生产模式、销售模式、品牌经营等相关经营信息，重点分析公司所在的产业链位置、盈利模式、产品特色等要素。（深交所）

续表

要点	具体内容
主营业务收入、成本和利润	上市公司应当按行业特点和自身经营模式，披露报告期内以下主营业务收入和主营业务利润的构成情况： (1) 按照各项品牌及非品牌披露的营业收入、营业成本、毛利率及同比增减情况，相关数据变动30%以上的，应当披露变化原因。 (2) 按照直营店、加盟店等门店类型分项披露的营业收入、营业成本、毛利率及同比增减情况，相关数据变动30%以上的，应当披露变化原因。 (3) 按照线上、线下销售分类披露的营业收入金额、所占比例、毛利率及同比增减情况，相关数据变动30%以上的，应当披露变化原因。 上市公司可以根据自身经营特点，采用其他分类标准分析披露主营业务收入构成的经营信息，并保持披露的持续性和一致性。单一品牌、门店类型、销售渠道的营业收入占总营业收入10%以下的，可免于披露与之相对应的上述信息。（上交所）
销售费用	上市公司应当详尽披露销售费用及构成，报告期内上市公司销售费用同比变动超过30%或者销售费用构成发生较大变化的，应该根据行业特点、自身经营和销售模式，并结合销售员工的数量及薪酬、广告宣传费用、折扣活动、门店租赁装修情况、加盟商补贴等因素披露变动原因。（深交所）
存货与往来款	上市公司应当披露以下存货与往来款营运周转情况： (1) 存货周转情况，包括报告期末的存货余额、存货周转天数、同比增减情况及原因、存货中产成品及库存商品的库龄情况、存货跌价准备计提情况、风险控制措施。 (2) 应付账款周转情况，包括报告期应付账款期末余额、应付账款周转天数、同比增减情况及原因、付款风险及应对措施。 (3) 应收账款周转情况，包括报告期应收账款期末余额、应收账款周转天数、同比增减情况及原因、收款风险及应对措施。（上交所）
	上市公司应当披露主要产品的存货情况，包括存货周转天数、存货数量、存货库龄、存货余额同比增减情况及原因；上市公司应结合库龄、产品的季节性特征、产品的历史退货率等信息披露存货跌价准备的计提情况。鼓励公司披露加盟或分销商等终端渠道的上述存货信息。（深交所）
环境保护	上市公司及其子公司属于环境保护部门公布的重点排污单位，或涉及印染、鞣制等加工业务产生废水、固体废物等的，还要披露报告期内公司环保合规情况，说明公司废水废料的处理设备、技术、使用年限，相关环保标准，报告期内相关部门检查记录以及有关事项对公司生产经营、财务状况的影响等。（深交所）

续表

要点	具体内容
风险因素	上市公司应当结合行业特点和自身经营模式，披露可能对公司未来发展战略和经营目标的实现产生不利影响的风险因素，包括服装行业相关的品牌运营风险、经销商模式风险、存货管理及跌价风险、商誉减值风险等。 上市公司披露的风险因素应当充分、准确、具体，并进行实质分析，说明对公司当期及未来经营业绩的影响，以及公司已经或计划采取的措施及效果。 报告期内上市公司经营模式或市场环境发生重大变化的，应当对新增风险因素及其产生的原因、对公司的影响、拟采取的应对措施等进行分析。（上交所）
	上市公司应结合行业特点和自身经营模式，披露可能对公司未来发展战略和经营目标产生不利影响的风险因素，包括但不限于原材料价格变动的风险、存货管理及跌价风险、进出口贸易风险、品牌运营风险，并说明公司对相应风险的应对措施。（深交所）

【例】上市公司年报及监管函回复节选

问：请根据本所《行业信息披露指引第 17 号——上市公司从事纺织服装相关业务》的要求，补充披露以下事项：基于年报披露你公司报告期销售费用为 1.37 亿元、同比下降 32.64%的情况，根据行业特点、自身经营和销售模式，并结合销售员工的数量及薪酬、广告宣传费用、折扣活动、门店租赁装修情况、加盟商补贴等因素，披露销售费用的变动原因；

答：公司 2020 年年报销售费用为 1.37 亿元，较之 2019 年度销售费用 2.04 亿元下降 32.64%，主要原因为 2020 年公司开始执行新收入准则，按照准则要求将运杂费和快递费列示到营业成本中所致。公司 2020 年运杂费 6 202 万元，快递费 927 万元。如按照原准则标准列示到销售费用中，2020 年度销售费用为 2.08 亿元，与 2019 年销售费用 2.04 亿元基本持平，所以本期报表显示的销售费用变动主要系该事项导致。

【提示】

本例中，该上市公司报告期内的销售费用 1.37 亿元，同比下降 32.64%，但未按照行业指引要求，结合自身经营和销售模式等情况，对销售费用同比变动超过 30%的原因进行说明，因此被监管要求做出补充。

十一、新闻出版行业

（一）适用的指引

上交所《上市公司行业信息披露指引第十二号——新闻出版》(上交所从事互联网游戏的上市公司适用本指引，深交所创业板从事互联网游戏的上市公司适用本节第二十六部分内容)

（二）年报披露要求

新闻出版行业上市公司年报一般要求披露行业宏观、客户市场、关键资源、关键流程等相关内容，具体如表 3-3-46 至表 3-3-49 所示。

表 3-3-46 行业宏观

要点	具体内容
宏观经济政策	上市公司应当披露报告期内对新闻出版行业具有重大影响的宏观经济形势、国家及行业政策、税收优惠政策、用户需求及新兴业态等外部因素的变化情况，并说明其对公司当期和未来发展的具体影响，以及公司已经或计划采取的应对措施。
行业发展状况	上市公司应当按照图书出版发行、新闻传媒等主要业务类别，披露行业发展状况、竞争格局等情况。

表 3-3-47 客户市场

要点	具体内容
行业地位	上市公司应当按照图书出版发行、新闻传媒等主要业务类别，披露行业发展状况、竞争格局等情况。
竞争地位	教材教辅出版业务：教材教辅的主要销售区域和主要竞争对手，以及报告期内新市场区域或业务领域的开拓情况。 一般图书出版业务：公司竞争优势，包括主要编辑团队、优势选题、品牌业务领域、主要签约作者、优质版权相关信息等。
主要产品的经营情况	教材教辅出版业务：自编教材教辅和租型出版教材教辅的销售码洋、营业收入、营业成本、租型费用、毛利率、增长率等。 教材教辅发行业务：主要教材教辅的发行量、发行码洋、营业收入、发行成本和毛利率。 一般图书出版业务：一般产品相关情况，包括动销品种数、再版书籍占比、销售码洋、营业收入、营业成本和毛利率等；优势产品相关情况，包括主要优势产品类别、销售量等，以及对公司业绩的影响；一般业务的主要成本费用，包括版权费、稿酬、印刷成本、物流成本、公司主要推广促销活动相关费用等；不同销售模式下的经营

续表

要点	具体内容
主要产品的经营情况	情况,包括经销包退以及包销等销售模式下的营业收入及占比、平均退货比例、货款结算期限、收入确认政策。 一般图书发行业务:当期销售量、销售码洋、销售收入、采购成本、毛利率。公司图书发行业务涉及经销包退的,应披露报告期内退货码洋金额及占比。 报纸和期刊出版发行等新闻传媒业务:主要报刊及类别、主要发行区域、对应的营业收入、发行量及占比;主要经营数据,包括营业成本、报刊发行收入、广告收入、其他相关服务或活动收入等,以及各收入占比和其毛利率。 广告业务:上市公司从事广告业务实现营收达到本年营收10%的,应当按照广告代理模式和广告自营模式分类披露广告业务情况,包括不同模式下的收入和成本、代理商数量、平均代理期限、结算政策等。公司从事广告代理业务的,应当披露广告代理权的相关情况,包括代理权的有效期、主要代理媒体、相关业务的营业收入和毛利率等。 互联网阅读业务:上市公司从事互联网阅读业务实现营收达到本年同期营收10%的,应当披露主要媒介、盈利模式、主要成本、营业收入,以及与其他业务板块的协同效应等。公司通过自建网站、手机APP、微信及微博等渠道从事上述业务的,可以披露网站或APP注册用户和活跃用户数、读者平均阅读时间、资讯类网站日均访问量、官方微博或微信公众号的粉丝和订阅数量、总阅读和转载量、增长速度以及单篇阅读量等。 在线教育业务:上市公司从事在线教育业务实现营收达到本年同期营收10%的,应当披露主要业务模式、盈利模式、营业收入和成本等,以及电子化课程数量、课均浏览量、用户数量、付费用户每月人均消费等运营信息,还可以结合行业和竞争对手状况分析上述业务面临的经营风险。 互联网游戏业务:上市公司从事互联网游戏业务实现营收达到本年同期营收10%的,应当按主要业务类型披露营业收入、营业成本、推广营销费用及其占收入比例、付费用户数量、ARPU值、充值流水等。

表3-3-48　关键资源

要点	具体内容
资质许可	教材教辅出版业务:取得的关键资质许可及其变化情况,包括教材教辅编写、出版等资质以及相关资质的有效期、已有自编教材教辅产品种类等。 教材教辅发行业务:主要教材教辅发行业务资质、已获得的主要区域教材发行权和有效期限。 报纸和期刊出版发行等新闻传媒业务:刊号和资质的取得情况。
线上销售渠道	一般图书发行业务:公司开展线上销售业务的,应当分别披露其通过品牌电商平台、自建平台实现的营业收入及占比。公司可以披露线上销售渠道建设情况,包括销售网站或网店的日均访问量、客户转化率、订单数量、PC及移动端订单占比等。

续表

要点	具体内容
销售网点	图书发行业务：上市公司从事图书发行业务的，应当披露联营租用和自有产权图书销售网点的相关情况，包括网点的区域分布情况、新增分店或关停原店、店铺改作他用等情况。公司可以披露特色书店的业务模式、运营面积等信息。

【例】上市公司年报披露节选

销售网点相关情况

案例一

1. 图书销售网点的区域分布情况

BF 图书城现有连锁经营网点 23 家，LB 公司建成并运营 13 家校园书店，总营业面积 4 万多平方米。其中沈阳市内网点 18 家，外埠网点 18 家。沈阳市内图书网点主要分布在市内五大区及于洪区，外埠网点主要分布在辽宁省内各地。

2. 新增、关停店、店铺改作他用的情况

报告期，LB 公司新建设运营了 2 家校园书店；BF 图书城锦州店迁入 SW · BFXSH 锦州店。

3. 平均租金水平

2020 年发行网点总体租金成本有所下降，所有经营门店房租总额为 3 082.21 万元，房屋租赁合同面积为 7.35 万平方米，年平均租金为每平方米 419.29 元。

4. 未来年度网点建设规划

根据公司关于大发行体系建设的战略部署，公司将加快发行体系转型升级，完善发行网络布局；推进 SW · BFXSH 文化商业综合体项目优化运营模式，丰富经营业态，提高运营能力；加速校园书店布局，做大“SW · 高校联盟”规模。

案例二

项目	数量(个)		面积(平方米)		其中租赁情况		备注
	2019 年	2020 年	2019 年	2020 年	数量(个)	面积(平方米)	
中心门店	112	122	119 341	125 924	37	51 871	包含一家门店部分租赁，两家门店合作方租赁。

续表

项目	数量(个)		面积(平方米)		其中租赁情况		备注
	2019 年	2020 年	2019 年	2020 年	数量(个)	面积(平方米)	
校园书店	144	129	24 101	23 907	3	476	含 29 家校园俱乐部
文化驿站	110	158	16 699	23 005	2	430	含乡镇网点、社区书店
代发点	590	560	59 519	73 295	177	32 927	主要代发中小学教材
合计	956	969	143 442	149 831	40	52 347	

报告期内,FX 集团新增网点 72 个,其中中心门店 7 家,品牌书店 4 家,校园店 11 家,文化驿站(含乡镇网点、社区书店)50 家;另关停 1 家中心门店,关停 24 家校园书店(含 18 家阅读俱乐部),关停 2 家乡镇网点;网点净增加 45 个。FX 集团现有中心门店 122 家(其中"品牌"书店 20 家),其中:广州地区 7 家(3 家"品牌"书店)、珠三角 31 家(9 家"品牌"书店)、粤东 22 家(2 家"品牌"书店)、粤北 25 家(3 家"品牌"书店)、潮汕 19 家(1 家"品牌"书店)、粤西 18 家(2 家"品牌"书店);校园书店 129 家(含阅读俱乐部),其中广州地区 11 家、珠三角 35 家、粤东 24 家、粤北 29 家、潮汕 4 家、粤西 26 家;文化驿站(含乡镇网点、社区书店)158 家,其中广州地区 1 家、珠三角 53 家、粤东 40 家、粤北 19 家、潮汕 14 家、粤西 31 家。

【提示】

根据行业指引的要求,从事图书发行业务的上市公司应当在定期报告中披露销售网点的相关情况。案例一和案例二为两家上市公司年报中对于销售网点情况的描述。案例一公司使用小标题分段落对销售网点的区域分布、新增或关停店铺情况、平均租金水平、未来年度建设规划等方面进行了详细说明。案例二公司以列表的形式简洁明了地披露了不同业务模式的书店数量、运营面积、租赁情况。虽然案例二公司用文字说明了报告期内销售网点的变动以及分布情况,但是此部分文字说明较为冗杂,若用表格进行说明更为直观。本例中,两家上市公司以两种不同的形式对销售网点情况进行说明,均符合行业指引的要求。若上市公司用表格列示销售网点的数量变动、运营面积及分布等数据,配合未来年度发展规划等文字说明的方式进行披露,将更有助于投资者了解公司过往业绩以及未来发展规划。

表 3-3-49 关键流程

要点	具体内容
经营模式	上市公司应当按照图书出版发行和新闻传媒等主要业务分类,披露主要业务的经营模式并分类列示其营业收入。 上市公司从事报纸和期刊出版发行等新闻传媒业务的,应当披露采编业务情况、报刊分成政策等。 上市公司从事互联网阅读业务实现营收达到本年同期营收10%的,应当披露主要媒介、盈利模式、与其他业务板块的协同效应等。 上市公司从事在线教育业务实现营收达到本年同期营收10%的,应当披露主要业务模式、盈利模式等。 上市公司从事互联网游戏业务实现营收达到本年同期营收10%的,应当按主要业务类型披露重要游戏的运营模式以及收费方式等。 上市公司从事其他新兴业态,对公司影响重大的,应当披露相关业态的经营模式、盈利模式、行业现状,并披露该业态的营业收入、营业成本等信息。
主要会计政策	教材教辅发行业务:教材教辅发行的结算政策以及收入确认时点。 教材教辅出版业务:不同销售模式下的收入确认政策。 一般图书出版业务:不同销售模式下的经营情况,包括经销包退以及包销等销售模式下的营业收入及占比、平均退货比例、货款结算期限、收入确认政策等。 互联网游戏业务:游戏业务的收入确认政策和确认时点。

十二、食品及酒制造行业

(一)适用的指引

上交所《上市公司行业信息披露指引第十三号——酒制造》(饮料和精制茶制造业上市公司应当比照披露相关的行业经营性信息)

上交所《上市公司行业信息披露指引第十五号——食品制造》

深交所《行业信息披露指引第14号——上市公司从事食品及酒制造相关业务》(食品及酒制造相关业务是指供人食用或饮用产品的生产、加工及销售业务,包括国家食品药品监督管理总局颁布的食品生产许可分类目录中所涉及的食品、食品添加剂等产品,不包括烟草或只作为药品用的产品)

(二)年报披露要求

食品及酒制造行业上市公司年报一般要求披露行业宏观、客户市场、关键资源、关键流程等相关内容,具体如表3-3-50至表3-3-53所示。

表 3-3-50 行业宏观

要点	具体内容
宏观经济政策	上市公司应当披露报告期内对所在食品制造业细分行业具有重大影响的宏观经济政策形势、产业规范、行业政策、国家及地方税收政策、进出口政策、食品安全政策、环保政策等外部因素的变化情况，并说明对公司当期和未来发展的具体影响，以及公司已经或计划采取的应对措施。（上交所食品制造）
	上市公司应当披露报告期内对酒制造业具有重大影响的国家宏观经济政策、消费政策、产业规范、国家及地方行业政策、国家及地方税收政策、环保政策等外部因素的变化情况，并说明对公司当期和未来发展的具体影响，以及公司已经或计划采取的应对措施，并充分提示风险。（上交所酒制造）

表 3-3-51 客户市场

要点	具体内容
行业地位	上市公司应当结合行业情况和公司经营状况，披露主营业务情况、竞争格局、公司在行业中具备的竞争优势、公司存在的风险因素等信息。（深交所）
产品情况	上市公司应当披露以下产品情况： （1）产品档次及其划分标准、主要代表品牌。 （2）各档次产品的产量、销量、产销率、销售收入及同比变动情况。 （3）产品结构变化情况，并结合产品结构特征，分析公司经营策略。（上交所酒制造）
品牌运营情况	上市公司应披露品牌运营情况，包括但不限于主要产品类型、代表品牌名称、新产品投放情况等。在对主要产品按类别披露时，公司应说明分类标准并保持一致性；如分类标准发生变化，需说明变化产生的原因。（深交所）
经营信息	上市公司应当结合行业特点和自身经营模式，披露报告期内以下主营业务构成情况： （1）按照产品档次分项披露的营业收入、营业成本、毛利率及同比增减情况，毛利率同比变动 5 个百分点以上的，应当披露变化原因。 （2）按照销售渠道分项披露的营业收入、营业成本、毛利率及同比增减情况，毛利率同比变动 5 个百分点以上的，应当披露变化原因。 （3）按照地区分部分项披露的营业收入、营业成本、毛利率及同比增减情况，毛利率同比变动 5 个百分点以上的，应当披露变化原因。 （4）公司应当披露原料成本、人工成本和制造费用等成本构成情况。成本构成因素同比变化 20%以上的，公司应当披露具体原因、影响程度和应对措施。 上市公司可以结合自身经营特点，采用其他分类标准分析披露主营业务收入构成的经营信息，并保持披露的持续性和一致性。（上交所酒制造）

续表

要点	具体内容
经营信息	上市公司应当结合行业特点和自身经营模式，按照产品类别、销售渠道、地区等分部分类披露营业收入、营业成本、毛利率及同比变动情况，毛利率同比变动3个百分点以上的，应当披露变化原因。 上市公司可以结合自身经营特点，采用其他分类标准分析披露主营业务收入构成的经营信息，并保持披露的持续性和一致性。（上交所食品制造）
	上市公司应按照主要产品分类，分别披露生产量、销售量同比变动情况；如同比变动超过30%的，应说明发生变化的原因。（深交所）

表3-3-52 关键资源

要点	具体内容
产能状况	上市公司应当披露产能与开工情况，包括设计产能、实际产能、在建产能及投资建设等情况。公司还应当结合市场供求变化，披露产能实现对公司的影响。（上交所）
	上市公司应按照生产主体分类，分别披露主要产品的设计产能、实际产能、在建产能情况。（深交所）
许可证书	如公司产品涉及许可销售的，需披露公司取得的许可证书或备案凭证名称、数量，报告期内取得证书或备案凭证的产品名称、取得时间、取得方式、备案号等情况。（深交所）
线上销售情况	上市公司有线上销售渠道的，应当披露主要线上销售平台以及报告期内线上销售产品的产品档次、销售收入、毛利率及同比增减情况，并披露公司未来线上经营战略。 线上销售渠道的营业收入占当期营业收入总额10%以下的，可免于披露上述信息。（上交所酒制造/食品制造）
库存商品	上市公司应当披露成品酒、半成品酒（含基础酒）的期末库存量，并充分提示存货是否存在减值风险。（上交所酒制造）
	上市公司应按照主要产品分类，分别披露库存量、同比变动情况；如同比变动超过30%的，应说明发生变化的原因。 酒类制造企业应披露期末成品酒、半成品酒（含基础酒）的库存量。（深交所）

【例】上市公司年报问询函回复披露节选

问：年报披露，公司采用"中央工厂+批发"模式生产和销售，已在全国19个区域建立了生产基地，该模式可降低单位生产成本和销售费用，主要通过直营和经销两种模式进行销售。但公司未按照行业信息披露指引披露产能及经销商等信息。……

请公司补充披露报告期内各生产基地的分布、产能与开工情况，以及经销商数量和变化等行业经营信息；

答：截至2020年末，公司共有19个生产基地已投入使用，在建生产基地项目7个。公司已投入使用的生产基地的分布、2020年度的产能与开工情况如下表所示：

单位：吨

地区	生产基地简称	产能	产量	产能利用率	开工情况
华北地区	内蒙古TL、石家庄TL、北京TL、天津TL	92 951.95	81 960.20	88.17%	正常生产
东北地区	沈阳TL、长春TL、丹东TL、锦州TL、哈尔滨TL、大连TL	148 332.00	134 378.52	90.59%	正常生产
华东地区	上海TL、青岛TL、山东TL	66 644.05	58 930.60	88.43%	正常生产
华中地区	武汉TL	12 000.00	6 380.21	53.17%	武汉公司由于疫情影响停工2个月
西南地区	成都TL、重庆TL	28 600.00	32 701.95	114.34%	正常生产
西北地区	西安TL	19 000.00	17 971.02	94.58%	正常生产
华南地区	东莞TL、海南TL	29 466.25	22 713.65	77.08%	正常生产
合计	—	396 994.25	355 036.15	89.43%	—

2020年末，公司在建生产基地设计产能、投资建设等情况如下表所示：

在建生产基地项目	设计产能	开工时间	工程进度	项目预计完工时间
JSTLMB有限公司一期投资项目	2.20万吨	2018年11月	100.00%	已于2021年3月竣工投入使用
SYTLMB系列产品生产基地	6.00万吨	2019年5月	65.00%	2021年6月
SCTLMB有限公司烘焙食品生产项目	2.50万吨	2020年5月	33.56%	2021年12月

续表

在建生产基地项目	设计产能	开工时间	工程进度	项目预计完工时间
ZJTLMB 有限公司生产基地建设项目	4.28 万吨	2020 年 1 月	24.61%	2021 年 12 月
QDTLSP 烘焙食品生产基地项目	2.96 万吨	2020 年 8 月	19.78%	2022 年 6 月
QZTLMB 有限公司生产基地项目	6.40 万吨	2020 年 8 月	2.06%	2022 年 8 月
GXTLMB 生产基地项目	3.44 万吨	2020 年 7 月	0.98%	2022 年 7 月
CCTLMB 有限公司面包系列烘焙食品生产基地一期建设项目	6.09 万吨	未开工	—	—
DLTL 厂房二期建设项目	0.60 万吨	未开工	—	—

公司通过项目建设的实施扩大生产规模，一方面与市场增长的需求相匹配，保持并扩大市场份额，另一方面通过扩大生产形成规模效应，有效降低成本，提高公司的利润水平，促进公司的快速发展，进一步巩固公司的行业地位。

2020 年度公司经销商数量及收入变化情况如下表所示：

区域	报告期末经销商数量(家)	增加经销商		减少经销商	
		数量(家)	营业收入(万元)	数量(家)	营业收入(万元)
华北地区	141	28	1 272.08	15	1 269.40
东北地区	261	19	29 814.02	2	189.38
华东地区	167	47	4 490.85	21	1 261.19
西南地区	108	10	277.97	6	417.48
西北地区	54	24	1 991.69	14	617.25
华南地区	33	7	1 055.33	0	0.00
华中地区	16	16	1 744.23	0	0.00
总计	780	151	40 646.16	58	3 754.70

【提示】

本例中，该上市公司年报中未披露产能及经销商等信息，被交易所要求补充披露。从补充披露的内容看，上市公司以列表的方式清晰明确地展示了实际产能、设计产能、在建产能等情况。此外，经销商数量的增减变动间接反映了公司的业务发展情况。

表 3-3-53　关键流程

要点	具体内容
经营模式	上市公司应当披露公司经营模式，重点分析公司主要产品、生产模式、销售模式等要素，并披露公司在原料采购、生产工艺流程、品牌经营、渠道管理及促销等方面的运作策略和方式。公司存在多种经营模式的，应当分别披露相应信息。 公司应当结合自身及所处产业的特点，具体分析公司经营模式的竞争优势和劣势，充分提示可能存在的风险及其应对措施。 公司已在前次定期报告中完整披露其经营模式，报告期内未进行调整的，可以简化披露并提供查询索引。报告期内发生调整的，应当披露调整的原因，并分析新模式的特点、优劣势和风险。（上交所酒制造）
	上市公司应当披露公司经营模式，重点分析公司主要产品、生产模式、采购模式、销售模式等要素，并披露公司在原材料采购、生产工艺流程、品牌经营、渠道管理及促销等方面的运作策略和方式。公司存在多种经营模式的，应当分别披露相应信息。报告期内发生调整的，应当披露调整的原因，并分析新模式的特点、优劣势和风险。（上交所食品制造）
	上市公司应当结合行业特征和自身业务特点，披露生产模式、采购模式、销售模式等与经营相关的主要内容。如报告期内公司经营模式发生重大变化的，应披露新模式的特点、发生变化的原因、主要风险因素等情况。（深交所）
销售模式	上市公司应当披露以下产品销售情况： （1）销售模式，包括直销模式、代理模式等。 （2）销售渠道，包括直销渠道（含团购）、批发代理渠道等，以及不同销售渠道的销售收入、销售量等。 （3）分区域情况，按照国内与国外（如适用），以及国内不同管理片区披露相应地区分部的销售收入、销售量及占比。 （4）经销商情况，按照不同管理片区分类披露报告期内经销商数量及存续情况，包括增加和减少的经销商个数、增加和减少的经销商当年度及上一会计年度销售收入，经销商数量同比变化30%以上的，应当披露变化原因，以及可能对公司经营的影响并充分提示风险。 公司可以披露经销商管理情况，包括销售目标管理、库存管理、销售价格管理、渠道管理、培训管理、考核管理等。（上交所酒制造）
	上市公司应当披露销售模式的具体内容，包括直销模式、分销模式等，并披露不同模式下的营业收入、营业成本、毛利率及同比变动情况。同比变动30%以上的，还应当披露变化原因。 上市公司涉及经销商销售的，应当按照不同管理片区分类披露报告期内经销商数量、结算方式及存续情况，包括增加和减少的经销商个数、增加和减少的经销商当年度及上一会计年度销售收入。经销商数量同比变动30%以上的，应当披露变化原因。公司可以披露经销商管理情况，包括销售目标管理、库存管理、销售价格管理、渠道管理、培训管理、考核管理等。

续表

<table>
<tr><th>要点</th><th>具体内容</th></tr>
<tr><td rowspan="2">销售模式</td><td>上市公司涉及实体门店销售终端的，应当按照直营店、加盟店以及其他更为符合公司实际经营特点的门店类型，分类披露门店分布、变动和店效情况，包括报告期内各品牌门店的数量、类型及所占比例、报告期内门店增减情况、报告期内连续开业 12 个月以上门店的平均营业收入增长情况及开关店计划等。
实体门店销售营业收入占当期营业收入总额 10%以下的，可以免于披露上述信息。（上交所食品制造）</td></tr>
<tr><td>上市公司应详细披露以下与销售相关的具体内容：
（1）公司披露主要销售模式，如直销模式、经销模式等；并结合自身销售模式的特点，说明主要销售渠道，如线上销售、线下销售（门店销售、商超销售等）、自营销售、代理销售等。
（2）公司应按照销售模式或销售渠道分类，披露不同销售模式或销售渠道下的营业收入、营业成本、毛利率及同比变动情况。
公司应该按照产品类别分类，披露各类产品的营业收入、营业成本、毛利率及同比变动情况。
（3）涉及经销模式的，应当按照区域分类，披露报告期末经销商数量、报告期内增加数量、减少数量，如报告期末对同一地区经销商数量变动同比超过 30%的，应详细披露发生变化的原因。
公司应披露对经销客户的主要结算方式、经销方式，以及报告期内对前五大经销客户的销售收入总额、销售占比、期末应收账款总金额。
（4）涉及门店销售终端的，应当按照区域分类，分别披露直营门店、加盟门店及其他合作方式下的门店的期末数量、期初数量。如报告期末对同一地区的门店变动数量超过 30%的，应详细披露发生变化的原因。门店销售终端营业收入占当期营业收入总额 10%以下的，可以免于披露上述信息。
（5）涉及线上直销销售的，应当披露主要线上销售产品品种、平台名称等信息。
（6）如占当期营业收入总额 10%以上的主要产品销售价格较上一报告期的变动幅度超过 30%的，需分析售价变动原因及对公司产生的影响。（深交所）</td></tr>
<tr><td rowspan="2">销售费用具体构成</td><td>上市公司应当结合行业特点、自身经营销售模式、渠道管理特点，披露报告期内销售费用的具体构成和比重、销售费用总额和占当期营业收入比例。
销售费用及广告宣传费用、营销或促销费用、运输或仓储费用同比变动 30%以上的，应当披露具体变化原因，其中涉及广告宣传费用的，还应当披露具体构成和各项费用比重，包括全国性、地区性广告费用金额及比重。（上交所食品制造）</td></tr>
<tr><td>上市公司应详细披露销售费用的具体构成、金额、销售费用占比、同比增长率等信息；如单项细分费用同比变动超过 30%的，应披露变动的具体原因。
公司可根据自身经营模式、营销方式等特点对销售费用进行分类，应当包括但不限于广告宣传费、促销费、仓储费及物流费、人工费用等项目。公司应披露报告期内投放广告的主要方式、金额，包括但不限于线上广告、线下广告、电视广告等。（深交所）</td></tr>
</table>

续表

要点	具体内容
生产模式	上市公司应详细披露以下与生产相关的具体内容： （1）主要生产模式，包括但不限于自产、委托加工等。 （2）涉及委托加工生产的，应披露委托加工产品的内容、数量、占该类产品生产量的比重、委托加工劳务金额。如公司委托加工产品数量同比变动超过30%的，应详细说明发生变化的原因。 委托加工生产产品成本占营业成本比例低于10%的可免于披露。 （3）交易所鼓励上市公司按照产品分类，披露营业成本的主要构成项目，如原材料、人工费用、折旧、能源和动力等项目的金额、在成本总额中的占比情况。（深交所）
原料采购情况	上市公司应当披露以下原料采购情况： （1）采购模式，包括自产供应模式、合作供应模式和市场采购模式等。 （2）原料类别，包括酿酒原材料、包装材料和能源等。 （3）不同采购模式下各原料类别的采购金额及占当期总采购额的比重。（上交所酒制造）
	上市公司应当披露采购模式的具体内容，包括但不限于自产供应模式、市场采购模式等，并披露不同模式下的采购金额与占比，以及同比变动情况。同比变动30%以上的，应当披露变化原因。 报告期内主要原材料价格同比变动30%以上的，公司应当披露具体原因，并量化分析对公司营业成本的影响，以及拟采取的应对措施。（上交所食品制造）
	上市公司应详细披露以下与采购相关的具体内容： （1）采购模式及采购内容，主要采购内容（如原材料、燃料和动力等）的金额。 （2）涉及向合作社或农户采购原材料，且合计金额占采购总金额比例超过30%的，需披露向其采购的具体内容、总金额、结算方式、采购款实际支付情况等。 （3）报告期内，主要外购原材料价格同比变动超过30%的，公司应披露发生变动的具体原因并说明对主营业务成本的影响。（深交所）
食品安全情况	上市公司应当披露以下食品安全情况： （1）公司根据国家相关法律法规、部门规章或其他规范性文件所建立的食品安全管理制度。 （2）与食品安全相关的人员配置、资金投入及其使用情况。 （3）报告期内发生的特别重大食品安全事故、重大食品安全事故或其他影响正常生产经营的食品安全事件，具体分析并披露对公司当期及未来发展的影响，以及公司已采取或拟采取的整改措施。（上交所食品制造）

续表

要点	具体内容
风险因素	上市公司应当结合行业特点和自身经营模式，披露可能对公司未来发展战略和经营目标的实现产生不利影响的风险因素，包括食品安全风险、行业竞争风险、原材料价格波动风险、安全生产与环保风险等。 上市公司披露的风险因素应当充分、准确、具体，并进行实质分析，说明对公司当期及未来经营业绩的影响，以及公司已经或计划采取的措施及效果。 报告期内上市公司经营模式或市场环境发生重大变化的，应当对新增风险因素及其产生的原因、对公司的影响、拟采取的应对措施等进行分析。（上交所食品制造）
	如报告期内公司出现商标权属纠纷、食品质量问题、食品安全事故等情况且对公司产生重大影响的，应披露相关事项的进展情况，以及公司为消除上述事件影响所采取的应对措施。（深交所）
会计政策	上市公司披露财务报告附注时，应当同时按照下列要求履行信息披露义务： （1）公司应根据经营模式特点，在重要会计政策及会计估计中披露不同销售模式下的收入确认会计政策、产品风险转移的具体时点、期后销售退回、销售返利及销售奖励的会计核算方法等。 （2）在应收账款、预收账款项目的注释中，应披露上述往来款项的账龄、金额前五名的单位合计金额及占比情况；若单个客户应收账款余额占应收账款总额比例超过10%且账龄超过1年的，应当详细披露该客户应收账款形成的原因，并评估款项是否存在无法回收的风险、坏账准备计提的充分性等情况。 （3）在存货项目的注释中，应按照库存商品的主要产品类型，分别披露余额、存货跌价准备的计提情况等。 （4）在货币资金项目的注释中，酒制造企业应详细披露是否存在与相关方建立资金共管账户等特殊利益安排的情形，如存在，说明具体内容。（深交所）

【例】上市公司年报披露节选

案例一

1. 销售模式

（1）传统总代模式。

该模式以一省或多省为单位，由公司指定某一经销商作为公司的合作伙伴，在区域内独家代理公司产品销售。在区域内，该合作伙伴根据与公司达成的合作计划，按公司要求发展其产品销售网络和销售事务，加强对终端的服务和管理。公司部分线下市场活动由该合作伙伴代为执行。

（2）新型总代模式。

在新的总代模式下，公司负责销售前端管理，实现对销售点的掌控和开拓，总代作为销售服务平台负责销售后端包括订单处理、物流、仓储、收款等工作。同时，在上述省份，也相应增加了销售团队人手配备以适应新模式下的业务发展，加强对终端的服务和管理。

2. 销售渠道

单位：万元　币种：人民币

渠道类型	本期销售收入	上期销售收入	本期销售量（千升）	上期销售量（千升）
直销（含团购）				
批发代理	269 731.96	311 873.43	7 025.62	7 874.18
新渠道及团购	30 697.95	37 528.36	835.40	965.71
其他		4 359.95		4 665.84
合计	300 429.91	353 761.74	7 861.02	13 505.73

3. 区域情况

单位：万元　币种：人民币

区域名称	本期销售收入	上期销售收入	本期占比	本期销售量（千升）	上期销售量（千升）	本期占比
北区	49 495.74	52 446.40	16.47%	1 341.70	1 360.11	17.07%
东区	91 116.83	100 323.80	30.33%	2 506.47	2 594.94	31.88%
南区	36 937.46	42 472.64	12.29%	852.17	941.02	10.84%
中区	43 450.83	56 112.00	14.46%	1 128.42	1 477.18	14.35%
西区	48 428.47	58 386.89	16.13%	1 179.52	1 399.60	15.02%
新渠道	30 134.63	37 208.44	10.03%	824.08	964.41	10.48%
出口	865.95	2 451.62	0.29%	28.66	102.63	0.36%
其他		4 359.95			4 665.84	
汇总	300 429.91	353 761.74	100.00%	7 861.02	13 505.73	100.00%

4. 经销商情况

单位：个

区域名称	报告期末经销商数量	报告期内增加数量	报告期内减少数量
北区	8	1	1
东区	5		

续表

区域名称	报告期末经销商数量	报告期内增加数量	报告期内减少数量
南区	5		
中区	6		
西区	4		
新渠道	18		1
汇总	46	1	2

案例二

1. 销售模式

公司的销售模式以区域代理商为主,自营电商为辅。公司拥有经销商千余家,形成了相对扁平的分区域、分产品线的传统代理商销售模式,在此基础上,公司建立了自营为主的电商模式。在代理商模式的基础上,公司协助经销商拓展终端渠道,建立了数万家终端烟酒店联盟体合作单位、积极拓展企业团购、现代商超、餐饮等渠道,进一步加强了针对B2C电商渠道的拓展。公司按照“品牌IP化、终端场景化、消费者社群化、行动数字化”的模式推进市场营销工作,通过品鉴会、SD智慧之旅、名酒进名企、品牌荣誉大使、消费者俱乐部等方式培育消费者意见领袖,公司建立消费者会员营销体系,通过一年多时间积累了数十万的粉丝人群。

2. 销售渠道

单位:万元 币种:人民币

渠道类型	本期销售收入	上期销售收入	本期销售量(千升)	上期销售量(千升)
批发代理	217 467.32	221 342.65	15 070.43	12 399.33
电商销售	17 535.87	7 430.07	604.69	260.01
合计	235 003.19	228 772.72	15 675.12	12 659.34

3. 区域情况

单位:万元 币种:人民币

区域名称	本期销售收入	上期销售收入	本期占比	本期销售量(千升)	上期销售量(千升)	本期占比
省内	51 828.05	55 476.86	22.06%	5 468.47	2 574.31	34.89%

续表

区域名称	本期销售收入	上期销售收入	本期占比	本期销售量（千升）	上期销售量（千升）	本期占比
省外	165 607.94	165 809.99	70.47%	9 600.21	9 822.52	61.24%
电商	17 535.87	7 430.07	7.46%	604.69	260.01	3.86%
境外	31.33	55.80	0.01%	1.75	2.50	0.01%
合计	235 003.19	228 772.72	100.00%	15 675.12	12 659.34	100.00%

4. 经销商情况

单位：个

区域名称	报告期末经销商数量	报告期内增加数量	报告期内减少数量
省内	491	259	85
省外	1 270	226	415

公司构建了以地县级、分品牌代理商为主的经销体系，现有经销商千余家，扁平化的代理模式有利于服务下沉及降低渠道成本。公司搭建了经销商服务的信息管理平台，实现了从经销商到终端渠道的全渠道管理，有效实现渠道掌控和实施精细化营销。公司建设渠道管理团队服务于终端，提高终端服务水平和促销执行水平，对经销商进行嵌入式管理，持续推行“厂商 1+1”一体化运作。

2020 年，公司巩固了与经销商的合作关系，提出了“将 SD 酒打造成为经销商可以传承的事业”，与经销商建立“共商”“共建”“共享”的命运共同体和长期、稳定的合作伙伴关系，得到了经销商的积极响应。公司对经销商进行了优化和调整，新引进了一批有实力的经销商。

2020 年，公司进一步提升厂商协同效应，深入推进“厂商 1+1”模式。公司持续推进“长期合作、共商共建、区域保护、增加周转、降低库存、提升盈利”等合作理念的落地，持续提升经销商的忠诚度及稳定性。

5. 线上销售情况

单位:万元　币种:人民币

线上销售平台	线上销售产品档次	本期销售收入	上期销售收入	同比	毛利率
电商销售	中高、低档	17 535.87	7 430.07	136.01%	86.75%

未来线上经营战略

公司未来持续加强互联网营销渠道建设,将按照“一个增加、两个优化、四个加强”的模式持续提升运营能力,力争通过2~3年时间让SD酒成为互联网营销渠道最受消费者喜爱的老酒品牌。“一个增加”,持续增加分销渠道建设,让更广泛的人群通过互联网的多种平台接触和购买SDTP系列酒;“两个优化”,持续优化产品结构,构建互联网营销产品矩阵,推出更多具有流量的网红级大单品,持续优化运营模式,对消费者引流及效果投放进行精细化管理,提高市场声量和占有率;“四个加强”,加强人才队伍建设,加强站内营销及平台级合作,加强增量渠道及重点渠道运作,加强私域会员精细化运营。

【提示】

上述两个案例中,案例一公司分别说明了传统总代销售模式和新型总代销售模式,并列表披露了销售渠道、区域情况以及经销商情况,对销售情况的披露已满足行业指引的要求。案例二公司在行业指引的基础上进一步对报告期内经销商管理情况以及未来线上经营战略作了详细的阐述,有助于投资者了解公司的经营管理情况以及未来的发展规划。

十三、化工行业

(一)适用的指引

上交所《上市公司行业信息披露指引第十四号——化工》(化工业务是指化学原料和化学制品制造、化学纤维制造、橡胶和塑料制品、石油加工、炼焦和核燃料加工等化工相关业务)

深交所《行业信息披露指引第18号——上市公司从事化工行业相关业务》(化工行业相关业务是指上市公司从事化学原料和化学制品制造、化学纤维制造、橡胶和塑料制品制造、石油贸易和加工等相关业务活动)

（二）年报披露要求

化工行业上市公司年报一般要求披露行业宏观、客户市场、关键资源、关键流程等相关内容，具体如表 3-3-54 至表 3-3-57 所示。

表 3-3-54 行业宏观

要点	具体内容
宏观经济政策	上市公司应当披露报告期内对公司具有直接或重大影响的化工行业政策及法律法规等外部因素的变化情况，并说明对公司当期和未来发展的具体影响，以及公司已经或计划采取的应对措施。 前款规定的政策及法律法规，包括国内外宏观经济、贸易、产业、安全生产、环境保护等化工行业相关的政策及法律法规。（上交所）
	上市公司应当结合报告期内宏观经济形势、行业政策环境、上下游情况等外部因素的变化情况，分析行业发展状况及总体供求趋势，并说明对公司当期及未来发展的影响，以及公司已经或计划采取的应对措施。 应当披露进出口贸易规模及税收政策等变化情况对公司生产经营的影响。（深交所）
行业发展状况	上市公司应当按照主营产品所属细分行业，披露以下反映行业整体发展情况的信息：行业所处周期及变动情况、行业整体技术水平和更新情况、产能和开工概况、准入和生产资质取得情况，以及对行业未来主要发展趋势的分析与判断。（上交所）

【例】上市公司年报披露节选

行业发展趋势及面临的市场格局

1. 氨纶

经过二十余年的发展，我国氨纶产能占全球产能的比例已从 2002 年的 15.9% 提升至 2020 年的 72%，是全球最大的氨纶生产国。据第三方机构统计，2020 年我国合计新增产能 2.2 万吨，同比增加 2.6%，合计产能约为 87.2 万吨，产量约 70.5 万吨，表观需求量约为 66.9 万吨同比上升 9%。2020 年受国外订单回流、口罩类医用需求增加以及高含量氨纶应用占比增加，国内氨纶企业效益普遍向好，龙头企业加速抢占市场份额，资源逐渐向头部企业集中，行业集中度进一步提升。

氨纶作为一种功能型面料，市场需求逐年递增，目前氨纶市场整体需求旺盛、发展迅猛。由于国民经济水平的不断提高，高档面料的需求也随之增加，近年来运动类弹力面料增长迅速，同时氨纶产量的增加、价格的下降将为氨纶的发展创造更加有利的条件，氨纶应用领域不断扩大，织物氨纶含量不断提高，进一步刺激市场需求。随着氨纶在纺织产品的渗透率的不断提升和人民健康生活习惯的改变，预计未来将会迎来广阔的市场空间。此外，氨纶具有广阔的差异化发展潜力，目前在医疗、汽车内饰等产业领域应用占比较小，未来增长空间巨大。

2. 聚氨酯

中国聚氨酯工业经历了20多年的高速增长后，中国已成为全球最大的聚氨酯原材料和制品的生产基地，生产技术水平不断提升，产品基本满足国民经济和社会发展需求，行业增速由高转低。进入“十三五”以后，消费市场趋于平稳发展，行业开始进入产业整合和提升阶段。随着国家对安全生产、环境保护以及市场对产品质量、性能等要求的提高，行业结构调整和产业升级步伐加快，创新发展将成为今后的主旋律。

聚氨酯原液的下游产业主要有鞋类、缓冲垫、轮胎、家具等行业，随着全球经济的增长，人们生活水平的提高，产品整体需求会稳定增长。同时，目前国内聚氨酯原液产品在汽车及高铁缓冲垫、轮胎等聚氨酯制品新兴领域的应用还刚刚起步，未来新领域的拓展空间巨大。

3. 己二酸

己二酸是重要的化工原料，主要应用于尼龙66和聚氨酯领域两方面。目前从全球来看，己二酸市场整体供应充足，竞争激烈，充分市场化。近年来由于国内环保要求提高，监管力度加强，且市场竞争不断加剧、下游对品质要求提高，行业内不符合环保要求或缺乏竞争优势的厂商迫于压力停产或减产，己二酸行业正经历优胜劣汰、产能集中化的过程。

目前己二酸产品发展的重要方向之一为新技术的开发和下游应用。发展新型绿色清洁生产工艺，减少其生产过程中含酸废水和温室效应气体的排放，进一步提高产品质量，向世界先进生产力水平看齐，提升自身核心竞争力。下游应用将越发侧重于环保可循环可降解的材料，例如热塑性聚氨酯弹性体材料（TPU）和可降解材料PBAT。待国内己二腈突破后，尼龙66也将迎来爆发性增长。

据第三方机构统计，2020年我国己二酸消费量约122吨，同比增长7.0%，虽受新冠肺炎疫情影响，但己二酸国内下游反而加速发展，今后3年我国己二酸销售负荷增速预计在10%左右。

【提示】

本例中，根据行业指引的要求，该上市公司按照主营产品所属细分行业，对氨纶、聚氨酯、己二酸的行业整体发展情况的相关信息进行披露，包括了行业所处周期及变动情况、行业整体技术水平和更新情况、产能和开工概况，以及对行业未来主要发展趋势的分析与判断。上述信息的披露有助于投资者了解上市公司主营业务所处行业的整体发展状况，有利于投资者的决策与判断。

表 3-3-55　客户市场

要点	具体内容
行业地位	上市公司应当按照主营产品所属细分行业，披露以下反映公司行业地位的信息：结合公司自身技术水平、科研能力、资源配置、生产规模与效能、成本控制情况及产品特点、产品市场占有率等，分析公司的行业地位、核心竞争优势和主要劣势。（上交所）
经营数据	上市公司应当披露主要产品及用途、主要产品工艺流程、主要产品的上下游产业链、主要经营模式等。如较上一报告期发生重大变化，应当披露变化的原因。 上市公司应当单独披露占公司营业收入或净利润10%以上的产品，分项列示产品的产量、销量及收入实现情况、产品每半年度的平均售价及同比变动情况，并分析变动原因。 上市公司海外业务产生的营业收入或净利润占公司最近一个会计年度经审计营业收入或净利润10%以上的，还应披露海外业务开展的具体情况、报告期内税收政策对海外业务的影响及公司的应对措施。（深交所）

表 3-3-56　关键资源

要点	具体内容
研发创新	上市公司应当披露公司生产工艺、流程管理等方面的基本情况和研发创新方面的信息，包括生产流程、创新机制、人才储备、专利及配方等技术储备，以及研发创新成果在主要产品和生产工艺等方面的应用情况。（上交所）
	上市公司应当披露主要产品生产技术所处的阶段、核心技术人员情况、专利技术、产品研发优势等。（深交所）
产能与开工情况	上市公司应当披露产能与开工情况，包括各厂区的设计产能、报告期内的产能利用率、在建产能及投资建设情况、生产线的扩充调整能力及实际增减情况，以及产品线或产能结构优化调整情况等。 公司报告期内出现非正常停产情形的，还应当披露非正常停产的原因、公司采取的应对措施、复产情况以及对公司生产经营的影响等。（上交所）
	上市公司应当以列表方式披露主要产品的设计产能、产能利用率、在建产能及其投资建设情况等，并分别披露主要化工园区生产的产品种类。 上市公司应当披露报告期内正在申请或者新增取得的环评批复情况，如涉及新增产能，需明确环评申请所处阶段，并提示风险。 报告期内上市公司如出现非正常停产情形的，应当披露非正常停产的原因、停产子公司或车间产生的营业收入和净利润占最近一个会计年度经审计营业收入和净利润的比例、复产情况、预计复产时间以及对公司生产经营的影响等。（深交所）

续表

要点	具体内容
能源供应	上市公司能源采购价格占生产总成本30%以上的，应当披露主要能源供应情况，包括但不限于主要能源类型、主要能源每半年度的采购金额及数量等。报告期内上市公司主要能源类型发生重大变化的，应当披露变化的原因、对公司生产经营的影响以及公司的应对措施。（深交所）
相关资质	上市公司应当披露报告期内主要产品生产、运输、销售等方面已取得及应取得的相关批复、许可、资质及有效期。下一报告期内相关批复、许可、资质有效期限将届满的，公司应当披露续期条件的达成情况。（深交所）

【例】上市公司年报披露节选

1. 产能与开工情况

主要厂区或项目	设计产能（万吨）	产能利用率	在建产能	在建产能已投资额	在建产能预计完工时间
SZ 厂区	140	92.08%			
NT 厂区民用丝	120	51.19%	恒科新材料已投产 120 万吨，剩余 60 万吨在建		项目建设周期为 48 个月，采取分批投入、分批投产的方式
SQ 厂区民用丝	20	88.55%			
KH 厂区聚酯薄膜	26.6	73.16%	在建聚酯薄膜 12 万吨		项目预计 2021 年 7 月份正式达产
KH 厂区膜级聚酯切片	16	136.50%			
KH 厂区工程塑料	24	71.21%			
KH 厂区 PBS 类生物可降解塑料项目	3.3	—	年产 60 万吨 PBS 项目、年产 30 万吨 PBS 项目		项目分两期建设，一期预计 2022 年年中陆续投产，二期预计 2022 年年底陆续投产
DL 厂区 PTA 项目	1 160	82.89%			
DL 厂区炼化项目	2 000	129.33%			
DL 厂区乙烯项目	150	45.89%			
HLSH（HZ）有限公司 2×250 万吨/年 PTA 项目			500 万吨	0	计划于 2022 年上半年建成投产

注：各厂区或项目设计产能为已建成投入的产能情况，不包含在建产能。

2. 生产能力的增减情况

报告期内，HLHG 150 万吨乙烯项目建成投产；HKXCL 年产 135 万吨高品质纺织新材料项目部分建成投产，新增 POY 产能 20 万吨，聚酯产能 60 万吨；YKKH 厂区 3.3 万吨 PBAT 项目建成投产；PTA-4、PTA-5 项目建成投产，PTA 总产能增至 1 160 万吨。

3. 产品线及产能结构优化的调整情况

报告期内，HLHX 年产 20 万吨高性能车用工业丝技改项目建成投产，技改完成后，SZ 厂区现有产能聚酯切片 20 万吨，民用丝 80 万吨，工业丝 40 万吨。

【提示】

本例中，上市公司以表格形式披露了报告期内设计产能和在建产能的情况，同时对报告期内生产能力的增减情况、产品线及产能结构优化的调整情况进行了介绍，若能对部分厂区产能利用率较低的原因进一步解释说明，则更具可读性。

表 3-3-57　关键流程

要点	具体内容
主要经营模式	上市公司应当披露主要经营模式，并结合自身业务特点与行业惯例，披露公司主要产品的分类、属性、用途、运输与存储方式，并说明主要产品的上下游产业链、主要产品价格的影响因素等情况。公司可以使用表格、图片、流程表等方式进行辅助描述。 公司已在前次定期报告中完整披露其经营模式，报告期内未进行调整的，可以简化披露并提供查询索引。报告期内发生调整的，应当披露调整的原因及调整后的经营模式，并分析新模式的特点、优劣势和风险，以及对公司的影响。（上交所）
细分行业经营状况	石油加工、石油贸易行业：应当披露公司主要销售渠道、公司码头、仓储、储罐容量等物流设施情况。 化肥行业：应当披露公司主要产品种类、竞争优势、营销方式、政府补贴对公司生产经营的影响、销售淡季生产能力的安排。 农药行业：应当披露公司主要产品市场占有率、农药产品登记情况、主要产品的用途及竞争优势。 氯碱、纯碱行业：应当披露公司产业链布局、单位产值能耗情况、是否享受优惠电价，并说明电价政策和购电价格变化对公司营业成本的影响。 化纤行业：应当披露产品品种及用途、进出口贸易规模及税收政策等变化情况及对公司生产经营的影响。 塑料、橡胶行业：应当披露销售模式、产品品种及应用领域。（深交所）

续表

要点	具体内容
采购模式	上市公司应当按照主要原材料和能源的类型分别披露采购模式、结算方式、价格波动情况、采购量和生产耗用量,并量化分析主要原材料及能源价格变化对公司营业成本的影响。(上交所)
	上市公司应当结合主要产品的成本要素构成,详细披露主要原材料的采购模式、各项主要原材料采购额占采购总额的比例、结算方式是否发生重大变化、主要原材料每半年度的平均价格等。如主要原材料价格较上一报告期发生重大变化,应当披露变动的原因,并量化分析原材料价格波动对公司营业成本的影响。(深交所)
衍生产品交易、阶段性储备	上市公司采用衍生产品交易等金融手段应对主要原料或燃料价格波动风险的,应当分类汇总披露相关金融产品的持有目的、金额、风险敞口、套期保值效果、可能承担的最高损失金额及相关会计政策。 公司采用阶段性储备等其他方式进行应对的,应当披露相关措施的具体策略及报告期内实施情况,并量化分析可能对公司财务状况、经营成果和现金流量造成的影响。(上交所)
	报告期内开展金融工具套期保值业务的,应当披露衍生品交易情况。(深交所)
销售模式	公司存在自销、他人代销、连锁、线上线下或多级经销等多种销售渠道的,应当分类列示各主要销售渠道实现的收入、占比及其相关会计政策。(上交所)
安全生产	上市公司应当披露报告期内发生的重大安全生产事故的具体情形、处理结果,以及对公司产生的影响。(上交所)
	上市公司应当披露报告期内安全管理相关内部控制制度的建设及运行情况,包括但不限于公司安全生产监管体系、安全生产标准化建设、安全生产工艺、安全生产投入、安全生产教育与培训和报告期内接受主管单位安全检查的情况等。报告期内公司发生重大安全事故的,还应当披露影响及应对措施。(深交所)
环保违规	上市公司应当披露报告期内发生的重大环保违规事件的具体情形、处理结果,以及对公司产生的影响。(上交所)
	报告期内上市公司因违反环保法律法规及相关监管规定被环保部门处以行政处罚的,应当披露处罚的原因、内容及整改措施。 不属于环境保护部门公布的重点排污单位的公司或其重要子公司的,鼓励参照重点排污单位披露主要环境信息。(深交所)

续表

要点	具体内容
重要财务信息	上市公司应当披露报告期内以下重要财务信息： (1) 固定资产投资情况。上市公司固定资产占比达到报告期末公司总资产 50% 以上的，应当披露新增固定资产投资规模、预计产能、建设周期、在建工程转固情况。 (2) 固定资产、无形资产、存货减值情况。公司计提大额减值准备的，应当披露减值资产或存货的具体类别、减值的确定依据、履行的内部决策程序、对公司当期和未来业绩的影响。 (3) 安全生产费计提情况。公司按照规定应计提安全生产费的，应当披露安全生产费的计提标准、报告期内计提和使用情况。报告期内安全生产费的计提标准发生变化的，应当披露具体情况和原因。(上交所)
	上市公司披露财务报告附注时，应当披露与行业相关的具体会计政策，并按照下列要求履行信息披露义务： (1) 依据自身业务模式和结算方式，详细披露收入确认会计政策，并披露行业特殊的收入确认条件、确认时点和核算依据。 (2) 披露报告期内固定资产、在建工程投资情况，包括但不限于新增投资规模、预计产能、建设周期、在建工程转固情况。 (3) 披露报告期内安全专项储备的核算情况，包括但不限于计提比例、计提金额和安全专项储备在报告期内的使用情况。(深交所)

十四、家具制造行业

(一) 适用的指引

上交所《上市公司行业信息披露指引第十六号——家具制造》

(二) 年报披露要求

家具制造行业上市公司年报一般要求披露行业宏观、客户市场、关键资源、关键流程等相关内容，具体如表 3-3-58 至表 3-3-61 所示。

表 3-3-58　行业宏观

要点	具体内容
宏观经济政策	上市公司应当披露报告期内对所属细分行业具有重大影响的宏观经济政策形势、产业规范、行业政策、居民收入水平、房地产行业景气度、进出口政策、汇率、境内外市场环境等外部因素的变化情况，并说明对公司当期和未来发展的具体影响，以及公司已经或计划采取的应对措施。

续表

要点	具体内容
行业发展状况	上市公司应当披露家具制造业的发展状况，并结合行业发展状况分析报告期内公司经营情况与行业发展是否一致。

表 3-3-59　客户市场

要点	具体内容
行业地位	上市公司应当结合业务规模、经营区域、产品类别和特点、竞争对手情况，披露所在细分行业或区域的市场竞争格局、发展趋势、公司市场地位、竞争优势及劣势等。
收入利润情况	上市公司应当按行业特点和自身经营模式，披露报告期内以下主营业务收入和主营业务利润的构成情况： （1）按主要品牌和非品牌披露营业收入、营业成本、毛利率及同比增减情况，毛利率同比变动 5 个百分点以上的，应当披露变化原因。 （2）按销售渠道披露营业收入、营业成本、毛利率及同比增减情况，毛利率同比变动 5 个百分点以上的，应当披露变化原因。 上市公司可以根据自身经营特点，采用其他分类标准披露主营业务收入构成的经营信息，并保持信息披露的持续性和一致性。
品牌建设情况	上市公司销售品牌家具产品的，应当披露以下品牌建设情况： （1）公司销售自有品牌的，应当披露核心品牌名称、主要产品类型、特点、定价策略、主要销售区域等。 （2）公司销售合作品牌的，除按照本条第（1）项要求进行披露外，还应当披露品牌及商标权权属、合作方名称、合作方式和合作期限等。 （3）公司销售被授权品牌的，除按照本条第（1）项要求进行披露外，还应当披露授权方、授权期限、是否为独家授权等情况。 品牌家具的营业收入占当期营业总收入 10%以下的，可免于披露上述信息。
实体经营门店的经营情况	上市公司有实体门店销售终端的，应当按照直营店、经销店或其他更为符合公司实际经营特点的门店类型，分类披露以下情况： （1）实体门店分布情况，包括按主要区域披露的报告期内各品牌门店的数量和类型，公司按照其他更为符合公司实际经营特点的类别进行披露的，应当明确类别划分标准，并保持披露的持续性和一致性。 （2）门店增减情况，包括报告期末各类型门店的数量与上年同期相比的增减情况、报告期内新开门店的数量和类型、报告期内关闭门店的数量和类型。如报告期内关闭门店数达到期初门店总数的 10%以上，应当进一步披露关闭门店的主要原因，是否涉及经营战略重大调整。 门店渠道的营业收入占当期营业总收入 10%以下的，可免于披露上述信息。

【例】上市公司年报披露节选

品牌建设模式

公司非常重视 OPJJ 旗下系列品牌的建设，品牌建设主要通过几个方面：

(1) 品牌规划。基于企业、品牌、行业、消费者的研究，将公司品牌建设提升到企业经营战略的高度，提出企业品牌中长期发展战略，并以此指导日后的具体品牌营销战术。深度挖掘品牌核心价值体系，并以其为中心，建立强大的品牌识别体系，给消费者带来强联想。

(2) 品牌宣传。为规范公司品牌宣传，完善品牌管理，促进品牌发展，有效地进行品牌保护，使品牌价值最大化，公司制定了详细的品牌管理制度，在各类媒体渠道实施的各类公益品牌宣传广告、硬性广告、软性新闻宣传，并积极参与各类公益性赞助活动，组织各类庆典、新闻发布会、促销推广、招商展览活动等。

(3) 渠道布局和推广。全面推行"10+1"终端经营模式，通过范围覆盖较广的经销门店、统一整洁的设计装修和训练有素的专业人员展示公司整体形象，提高"OP、OBL、OBN、BNS"系列品牌的知名度和美誉度。公司对经销商经营成效、服务质量设有完备的考核、监督、预警机制，以最大程度保护终端消费者的利益，维护欧派品牌的美誉度，公司的经销商管理水平始终领先于同行业。

目前，公司拥有 OP、OBN、OBL、BNS 等核心品牌，OP 品牌为公司最核心的品牌。

(1) OP：OP 品牌拥有橱柜、衣柜(全屋定制)、卫浴、软装配饰、电器等产品，产品定位中高端。

(2) OBN：公司木门系统、金属门窗产品为 OBN 品牌，OBN 定位中高端人群，坚持意大利原创设计，致力于提供门墙柜一体化的全屋定制系统解决方案。OBN 产品品类齐全，包括木门、装甲门、金属门窗三大品类，及护墙板、装饰线、五金、家具、软装五大配套。OBN 从消费者居住的空间和个性化需求出发，打造静音、防潮、环保、智能等多个维度的融合体系，让空间更多变、功能更实用、生活更便捷，居家更有爱。

(3) OBL：OBL 是公司旗下轻奢时尚品牌，产品涵盖橱柜、全屋定制等产品。OBL 以年轻刚需和有改善性需求的消费者为核心目标市场，是 OP 对家的另一种个性表达。OBL 的目标客户人群为崇尚个性、自由率性、充满生活想象力的 Me 世代。

（4）BNS：2020 年，伴随行业风口到来，OP 携手意大利设计联盟及全球顶级家居供应链，推出 BNS 品牌，强势进军高端定制家居领域。BNS 品牌于 2018 年成立于意大利，产品涵盖了橱衣木卫等多个品类，定位意大利高奢定制家居，主要面向追求品质及体验的城市高净值精英阶层。未来，BNS 品牌将进一步聚拢集团内外优势资源，强化品牌核心竞争力，形成全新高定增长商业模式，打造高定行业标杆品牌。

【提示】

本例中，上市公司从品牌规划、品牌宣传、渠道布局和推广三方面介绍了公司品牌建设模式，符合行业指引的要求。除此之外，公司对拥有的核心品牌情况也进行展开说明，图片与文字相结合的方式使投资者对公司不同的品牌的定位和发展情况有了更直观的了解。若公司在文字说明后附上各个品牌代表性产品的精美图片，会进一步提升投资者的阅读兴趣。

表 3-3-60　关键资源

要点	具体内容
成本情况	上市公司应当按行业特点和自身经营模式披露成本信息： （1）按照自产产品、外包生产、外购成品及其他来源等类别，披露产量或采购量、销量、营业成本。 （2）披露自产产品的原材料成本、人工成本和制造费用等成本构成情况，成本构成因素较上年变动 30%以上的，公司应当结合宏观经济、行业发展和自身经营等情况，披露具体原因、影响程度、相应风险以及公司已经或计划采取的应对措施。 （3）披露自产产品原材料成本的具体构成情况，以及原材料采购模式、原材料存货安排等，对于成本占比最高的三项原材料，单个供应商的采购金额达到单项材料采购金额 50%的，披露供应商集中的风险。
产能情况	上市公司应当披露公司的生产制造情况： （1）主要生产工厂及其建筑面积，并按产品类别披露实际产量、设计产能、产能利用率。 （2）在建产能及投资建设情况，并结合市场供求变化，披露产能实现的影响和调整计划。 （3）公司主要经营定制化整体家具的，还应当按产品类别披露从接单设计到生产发货的平均周期。

续表

要点	具体内容
存货情况	上市公司主要经营成品家具的，应当披露以下存货相关情况： （1）按门店展示商品、门店存货、仓库存货、清仓存货等分类别披露存货余额。 （2）库存商品的库龄情况及相应的存货跌价准备计提情况。 公司报告期末存货余额占总资产10%以下的，可免于披露上述信息。

表3-3-61　关键流程

要点	具体内容
经营模式	上市公司经营定制化整体家具或成品家具的，应当披露主要产品和经营模式，重点分析公司所在的产业链位置、盈利模式、产品特色等要素。 公司定制化整体家具或成品家具的营业收入占当期营业总收入均为20%以上的，应当分别披露相应信息。 公司在报告期内调整经营模式的，应当披露调整的原因，并分析新模式的特点、优势和风险。
大宗业务	上市公司应当披露以下大宗业务相关情况： （1）主要销售模式及结算方式。 （2）客户拓展及维护情况。 （3）报告期内订单签订金额及同比变动。 （4）报告期内大宗业务相关应收账款余额、应收账款周转天数及同比变化，并说明信用政策是否发生重大变化。 大宗业务的营业收入占当期营业总收入10%以下的，可免于披露上述信息。
重大外币业务	上市公司应当披露重大外币业务情况，包括外币业务种类、规模、当期汇率波动对公司汇兑损益的影响金额，以及应对措施。 境外业务的营业收入占当期营业总收入10%以下的，可免于披露上述信息。
风险因素	上市公司应当结合行业特点和自身经营模式，披露可能对公司未来发展战略和经营目标的实现产生不利影响的风险因素，包括原材料价格波动风险、市场竞争加剧风险、人民币汇率波动风险等。 上市公司披露的风险因素应当充分、准确、具体，并进行实质分析，说明对公司当期及未来经营业绩的影响，以及公司已经或计划采取的措施及效果。 报告期内上市公司经营模式或市场环境发生重大变化的，应当对新增风险因素及其产生的原因、对公司的影响、拟采取的应对措施等进行分析。

十五、有色金属行业

（一）适用的指引

上交所《上市公司行业信息披露指引第十七号——有色金属》

（二）年报披露要求

有色金属行业上市公司年报一般要求披露行业宏观、客户市场、关键资源、战略规划、关键流程等相关内容，具体如表 3-3-62 至表 3-3-66 所示。

表 3-3-62　行业宏观

要点	具体内容
宏观经济政策	上市公司应当披露报告期内对有色金属采选、冶炼及压延加工行业具有重大影响的宏观经济政策形势、生产者物价指数（PPI）、进出口政策、汇率波动、行业政策、产能调整政策、收储政策、环保政策、税费制度、下游需求以及新兴运营模式等外部因素的变化情况，并说明其对公司当期和未来发展的具体影响，以及公司已经或计划采取的应对措施。

表 3-3-63　客户市场

要点	具体内容
行业地位	上市公司应当结合行业发展状况和相关行业指标，披露公司或主要产品在行业或主要经营地区的所处地位、竞争优势，以及行业景气度对公司发展的影响。 公司应当结合自身业务经营模式，选取有针对性的相关行业指标，包括有色金属产量、资源储量、全球有色金属价格指数、产能利用率、三废循环利用率、矿产资源综合利用率、环保投入及占销售收入的比例、研发投入、市场或区域市场占有率及需求情况等。
具有投资属性的有色金属品种生产	上市公司从事具有投资属性的有色金属品种生产的，应当披露政治、需求与通胀等因素导致的市场价格波动情况，以及对储量价值的影响。 公司单一有色金属品种的营业收入或毛利额占公司营业总收入或总毛利额 10%以下的，可免于披露上述信息。

表 3-3-64　关键资源

要点	具体内容
矿山资源情况	上市公司拥有境内自有矿山的，应当披露矿山资源情况，包括公司矿产资源总量及主要矿区和主要品种有色金属的资源量、储量、品位、年产量、资源剩余可开采年限、许可证/采矿权有效期、复垦投入等，并披露相关资源量和储量的计算标准。交易所鼓励上市公司披露可信储量、证实储量等信息。 公司在矿产资源储量新老分类标准数据转换工作完成前，可按照原 1999 年国家标准进行披露。 上市公司自有矿山位于境外的，在披露第一款所述信息时，可采用境外主要分类标准。分类标准包括：澳大利亚矿产资源储量分类（JORC）、加拿大矿产资源和储量分类标准（CIM）、南非矿产资源储量分类（SAMREC）、英国材料、矿石和冶金协会（IMMM）报告规范等。采用境外分类标准，应说明与我国分类标准的差异。

续表

要点	具体内容
成本情况	上市公司应当披露下列因素变动对成本的影响： （1）自有矿山、境内采购、境外进口矿石的总量占比，并结合运输费用、仓储情况、外汇波动等因素的变动情况，披露外购矿石对公司成本的影响。 （2）结合节能降耗与资源再生利用，披露直供电政策、电价调整、煤炭价格波动等因素对能源消耗成本总量的影响。 （3）披露开展低效产能调整退出、循环经济对公司成本的影响。
产能状况	上市公司应当披露有色金属的下列产能状况： （1）主要工厂的设计产能、实际产能、在建产能，并披露产能计算方法。 （2）受市场供求情况和国家产业政策等因素影响，计划下一年度释放或压缩产能的调整方案。
重大项目建设进展情况	上市公司应当披露重大有色金属项目的建设进展情况，包括报告期内的建设规模、截至报告期末的投资额与完工进度、预计建成时间与建成后投产时间，以及在建项目可能存在的主要风险、实施障碍及其应对措施。
科研项目	上市公司应当披露报告期内科研开发与技术创新的主要项目、人员与资金投入、取得的主要成果、转化情况及对公司生产经营的影响。

【例】上市公司年报披露节选

矿山资源

案例一

<table>
<tr><th>矿山名称</th><th>主要品种</th><th>资源量（百万吨）</th><th>储量（百万吨）</th><th>品位（铝硅比）</th><th>年产量（千吨）</th><th>资源剩余可开采年限（年）</th><th>许可证/采矿权有效期</th></tr>
<tr><td>几内亚矿</td><td>铝土矿</td><td>1 750.00</td><td>775.04</td><td>Al_2O_3 39.1%</td><td>12 000</td><td>>60</td><td>2033 年 7 月</td></tr>
<tr><td>平果矿</td><td>铝土矿</td><td>60.89</td><td>51.78</td><td>11.01%</td><td>5 807</td><td>10.9</td><td>2024 年 3 月至 2036 年 4 月</td></tr>
<tr><td>贵州矿</td><td>铝土矿</td><td>120.44</td><td>38.15</td><td>7.12%</td><td>2 001</td><td>18.8</td><td>2024 年 10 月至 2038 年 12 月</td></tr>
<tr><td>遵义矿</td><td>铝土矿</td><td>25.88</td><td>9.63</td><td>5.58%</td><td>1 003</td><td>7.0</td><td>2021 年 5 月至 2030 年 12 月</td></tr>
<tr><td>孝义矿</td><td>铝土矿</td><td rowspan="2">79.72</td><td>9.99</td><td>5.38%</td><td>499</td><td rowspan="2">14.9</td><td>2023 年 5 月至 2031 年 9 月</td></tr>
<tr><td>山西其他矿</td><td>铝土矿</td><td>15.25</td><td>4.66%</td><td>1 523</td><td>2017 年 9 月至 2035 年 7 月</td></tr>
</table>

续表

矿山名称	主要品种	资源量（百万吨）	储量（百万吨）	品位（铝硅比）	年产量（千吨）	资源剩余可开采年限（年）	许可证/采矿权有效期
三门峡区域事业部	铝土矿	93.67	4.73	4.33%	401	22.2	2020 年 12 月至 2031 年 10 月
洛阳区域事业部	铝土矿		1.28	4.74%	754		2021 年 3 月至 2031 年 10 月
郑州区域事业部	铝土矿		12.64	4.55%	855		2020 年 4 月至 2031 年 10 月
许平矿	铝土矿	79.72	3.80	5.20%	277	7.8	2019 年 5 月至 2024 年 10 月
三门峡矿	铝土矿		24.19	4.97%	507		2021 年 11 月至 2027 年 4 月
焦作矿	铝土矿		0.37	5.13%	388		2018 年 9 月至 2024 年 10 月
阳泉矿	铝土矿	3.38	1.02	4.19%	426	5.7	2031 年 9 月至 2036 年 5 月
南川矿	铝土矿	28.26	17.82	3.73%	0	14.6	2022 年 12 月至 2026 年 11 月
华兴矿	铝土矿	65.17	2.54	6.86%	2 768	14.5	2020 年 9 月至 2022 年 8 月

注：①上表中储量按《固体矿产资源储量分类》(GB/T 17766-2020)计算。②由于一个矿山拥有多个采矿证，此处“许可证/采矿权有效期”指该矿山采矿证到期日的时间区间。个别过期采矿权延续资料已报送当地矿业权管理部门审批，办理采矿权延续期间未进行开采。③原渑池矿更名为三门峡区域事业部；原洛阳矿更名为洛阳区域事业部；原小关矿、巩义矿、登封矿、新密矿整合为郑州区域事业部。④原许昌矿、平顶山矿整合为许平矿。

案例二

矿山（公司）名称	主要品种	保有总资源量（含储量）		储量		资源剩余可开采年限	许可证/采矿权有效期	资源储量计算标准	风险提示
		金属量	品位	金属量	品位				
波格拉金矿	金	330 625	4.02	154 072	4.77	露采 9 年，地采 11 年	采矿权（2019.8.17）	边界品位的取值，储量按照金价 1 200 美元/盎司，资源量按照金价 1 500 美元/盎司，软件计算	采矿证已过期，处于谈判阶段
帕丁顿金矿	金	343 218	1.16	32 475	1.30	5	168 个采矿权；10 个勘查许可证（均在有效期内）	露天矿边界品位 0.5～0.8 克/吨，地下矿边界品位 1.5～3.0 克/吨，软件计算	储量占比较低

续表

矿山（公司）名称	主要品种	保有总资源量（含储量）		储量		资源剩余可开采年限	许可证/采矿权有效期	资源储量计算标准	风险提示
		金属量	品位	金属量	品位				
左岸金矿	金	62 687	5.53	30 675	4.62	13	采矿权（2026.1.5）	边界品位 0.5 克/吨，工业品位 2 克/吨，软件计算	
吉劳、塔罗金矿	金	96 133	2.10	62 526	2.51	4（吉劳），18（塔罗）	采矿权（2 个）（2021.1.27）；采矿权（2 个）（2023.2.25）	吉劳边界品位 0.5 克/吨，工业品位 0.8 克/吨；塔罗边界品位 1.2 克/吨，工业品位 2.51 克/吨，软件计算	其中低品位金 12.1 吨；两个采矿权过期，正在办理延续，不影响主要生产活动
武里蒂卡金矿	金	295 800	8.53	118 000	6.98	15	采矿权（2043.3.19）	边界品位资源量 3 g/t，Datamine 软件计算	
奥罗拉金矿	金	177 819	2.80	69 703	2.70	露采 8 年，地采 18 年	采矿权（2031.11.18）	边界品位基于 1 500 美元/盎司的金价确定，采用 Leapfrog 和 Datamine 软件计算	
曙光金矿	金	24 118	0.44	16 764	0.47	5	采矿权（2025.8）采矿权（2023.5）	边界品位当量金 0.45 克/吨，工业品位当量金 0.6 克/吨，软件计算	
	铜	98 318	0.18	68 474	0.19				
紫金山金铜矿	金	7 853	0.33	651	0.30	21	采矿权（2043.6.13）	金边界品位 0.2 克/吨，工业品位 0.5 克/吨，露采铜边界品位0.15%，地采铜边界品位 0.2%，工业品位 0.5% 软件计算	金矿储量占比较低
	铜	1 721 100	0.42	673 935	0.38				
阿舍勒铜矿	铜	563 627	2.82	464 624	2.97	8	采矿权（2031.2.2）	边界品位 0.3%，工业品位 0.5%，水平平行断面法	

续表

矿山(公司)名称	主要品种	保有总资源量(含储量)		储量		资源剩余可开采年限	许可证/采矿权有效期	资源储量计算标准	风险提示
		金属量	品位	金属量	品位				
多宝山铜矿	铜	2 435 691	0.40	743 739	0.53	20	采矿权(2026.4.10)	边界品位 0.2%,工业品位 0.4%,平行垂直剖面法	其中低品位铜 59.2 万吨
驱龙铜矿	铜	10 715 356	0.40	4 209 933	0.39	驱龙 47;知不拉露采 9、地采 16	采矿权(2037.9.29)探矿权(2037.9.29)采矿权(2041.1.6)	驱龙:边界品位 0.2%,工业品位 0.4%,3DMine 软件计算;知不拉:边界品位 0.3%,工业品位 0.5%,平行剖面法	其中低品位铜 559.9 万吨
科卢韦齐铜矿	铜	1 077 522	4.17	274 567	4.30	10	采矿权(2 个)(2024.3.4)	边界品位 0.5%,工业品位 1.0%,软件计算	
塞尔维亚紫金铜业	铜	10 119 002	0.40	4 567 664	0.38	MS 南坑 19,MS 北坑 21,VK19,NC21,JM19	采矿权(3 个)(长期有效,无固定期限)	边界品位 0.15%,gemcom 软件计算	
卡莫阿铜矿	铜	43 690 000	2.53	11 340 000	4.63	37	采矿权(2042.8.19)	边界品位 1%,软件计算	
佩吉铜金矿上带矿	铜	1 280 000	3.00	890 000	3.28	11	探矿权(2022.4.19)	NSR 边界品位取值,资源量按矿石量 35 美元/吨,储量按矿石量 35 美元/吨	
	金	81 491	1.91	55 986	2.07				
佩吉铜金矿下带矿	铜	14 300 000	0.86	0	—		探矿权(2022.4.19)	NSR 边界品位取值,资源量按矿石量 25 美元/吨	全部为推断资源量
	金	298 593	0.18	0	—				

续表

矿山（公司）名称	主要品种	保有总资源量（含储量）		储量		资源剩余可开采年限	许可证/采矿权有效期	资源储量计算标准	风险提示
		金属量	品位	金属量	品位				
碧沙铜锌矿	锌	3 035 295	4.81	693 019	5.30	7	采矿权（2028.5.25）采矿权（2022.7.4）探矿权（2021.7.24）探矿权（2026.7.24）	NSR 为扣除冶炼费用的吨矿价值，资源量不同矿区 98.4 美元/吨，60.8 美元/吨，39.7 美元/吨，43.45 美元/吨，105 美元/吨，38.5 美元/吨，储量不同矿区 105.9 美元/吨，70.13 美元/吨	
	铜	638 216	1.01	118 803	0.91				
图瓦锌多金属矿	锌	830 000	9.97	648 928	10.26	12	采矿权（2025.1.1）	工业品位 DZn＞5%（DZN = Zn + Pb + 0.6Cu）传统断面法	
庙沟－三贵口铅锌矿	锌	2 069 264	2.34	1 205 992	2.30	三贵口 21 庙沟 42	采矿权（2042.6.6）采矿权（2033.10.10）探矿权（2021.12.7）	边界品位 0.5%，工业品位 1.6%地质块段法，垂直断面法	
乌拉根铅锌矿	锌	5 531 852	1.73	2 365 700	1.86	23	采矿权（2022.7.3）采矿权（2023.2.27）探矿权（2021.3.20）探矿权（2021.11.26）探矿权（2020.12.3）探矿权（2020.10.8）	露采边界品位：Zn+Pb>=0.6%，地采硫化矿：边界品位 1%，工业品位 2%，软件计算	部分探矿权过期正在申请延续；同时正在申办全区采矿证；其中低品位锌 134.7 万吨

注：①金金属量单位：千克；铜、锌金属量单位：吨；金品位单位：克/吨，铜、锌品位单位：%。②波格拉金矿、帕丁顿金矿、武里蒂卡金矿、奥罗拉金矿、卡莫阿铜矿、佩吉铜金矿上带矿、佩吉铜金矿下带矿以及碧沙铜锌矿资源储量数据均来自 JORC 或 NI43-101 报告。③左岸金矿、吉劳、塔罗金矿、塞尔维亚紫金铜业、图瓦锌多金属矿为苏联标准，B 级+C1 级作为储量填报。④曙光金矿、紫金山金铜矿、阿舍勒铜矿、多宝山铜矿、驱龙铜矿、庙沟－三贵口铅锌矿、乌拉根铅锌矿，正在按新的矿产资源储量分类国家标准《固体矿产资源储量分类》（GB/T17766-2020）进行分类转换工作。

【提示】

矿山资源情况是有色金属行业上市公司的核心竞争力。上述两个案例中,两家上市公司均对报告期内自有矿山的情况进行了详细的说明。其中,案例一公司披露了保有资源总量、储量、剩余可开采年限、许可证/采矿权有效期。案例二公司不仅列表说明了矿山的基本情况,还解释了资源储量的计算标准,并在契合行业指引的基础上进一步提示了风险。

表 3-3-65 战略规划

要点	具体内容
重大投资计划	上市公司应当披露重大投资情况,包括报告期内投资情况及下一年度投资计划,以及相应的股权、债权或其他方式的融资安排。

表 3-3-66 关键流程

要点	具体内容
主要经营模式、风险因素	上市公司应当披露主要经营模式和业务板块以及可能对公司未来发展战略和经营目标产生不利影响的风险因素。公司应当结合业务产业链与业务涵盖情况,披露各业务板块之间的协同效应及影响: (1) 公司从事勘探、开采、冶炼、压延加工、销售等业务板块的,应当结合产业链上中下游的供应、生产、销售等影响因素和情况,披露所从事的各板块间协同效应以及可能存在的政策、汇率、税费等风险。 (2) 公司从事多品种有色金属产品业务的,应当结合公司矿产资源综合利用情况分别披露产品间协同效应及产品多元化可能给公司带来的市场风险。 (3) 公司从事金、银、铂族金属等贵金属业务板块的,应当结合该类产品的金融属性披露市场经营情况及可能存在的价格波动风险。 (4) 公司从事有色金属电子商务、供应链金融、保理、黄金租赁、新材料等延伸产业链新业务的,应当同时披露新业务的主要经营模式、与现有业务的协同效应及可能存在的市场开发与运营风险。 (5) 上市公司披露的风险因素应当充分、准确、具体,并进行实质分析,说明对公司当期及未来经营业绩的影响,以及公司已经或计划采取的措施及效果。报告期内上市公司经营模式或市场环境发生重大变化的,应当对新增风险因素及其产生的原因、对公司的影响、拟采取的应对措施等进行分析。
有色金属贸易或贸易融资、供应链金融、保理或黄金租赁业务	上市公司从事有色金属贸易或贸易融资业务、供应链金融、保理或黄金租赁业务,且业务营业收入或营业利润占公司营业收入或营业利润 10%以上或者该业务对公司日常经营产生重大影响的,应当结合主要经营模式,披露营业收入、毛利率、财务费用、票据承兑和贴现风险及抵押融资风险等情况。

续表

要点	具体内容
有色金属期货业务	上市公司参与有色金属期货业务，且营业收入或营业利润占公司营业收入或营业利润10%以上或者对公司日常经营产生重大影响的，应当按照有色金属品种，分别披露公司报告期内参与有色金属期货套期保值的业务情况，包括套期保值总额与执行效果、保证金规模、主要业务风险及采取的风险控制措施等对公司套期保值效果产生重大影响的因素。
重大安全事故	上市公司应当披露报告期内发生的重大安全事故、整改措施及对公司的影响。
节能环保	上市公司应当披露报告期内单项节能环保投入超过当期节能环保投入总额10%的项目及对公司生产经营产生重要影响的主要节能环保投入和为保持水土、复垦绿化、尾气处理、降低耗能等采取的制度建设与主要措施。
资源、环境保护税	上市公司应当披露报告期内资源税和环境保护税的应缴税额及缴纳情况，列明各主要矿区主要有色金属品种所适用的资源税税率及税收优惠政策。
汇兑损益	上市公司涉及境外业务的，应当披露重大外币业务情况，包括外币业务种类、规模、当期汇率波动对公司汇兑损益的影响金额以及应对措施。

【例】上市公司年报问询函回复披露节选

问：年报显示，公司在报告期内开展套期保值业务以应对原材料价格波动，2020年度商品期货合约平仓损失为5 480.21万元。请结合公司开展套期保值业务的具体业务模式、风险敞口等，说明本年度套期保值的具体执行情况与会计处理情况。

答：(一) 公司本年度套期保值的具体执行情况

1. 公司开展套期保值业务的原因

公司采购的原材料主要为铝锭，产品销售价格采用行业通用的定价方式："铝锭价+加工费"，公司产品售价通常以发货/订单/结算前3~30天左右的长江现货铝锭价格、上海期货铝锭价格或伦敦现货铝锭价格作为参考确定铝锭价格均价加上加工费确定销售价格。公司的采购周期通常在10天以内，生产周期通常在1个月以内，销售周期通常在1个月以内，因此公司存在2个月左右的经营周期。

在此期间，公司产品售价随铝锭价格的波动而呈现一定的波动性，采购成本也因铝锭价格的波动而波动，随之带来采购端和销售端的铝锭价格波动风险，为规避此类风险，公司开展了套期保值业务。

2. 具体业务模式

(1) 当公司预测铝锭价格下跌可能性较大时，为规避出售时的产品售价下跌带来的损失，公司采取先通过在期货市场开仓（卖单），待存货实现交货销售时再平仓的方式对在手存货进行套期保值。因公司售价系按照发货/订单/结算前一段时间（一般为1个月以内）的铝锭价格加上加工费确定售价，而公司存在2个月左右的经营周期，在经营周期与售价确定时点如铝锭价格下降，将导致公司售价对应的铝锭价基础低于采购的铝锭价，导致损失，比如公司组织订单生产采购时结算的铝锭价1.4万元/吨，销售时结算的铝锭价下跌至1.3万元/吨，则公司损失了0.1万元/吨，但若在采购时点于期货市场上开仓卖单（1.4万元/吨），在交货时平仓（1.3万元/吨），在期货上赚取收益0.1万元/吨，从而有效对冲了因铝锭下跌带来的售价下降风险。

（2）当公司接到确定销售价格的订单，且预测铝锭价格上涨可能性较大时，为规避公司订立销售合同时与后续实际采购时带来的铝锭采购价格上涨带来的成本风险，公司采取先通过在期货市场开仓（买单），待实现采购时再平仓的方式对在手订单进行套期保值。比如公司在订立合同时铝锭价格为1.4万元/吨，实际组织生产进行采购时结算的铝锭价格上涨为1.5万元/吨，导致公司采购成本上涨了0.1万元/吨，但若在接到订单时点于期货市场上开仓买单（1.4万元/吨），在采购铝锭时平仓（1.5万元/吨），在期货上赚取收益0.1万元/吨，从而有效对冲了因铝锭上涨带来的采购风险。

3. 风险敞口情况

公司开展期货业务系公司内部期货业务领导小组根据日常经营过程中铝锭价格走势预测情况，并结合销售业务或采购业务对期货开、平仓进行决策操作，一般在公司预测铝锭价格波动加剧期间会采取套期策略，以规避铝锭价格大幅波动对经营业绩的影响。公司2020年度铝锭期货套期保值业务累计开仓110 925.00吨，同期公司外购铝制品数量为672 871.88吨，公司对外销售铝制品数量为728 805.26吨，公司开展铝锭期货套期保值业务规模小于生产经营规模。2020年度，公司期货套期业务有关情况如下：

……

（二）会计处理情况

2020年度，由于在执行套期业务过程中，套期工具和被套期项目未能一一对应，无法验证套期有效性，因此套期关系不符合套期有效性要求，公司对于已交割的期货合约产品的损益计入当期投资收益，对于未交割的期货合约产品按公允价值计量并将其损益计入公允价值变动损益。

【提示】

本例中，为了规避原材料价格波动风险，该上市公司在报告期内开展了套期保值业务。根据行业指引的要求，公司应当披露参与套期保值的有关情况。根据公司年报中数据，公司年度净利润为负，套期保值业务的损失超过了净利润的10%，但未按要求披露该业务的具体情况，故被交易所要求补充相关信息。因此，开展有色金属期货套期保值业务的上市公司应审慎判断该业务对公司的影响，及时披露具体情况。

十六、畜禽、水产养殖行业

（一）适用的指引

深交所《行业信息披露指引第 1 号——上市公司从事畜禽、水产养殖相关业务》

（二）年报披露要求

畜禽、水产养殖行业上市公司年报一般要求披露客户市场、关键流程等相关内容，具体如表 3-3-67 和表 3-3-68 所示。

表 3-3-67　客户市场

要点	具体内容
经营信息	上市公司应当按自行繁育、外购等分项披露报告期末公司生物资产的数量、金额和淘汰率。 涉及向合作社或农户等个人采购的，且合计金额占采购总金额比例 20% 以上的，应披露采购的具体内容、总金额、结算方式，以及前五大个人供应商的名称、金额、采购款实际支付情况等。 存在向合作方提供担保或财务资助的，应当根据合作方类型分别披露截至报告期末担保余额或财务资助余额、报告期内已承担担保责任或财务资助逾期未收回金额的具体情况。

表 3-3-68　关键流程

要点	具体内容
主要经营模式	上市公司应当详细披露经营养殖模式的具体内容、模式的特有风险和模式变化情况，如采用与其他方合作养殖模式的，应当披露合作的主要内容，包括但不限于各方职责分工、定价方式、结算模式；合作方的数量、养殖规模区间分布、地区分布以及报告期内合作方的变化情况等。

续表

要点	具体内容
风险因素及重大风险事件	上市公司应当结合公司业务特点，具体分析并披露对公司有重大影响的各类风险，如疫病风险、市场价格大幅波动风险、食品安全风险、季节性风险、自然灾害风险、自然人客户较多且变动较大的风险、产业政策变化风险等。 当报告期内出现重大流行疫病且国务院兽医主管部门公布重大动物疫情时，应当在报告期内重要事项中披露疫病发生情况，包括但不限于疫病类型、预计损失金额、影响业绩情况以及采取的应对措施等。 当报告期内发生对公司业务造成重大影响的自然灾害时，应当披露自然灾害对公司业务的影响情况，包括但不限于预计的损失金额、保险投保情况及可能的赔偿情况、公司拟采取的应对措施、灾后重建计划等。
具体会计政策	上市公司披露财务报表附注时，应当同时按照下列要求履行信息披露义务： （1）披露主要会计政策和会计估计时，应结合公司具体业务分主要产品披露存货盘点制度、具体盘点方法、存货成本结转制度和具体结转方法，并结合公司经营模式和生物资产的生产周期、流动性、生长环境等特点披露公司生物资产的确认、计量等会计政策。 （2）披露应收账款项目注释时，若单个客户应收账款余额占应收账款总额比例超过10%且账龄1年以上的，应当详细披露该客户应收账款较高的原因并提示回款风险，涉及应收个人款项的，还应披露应收个人款项余额及占比。 （3）单项政府补助影响净利润的金额占当期净利润绝对值的比例在10%以上且绝对金额超过人民币500万元的，应当详细披露该政府补助的具体内容及条款、会计处理方法、涉及金额和当期实际收到金额。

【例】上市公司年报披露节选

案例一

1. 概述

公司经营模式的核心是紧密型“公司+农户”模式。公司根据养殖产业链中的技术难度、管理要求、劳动强度以及资金、市场等资源配置情况，以封闭式委托养殖方式与合作农户在养殖产业链中进行分工与合作。公司负责鸡、猪的品种繁育、种苗生产、饲料生产、技术指导、产品销售等环节的管理及配套体系的建立，向合作农户提供鸡苗、猪苗、饲料、药物、疫苗及其生产过程中的饲养管理、疫病防治、环保处理等关键环节技术支持和服务。合作农户负责在自有或租用的土地上建设肉鸡和肉猪的生产栏舍，公司验收合格后，农户缴纳一定的合作保证金，在公司开户并签订具有法律效力的委托养殖合同，领取鸡苗、猪苗、饲料、药物、疫苗等养殖所需物资，按公司技术和管理标准进行规范饲养。肉鸡、肉猪饲养达到标准上市天龄之后，公司负责统一销售。最后，公司按委托养殖合同约定的方式与合作农户结算委托养殖费。

委托养殖合同主要内容如下：

第一，明确公司为合作农户提供的种苗、饲料、兽药等养殖物资的权属为公司，合作农户在合同期间按流程领用，无需垫资。第二，明确养殖所需种苗、饲料、兽药等物资单价及畜禽产品上市的单价（各种物资及产品上市单价均为公司通过养殖管理模型测算的流程定价，与市场价格不具有可比性）。第三，确定结算方式、交货方式等。

公司与合作农户结算方式如下：

委托养殖合同约定的畜禽产品上市单价与畜禽产品上市总重的乘积为合作农户该批次养殖的总收入。合作农户在受托养殖期间从公司领用的种苗、饲料、兽药等物料费为总费用。总收入减去总费用即为合作农户该批次合同的养殖总收益。

2. 委托养殖费用影响因素

在委托养殖过程中，由于合作农户所需种苗、饲料、兽药等物资单价及畜禽产品上市单价已在委托养殖合同中锁定，所以委托养殖费用主要受畜禽成活率、正品率、耗料量、耗药量、上市体重等生产指标影响。公司通过合作农户的信息化管理系统，可以分析出正常饲养管理条件下上述指标的合理变动范围，即为标准指标。如果合作农户的生产成绩指标优于标准指标，则可获得较高的委托养殖收益；若差于标准指标，则获得较低的委托养殖收益。对生产成绩指标低于标准指标的合作农户，公司将其与周边合作农户的生产成绩进行对比分析，查找原因。若属于合作农户饲养管理不当造成的，则合作农户承担合作养殖生产成绩下降责任，公司保留是否与其继续签订下一批次委托养殖合同的权利；若属于公司管理不到位或不可抗力因素造成的，公司与合作农户友好协商，酌情给予补贴，以保证合作农户合理的收益水平。

案例二

“公司+农户”合作养殖模式的主要优势：

（1）轻资产运作，公司资金投入少。

（2）由于资金投入少，模式易复制，可实现生猪规模的快速扩张。

（3）养户严格按照公司要求自建猪舍，自主经营，容易激发养户的猪场管理责任心，降低委托代理风险。

(4) 合作猪场必须配备相应面积的排污果林或鱼塘,实现绿色循环经济和模式的可持续发展。

(5) 盘活农村地区闲置土地资源,增加就业,容易获得政府支持。

"公司+农户"合作养殖模式可能存在以下风险:

(1) 养户的道德风险:在市场生猪价格高于约定回收价时,可能会有养户偷卖肥猪的情况。公司通过合同约束、猪场生产资料的簿记建档及深度技术服务,为养户提供全面养殖技术输出,并通过猪场管理软件,实时监控跟踪合作养殖户的猪场动态信息,有效预警,防范养户道德风险发生。

(2) 市场风险:在市场生猪价格低于约定回收价格时,公司可能面临猪价倒挂的市场风险。公司通过生猪行情预判、成本控制,合理设置生猪回购价格,在确保养户获得合理收益的基础上,降低公司市场风险。

合作养殖户数量、规模及区域分布等情况:

报告期内,公司育肥商品猪主要通过"公司+农户"模式养殖,合作养殖的农户一般每年出栏2批左右的生猪。截至2020年年末,与公司签订合作意向协议的养殖户总计7 951户,其中,有生猪存栏的合作养殖户6 409户,剩余养殖户主要是处于空栏期或根据公司生物安全防控标准进行技术改造的新签协议养殖户。报告期内,公司合作养殖户的年出栏规模以1 000~5 000头为主,占比77%;年出栏规模1 000头以下合作养殖户占比为16%;年出栏5 000头规模以上的合作养殖户占比为7%。2020年内,"公司+农户"模式的发展区域主要以南方为主。

【提示】

通过对比多家从事畜禽、水产养殖相关业务的上市公司2020年年报可以发现,采用与其他方合作养殖模式的多数上市公司仅披露了合作养殖模式的部分内容。本例中,案例一公司侧重于披露合作养殖的定价方式和结算模式,案例二公司侧重于披露合作养殖的主要优势、存在的风险以及报告期内合作方的数量、养殖规模及区域分布情况。上市公司应当严格按照所属行业的行业指引要求充分披露合作养殖模式的具体情况。

十七、种业、种植行业

(一) 适用的指引

深交所《行业信息披露指引第4号——上市公司从事种业、种植业务》(种植

业务是指种植粮食、棉花、油料、糖料、水果、蔬菜、茶叶、蚕桑、花卉、麻料、中药材、烟草、食用菌等作物的业务活动）

（二）年报披露要求

种业、种植行业上市公司年报一般要求披露客户市场、关键资源、关键流程等相关内容，具体如表 3-3-69 至表 3-3-71 所示。

表 3-3-69　客户市场

要点	具体内容
经营信息	上市公司应当披露报告期内通过审定的品种数量、报告期内制种产量及其变化、种植产量及其变化，以及报告期内发生的销售退回（包括销售退回总额和涉及的主要品种）等情况。

表 3-3-70　关键资源

要点	具体内容
无形资产	在披露报告期内公司主要资产变化时，上市公司应当披露公司商标、专利、品种权等重要无形资产在报告期内的重大变化情况以及对公司的影响。 在披露报告期内公司核心竞争力的重要变化及对公司的影响时，上市公司应当披露品种经营权等重要无形资产自主研发与授权许可使用的占比及其变化情况，说明公司核心技术是否来源于第三方，是否存在有关知识产权纠纷或潜在纠纷，以及公司业务、核心技术的独立性等情况。 对于授权许可使用且对公司生产经营有重大影响的品种权等重要无形资产，上市公司应当披露具体授权使用方式、授权协议的具体期限、许可方是否为关联方，以及公司与第三方的授权协议到期后如不能续签对公司生产经营、经营业绩、持续发展的具体影响。
生产经营用地	当报告期内公司生产经营用地发生重大变化，如通过土地流转、租赁或其他方式取得的重要生产经营用地在报告期内被国家或集体依法征用、占用、收回，国家有关耕地保护、土地承包经营流转的政策发生重大不利变化，或者通过企业兼并获得新的重要生产经营用地等，上市公司应当在报告期内重要事项中披露相关事项对公司业务的影响情况，包括但不限于事项变化具体情况、预计的影响金额、公司拟采取的应对措施（如适用）等。
优惠政策	当报告期内上市公司享受的农业企业税收优惠政策、政府补助政策和产业政策发生重大变化时，上市公司应当在报告期内重要事项中披露政策变化具体情况，包括但不限于变化内容、预计对公司业绩的影响情况以及公司拟采取的应对措施等。

表 3-3-71　关键流程

要点	具体内容
主要经营模式	上市公司应当详细披露公司主要经营模式(包括生产和采购模式、销售和结算模式、新产品研发模式、生物资产管理模式等)的具体内容,模式的特有风险和模式变化等情况。
生产模式	采用“公司+基地(或合作社)+农户”“公司+农户”或者“公司+基地”等生产采购模式的上市公司,应当披露各模式运作的主要方式和内容(如为委托代制或自制模式等),生产过程中形成的农作物等存货的所有权归属方,以及如出现自然灾害、技术不当等情况影响存货产量时,相关主要风险的承担方等情况。
销售模式	采用经销商销售模式的上市公司,应当披露该模式运作的主要方式和内容(如向经销商销售的产品为买断式销售或非买断式销售等)、公司产品风险转移的具体时点、期后涉及的销售退回的处理方式等情况。
研发模式	存在研发活动的上市公司,应当披露公司的研发模式,包括公司主要作物育种程序、育种条件和育种周期、研发活动实施主体(如公司自育品种、公司与科研单位合作育种、科研单位的商业化育种等)以及不同研发模式下研发成果的所有权归属方等情况。
生物资产管理模式	存在因发芽、老化死亡等生物特性导致生物资产数量发生变动的公司,应当结合生物资产的生物特性(如花卉、种苗等资产由于发芽、老化死亡等生物特性,除采购、销售等出入库外,还会因自身生物特性等原因发生变动),披露公司对生物资产存量和生物资产增量的管理模式,包括公司如何保证生物资产数量的准确性,以及公司为保证生物资产数量和价值准确性所建立的各项管理制度、盘点核查程序和信息系统运用等情况。
风险因素及重大风险事件	在披露公司的风险因素时,上市公司应当结合公司业务特点,披露对公司有重大影响的具体风险,如新品种研发和推广风险、库存和市场价格大幅波动风险、销售价格及利润季节性波动风险、食品安全风险、自然灾害和病虫害风险、自然人客户较多且变动较大的风险、产业政策变化风险、税收优惠政策变化风险等情况。 当报告期内发生对公司业务造成重大影响的自然灾害、病虫灾害或食品安全事故等重大事件时,应当披露相关事件对公司业务的影响情况,包括但不限于预计的损失金额、保险投保情况及可能的赔偿情况、公司拟采取的应对措施、灾后重建计划等。

续表

要点	具体内容
具体会计政策	上市公司披露财务报告附注时，应当同时按照下列要求履行信息披露义务： （1）披露重要会计政策和会计估计时： ① 采用经销商销售模式的公司，应当披露收入确认的具体时点、对销售退回、销售返利和销售奖励的会计核算方法和账务处理方式； ② 存在因发芽、老化死亡等生物特性导致生物资产数量发生变动的公司，应当披露公司对相关生物资产增量的成本归集、成本核算和成本结转方法，说明对应的成本结转方法与公司总体生物资产成本结转制度是否一致； ③ 采用不同研发模式的公司，应当结合不同研发活动的特点针对性披露研发支出会计政策，如对于科研体系的打造、突破性大品种等全局性研发活动，及对于细分市场品种研究的具体研发活动，分别披露研究阶段和开发阶段划分的标准、开发阶段支出资本化的具体条件等情况。 （2）披露存货项目注释时，应当披露期末存货余额占比较大的存货的品种结构；对于种业企业，还应当披露报告期内的转商金额等信息。 （3）单项政府补助影响净利润的金额占当期净利润绝对值的比例在 10% 以上且绝对金额超过人民币 500 万元的，应当详细披露该政府补助的具体内容及条款、会计处理方法、涉及金额和当期实际收到金额等。 （4）披露预付账款、应收账款项目注释时，若单个客户预付账款、应收账款余额占相应总额比例超过 10% 且账龄超过 1 年以上的，应当详细披露该客户应收款项较高的原因并提示回款风险等。

【例】上市公司年报披露节选

案例一

1. 生产模式及过程

公司种子生产主要采取“公司+基地+农户”模式，即委托代制模式，具体生产组织过程如下：公司根据销售计划制定当年种子生产计划，包括生产数量和制种面积，并合理分配各区域制种基地；根据制种商的资质、信誉、财产状况、资源优势，并结合基地的气候、土壤和种植习惯进行筛选、提名、组织调查，最终确定制种商名单；与各区域受托制种商签订种子生产合同，约定委托制种面积、数量、结算价格和种子质量要求等；公司负责提供制种亲本材料，对整个制种过程进行监督、管理与指导；受托制种商负责制种面积落实、制种区隔离、技术指导等大田制种工作，确保生产的种子达到合同约定标准；种植户负责按照技术要求生产种子；种子成熟后，受托制种商统一收购并运送至公司或公司指定仓库进行预入库，预入库时公司按袋抽样，对种子的发芽率、净度、水分、纯度四项指标进行检测，其中纯度指标室内检测结果仅作为参考,最终以田间鉴定结果为准;检验合格的种子可正式入库。

2. 生产模式的风险

由于种子生产的全程都在大田进行,因此种子的产量质量受异常气温、旱涝、病虫害等自然条件的影响较大。此外,受托制种商的技术指导是否得当,种植户是否严格按照技术要求落实到位等也会对种子生产造成一定影响。按照行业规则,如果是天气原因造成的损失由公司、制种商和种植户三方协商,共同承担损失;如果是受托制种商或种植户管理问题造成的损失由制种商自行承担。

3. 采购模式

公司所采购的物资主要为种子包装物。种子包装物主要是根据全年销售计划制定包装物采购计划,包装物供应商的选择主要采取招标方式确定,确保优质优价。

案例二

公司种子生产主要采取自制模式,公司根据年度经营计划制订生产计划,按照"公司+基地+农户",与生产基地签订生产合同,基地组织农户进行制种生产。生产过程中,公司提供亲本材料,对整个生产过程进行技术监督指导。生产合格种子由公司负责收购,如出现自然灾害造成的种子生产不合格损失,公司按行业规则和生产合同约定,与基地、农户等有关方协商,共同承担损失;如因基地管理不到位、农户不按技术规程操作等人为因素,由各责任人自行承担。由于种子生产在室外进行,非人为可控因素如异常气温、旱涝、台风等自然灾害对种子的发芽率、净度、纯度、水分等影响大,存在一定的风险。公司专业从事种子生产经营,多年来,在生产基地的选择、制种生产技术规程、风险应对措施等方面积累了丰富的经验,建立了完善的种子检测管控体系,生产基地保持相对稳定,有效降低了种子生产的风险。

【提示】

本例中,案例一公司披露了生产采购模式的主要方式和内容,以及相关风险和主要风险承担方,相较案例二公司披露内容更加充分。需提醒的是,采用"公司+基地(或合作社)+农户""公司+农户"或者"公司+基地"等生产采购模式的上市公司还需在年报中披露生产过程中形成的农作物等存货的所有权归属方。

【例】上市公司年报披露节选

新品种研发模式

科研创新是种业企业生存与发展之本,成立之初公司即确立“科技先行”的发展原则,充分利用各类资源,实施“以自主研发为主,与国内科研院所、高校及种子企业横向合作为辅”的新品种研发模式,经过多年不懈努力,逐步建立了以公司为主体的育种体系。

1. 育种条件

育种是种业公司发展的核心,需要种质资源、育种基地、育种技术设备和科研团队。为保持公司科研实力,提升创新能力,公司研发投入持续保持在较高水平,2018—2020 年,公司研发投入金额分别为 6 265.65 万元、5 543.75 万元、5 617.32 万元。公司成立了 QY 农业科学院,下设水稻研究所、玉米研究所、经作研究所、分子检测中心、国际研发中心等部门,并建立了“农业部杂交稻新品种创制重点实验室”、分子育种实验室、博士后科研工作站、安徽省工程技术研究中心,获准登记备案安徽省院士工作站。2019 年被认定为“国家企业技术中心”。公司在合肥南岗、海南三亚等多处建有稳定的科研育种基地及覆盖主要生态区域的生态测试网络,积累了丰富的种质资源,打造了一支稳定的高素质科研团队。

在加强自主创新平台建设的同时,公司也重视与科研院所的交流、合作。2016 年公司联合国内 6 家技术领先的科研院所创立了“国家水稻商业化分子育种技术创新联盟”(以下简称“创新联盟”),主要开展以水稻为主的农作物分子设计商业化育种及相关技术研究,为科研发展搭建技术领先的平台。创新联盟成立以来,在激发联盟主体间优势互补、协同协作、凝练共同任务,联合解决重大问题等方面发挥了重要的示范引领作用。创新联盟被农业农村部认定为“首批国家农业科技创新联盟”,同时也是首批认定的“标杆联盟”。2019 年,公司联合创新联盟的部分科研单位或科研人员共同投资设立的控股子公司 ZKQY,进一步将国内农业基础研究成果与应用研究有机紧密结合,解决农业生产及品种选育中的痛点、难点问题,有利于提升公司水稻科研育种创新能力、增强企业核心竞争力。同时,公司还与中国科学院、中国农业科学院、中国水稻研究所、浙江大学、华中农业大学、安徽省农业科学院、铁岭市农业科学院、安徽农业大学等多家科研院所建立了紧密的合作关系,共同开展优良品种培育,加快推动成果转化、助力种子业务发展。

2. 育种程序

根据市场需求确定育种方向及目标;收集种质资源,创制育种材料;选育优质、高产、抗逆亲本;新组合测配、观察、评比、推荐参加各级区域试验;新组合示范、展示。

3. 育种周期

一般而言,从收集种质资源、创制新材料,到选育出新品种需8~10年,如果利用分子育种技术可缩短3~4年;若公司已有成熟亲本,新品种选育则需3~5年。

4. 品种所有权归属

公司水稻品种绝大多数为自主选育,其品种所有权完全归公司所有;部分与科研院所、种子企业等合作选育的品种,其品种所有权为公司与合作方共有,各自权属比例通过合同进行约定。公司玉米品种随着玉米种子产业的不断发展,自主选育品种数量不断增加,基本摆脱了发展初期主要通过购买方式取得市场商业化育种成果生产经营权的局面。小麦品种主要来源于市场商业化育种成果,公司购买取得其生产经营权。

5. 研发模式的风险

在"自主研发为主、横向合作为辅"的研发模式下,对公司自身研发实力的要求较高,公司需要对符合市场需求的品种选育方向或变化趋势具有高度的前瞻性,具备足够的种质资源和充分必要的育种条件,以及较高业务素质的科研团队,还需建立科学合理的科研工作激励机制,始终保持科研团队的创新优势和整体实力,并建立公司科研成果保障体系。

【提示】

通过对比多家从事种业、种植业务的上市公司2020年年报可以发现,多数存在研发活动的上市公司未严格按照行业指引的要求进行披露,仅用概括性的语言描述研发模式的运作方式和内容。本例中,该公司充分披露了研发模式的育种程序、育种条件、育种周期和研发成果的所有权归属情况等,特别提及了研发模式存在的风险,条理清晰,分析全面,值得借鉴。

十八、工程机械行业

(一)适用的指引

深交所《行业信息披露指引第5号——上市公司从事工程机械相关业务》(工

程机械相关业务是指广泛应用于土石方工程、流动起重装卸工程、人货升降输送工程、市政和环卫及各种建设工程、综合机械化施工等的工程机械设备的研发、生产、销售、运营及服务等相关业务活动，工程机械设备的范畴包括但不限于挖掘、起重、压实、掘进、桩工、凿岩与钻采、铲土运输、混凝土、高空作业、水利与环卫、路面及轨道交通的施工与养护等机械设备）

（二）年报披露要求

工程机械行业上市公司年报一般要求披露行业宏观、客户市场、关键资源、战略规划、关键流程等相关内容，具体如表 3-3-72 至表 3-3-76 所示。

表 3-3-72　行业宏观

要点	具体内容
宏观经济政策	上市公司应当披露报告期内对所处行业有重要影响的政策的变化情况（如有），包括但不限于宏观经济政策、财政税收政策、行业监管政策、资质及招投标管理政策、政府补助政策等，以及行业政策变化对公司的影响。 上市公司报告期内相关国家（或地区）有关投资政策、进出口政策、贸易政策、贸易摩擦处理机制等对公司海外业务（含进出口业务）造成较大影响的，公司应当披露受影响的具体情况，公司已经或拟采取的应对措施。涉及重大风险的，应当进行相应的风险提示。
行业发展状况	上市公司应当披露工程机械行业的基本情况和报告期的变化情况（如有），包括但不限于行业壁垒、行业周期性、行业发展阶段、其他行业特征（如规模经济、资本密集性、资产周转）等。
市场供求特点	鼓励上市公司结合报告期上下游行业（如上游材料、下游工程应用领域）的发展情况，对报告期市场供求特点、市场份额变化情况、利润水平的变动趋势等进行有针对性的讨论与分析。

【例】上市公司年报披露节选

公司所处行业为工程机械行业。工程机械行业是我国装备工业的重要组成部分。按照中国工程机械工业协会的统计，工程机械包括铲土运输机械、挖掘机械、混凝土机械、压实机械、路面施工与养护机械、起重机械、高空作业机械等二十大类，广泛应用于建筑、水利、电力、道路、矿山、港口等工程领域。

工程机械行业发展与宏观经济及固定资产投资高度相关，产品市场需求受国家固定资产和基础建设投资规模的影响较大，属于投资驱动型行业，行业发展景气度具有周期性，宏观政策和固定资产投资增速的变化，将对工程机械龙头企业下游客户的需求造成影响，进而影响到行业各主要产品的销售。工程机械行业经历了多年的持续深度调整，市场份额集中度呈不断提高的趋势，行业已进入相对成熟的发展阶段。近年来在国家基建需求拉动、环境治理加强、设备更新需求增长、人工替代等多重因素推动下，工程机械行业部分主机产品保持持续增长态势。

目前，工程机械行业集中度不断提升，竞争激烈，并呈现如下特点：一是行业加速向数字化、智能化、工业互联网、大数据、新能源、5G 等新技术应用和升级。二是市场份额逐渐向龙头企业集中，体现出强者恒强的特征，龙头企业凭借产品、渠道、商业模式、服务、规模等优势抢占市场。三是工程机械市场需求结构更加多元化。四是行业龙头企业不断完善发动机、液压件等核心零部件产业战略布局，积极构建全产业链竞争优势。我国工程机械整体水平提升，产品竞争力加强，与国外发达厂商在核心技术方面的差距缩小。

推土机属于技术壁垒较强的产品，生产制造呈现多品种、小批量、零部件多、制造工艺复杂等特点，行业进入门槛较高。从国内来看，推土机产品主要呈现由山推股份等 6 家企业为主导的竞争格局，公司经过 40 年的发展，以绝对的优势领先行业其他制造商。

工程机械行业的上游主要为钢铁行业、发动机及有关零部件制造业，对工程机械行业的影响主要表现在：①钢材、零部件的价格涨跌会直接影响工程机械产品的成本；②上游零部件的质量情况会影响工程机械产品品质及可靠性。工程机械行业的下游主要包括交通运输、水利、水电、能源和建筑等行业，受国家宏观经济影响较大。

【提示】

工程机械产品服务应用于工程基建行业，也是受宏观经济周期影响较大的行业。本例中，该公司没有就工程机械行业进行宽泛描述，而是结合自身的业务，披露了公司所属行业的情况、行业的特点以及公司所处的上下游情况，更加具有针对性。

表 3-3-73　客户市场

要点	具体内容
行业地位	上市公司应当结合自身的机械产品类别、经营区域、竞争对手等情况说明行业竞争格局和公司的行业地位或区域市场地位，报告期行业地位或市场地位发生变化的，应当说明发生变化的具体情况。 鼓励上市公司披露所在工程机械行业产业链或价值链情况（例如从零部件制造、系统总成到整机制造）以及公司在行业产业链中的定位。

续表

要点	具体内容
海外业务情况	海外业务营业收入占公司最近一期经审计营业收入、营业利润占公司最近一期经审计营业利润、投资额占公司最近一期经审计净资产10%以上的，上市公司应当对公司海外业务开展的具体情况进行披露。

表3-3-74　关键资源

要点	具体内容
核心竞争力	上市公司应当披露公司核心竞争力情况，如从行业标准制定、研发能力、产品设计、产品性能、成本控制、专有设备或技术、营销和服务能力、品牌优势等方面分析公司的核心竞争优势，报告期公司核心竞争力发生较大变化的，应当披露变化的具体情况和原因。 鼓励上市公司披露反映工程机械产品竞争力的信息，如简要介绍整机、系统或零部件的主要性能、可靠性、节能和智能化等基本情况。同时鼓励结合主要机型核心零部件的自主知识产权情况和自主配套能力等进一步分析技术实力情况。
产能情况	鼓励上市公司以列表方式披露公司主要产品的设计产能、产能利用率、在建产能及其投资建设情况等。

表3-3-75　战略规划

要点	具体内容
重大投资计划	已披露的产能扩张、资产收购等重大投资计划在报告期发生较大变化的，上市公司应当披露变化的具体情况和原因。

表3-3-76　关键流程

要点	具体内容
经营模式	上市公司应当披露报告期内从事的工程机械业务的运营模式、相关产品的生产销售模式、物流管理和应用领域的变化情况（如有）及其原因，以及上述变化对公司经营效率的影响。 报告期内主要业务、主要产品、经营模式发生较大变化的，应当披露变化的具体情况和原因。
销售模式	上市公司的工程机械相关产品采用按揭销售、融资租赁、先租后售等模式的销售金额占营业收入比重达到10%以上的，应当披露其业务模式、各类销售模式报告期内的销售金额及占营业收入的比例、期初应收或存在风险敞口的余额、前期款项回收的进展情况（如报告期收取租金或收到对方还款的总金额、款项逾期金额及占比）、期末应收或存在风险敞口的余额、审议程序和信息披露义务的履行等情况。

续表

要点	具体内容
销售模式	相关销售模式中由公司承担回购、追偿、垫付保证金（或月供、租金）义务或合同存在其他风险条款的，应当披露风险条款的设置情况，并结合条款内容说明公司销售收入的确认政策、计量标准及其合理性，说明可能发生风险损失的情形、会计处理等。 报告期内触发上述风险条款相关义务且对当期扣除非经常性损益后净利润的影响达到10%以上的，公司应当披露风险触发的具体情况，包括但不限于触发情形和原因，涉及回购、追偿或垫付的金额，相关会计处理，对当期主要财务指标的影响等，同时对未来报告期的风险情况进行充分评估和预判，披露公司的风险应对措施并作出相应风险提示。
偿债能力	报告期内偿债能力发生较大变化的，上市公司应当披露变化的具体情况、原因及对公司的影响。 鼓励上市公司结合市场发展、行业竞争状况、投融资情况、相关财务指标等，对偿债能力进行详细分析。
经营信息	鼓励上市公司披露产品设计、产能规划、生产制造、销售政策、信用政策、售后政策等经营环节的相关信息。
担保义务	经销商向金融机构申请贷款并作为货款直接支付给上市公司，同时由上市公司对经销商的上述贷款提供担保且实质风险敞口为已收讫货款的，上市公司应当披露前述担保尚存在担保责任的期初余额、本期增加、本期减少、期末余额；分别或汇总列示尚存在担保责任的余额中前五大担保对象对应的担保余额、本期担保发生额及占报告期对其销售金额的比例。 报告期触发上市公司履行相应担保义务的，应当披露触发担保义务的具体情形和原因、涉及金额、相关会计处理、对当期主要财务指标的影响、公司采取的风险应对措施等。

【例】上市公司年报披露节选

案例一

2020 年销售收入确认及风险损失情况

公司销售模式分为一般信用销售、按揭销售和融资租赁销售等。报告期内工程机械板块通过按揭和融资租赁模式的销售金额分别为 37.26 亿元、206.71 亿元，占工程机械板块收入比例分别为 6.07%、33.68%。

公司基于与客户签订的合同相应条款，且履行了合同中的履行义务时，即在客户取得相关商品控制权时确认收入。公司收入确认运用五步法计量模型：

（1）识别与客户订立的合同。

（2）识别合同中的单项履行义务。

(3) 确定交易价格。

(4) 将交易价格分摊至各单项履行义务。

(5) 履行义务时确认收入。

公司与客户签订的合同应同时满足以下原则：

(1) 合同各方已批准该合同并承诺将履行各自义务。

(2) 该合同明确了合同各方与所转让商品或提供劳务(以下简称“转让商品”)相关的权利和义务。

(3) 该合同有明确的与所转让商品相关的支付条款。

(4) 该合同具有商业实质，即履行该合同将改变公司未来现金流量的风险、时间分布或金额。

(5) 公司因向客户转让商品而有权取得的对价很可能收回；公司将商品的控制权转移给客户，该转移可能在某一时段内(即履行履约义务的过程中)发生，也可能在某一时点(即履约义务完成时)发生。对于在某一时段内履行的履约义务，公司选取恰当的方法来确定履约进度并根据合同交易价格确认收入；对于在某一时点履行的履约义务，公司通过综合分析控制权转移的迹象，判断其转移时点并根据合同交易价格确认收入。合同中存在重大融资成分的，将合同对价金额根据融资成分进行调整之后确定交易价格(确认收入的金额)，在确定融资成分的影响时，根据恰当的折现率确定融资成分，再将扣除融资成分后的合同对价作为交易价格确认收入，即先以现销价格(公允价值)确定收入金额，再将该金额与合同对价金额的差异作为融资成分处理，在合同或协议期间内采用实际利率法进行摊销，计入当期损益。

相关合同中存在的回购、垫付保证金(或月供、租金)、承担追偿责任等导致公司现金流出，公司列在应收账款，并按公司坏账政策计提坏账准备。截至 2020 年 12 月 31 日，本公司承担有按揭担保责任的客户借款余额为人民币 57.7 亿元，本期支付由于客户违约所造成的按揭担保赔款人民币 0.48 亿元；本公司对第三方融资公司担保的最大敞口为人民币 1.3 亿元，本期未发生因客户违约而令本公司支付第三方融资担保的事项。

案例二

公司基于与客户签订的合同相应条款确认收入，以具有商业实质以及主要风险报酬转移作为收入确认时点的判断标准，即相关商品（或服务）的主要风险报酬转移给客户时确认收入，满足《企业会计准则第14号——收入》的确认标准时，确认相关收入。相关合同中存在的回购、垫付保证金（或月供、租金）、承担追偿责任等导致公司现金流出或承担其他风险条款的，公司将此列入“应收账款”中，并根据公司坏账政策个别计量计提坏账准备，以此确认相关风险损失。

一旦客户触发上述条款承担义务时，即公司的客户发生逾期情况，通常约定先由公司或经销商按期回购按揭及融资租赁租金垫款，通常代垫逾期的期数较长且满足合同约定的回购产品条款时，方才履行回购产品的担保义务。

会计处理：公司对于代垫客户逾期按揭款或融资租赁款列在应收账款中，并按公司坏账政策计提坏账准备。报告期末，公司因客户逾期并单项计提坏账准备的应收账款余额为3.94亿元。截至2020年12月31日，公司承担有按揭担保责任的客户借款余额为37.99亿元，公司因融资租赁业务为承租人应付的融资租赁款承诺回购义务的余额184.52亿元。

【提示】

从事工程机械业务的上市公司，因其单项产品金额较大，销售时多采用融资租赁、按揭销售等商业模式。这些销售模式的部分合同可能会约定由上市公司承担回购、追偿、垫付保证金（或月供、租金）义务或其他风险条款，上市公司的风险敞口由此增加。通过对比多家从事工程机械业务的上市公司2020年年报发现，仅有少数公司披露了风险条款的内容。

十九、快递服务行业

（一）适用的指引

深交所《行业信息披露指引第9号——上市公司从事快递服务业务》（快递服务是指快速收寄、运输、投递单独封装的、有名址的快件或其他不需要储存的物品，按承诺时限递送到收件人或指定地点，并获得签收的寄递服务）

（二）年报披露要求

快递服务行业上市公司年报一般要求披露行业宏观、客户市场、关键资源、战略规划、关键流程等相关内容，具体如表3-3-77至表3-3-81所示。

表 3-3-77　行业宏观

要点	具体内容
宏观经济政策	上市公司应当披露与快递服务行业相关的宏观经济形势、行业政策环境等外部因素的变化情况，并说明相关情况对公司当期及未来发展的具体影响，以及公司已经或计划采取的应对措施。
行业发展状况	上市公司应当披露快递服务行业的发展情况。

表 3-3-78　客户市场

要点	具体内容
行业地位	上市公司应当结合公司业务特点，披露公司所处行业的市场竞争格局、公司的市场地位；公司在品牌、专业技术、运输网络、信息管理等方面的竞争优势及劣势等。
经营信息	上市公司应当分业务类型（如快递服务、物料销售等）披露营业收入、营业成本和毛利率等财务数据；应当分季度披露营业收入、营业成本和毛利率等财务数据。 营业收入、营业成本的构成因素较上年变动 30%以上的，公司应当结合宏观经济、行业发展和自身经营等情况，披露具体原因、影响程度、风险和应对措施；毛利率变动 5 个百分点以上的，应当详细披露变化原因；境外营业收入占比 30%以上的，应当按主要国家和地区披露营业收入情况。
	上市公司应当区分服务产品类型（如国内时效产品、仓储配送业务、重货运输业务、国际快递业务等）、收入类型（如面单收入、中转收入、物料收入等）等分类披露公司快递服务业务收入及其变动情况，区分经营模式（如加盟和直营等）分类披露年度快递发件量及其变动情况，区分收入类型披露单票业务收入及其变动情况，并分析上述快递服务业务收入、快递发件量和单票业务收入变动的原因及合理性；公司应当披露快递服务业务的电子面单和纸质面单使用比例、各收入类型的定价机制及公司主要客户情况等。
快递服务质量	上市公司应当披露关于公司快递服务质量的相关指标（如延误率、遗失率、申诉率等）和客户申诉的处理机制；报告期内存在重大消费者投诉事件的，公司应当披露相关事件对公司的影响及采取的措施。

表 3-3-79　关键资源

要点	具体内容
快递服务网络节点	上市公司应当披露快递服务网络节点的数量及区域分布情况，例如加盟商、网点及门店、转运中心、航空部等，并披露相关快递服务网络节点的加盟、直营或外包的比例。

续表

要点	具体内容
加盟商	上市公司应当披露加盟商的管理制度的变化情况，包括但不限于加盟商准入标准及流程、培训制度、日常管理、考核与淘汰的相关变化情况。 上市公司应当披露占公司销售金额前 10 名加盟商的名称（如涉及商业秘密，可用指代标识代替）、所属城市、发件量、快递服务业务量、员工数量等，并披露前 10 名加盟商的变化情况及主要原因；公司应当披露报告期内加盟商的流失情况，并说明相关原因及风险应急的措施。鼓励上市公司披露加盟商的实际名称。
运输网络	上市公司应当披露主要运输网络的建设情况（包括陆路运输、航空运输等），以及陆路运输、航空运输等运输方式的快递业务完成量及其占当年总业务完成量的比重。 关于陆路运输，公司应当区分运营模式（如自营、租赁、第三方运输、卡班车、网点车等）披露公司使用的陆路运输工具的数量；公司应当披露与关联第三方运输公司签订长期运输合同的总金额及合同期限范围。 关于航空运输，公司应当按照运营方式（如自营保有、融资租赁、经营租赁等）披露公司使用的飞机型号、数量、平均机龄，并披露报告期内飞机的保养政策及成本、报告期内飞机的折旧成本等，鼓励披露飞机及相关设备的引进和融资计划。
快递员	上市公司应当披露全快递服务网络管理的快递员总数，鼓励公司区分管理层级（如公司、加盟商和外包）披露全快递服务网络管理的快递员总数及比例。

【例】上市公司年报披露节选

网络建设方面：

报告期，公司以“两进一出”工程为抓手，进一步提升公司快递网络服务能力。截至 2020 年末，公司在全国设立 67 个自营枢纽转运中心，枢纽转运中心的自营比例为 100%；公司在全国拥有 3 875 个加盟商及 32 624 个网点及门店（含加盟商），加盟比例为 100%；服务网络已覆盖全国 31 个省、自治区和直辖市，地级以上城市除青海的玉树、果洛州和海南的三沙市外已实现 100%全覆盖。报告期末，公司全网快递员数量约 19.6 万人。

2020 年公司加盟商及服务网络分布情况

单位：个

节点类型	广东大区	上海大区	北京大区	江苏大区	浙江大区	华中西南大区
加盟商	323	485	904	664	516	983
网点及门店分布	5 178	2 541	5 310	4 591	3 579	7 550
转运中心	8	7	14	16	12	10

2020年，公司持续推动“向西向下向外”工程，县级以上区域覆盖率96.40%，乡镇服务网络覆盖率达97.68%，网络覆盖面特别是在乡镇农村地区的服务范围得到了极大拓展，进一步夯实了国内业务发展的根基；“向外”相继开拓了包括德国、法国、加拿大、新西兰、新加坡、韩国、日本等30余个国家和地区在内的国际快件物流网络。

2020年公司销售金额前10名加盟商

序号	名称	城市	揽件量(万票)	快件服务量(万票)	员工数量(人)
1	加盟商一	深圳	57 659.01	122 204.93	7 685
2	加盟商二	杭州	23 085.67	25 729.85	300
3	加盟商三	郑州	15 175.05	29 733.15	2 200
4	加盟商四	中山	12 494.71	21 952.53	1 260
5	加盟商五	广州	13 121.32	14 716.30	245
6	加盟商六	金华	17 832.17	18 410.22	287
7	加盟商七	广州	10 863.92	13 252.58	235
8	加盟商八	石家庄	11 213.71	20 329.65	1 050
9	加盟商九	广州	11 827.63	12 774.16	358
10	加盟商十	合肥	11 090.60	11 363.83	150

报告期，公司销售金额前10名的部分加盟商发生了变化，其中：2020年度的加盟商二、加盟商五、加盟商十为新晋前10名的加盟商，2019年度的加盟商五、加盟商八以及加盟商十退出前10名；上述变化主要系市场竞争及网络颗粒度细化原因。

【提示】

从事快递业务的上市公司应当披露快递服务网络节点的数量及区域分布情况以及占公司销售金额前10名加盟商情况。从2020年年报的披露情况看，多数公司并未按行业指引要求披露网络节点的区域分布情况，针对加盟商的披露内容也仅列示前10名加盟商的信息，并未说明前10名加盟商的变化情况及变动原因。本例中，该公司详细披露了快递服务网络节点的数量及分布情况，前10名加盟商的名称、所属城市、发件量、快递服务业务量、员工数量，同时也披露了前10名加盟商的变化及主要原因。该公司可进一步补充说明加盟商流失的应急风险措施。值得注意的是，若上市公司加盟商的管理制度有变化，也应当披露相关变化情况。

表 3-3-80 战略规划

要点	具体内容
新业务	上市公司应当披露国际包裹业务、同城包裹业务、零担运输业务、冷链运输业务、供应链服务业务等新业务领域的发展情况及有关发展战略。

表 3-3-81 关键流程

要点	具体内容
风险因素	上市公司应当结合公司业务特点，在“风险因素”部分具体分析并披露对公司有重大影响的各类风险，如燃油价格大幅波动的风险、安全运营的风险、人力成本上涨的风险和信息系统的风险等。 关于燃油价格波动风险，公司应当披露燃油成本占营业成本总额的比例、燃油成本波动对营业成本总额的敏感性分析等。 关于安全运营风险，公司应当披露报告期内关于安全运营的内控管理制度及其执行情况，包括但不限于快件安全、运输安全、仓储安全、现金收支安全等方面；公司发生重大安全事故的，应当披露相关事件对公司的影响及采取的应对措施。 关于信息系统风险，公司应当披露报告期内公司信息系统建设情况，针对信息系统风险的防范及补救措施；公司应当及时披露对公司日常经营活动的正常开展或对业务开展带来重大不利影响的信息系统故障、无法正常运行或数据泄露的情形。
财务信息	上市公司披露财务报告附注时，应当同时按照下列要求履行信息披露义务： （1）依据自身业务模式和结算方式对收入确认会计政策进行详细披露，并披露行业特殊的收入确认条件、确认时点、核算依据等。 （2）结合公司自身经营特点和发展战略，在财务报表附注中细化披露固定资产折旧政策；报告期内公司处置飞机、发动机、高价周转件等重要固定资产的情况。 （3）若存在账龄超过三年的单项金额重大的应收账款的，应当在应收账款附注中详细披露该应收账款较高的原因并提示回款风险等。 （4）公司应当披露报告期内资本支出细分项目情况，包括土地、仓库、分拣中心、飞机、车辆、IT 设备及服务等。公司也可根据实际情况划分资本支出细分项目，但应说明具体划分情况及标准，并保持划分标准的连贯性。

二十、民用爆破行业

（一）适用的指引

深交所《行业信息披露指引第 10 号——上市公司从事民用爆破相关业务》（民用爆破相关业务是指用于非军事目的的各类火药、炸药及其制品和雷管、导火索等点火、起爆器材的研发、生产、销售、购买、进出口、运输、储存及爆破服务等相

关业务活动）

（二）年报披露要求

民用爆破行业上市公司年报一般要求披露行业宏观、客户市场、关键资源、关键流程等相关内容，具体如表 3-3-82 至表 3-3-85 所示。

表 3-3-82　行业宏观

要点	具体内容
宏观经济政策	上市公司应披露报告期内产业政策和行业监管法律法规相关情况，相关政策和法律法规发生重大变化的，应说明相关事项对公司的影响，并说明公司已经或计划采取的应对措施。
行业供求情况	上市公司应结合报告期内宏观经济情况和民用爆破行业的上下游行业情况，分析民用爆破行业的总体供求趋势。

表 3-3-83　客户市场

要点	具体内容
经营情况	上市公司应区分不同产品和服务类型（如工业炸药、起爆器材、爆破服务等）披露营业收入、营业成本、毛利率，分不同区域（国内主要销售省份和境外销售区域等）披露营业收入及其较前一年度的变动情况。 上市公司应当对报告期内公司主要销售区域市场份额变化情况、利润水平的变动趋势及原因等进行有针对性的讨论与分析，并说明对公司当期及未来发展的具体影响，以及公司已经或计划采取的应对措施。
运输业务	上市公司利用自有车辆从事民用爆炸产品运输业务的，应结合危险品货物运输车辆的数量、规格等说明运输能力的主要情况。
海外业务	上市公司在海外开展民用爆破业务涉及营业收入占公司最近一个会计年度经审计营业收入、或涉及净利润占公司最近一个会计年度经审计净利润、或涉及投资额占公司最近一个会计年度经审计净资产 10%以上的，或从事其他对公司存在较大影响的海外业务的，应当对公司海外业务开展的具体情况进行披露。报告期内，上市公司开展海外业务所在国家或地区的经营环境和行业政策发生重大变化的，应当披露具体影响和应对措施。

【例】上市公司年报问询函回复披露节选

问：年报显示，你公司于 2016 年 4 月 19 日以自有资金设立了全资子公司 XTD（XG）国际发展有限公司（以下简称"XTDXG"），并拟以此子公司为平台，实施国际化经营在津巴布韦投资民爆业务。因津巴布韦当地政局原因，公司拟在当地投资的民爆器材生产线项目暂未再进一步投入和推进。报告期内，该公司实现国际贸易营业收入529.61万美元,利润总额58.19万美元。年报显示,你公司报告期内贸易收入同比减少59 238万元,主要原因是按湖南省国资委要求,非主业贸易业务退出。

(1) 请说明报告期内你公司子公司XTDXG在津巴布韦开展国际贸易业务的原因,具体内容及后续计划。

答:2016年3月,为响应国家"走出去"战略,实现国际化经营,公司第五届董事会第十九次会议审议通过了《关于成立中国香港子公司并拟投资津巴布韦民爆器材项目的议案》。公司以自有资金750万美元在中国香港设立全资子公司XTD(XG)国际发展有限公司,并以此为主体投资建设在津巴布韦的民爆器材生产线项目。公司在津巴布韦主要是拟投资民爆主业。

2017年底,津巴布韦政局变动至今,其国内经济、社会状况未有好转,加之全球疫情肆虐,XTDXG公司无法派员赴津正常开展工作。2020年,XTDXG未与津巴布韦开展国际贸易业务。公司国际贸易营业收入主要源于XTDXG公司境外贸易收入(未包含其境内子公司营业收入),主要为GZBYPL公司利比里亚矿业服务公司出口销售硝酸铵、导爆管雷管、乳化剂、矿山设备等;以及部分向越南、印尼等东南亚企业出口销售纯碱、片碱。后续公司将结合项目资金状况、国际疫情态势及实际发展需要,围绕民爆主业开展对外贸易业务。

(2) 请说明"津巴布韦当地政局原因"的具体情况,你公司拟在当地投资的民爆器材生产线项目的投资进展,相关资产是否需要计提减值损失,后续投资计划,项目可行性是否发生重大变化。

答:2017年11月,津巴布韦政府发生政变,其国内政治局势动荡,原当地政府承诺给予公司投资项目的优惠政策未继续履行,公司无法按计划目标推进该民爆主业项目。为规避投资风险,确保国有资产安全,公司已暂缓该项目的推进工作,待津巴布韦国内形势稳定及疫情好转后再与当地政府及合作方就项目相关内容进行协商。目前,该项目已投资金额为1 348万元,包括项目前期测量、测绘费,设备购买费用及人员工资费用等,并进行专款专项核算。根据《企业会计准则》,公司每年对该项目费用进行检查,计提坏账准备,已计提坏账准备为91万元。

(3) 请说明你公司境外业务开展的现状,包括但不限于主要业务类型、主要客户及收入,并充分提示相关风险。

答:按照湖南省国资委要求,与公司主业无关贸易业务将进行全面清理退出。

目前,公司境外业务主要为货物贸易业务,跨境服务业务及民爆相关产品购销业务。其中货物贸易业务收入 63 万美元,占全年境外收入 12%,主要出口销售纯碱、片碱,客户为越南、印尼等东南亚企业。民爆相关产品购销业务收入 423 万美元,占全年境外收入 82%,主要为国有大型企业 GZBYPL 利比里亚矿业服务公司出口销售硝酸铵、导爆管雷管、乳化剂、矿山设备等。

2020 年 XTDXG 境外收入 529.61 万美元(未包含其境内子公司收入),同比 2019 年减少 2 734 万美元。资产总额 1 664 万美元,同比 2019 年减少 135 万美元。2020 年存货 201 万美元,同比 2019 年减少 23 万美元,存货主要产品为片碱,由于产品仓库主要在越南、印尼地区,受新冠疫情影响,库存产品销售缓慢。

【提示】

本例中,上市公司在年报中披露拟以全资子公司为平台在津巴布韦投资民用爆破业务,考虑到津巴布韦当地政局的变化,公司拟在当地投资的民爆器材生产线项目暂未再进一步投入和推进。公司并未说明"津巴布韦当地政局原因"的具体情况,以及投资进展、后续投资计划、项目可行性等,因此被交易所问询。

表 3-3-84　关键资源

要点	具体内容
产能情况	上市公司应分别披露各类民用爆炸产品的许可产能、产能利用率、在建产能及其投资建设情况等。鼓励公司结合市场供求情况,披露下一年度的产能调整方案。
资质许可	上市公司应披露在报告期内取得的民用爆炸产品生产、储存、运输及爆破作业相关资质及许可的类型、适用区域和有效期。 报告期内相关资质与许可发生重大变化的,公司应当说明影响及应对措施。下一报告期内相关资质与许可有效期限届满的,公司应当披露续期条件的达成情况。

表 3-3-85　关键流程

要点	具体内容
安全管理	上市公司应当披露报告期内安全管理相关内部控制制度的建设及运行情况,包括但不限于公司安全生产监管体系、安全生产标准化建设、安全生产工艺、安全生产投入、安全生产教育与培训和报告期内接受主管单位安全检查的情况等。报告期内公司发生重大安全事故的,还应当披露影响及应对措施。

续表

要点	具体内容
会计政策	上市公司披露财务报告附注时，应披露与行业相关的具体会计政策，并按照下列要求履行信息披露义务： （1）依据自身业务模式和结算方式对收入确认会计政策进行详细披露，并披露行业特殊的收入确认条件、确认时点、核算依据等。如按完工百分比法确认的，还应当详细披露确定完工进度的方法。 （2）按照不同业务模式对应收款项的确认、信用政策、坏账计提政策进行详细披露。 （3）披露主要会计政策和会计估计时，应结合公司的具体情况分主要产品披露存货盘点制度和具体盘点方法。 （4）披露报告期内安全专项储备的核算情况，包括计提比例、计提金额和安全专项储备在报告期内的使用情况。

二十一、珠宝相关行业

（一）适用的指引

深交所《行业信息披露指引第 11 号——上市公司从事珠宝相关业务》（珠宝相关业务，是指从事珠宝、贵金属首饰产品的设计、研发、采购、生产及销售业务）

（二）年报披露要求

珠宝相关行业上市公司年报一般要求披露行业宏观、客户市场、关键资源、关键流程等相关内容，具体如表 3-3-86 至表 3-3-89 所示。

表 3-3-86 行业宏观

要点	具体内容
行业发展状况	上市公司应当结合宏观经济数据与行业指标说明行业发展状况。

表 3-3-87 客户市场

要点	具体内容
行业地位	上市公司应当结合宏观经济数据与行业指标说明公司经营情况与行业发展是否匹配，如公司情况与行业情况存在较大差异，应当分析原因。 上市公司应当披露公司所在细分行业或地区的市场竞争状况、公司的市场地位及竞争优劣势等情况。

续表

要点	具体内容
实体经营门店的经营情况	在披露报告期内实体经营门店的经营情况时，上市公司应当详细披露以下内容： （1）营业收入排名前 10 名的直营门店的名称、地址、营业收入、营业成本、营业利润等。 （2）按地区披露，报告期内上市公司新增及关闭门店的概况，包括新增及关闭门店的数量，新增直营门店的应披露报告期内营业收入金额，关闭直营门店的应披露最近一年又一期营业收入金额。鼓励上市公司披露下一年度的新增及关闭门店的计划。
线上销售的经营情况	在披露报告期内线上销售的经营情况时，上市公司应当详细披露以下内容： （1）报告期内，线上销售的概况，包括自建销售平台及第三方销售平台的交易额、营业收入；自建销售平台的注册用户数量、注册用户人均消费金额。 （2）线上销售占公司营业收入 5%以下的，可只披露自建销售平台及第三方销售平台的营业收入与占比。 鼓励上市公司披露线上销售的退回情况。

表 3-3-88　关键资源

要点	具体内容
存货情况	在披露报告期内的存货情况时，上市公司应当详细披露以下内容： （1）报告期内，原材料、在产品、库存商品、在途物资等存货项目中，各存货类型的分布情况，包括但不限于黄金（产品）、铂金（产品）、K 金（产品）、白银（产品）、钻石（产品）等。 （2）报告期内，如公司进行以规避商品价格风险为目的的金融衍生品交易，包括但不限于商品期货套期保值、远期协议等，应当披露交易的具体情况，包括初始投资成本、资金来源、报告期内购入或售出及投资收益情况、公允价值变动情况等。

表 3-3-89　关键流程

要点	具体内容
经营模式	在披露报告期内主要经营情况时，上市公司应当详细披露以下内容： （1）主要销售模式的具体内容，包括但不限于经销、直营、专营、联营、加盟、批发等，不同模式下的营业收入、营业成本与毛利率，以及特有风险和模式变化情况。 （2）主要生产模式的具体内容，包括但不限于自产、委托加工、外购半成品等，如公司采用其中两种及以上生产模式的，应当披露每种模式的生产量与占比，以及特有风险和模式变化情况。 （3）主要采购模式的具体内容，包括但不限于现货交易、延期交易、租赁业务等，不同模式下的采购量、采购金额与占比，以及特有风险和模式变化情况。

续表

要点	具体内容
风险因素	上市公司应当结合公司业务特点,具体分析并披露对公司有重大影响的各类风险,如原材料价格波动、黄金交易业务风险、存货余额较大的风险等,以及已经或计划采取的应对措施。
财务信息	上市公司披露财务报告附注时,应当同时按照下列要求履行信息披露义务: (1) 结合上市公司的经营特点,披露不同销售模式下的收入结算方式、确认时点和确认方法,以及退货、以旧换新等特殊业务的会计处理。 (2) 结合上市公司的经营特点,披露存货计价方法、存货成本结转、存货跌价准备,以及进行金融衍生品交易的会计政策与会计估计。

【例】上市公司年报披露节选

报告期内主要经营情况

1. 销售模式

公司销售模式主要分为自营、加盟代理和批发,具体如下:

(1) 自营模式下可分为联营、直营及网络销售三大类别。

联营是指通过与百货公司开展联营合作在百货商场的经营场所内开设专营店,货品出售由百货商场统一收款,在协定时间内进行结算并确认收入。

直营是指由公司直接设立品牌旗舰店或品牌专卖店进行零售,在产品已交付予顾客并收取货款时确认销售收入。

网络销售主要通过公司自有的智慧云店、第三方大型综合电商平台(天猫、唯品会、京东等)、银行、商场和微信公众号、小程序、抖音等对消费者进行销售,一般在消费者进行购买并经公司发货后确认收入,唯品会等个别平台是在协定时间内结算并确认收入。

(2) 加盟代理模式下,由加盟代理商开设品牌专营店,相关人、财、物由加盟商支配,并按公司统一管理模式进行经营。公司在将货品交付加盟代理商时确认销售收入。

(3) 批发模式下,在产品已交付予客户且客户已签收确认,公司已经收款或取得索取货款依据时确认销售收入。

报告期内,公司各销售模式营业收入情况如下:

单位：万元

渠道	本期金额			去年同期			收入增幅	毛利率变动
	营业收入	营业成本	毛利率	营业收入	营业成本	毛利率		
自营	237 703.75	145 584.89	38.75%	269 259.33	161 007.53	40.20%	-11.72%	-1.45%
代理	72 691.05	55 263.56	23.97%	74 240.22	54 181.22	27.02%	-2.09%	-3.04%
批发	5 216.70	4 450.04	14.70%	5 408.33	4 734.01	12.47%	-3.54%	2.23%
其他业务收入	5 914.35	1 026.84	82.64%	5 369.92	876.27	83.68%	10.14%	-1.04%
合计	321 525.85	206 325.32	35.83%	354 277.79	220 799.03	37.68%	-9.24%	-1.85%

2. 生产模式

公司主要采取自产和外协生产相结合的生产模式。

(1) 自产：公司内部生产主要采用按库存量与按订单相结合的生产模式。生产中心根据库存规模和订单需求安排生产。目前公司时尚珠宝首饰的镶嵌及素金产品主要由自有工厂生产。

(2) 外协加工：公司将部分生产任务委托给符合生产技术要求的厂家进行生产。公司提供生产原材料，受委托工厂按照公司订单的要求生产并收取加工费。目前公司传统黄金首饰主要采用外协加工方式进行生产。

报告期内，公司珠宝业务生产模式的具体情况如下：

单位：万元

生产模式	金额	占比
自产	59 175.93	33.24%
外协加工	118 866.24	66.76%

3. 采购模式

公司采购模式分为原材料采购及成品采购。除原材料黄金外，其他原材料、成品采购均为现货采购。

公司原材料的主要采购模式分为现货交易和租赁业务。公司采购的主要原材料为黄金、铂金和成品钻。

(1) 现货交易：公司根据国家政策，黄金、铂金等原材料从上海黄金交易所集中竞价采购；成品钻石主要通过向上海钻石交易所内会员单位采购。

(2) 租赁业务：公司黄金租赁业务，即公司在银行综合授信额度内向银行租借黄金原料，按合同约定支付租赁费用，到期日公司向银行归还等额同质黄金原料。

报告期内，公司珠宝业务主要原材料采购情况如下：

金额单位：万元

主要原材料	采购模式	重量	采购金额	占比
黄金（克）	现货	1 796 891.51	74 623.10	43.65%
	租赁	2 320 000.00	90 183.75	56.35%
钻石（克拉）	现货	15 799.12	10 210.30	100.00%

【提示】

珠宝种类具有多样性，珠宝相关行业上市公司在销售、生产、采购等环节都有各自的特点，因此按照行业指引，上市公司需要详细披露公司不同销售模式、生产模式以及不同采购模式的相关数据，如有模式变化及涉及的特有风险，上市公司需要详细披露，让投资者更好地了解公司的经营效率和盈利能力。

二十二、软件与信息技术服务行业

（一）适用的指引

深交所《行业信息披露指引第 12 号——上市公司从事软件与信息技术服务业务》（软件与信息技术服务业务是指为政府、企事业单位等客户提供软件开发、信息系统集成服务、信息技术咨询服务、数据处理和运营服务等业务）

（二）年报披露要求

软件与信息技术服务行业上市公司年报一般要求披露行业宏观、客户市场、关键流程等相关内容，具体如表 3-3-90 至表 3-3-92 所示。

表 3-3-90　行业宏观

要点	具体内容
宏观经济政策	上市公司应当说明客户所处行业相关的宏观经济形势、行业政策环境和信息化投资需求等外部因素的变化情况，并说明对公司当期及未来发展的影响，以及公司已经或计划采取的应对措施。

表 3-3-91　客户市场

要点	具体内容
经营情况	上市公司应当结合客户所处行业和自身实际情况，对于占公司营业收入或营业利润10%以上的行业，分项列示该行业营业收入、营业成本、毛利率，并分析其变动情况。
合同进展情况	上市公司应当详细披露报告期内单一销售合同金额占公司最近一个会计年度经审计营业收入30%以上且金额超过5 000万元的正在履行的合同情况，包括项目名称、合同金额、业务类型、项目执行进度、本期确认收入、累计确认收入、回款情况等内容，项目进展未达到计划进度或预期的，应当披露原因。
经营季节性	上市公司经营存在季节性或周期性特征的，应当结合公司经营模式说明经营季节性（或周期性）发生的原因，结合最近两个年度内各季度的经营情况（如营业收入、净利润等）量化说明经营的季节性（或周期性），并提示经营季节性（或周期性）波动风险。
SaaS服务	上市公司为政府、企事业单位等客户提供SaaS（Software-as-a-Service，软件即服务）服务的，若实现收入金额达到公司报告期内营业收入10%或者实现营业利润达到公司报告期内营业利润10%的，应当披露企业客户数量、最终用户数量和续费率。

表 3-3-92　关键流程

要点	具体内容
研发费用资本化	上市公司存在研发投入资本化情形的，应披露研发资本化的金额、相关项目的基本情况、实施进度；研发投入资本化的依据及相关内控制度的内容和执行情况。
职工薪酬	上市公司应当披露报告期内职工薪酬总额（计入成本部分）及占公司成本总额的比重，分析公司利润对职工薪酬总额变化的敏感性。同时，披露报告期内核心技术人员数量占比和薪酬占比，以及变动情况。
股权激励	报告期内存在已授予股权激励的，上市公司应当披露实施股权激励计提的费用及对上市公司净利润的影响。上市公司应当披露核心技术人员的股权激励费用及占公司当期股权激励费用的比重。
会计处理	上市公司披露财务报告附注时，应当同时按照下列要求履行信息披露义务： （1）依据自身业务模式和结算方式对收入确认会计政策进行详细披露，并披露行业特殊的收入确认条件、确认时点、核算依据等。如按完工百分比法确认的，还应当详细披露确定完工进度的方法。 （2）存在账龄超过三年的单项金额重大的应收账款的，应当在应收账款附注中详细披露该应收账款金额较大的原因并提示回款风险等。 （3）根据不同业务模式，分类披露成本构成情况，如原材料、人工成本、设备折旧、无形资产摊销等项目的金额和占比。 （4）披露报告期内公司享受的税收优惠政策，如软件增值税退税等，以及相关税收优惠对公司当期损益的影响。

【例】上市公司年报问询函回复披露节选

问:请你公司根据《深圳证券交易所行业信息披露指引第 12 号——上市公司从事软件与信息技术服务业务》,补充披露以下内容:报告期内职工薪酬总额(计入成本部分)及占公司成本总额的比重,分析公司利润对职工薪酬总额变化的敏感性,核心技术人员数量占比和薪酬占比以及变动情况。

答:根据《企业会计准则》规定:公司为研究开发游戏产品而进行的有计划的调查、评价和选择阶段的支出为研究阶段的支出,于发生时计入当期损益;在大规模投入运营以前,针对游戏产品最终应用的相关设计、测试阶段的支出为开发阶段的支出,同时满足下列条件的,予以资本化。

(1) 游戏产品的开发已经技术团队进行充分论证,以使其能够使用或出售在技术上具有可行性。

(2) 管理层已批准游戏产品开发的计划和预算,具有完成该无形资产并使用或出售的意图。

(3) 已有前期市场调研的研究分析说明游戏产品具有市场推广计划。

(4) 有足够的技术和资金支持,以进行游戏产品开发活动及后续的推广运营。

(5) 游戏产品开发支出能够可靠地归集和计量。

不满足上述条件的开发阶段的支出,于发生时计入当期损益。以前期间已计入损益的开发支出不在以后期间重新确认为资产。已资本化的开发阶段的支出在资产负债表上列示为开发支出,自该项目达到预定用途之日起转为无形资产。

本报告期内,相关的研发人员薪酬未达到资本化条件,即费用化处理,计入研发费用科目。截至 2018 年 12 月 31 日,职工薪酬总额为 2 230.41 万元,其中计入研发费用的金额为 662.03 万元。职工薪酬总额占归属于上市公司股东净利润的 3.51%(绝对值);占归属于上市公司股东的扣除非经常性损益的净利润的 3.63%(绝对值)。假设其他因素不变,职工薪酬增加,公司的利润随之减少,职工薪酬对公司归属于上市公司所有者的净利润的敏感系数为 9.50。公司核心技术人员为 28 人,占全体员工人数的 31.82%,较上年同期增加 3.25%;截至报告期末,核心技术人员薪酬占全体员工薪酬的 29.68%,较上年同期减少 0.4%。

【提示】

软件与信息技术行业的技术人员占比相对较大,且对于研发费用的资本化及费用化的不同处理对公司财务报表的影响有所差异,因此对于职工薪酬的披露有更细化的要求。本例中，公司在年报中未对职工薪酬占营业成本的比重、对利润变化的敏感性以及核心技术人员的占比、变动情况进行进一步披露，因而问询函要求公司按照行业指引补充披露职工薪酬相关事项，并分析公司利润对职工薪酬总额变化的敏感性。

二十三、非金属建材行业

（一）适用的指引

深交所《行业信息披露指引第 13 号——上市公司从事非金属建材相关业务》（非金属建材相关业务主要是指工程建筑非金属材料的生产、制造和销售等业务。非金属建材包括但不限于水泥、建筑石材、建筑陶瓷、玻璃、玻璃纤维、砖、瓦、石灰、石膏、混凝土及其制品，以及相关防水、耐火、保温、塑料管材、装饰板材、涂料材料和其他材料）

（二）年报披露要求

非金属建材行业上市公司年报一般要求披露行业宏观、客户市场、关键资源、关键流程等相关内容，具体如表 3-3-93 至表 3-3-96 所示。

表 3-3-93　行业宏观

要点	具体内容
国家宏观政策	上市公司应当披露报告期内对行业或公司具体生产经营有重大影响的国家行业管理体制、产业政策及主要法规等变动情况及其具体影响，并说明已经或计划采取的应对措施。
行业发展状况	上市公司应当结合宏观经济数据与行业指标（如行业总产能、总产销量、总能耗、总排放量等）变化说明行业发展状况。
行业特征	上市公司应当结合披露的宏观环境、行业特性、消费需求及原材料等信息，详细说明公司生产经营所处行业的周期性、季节性和区域性等特征。

【例】上市公司年报披露节选

案例一

2020 年，全国实现国内生产总值 101.60 万亿元，同比增长 2.3%；全国固定资产投资（不含农户）同比增长 2.9%，全国基础设施投资同比增长 0.9%。全国房地产开发投资 14.14 万亿元，同比增长 7.0%。房地产施工面积 92.68 亿平方米，同比增长 3.7%。房地

产新开工施工面积22.44亿平方米，同比下降1.2%。(数据来源：国家统计局)

2020年，新疆实现地区生产总值1.38万亿元，按可比价格计算，比上年增长3.4%，全年固定资产投资(不含农户)比上年增长16.2%，增速比上年提高13.7个百分点。江苏实现生产总值10.27万亿元，按可比价格计算，同比增长3.7%，全年固定资产投资比上年增长0.3%。(数据来源：国家统计局、2020年新疆维吾尔自治区政府工作报告、2020年江苏省政府工作报告)

……

2020年，全国水泥产量23.77亿吨，同比增长1.6%；实现效益与上年持平。(数据来源：国家统计局、数字水泥网)

2020年，新疆水泥产量3 969万吨，同比增长3.5%。江苏水泥产量1.5亿吨，同比下降4.6%。(数据来源：国家统计局)

案例二

2020年，全国固定资产投资增速稳步回升，基础设施投资同比小幅增长，房地产开发投资及施工面积同比保持增长。(数据来源：数字水泥网)

……

2020年全国水泥产量23.77亿吨，同比增长1.6%。(数据来源：数字水泥网)

【提示】

非金属建材行业受到宏观环境影响较大。本例中，案例一公司对于宏观及行业环境的表述数据翔实，对公司业务所在主要区域的行业情况也进行了描述，相比于案例二公司的简单阐述，更易于投资者了解宏观及行业环境对公司的主要影响。上市公司对于此项表述尽量引用数据，避免使用小幅增长等纯文字表述。

表3-3-94 客户市场

要点	具体内容
行业地位、竞争优劣势	上市公司应当结合宏观经济数据与行业指标(如行业总产能、总产销量、总能耗、总排放量等)变化说明公司经营情况与行业发展是否匹配，如公司情况与行业情况存在较大差异，应当分析原因。 针对周期性非金属建材产品(主要指水泥、建筑石材、石灰、石膏及相关制品、玻璃、混凝土等产品)，上市公司应当披露所在细分行业或主要产品区域的市场竞争状况、公司的市场地位及竞争优势与劣势等情况。

续表

要点	具体内容
经营性指标	上市公司应当列表说明不同销售区域或者细分产品的生产量、销售量、库存量等经营性指标情况，并披露该等指标的同比变动情况，以及在主要销售区域或者细分产品的毛利率变动趋势及其原因。

表 3-3-95　关键资源

要点	具体内容
产能情况	针对周期性非金属建材产品，上市公司应当披露相关产品的产能、产能利用率、成品率（如适用），以及在建产能及其投资建设情况等。鼓励公司结合市场供求情况，在年度报告中披露下一年度的产能利用率调整计划。
原材料和能源及供应情况	上市公司应当披露主要产品的原材料和能源及其供应情况，报告期内主要原材料和能源的价格出现大幅波动的，应当披露其对公司生产经营的影响及应对措施。

表 3-3-96　关键流程

要点	具体内容
主要经营模式	上市公司应当披露公司的主要产销模式。
环保信息	上市公司应当在“重要事项”中披露下列环境保护信息： （1）自身生产经营过程中需遵守的与环境保护相关的法律法规和行业标准。 （2）相关的环境保护行政许可情况，如现有排污许可证的申领时间、有效期等。 （3）有关行业排放标准，以及生产经营活动中涉及的污染物排放的具体情况，包括但不限于污染物的种类和名称、排放方式、主要排放口数量和分布情况、排放浓度/强度和总量、超标排放情况、执行的排放标准、核定的排放总量等。 （4）对污染物的处理技术和处理方式，污染防治设施的建设、运行情况和实施成果（例如排放浓度/强度或排放总量的降幅）。 （5）环境自行监测方案和执行情况，包括但不限于监测指标、执行标准及其限值、监测频次、质量保证与质量控制等。 （6）针对突发环境事件的风险评估、预防相关风险的管理措施和针对突发环境事件的应急预案。 （7）环境治理和保护的投入情况，以及缴纳环境保护税的相关情况。 （8）受到环境保护部门行政处罚的情况，包括但不限于处罚原因、违规情形、处罚结果、对上市公司生产经营的影响以及公司的整改措施。 （9）其他应当公开的环境信息。
环境事故	上市公司应当持续披露环境事故的后续处理情况，并核查公司环境监测方案和风险管理措施是否存在重大缺陷；如是，应当披露相关解决或整改方案。

续表

要点	具体内容
重大安全事故	上市公司应当持续披露重大安全生产事故的处理进展情况。
财务信息	上市公司披露财务报告附注时,应当同时按照以下要求披露相关信息: (1) 结合上市公司的经营特点,披露不同销售模式下的收入结算方式、确认时点和确认方法。 (2) 区分产品类型披露存货盘点制度和具体盘点方法,以及结合公司具体业务分主要产品披露存货成本结转制度和具体结转方法。 (3) 披露存货科目注释时,应披露原材料、在产品、库存商品、在途物资等存货项目中,各存货类型的分布情况,并按存货类型披露确定可变现净值的具体依据及本期转回或转销存货跌价准备的具体原因。 (4) 披露应收账款科目注释时,若单个客户应收账款余额占应收账款总额比例超过10%且账龄超过一年的,应当详细披露该客户应收账款较高的原因并提示回款风险等。

二十四、影视行业

(一) 适用的指引

深交所《创业板行业信息披露指引第1号——上市公司从事影视业务》(影视业务是指围绕电影、电视剧及其他类型影视作品所进行的制作、发行、放映等业务活动)

(二) 年报披露要求

影视行业上市公司年报一般要求披露客户市场、关键资源、战略规划、关键流程等相关内容,具体如表3-3-97至表3-3-100所示。

表3-3-97 客户市场

要点	具体内容
各业务收入情况	上市公司在年度报告中披露报告期内收入情况时,应当按所处产业链环节详细披露: (1)从事电影、电视剧及其他类型影视作品制作或发行业务且收入占公司同期主营业务收入10%以上的,应当披露制作或发行收入占公司主营业务收入前五名的电影、电视剧及其他类型影视作品的名称、合作方、合作方式(主投或参投/主发行或联合发行等)、主要演职人员、放映渠道、合计收入金额及占公司同期主营业务收入的比例。前述合计收入包括票房分账收入、发行收入、网络播放权许可收入、版权销售收入、相关衍生收入等。 (2)从事电影放映业务且收入占公司同期主营业务收入10%以上的,应当披露影院放映收入、直营影院与加盟影院数量及其变动、屏幕数量及其变动、观影人次等。

续表

要点	具体内容
经营情况	上市公司披露报告期内主要经营情况时,应当详细披露报告期内拍摄电影、电视剧及其他类型影视作品的名称、实际进展情况、发行或放映档期、放映渠道和许可资质的取得情况,如与计划情况存在重大差异的,应当说明原因。

表 3-3-98 关键资源

要点	具体内容
竞争能力	上市公司在年度报告中分析公司竞争能力时,应当详细披露对公司核心竞争能力有重大影响的演职人员(包括制片人、导演、演员)的变动情况,以及前述变动对公司经营的影响。
许可资质	上市公司披露报告期内主要经营情况时,应当详细披露报告期内拍摄电影、电视剧及其他类型影视作品的名称、实际进展情况、发行或放映档期、放映渠道和许可资质的取得情况,如与计划情况存在重大差异的,应当说明原因。

表 3-3-99 战略规划

要点	具体内容
经营计划	上市公司在定期报告中披露未来经营计划时,应当详细披露下一季度公司新增和取消的电影、电视剧及其他类型影视作品的拍摄计划,包括开拍时间(如确定)、预计发行或者上映档期(如确定)、合作方及合作方式(如确定)、拍摄或者制作进度、主要演职人员(如签约)。

表 3-3-100 关键流程

要点	具体内容
业务模式	上市公司应当披露所处的产业链环节、业务范围、盈利模式,并结合业务模式重点披露相关业务指标、财务信息。
会计政策	上市公司披露财务报告附注时,应当同时按照下列要求履行信息披露义务: (1)在披露公司主要会计政策和会计估计时,应当详细披露公司电影、电视剧及其他类型影视作品制作、发行和分销业务收入确认和成本结转的具体方法,如果采用"计划收入比例法"的,应当说明具体的计算原则和方法。 (2)在披露公司财务报表项目附注时,应当详细披露报告期末存货余额前五名的电影、电视剧及其他类型影视作品的名称、开机时间、拍摄或者制作进度、合计账面余额及其占公司全部存货余额的比例。

【例】上市公司年报披露节选

案例一

报告期内,影视与文旅行业在新冠肺炎疫情期间遭受重创。由于疫情影响,2020年1月24日至7月20日,全国影院暂停营业,影片无法上映。作为影视与文旅融合的代表之一,公司主要业务遭受到较大冲击。2020年7月,国家电影局下发了《关于在疫情防控常态化条件下有序推进电影院恢复开放的通知》,全国影院在有效落实疫情防控措施的基础上,陆续恢复营业,影视行业业务逐步复苏。电影方面,战争巨制《八佰》作为行业复工后首部在院线上映的国产大片,于2020年8月21日在全国上映,累计票房成绩超过31亿元;公司参与投资出品的抗美援朝战争影片《金刚川》于2020年10月23日上映,累计票房成绩超过11亿元;常远导演的《温暖的抱抱》于2020年12月31日上映,报告期内实现票房约1.77亿元,截至本公告日实现累计票房成绩超过8亿元。报告期内,公司出品的尚未上映的影片及进展情况如下:根据现象级手游改编的电影《侍神令》(原名《阴阳师》)、公司参与投资的电影《你好,李焕英》已于2021年2月12日大年初一上映,截至本公告日分别实现累计票房成绩约2.74亿元和54.10亿元;陈正道导演的电影《盛夏未来》、李玉导演的电影《阳光劫匪》、曹保平导演的《涉过愤怒的海》、杨枫导演的《铁道英雄》(暂定名)都已杀青进入后期制作阶段,其中《阳光劫匪》预计将于2021年5月1日上映,《盛夏未来》预计将于2021年8月14日上映,《涉过愤怒的海》预计将于2021年暑期档上映;《铁道英雄》(暂定名)预计将于2021年国庆档上映;陆川导演的《749局》、周星驰导演的《美人鱼2》、贾樟柯导演的《一直游到海水变蓝》(原名《一个村庄的文学》)也都已杀青进入后期制作阶段;公司深度参与投资制作、由好莱坞著名导演罗兰·艾默里奇执导的好莱坞科幻灾难大片《月球陨落》(暂定名)已于2020年开机,截至目前已关机进入后期制作阶段;公司拥有独家中国大陆地区权利、赵圣熙导演的韩国首部全太空背景科幻大片《胜利号》已于2021年2月5日在Netflix上线;其他多部影片正在筹备中,其中《循环》《一条龙》(暂定名)进入筹备阶段。

案例二

本报告期受新冠肺炎疫情影响,在下半年电影院逐步恢复开放后,公司方有新片上映,电影业务受到较大影响。报告期内,公司参与投资、发行或协助推广并计入本报告期票房的影片总票房约为 67.87 亿元，其中：报告期内上映了《妙先生》《八佰》《荞麦疯长》《我的女友是机器人》《姜子牙》《金刚川》《如果声音不记得》《崖上的波妞》等影片，总票房约为 62.85 亿元；公司参与投资、发行的于 2019 年上映并有部分票房计入本报告期的影片包括《误杀》《两只老虎》《南方车站的聚会》，本报告期总票房约为 5.02 亿元。此外，得益于公司多年来在电影行业的丰富积累及在电影衍生业务领域的布局、拓展，公司电影衍生收入及利润较上年同期大幅增长，同时电影业务毛利率同步上升，电影衍生业务也成为公司收入及利润的有力补充。公司将主要精力用于潜心开发优质内容，积极布局影视剧优质 IP，提高前期筹备工作的标准，同时继续推进制作中的电影项目后期工作。电影项目如《你的婚礼》《阳光姐妹淘》《坚如磐石》等均已制作完成，《五个扑水的少年》《会飞的蚂蚁》等影片在后期制作中，其他电影项目也正按照经营计划有序推进。

【提示】

近两年，影院相关业务受新冠肺炎疫情冲击较大。在分析经营情况时，案例二公司对报告期内影片总票房按报告期内上映影片和上年上映部分票房计入本报告期的影片进行了简单表述；而案例一公司则按行业指引要求较为详细地介绍了已上映电影的放映档期、票房情况，在筹备电影的导演、电影类型、筹备进展、预计上映日期情况等，有益于投资者进一步了解公司未来电影业务的情况。但案例一中文字描述较长，上市公司可以用文字及表格结合的方式，更加清晰直观。

二十五、节能环保服务行业

（一）适用的指引

深交所《创业板行业信息披露指引第 4 号——上市公司从事节能环保服务业务》[节能环保服务业务是指上市公司通过工程承包（EPC、EP）、建设—转让（BT）等方式承建节能环保工程（简称节能环保工程类业务），或者通过合同能源管理（EMC）、建设—运营—转让（BOT）、运营维护（O&M）、建设—拥有—经营（BOO）等方式提供节能环保特许经营服务（简称节能环保特许经营类业务）等业务活动]

（二）年报披露要求

节能环保服务行业上市公司年报一般要求披露客户市场、关键流程等相关内容，具体如表 3-3-101 和表 3-3-102 所示。

表 3-3-101 客户市场

要点	具体内容
节能环保工程类业务	上市公司从事节能环保工程类业务的,应当按照指引附表一的披露格式,履行以下信息披露义务: (1) 区分不同业务类型披露报告期内新增订单(以收到《中标通知书》或签订《框架性协议》等文件为准,下同)数量及合计金额、新增订单中尚未签订合同的数量及合计金额,报告期内确认收入的订单数量以及合计确认收入金额、期末在手订单数量以及合计未确认收入金额等内容。 (2) 详细披露报告期内订单金额占公司最近一个会计年度经审计营业收入 30%以上且金额超过 5 000 万元的正在履行的订单情况,包括项目名称、订单金额、业务类型、项目执行进度、本期确认收入、累计确认收入、回款情况等内容,项目进展未达到计划进度或预期的,应当说明并披露原因。
节能环保特许经营类业务	上市公司从事节能环保特许经营类业务的,应当按照指引附表二的披露格式,履行以下信息披露义务: (1) 区分不同业务类型披露报告期内新增订单的数量以及合计投资金额、新增订单中尚未签订合同的数量及合计投资金额,未执行订单的数量及合计投资金额,处于施工期阶段的订单数量、本期完成的投资金额、本期确认收入金额及尚未完成的投资金额,已处于运营期阶段的订单数量以及合计的运营收入等内容。 (2) 详细披露合同约定的投资金额占公司最近一个会计年度经审计净资产 30%以上且金额超过 5 000 万元的处于施工期阶段的订单情况,包括项目名称、业务类型、执行进度、本期投资金额、累计投资金额、未完成的投资金额、收入确认情况等内容,若项目进展未达到计划进度或预期的,应当说明并披露原因。 (3) 详细披露已进入运营期阶段,项目年度运营收入占公司最近一个会计年度经审计营业收入 10%以上且金额超过 1 000 万元,或者年度营业利润占公司最近一个会计年度经审计营业利润 10%以上且金额超过 100 万元的订单履行情况,包括项目名称、业务类型、产能情况(如废弃物处理量、发电量等)、定价依据、营业收入、营业利润、回款情况等;如果存在项目不能正常履约的,应当说明情况,并进行相应的风险揭示。
节能环保服务业务	上市公司从事节能环保服务业务的,应当按照下列要求履行信息披露业务: (1) 披露报告期内采用的新技术或新工艺情况,包括技术优势、风险因素、发展前景等内容。 (2) 披露报告期内新增的业务类型情况,包括盈利模式、发展前景、核心优势、风险因素等内容。 (3) 披露报告期内与公司环保业务相关的污染物排放标准或者其他相关标准的变化情况及其影响等。 (4) 披露报告期内国家或上市公司业务所在地区相关的产业发展、政府补贴或价格优惠(如优惠上网电价、废弃物处理补贴等)等政策发生的重大变化及其影响。 (5) 结合公司业务特点,在"风险因素"部分具体分析并披露对公司未来业务有重大影响的各类风险,如合同数量及金额大幅波动的风险、下游客户或其行业分布较为集中的风险、市场开拓面临障碍的风险、业务占用资金较大且现金流紧张的风险、杠杆较高且融资不足的风险等; (6) 披露报告期末应收账款余额、占同期营业收入的比例、应收账款前五名客户的合计金额及占总应收账款的比例等;若单个客户逾期应收账款占营业收入比例超过 10%且金额超过 1 000 万元的,应当详细披露客户名称、应收账款较高的原因并提示回款风险等。

【例】上市公司年报节选

报告期内节能环保工程类订单新增及执行情况

业务类型	新增订单						确认收入订单		期末在手订单	
	数量	金额（万元）	已签订合同		尚未签订合同		数量	确认收入金额（万元）	数量	未确认收入金额（万元）
			数量	金额（万元）	数量	金额（万元）				
EPC	96	6 071.93	96	6 071.93	0	0	124	6 101.31	29	3 521.94
合计	96	6 071.93	96	6 071.93	0	0	124	6 101.31	29	3 521.94

报告期内节能环保工程类重大订单的执行情况（订单金额占公司最近一个会计年度经审计营业收入30%以上且金额超过5 000万元）

项目名称	订单金额（万元）	业务类型	项目执行进度	本期确认收入（万元）	累计确认收入（万元）	回款金额（万元）	项目进度是否达预期，如未达到披露原因

报告期内节能环保特许经营类订单新增及执行情况

业务类型	新增订单						尚未执行订单		处于施工期订单			处于运营期订单		
	数量	投资金额（万元）	已签订合同		尚未签订合同		数量	投资金额（万元）	数量	本期完成的投资金额（万元）	本期确认收入金额（万元）	未完成投资金额（万元）	数量	运营收入（万元）
			数量	投资金额（万元）	数量	投资金额（万元）								
BOT									4	22 296.42	20 133.53	6 690.27	3	4 654.87
BOOT & TOOT & OM									1	3 223		9 673.39	1	7 168.25
BOT & ROT													1	5 342.85
TOT & BOT	1	48 314.38	1	48 314.38					1	9 706.42	8 904.97	38 607.96		
合计	1	48 314.38	1	48 314.38					6	35 225.84	29 038.50	54 971.62	5	17 165.97

续表

报告期内处于施工期的节能环保特许经营类重大订单的执行情况(投资金额占公司最近一个会计年度经审计净资产30%以上且金额超过5 000万元)							
项目名称	业务类型	执行进度	报告内投资金额(万元)	累计投资金额(万元)	未完成投资金额(万元)	确认收入(万元)	进度是否达预期,如未达到披露原因
东港市工业污水处理厂建设PPP项目	TOT & BOT	20.09%	9 706.42	9 706.42	38 607.96	8 904.97	达预期
报告期内处于运营期的节能环保特许经营类重大订单的执行情况(运营收入占公司最近一个会计年度经审计营业收入10%以上且金额超过1 000万元,或营业利润占公司最近一个会计年度经审计营业利润10%以上且金额超过100万)							
项目名称	业务类型	产能	定价依据	营业收入(万元)	营业利润(万元)	回款金额(万元)	是否存在不能正常履约的情形,如存在请详细披露原因
江苏省泗阳县优质供水项目	BOOT & TOOT & OM	19万m^3/日	特许经营协议	7 168.25	1 114.56	10 514.13	否
山东省曹县新医药产业园区污水处理项目	BOT	2万m^3/日	特许经营协议	2 882.67	1 136.03	1 099.93	否
山东省曹县经济开发区相关污水处理厂及配套管网PPP综合项目	BOT & ROT	1.6万m^3/日	特许经营协议	5 342.85	3 058.09	1 797.71	否

【提示】

从事节能环保相关业务的上市公司，应当按照行业指引的要求，对节能环保工程类订单和节能环保特许经营类订单的相关情况和项目进展等信息进行充分披露，使投资者可以清晰了解公司的订单储备及执行情况，了解公司的业务布局与规划，为投资者判断公司业务发展趋势提供依据。

表 3-3-102　关键流程

要点	具体内容
财务信息	上市公司在披露财务报告附注时，应当同时按照下列要求履行信息披露义务： （1）从事节能环保工程类业务的公司应当分别披露不同业务类型下的收入确认方法，如按完工百分比确认收入的，还应当详细披露确定完工进度的方法。 （2）从事节能环保特许经营类业务的公司应当分别披露不同业务类型下的相关业务活动对应的会计处理政策，包括各项资产的确认、工程建设阶段的收入确认、运营维护阶段的收入确认以及折旧计提等。

二十六、互联网游戏、互联网视频、电子商务、互联网营销及数据服务行业

（一）适用的指引

深交所《创业板行业信息披露指引第 5 号——上市公司从事互联网游戏业务》（互联网游戏业务包括互联网游戏的研发、发行和运营等业务活动）

深交所《创业板行业信息披露指引第 6 号——上市公司从事互联网视频业务》（互联网视频业务是指通过互联网向用户提供有偿或无偿视频播放、下载服务等业务活动）

深交所《创业板行业信息披露指引第 7 号——上市公司从事电子商务业务》（电子商务是指通过互联网等信息网络销售商品或者提供服务的经营活动，包括电子商务平台经营以及通过自建网站、其他网络服务销售商品或者提供服务的经营活动）

深交所《创业板行业信息披露指引第 8 号——上市公司从事互联网营销及数据服务相关业务》（互联网营销及数据服务是指以互联网为基础，利用数字化的信息和网络媒体来实现营销目标的市场营销方式，以及技术推送、用户画像等垂直领域相关数据服务）

（二）年报披露要求

互联网游戏、互联网视频、电子商务、互联网营销及数据服务行业上市公司年报一

般要求披露客户市场、关键流程等相关内容,具体如表 3-3-103 和表 3-3-104 所示。

表 3-3-103 客户市场

要点	具体内容
经营情况	从事互联网游戏业务的上市公司披露公司经营情况时,应当结合公司所处的产业链环节、盈利模式和经营特点,充分披露各项业务的经营情况: (1) 披露报告期内主要游戏(指研发、发行及运营收入在游戏业务中排名前五的游戏,下同)的详细信息,包括主要游戏的名称、版号、所属游戏类型(端游、页游、手游等)、运营模式(自主运营、联合运营、第三方运营等)及对应的运营商名称、游戏分发渠道、收费方式(时间收费、道具收费等)、报告期内主要游戏收入及其占公司游戏业务收入的比例。 (2) 按季度统计并披露主要游戏的运营数据,包括主要游戏的用户数量、活跃用户数、付费用户数量、ARPU 值、充值流水等。 (3) 上市公司从事游戏运营业务的,应当披露报告期内游戏平台新增运营的游戏数量、报告期末运营的游戏数量、季度总用户数量、季度总活跃用户数量、季度游戏类型情况等。 (4) 披露报告期内主要游戏推广方式,投入的推广营销费用总额及占公司游戏推广营销费用总额、主要游戏收入总额的比例。 (5) 上市公司游戏业务涉及境外市场,且境外收入占游戏收入 30%以上的,应当参考第(1)至第(3)项规定披露报告期内境外主要游戏的相关运营数据。
	从事互联网视频业务的上市公司应当结合互联网视频业务的盈利模式和经营特点,充分披露各项业务的经营情况: (1) 对于采用包月(年)等方式付费的业务,公司应当披露报告期内付费用户数量和付费用户的平均付费金额等,并说明该业务收入的占比和同比变化情况。 (2) 对于付费点播业务,应当披露付费点播总次数和平均付费金额等,并说明该业务收入的占比和同比变化情况。 (3) 对于广告业务,应当披露广告主数量和平均广告收入金额,前五大客户的合计收入等,并说明该业务收入的占比和同比变化情况。 (4) 对于版权分销业务,应当披露主要销售对象、渠道、数量和平均销售金额等,并说明该业务收入的占比和同比变化情况。
	从事电子商务平台经营业务的上市公司应当结合其平台的盈利模式和经营特点,对其报告期内的运营情况进行披露: (1) 上市公司应按电子商务行业通用指标,披露其主要电子商务平台、网站的运营数据,包括但不限于主要平台的浏览量、注册用户数量、平台商家数量、买家数量、活跃用户数量(MAU)、总成交金额(GMV)等。 (2) 电子商务平台存在广告投放服务的,应当披露其广告收入金额,广告客户总量及变化情况。 (3) 电子商务平台存在佣金收入的,应当披露其佣金收入金额,不同佣金的分类标准及报告期内客户数量变化情况。 (4) 电子商务平台存在会员或其他增值服务收费的,应当披露各类业务的收入金额、付费用户数量、平均付费金额及报告期内变动情况。

续表

要点	具体内容
经营情况	从事互联网营销业务的上市公司披露公司经营情况时,应披露下列能反映公司业务构成、盈利能力、经营趋势的信息: (1) 对于面向广告主的业务类型(包括需求方平台、广告交易平台、互联网营销方案策划、内容制作、投放代理等),说明广告主所处的主要行业领域,列示收入占比在10%以上的行业名称、收入金额及占比。 (2) 按照直接类客户和代理类客户分别披露客户数量、收入金额及客户留存率(如适用)。 (3) 对于各类主要业务,结合公司实际情况,分别按照媒介成本、数据成本、流量成本、人工成本等针对性披露营业成本构成。如媒介成本占该项业务比例在50%以上,应当说明不同采购计费模式(如包断计费、流量计费)下的采购金额。 (4) 公司在单一平台交易金额占交易总额50%以上的,应当披露其名称和交易金额所占比例。
运营情况	从事互联网视频业务的上市公司应当披露报告期内互联网视频业务的关键业务指标,包括累计注册用户数、新增注册用户数、日均活跃用户数、付费用户数、ARPU值等。公司应当按照不同终端类型(如PC客户端、网页端、移动端、其他终端等)分别披露前述通用指标,及其与同行业公司相应指标的对比(如能获得相关数据),说明公司在行业中的竞争地位。
	从事电子商务业务的上市公司通过互联网等信息网络销售商品或者提供服务的(包括自有平台、第三方平台、其他网络渠道等),应当结合自身业务的盈利模式和经营特点,充分披露各项业务的经营情况: (1) 公司通过自有平台、第三方平台等不同渠道的销售收入占比,对于收入占比在10%以上的平台,列示其具体名称、销售金额及同比变动情况、销售模式、特殊销售政策等。 (2) 公司核心产品品类的经营数据,包括但不限于:总交易金额、总订单数、人均消费频次等。
	从事互联网营销业务的上市公司应当结合所处的产业链环节及从事的具体业务类型,披露下列能够反映公司业务特点、核心竞争力及经营风险的信息,并进行针对性分析及讨论: (1) 对于需求方平台(DSP)、供应方平台(SSP)、广告交易平台(ADX)业务,应当重点披露公司广告业务的主要投放渠道,与主要媒介资源的合作情况或签订合同情况,包括门户网站、搜索平台、视频、电商、社交、直播等各类网站、应用开发商、手机厂商、自媒体等。 (2) 对于互联网营销服务类业务(包括方案策划、内容制作、投放代理等),应当重点披露报告期内主要客户情况、服务的具体内容、广告主要投放渠道等。 (3) 对于数据管理平台(DMP)业务,应当重点披露公司在用户数据及流量方面的竞争优势,包括数据及流量获取入口及方式、数据挖掘及处理能力、拥有的流量情况等(如覆盖群体、活跃用户、日均流量)。 公司还应当结合具体业务类型及经营管理活动中使用的关键业绩指标,披露可以反映广告投放效果及业务竞争力的指标,包括展示率、投放点击率、注册量、下载量、客户转化率、日均活跃用户、日均成交笔数等(如适用),以及核心技术优势情况等信息。

【例】上市公司年报及监管函节选

问：年报显示，2020年度，你公司境内外运营游戏总体情况中，手游、页游各季度的当季新增注册用户数和当季活跃用户数均大幅下降，手游的当季新增注册用户数由第一季度的438.29万下降到第四季度的129.80万，当季活跃用户数由511.19万下降到182.98万，页游的当季新增注册用户数由65.81万下降到24.91万，当季活跃用户数由68.04万下降到29.76万，各项指标降幅均超过50%。请你公司补充说明上述业务数据降幅较大的原因及合理性，结合你公司游戏业务的具体发展现状，说明游戏业务经营是否存在重大不确定性。

……

答：新冠肺炎疫情初期，得益于"宅经济"的蓬勃兴起及前期项目投放的延迟效应，2020年第一季度和第二季度存量产品新增注册用户数与活跃用户数有所上升。随着国内疫情逐步得到有效控制，复工复产后游戏业务宅经济红利随之下降，导致2020年第三季度和第四季度产品新增注册用户数与活跃用户数有所下降（具体见下表）。

游戏类型	指标	2020年第一季度	2020年第二季度	2020年第三季度	2020年第四季度	2021年第一季度
手游	当期新增注册用户数（万人）	438.29	237.40	156.92	129.80	277.92
	当期活跃用户数（万人）	511.19	309.43	218.87	182.98	343.30
页游	当期新增注册用户数（万人）	65.81	45.15	35.86	24.91	29.80
	当期活跃用户数（万人）	68.04	47.79	38.13	29.76	31.72

2021年第一季度，公司运营的新产品《少女的王座》《霸王之业——波澜万丈的三国志》等陆续上线后，手游业务的新增和活跃用户数均有所提升。

2020年主要下降手游产品新增用户数、活跃用户数统计如下：

主要下降手游产品		上线时间	当期新增注册用户数（万人）				当期活跃用户数（万人）			
			2020第一季度	2020第二季度	2020第三季度	2020第四季度	2020第一季度	2020第二季度	2020第三季度	2020第四季度
存量产品	游戏一	2018年11月	91.28	90.78	37.60	24.15	94.02	93.41	40.00	25.12

续表

主要下降手游产品		上线时间	当期新增注册用户数(万人)				当期活跃用户数(万人)			
			2020 第一季度	2020 第二季度	2020 第三季度	2020 第四季度	2020 第一季度	2020 第二季度	2020 第三季度	2020 第四季度
存量产品	游戏二	2017 年 7 月	56.55	24.91	16.08	10.89	61.01	27.54	18.15	11.05
	游戏三	2019 年 1 月	78.18	25.89	18.84	7.32	81.03	26.96	19.40	7.72
	游戏四	2019 年 1 月	31.91	4.67	2.68	1.16	32.30	5.27	3.07	1.40
	游戏五	2019 年 9 月	15.15	5.43	2.10	1.88	16.45	8.11	3.78	3.20
	游戏六	2019 年 9 月	10.63	2.11	0.34	0.00	11.23	2.93	0.66	0.00
	游戏七	2019 年 10 月	12.16	2.52	0.65	0.31	13.38	3.11	0.89	0.44
	游戏八	2019 年 12 月	13.11	0.82	0.12	0.12	14.47	1.31	0.39	0.36
新产品	游戏九	2020 年 2 月	38.69	14.08	8.15	1.55	38.69	21.36	14.00	5.27
合计			347.66	171.21	86.56	47.38	362.58	190.00	100.34	54.56

如上表所示,上述游戏产品的第三季度和第四季度新增和活跃用户有明显下滑,但上述产品多属于“量大价低”的产品,新增及活跃用户数量下降并未对游戏业务流水产生较大影响。2020 年游戏业务日均流水为 563.69 万/天,上述产品游戏流水日均合计额仅占游戏业务日均流水的 17.27%,如下表所示:

游戏名称		上线时间	流水日均(万元)	占总流水日均比例
存量产品	游戏一	2018 年 11 月	8.54	1.52%
	游戏二	2017 年 7 月	29.50	5.23%
	游戏三	2019 年 1 月	1.76	0.31%
	游戏四	2019 年 1 月	7.95	1.41%
	游戏五	2019 年 9 月	16.12	2.86%
	游戏六	2019 年 9 月	0.47	0.08%

续表

游戏名称		上线时间	流水日均(万元)	占总流水日均比例
存量产品	游戏七	2019 年 10 月	1.48	0.26%
	游戏八	2019 年 12 月	7.24	1.28%
新产品	游戏九	2020 年 2 月	24.37	4.32%
产品小计			97.43	17.27%
游戏业务总流水日均			563.69	—

注:产品年度游戏流水=产品流水日均额×366 天。

其中占总流水日均较大游戏产品的当期新增注册用户数及当期活跃用户数并无明显变动,如下表所示:

游戏名称	上线时间	当期新增注册用户数(万人)				当期活跃用户数(万人)			
		2020 第一季度	2020 第二季度	2020 第三季度	2020 第四季度	2020 第一季度	2020 第二季度	2020 第三季度	2020 第四季度
游戏一	2017 年 9 月	23.61	14.74	9.87	16.33	39.74	30.10	23.74	30.23
游戏二	2019 年 8 月	11.12	10.43	8.29	8.35	18.32	18.53	16.26	16.35
游戏三	2018 年 3 月	0.70	0.63	0.42	0.33	13.11	12.68	11.49	10.79
游戏四	2018 年 3 月	0.63	0.57	1.70	1.75	4.92	4.63	5.54	5.60
合计		36.06	26.37	20.28	26.76	76.09	65.94	57.03	62.97

游戏名称	上线时间	流水日均(万元)	占总流水日均比例
游戏一	2017 年 9 月	175.05	31.05%
游戏二	2019 年 8 月	83.88	14.88%
游戏三	2018 年 3 月	46.42	8.24%
游戏四	2018 年 3 月	54.68	9.70%
产品小计		360.03	63.87%
游戏业务总流水日均		563.69	—

2020 年第四季度较第一季度页游新增注册用户数和活跃用户数均大幅下降,主要原因包括:

(1) 页游产品主要是运营数年的存量产品,随着游戏生命周期的延长,用户新增及活跃数据将规律性下降。

(2) 疫情发生后客观上促进"宅经济"兴起,使得存量游戏产品的新增及活跃用户数量出现突发性上涨,后又随着疫情的控制逐步回落。

……

【提示】

本例中，该上市公司披露了用户总数下降，但未有进一步分析，因而被监管机构问询用户数量下降的具体原因以及业务是否存在重大不确定性。公司在回复中一是按季度列示了手游、页游，及具体游戏产品的用户情况和收入数据；二是强调手游新增和活跃用户有明显下滑的，涉及的主要是“量大价低”的产品，而在总收入中占比较大的游戏，其用户数量并未出现明显变动；三是将页游用户数量大幅下降归因于游戏生命周期和疫情影响。

相关行业指引要求互联网游戏业务上市公司披露公司经营情况时所应包括的五项内容（如游戏本身的信息、游戏收入信息、游戏用户信息和推广情况等），彼此之间存在着密切关联，对于重要数据变化，公司应注意结合关联数据来分析原因。

表 3-3-104　关键流程

要点	具体内容
商业模式	从事互联网视频业务的上市公司应当对公司目前和即将从事业务的商业模式进行充分、易读、可理解的披露，包括商业模式说明、可能面临的风险等。
	从事互联网营销业务的上市公司应当充分披露公司所处的产业链环节、商业模式、价值实现过程、服务计费方式等，并结合业务模式重点披露相关业务指标、财务及非财务信息、核心竞争力等，便于投资者阅读和理解。
风险因素	从事互联网游戏业务的上市公司应当结合游戏行业发展情况、公司游戏业务和产品运营情况，充分披露可能对公司未来发展战略和经营目标实现产生重大不利影响的风险因素，包括行业政策变动风险、知识产权风险、单一游戏依赖风险、游戏产品生命周期风险、新游戏开发和运营失败风险、游戏平台吸引力下降风险等。
	从事互联网营销业务的上市公司应当结合行业发展情况、公司业务运营情况，充分披露可能对公司未来发展战略和经营目标实现产生重大不利影响的风险因素，如客户变动风险、媒体合作风险、数据来源及使用合法合规性风险、数据安全风险、商业道德风险、个人隐私保护法规变化风险等。
	从事电子商务业务的上市公司存在多平台经营或多渠道销售，且平台、渠道收入占比在10%以上的，若其中一个或多个平台、销售渠道的主要经营数据同比下滑50%以上的，应详细披露原因并提示风险。 上市公司应当结合电子商务业务的发展情况及行业变化趋势，充分披露可能对公司未来发展战略和经营目标实现产生重大不利影响的风险因素，并披露公司在网络及数据信息安全、个人信息保护、消费者权益保护、商业道德风险等领域所实施的保障措施。

续表

要点	具体内容
会计处理	从事互联网游戏业务的上市公司披露财务报告附注时，应当同时按照下列要求履行信息披露义务： （1）披露主要会计政策和会计估计时，应当结合业务的盈利模式、产品特点、收费方式以及公司承担的义务和风险详细披露公司游戏开发和运营业务的收入确认、成本结转的具体方法。 （2）详细披露报告期末存货及无形资产余额前五名游戏的合计账面余额及其占公司全部存货、无形资产余额的比例，以及存货结转和无形资产摊销的方法（如适用）。
	从事互联网视频业务的上市公司编制财务报表附注时，应当同时披露报告期内公司自制、外购和通过版权互换等方式所取得的视频版权成本金额及占比，计入存货或无形资产的金额，并对其成本结转或摊销方式进行说明，披露当年结转或摊销金额及余额变动情况，同时说明相关会计处理是否与同行业公司存在明显差异，如是请说明原因。
	从事电子商务业务的上市公司应当结合电子商务业务的盈利模式、收费方式、结算时点以及公司承担的义务与风险，充分披露电子商务业务收入确认及成本结转的具体方法。
	从事互联网营销业务的上市公司在披露公司主要会计政策和会计估计时，应当结合具体的盈利模式、收费方式、结算时点以及公司承担的义务和风险，详细披露收入确认和成本结转的具体方法。

二十七、LED 产业链相关行业

（一）适用的指引

深交所《创业板行业信息披露指引第 9 号——上市公司从事 LED 产业链相关业务》[LED（英文名称 Light-Emitting Diode、中文名称发光二极管）产业链相关业务，是指 LED 产业链相关核心产品的研发、生产、销售等业务活动，主要包括上游的 LED 芯片衬底材料、外延片及芯片领域，中游的 LED 封装领域，下游的 LED 照明、显示、背光等应用领域，以及 LED 产业链的其他关键产品或设备]

（二）年报披露要求

LED 产业链相关行业上市公司年报一般要求披露行业宏观、客户市场、关键资源、关键流程等相关内容，具体如表 3-3-105 至表 3-3-108 所示。

表 3-3-105 行业宏观

要点	具体内容
行业发展状况	上市公司应当披露行业现状及未来发展趋势。

表 3-3-106 客户市场

要点	具体内容
竞争对手情况	上市公司应当披露同行业公司（含非上市公司）的名称、基本情况。
行业地位	上市公司应当披露公司目前所处 LED 产业链的环节、业务模式、市场地位及变化情况、核心竞争力分析、公司具备的重要业务资质、报告期内行业的重大技术创新、公司的重大研发成果及其对公司生产经营和未来发展的具体影响等。
经营信息	上市公司应当披露报告期内销售收入占公司营业收入 10%以上产品的销售量、销售收入、销售毛利率，并进行同比变动分析。 上市公司应当按照销售模式类别（直销、代销、经销等）披露报告期内及去年同期的销售收入构成。
海外市场	若报告期内公司产品海外销售收入占同期营业收入 30%以上的，上市公司还应当披露主要收入来源地（大洲或国家、地区等）的名称、销售的产品、销售数量、销售收入、报告期内当地行业政策、汇率或贸易政策发生的重大不利变化及其对公司当期和未来经营业绩的影响情况。

【例】上市公司年报问询函回复披露节选

问：年报显示，你公司子公司 KMS 公司 2020 年扣除非经常性损益后归属于母公司的净利润为 7 558.34 万元，较 2019 年同比下滑 41.52%。你公司移动照明应用产品业务主要由子公司 KMS 公司开展，报告期内公司移动照明应用产品营业收入较 2019 年同比下滑 22.19%，毛利率同比下滑 4.52 个百分点，公司曾多次披露公告称新冠肺炎疫情已对 KMS 公司的经营造成实质性不利影响，并称后续将聘请专业评估机构就 KMS 公司业绩受疫情影响情况进行充分评估。报告期末，公司未对收购 KMS 公司所形成商誉计提减值准备。

年报显示，2020 年 1～12 月，我国 LED 照明产品累计出口额同比增长达 17.9%，在疫情带来的出口替代效应下，吸引了全球半导体照明产品订单，但在出口额创新高的同时，产品价格仍出现了较大跌幅。请你公司说明 KMS 公司收入大幅下滑同时毛利率小幅波动，与我国整体 LED 照明产品出口情况出现偏离的原因与合理性，并结合报告期及2021年KMS公司产品出口地区疫情发展、销售收入及毛利率变动情况分析疫情是否为影响KMS公司报告期内盈利能力的主要因素。

答：KMS公司收入大幅下滑同时毛利率小幅波动，与我国整体LED照明产品出口情况出现偏离的原因与合理性如下：

我国LED照明产品应用领域主要包括通用照明、背光应用、景观照明等，其中通用照明占比为46%。

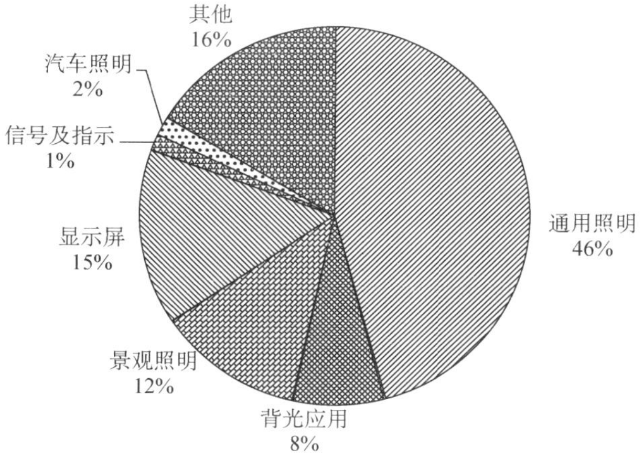

数据来源：2020年半导体照明产业发展蓝皮书。

2020年1~12月，我国LED照明产品累计出口额同比增长达17.9%，一方面体现了通用照明产品的刚需属性，另一方面也体现了我国已经牢固树立了LED照明行业供应链、产业链优势，在疫情带来的出口替代效应下，吸引了全球半导体照明产品订单。

但通用照明按照产品类别可划分为应急灯、手电筒、球泡灯、灯管、台灯、路灯、隧道灯等。KMS公司生产产品主要为通用照明中移动照明产品，包括手电筒、应急灯、马灯、露营灯等。移动照明产品多应用于户外活动或缺电少电场景，与通用照明其他产品类别相比，如球泡灯、台灯、吸顶灯等，受制于应用场景不同，刚需属性较弱。KMS公司主要出口地区，如非洲、南美洲、南亚截至目前新冠肺炎疫情仍未得到有效控制，各地区不同程度采取居家令、社交距离等措施，当地居民减少户外活动，产品需求减少。

对比同行业公司移动照明产品收入情况如下表所示：

单位:元

公司名称	2020年营业收入	2019年营业收入	同比增减
金莱特	368 589 718.40	535 837 255.29	-31.21%
久量股份	370 937 470.23	526 945 283.87	-29.61%
KMS公司	629 482 148.71	808 988 788.73	-22.19%

由上表可知,同行业公司2020年移动照明产品收入同比均有较大幅度下降,KMS公司收入变动趋势与同行业上市公司一致。

综上,KMS公司收入大幅下滑同时毛利率小幅波动,与我国整体LED照明产品出口情况出现偏离主要系公司移动照明产品属于LED照明细分领域,在该领域下KMS公司及同行业均受到一定冲击,收入下滑,与我国LED照明产品整体显示的累计出口额增长数据出现偏离。

【提示】

本例中,该上市公司披露营业收入较上年同期下降主要系年初受新冠肺炎疫情和防控措施的影响,但下降幅度远大于年报披露的LED照明产品行业的整体数据,且公司未披露偏离原因。监管机构问询函要求公司补充披露与我国整体LED照明产品出口情况出现偏离的原因与合理性。公司在回复中首先披露了其主要产品为LED照明产品中通用照明产品项下的移动照明产品这一细分领域,然后说明了新冠疫情对移动照明产品应用需求的具体影响,称移动照明产品多应用于户外活动或缺电少电场景,KMS公司主要出口地区截至目前新冠肺炎疫情仍未得到有效控制,当地居民户外活动减少,导致产品需求减少;最后通过同行业对比,说明公司收入变动趋势与同行业一致。

实践中,很多公司在披露经营状况变化时都会结合报告期内的宏观形势进行解析,但有的公司披露过于笼统,没有将宏观形势与公司业务场景相结合,公司如能参考本例回复中的做法,把中间传导过程或者宏观因素如何具体影响公司业务,以通俗易懂的方式进行说明,有助于提高年报披露的有效性。

表 3-3-107 关键资源

要点	具体内容
关键技术指标	上市公司应当运用逐年比较、数据列表等方式对报告期内占公司营业收入 10%以上产品的关键技术指标进行列示。LED 产业链各环节主要产品相关的关键技术或性能指标如下： (1) 从事 LED 芯片衬底材料业务的，披露衬底的材料类别(蓝宝石、碳化硅、硅等)、长晶方法、长晶尺寸、综合良率等。 (2) 从事 LED 外延片业务的，披露 MOCVD(英文名称为 Metal-organic Chemical Vapor Deposition、中文名称为金属有机化合物化学气相沉淀)设备各机型(2 英寸、4 英寸、6 英寸等)的数量、外延片产品的综合良率等。 (3) 从事 LED 芯片业务的，披露芯片产品的发光波长、发光颜色、结构类型(正装、倒装等)、综合良率等。 (4) 从事 LED 封装业务的，披露封装产品的封装类型、产品用途(照明、显示、背光等)、综合良率等。 (5) 从事 LED 照明业务的，披露照明产品的具体应用领域(室内照明、汽车照明、景观照明等)、综合良率等。 (6) 从事 LED 显示业务的，披露显示技术情况(小间距 LED、MiniLED、MicroLED 等)、显示屏产品的像素间距分类构成、应用领域等。 (7) 从事 LED 背光业务的，披露背光产品类型、综合良率、应用领域等。 (8) 从事 LED 重要设备、材料、组件及其他产品研发、生产、销售业务的，披露相关产品的应用领域、重要性能指标等。 上市公司应详细披露指标含义、指标变化情况及其反映的技术水平变化情况，重点分析指标变化的原因及其对公司当期和未来经营业绩的影响情况，并保持指标的合理性、一致性、可比性。
产能情况	披露报告期内销售收入占公司营业收入 10%以上产品的产能、产量、产能利用率、在建产能等。

表 3-3-108 关键流程

要点	具体内容
重大风险	上市公司应充分提示如下事项可能对日常生产经营造成的重大影响： (1) 占公司最近一个会计年度销售收入 30%以上产品的销售均价出现大幅下跌，下跌幅度较年初超过 30%。 (2) 市场出现新的产品或者技术路线，可能对公司核心竞争力造成重大不利影响。 (3) 报告期内公司业绩严重依赖政府补助，当期政府补助确认损益金额达当期利润总额绝对值 30%以上，并详细说明政府补助未来期间的可持续性。 (4) 被有关方提起对公司有重大影响的专利侵权诉讼。 (5) 相关行业政策、贸易政策等发生重大变化。

续表

要点	具体内容
重大合同	上市公司从事 LED 相关工程业务的，与相关主体签订的合同项目金额达到最近一个会计年度经审计的合并财务报表营业收入 30%以上，或者对公司股票及其衍生品种交易价格可能产生重大影响的，应当按照下列要求履行信息披露义务： （1）披露交易对方的基本情况，包括名称、注册资本、成立时间、经营范围、关联关系、履约能力等。 （2）披露业务开展的具体模式，包括工程总承包（EPC）、合同能源管理（EMC）、政府与社会资本合作（PPP）等。如为 EPC 模式的，需披露合作各方承担的具体业务、收入划分原则等；EMC 模式的，需披露节能效益的分享期限、节能效益的分享方式、最低节能量（率）、节能量的确认方法、节能效益的划分、节能效益款项的结算方式等；PPP 模式的，需披露项目建设期、项目运营期、投资回收期、政府方资金投入金额、融资方式及担保、是否已纳入当地财政中长期预算、项目入库与清库情况、是否设立项目公司（SPV）、项目公司（SPV）的股权结构及出资情况（如适用）等。 （3）披露工程项目目前的进度、资金投入情况、收入回款情况、收益确认情况、项目执行时面临的主要风险及应对措施等。 （4）披露工程业务在资金投入、建设施工、后期运营、收益核算等各阶段的会计处理政策。
	上市公司以 LED 显示屏换取广告权益的，与相关主体签订的合同金额达到最近一个会计年度经审计的合并财务报表营业收入 30%以上，或者报告期内确认的收入金额达到最近一个会计年度经审计营业收入 10%以上，或者对公司股票及其衍生品种交易价格可能产生重大影响的，应当按照下列要求履行信息披露义务： （1）披露交易对方的基本情况，包括名称、注册资本、成立时间、经营范围、关联关系、履约能力等。 （2）披露合同的主要内容，包括合同的有效期、金额、广告权益的时间长度、收益分配方式，量化分析对公司当期及未来财务状况的影响等。 （3）披露合同主要的经营风险、合同发生变更或违约的情况下相应的处理或赔偿方案等。 （4）披露合同有关会计处理政策，包括收入的确认、成本的确认等。

二十八、医疗器械行业

（一）适用的指引

深交所《创业板行业信息披露指引第 10 号——上市公司从事医疗器械业务》

（二）年报披露要求

医疗器械行业上市公司年报一般要求披露客户市场、关键流程等相关内容，具体如表3-3-109和表3-3-110所示。

表3-3-109 客户市场

要点	具体内容
医疗器械项目的研发、生产及销售	上市公司应当充分披露报告期内医疗器械项目的研发、生产及销售情况，至少包括下列内容： （1）处于注册申请中的、涉及《医疗器械监督管理条例》规定的第二类、第三类医疗器械的名称、注册分类、临床用途、注册所处的阶段、进展情况、是否按照国家药品监督管理部门的相关规定申报创新医疗器械。 （2）最近一个会计年度销售额占公司同期主营业务收入10%以上或销售额前十大产品，已获得注册证的医疗器械名称、注册分类、临床用途、注册证有效期，并注明是否为报告期内新注册、变更注册或者注册证失效； （3）上市公司采取特定商业模式的，包括但不限于与医院合作共建大型医疗设备、体外诊断试剂与仪器闭环销售、设备投放耗材盈利、销售产品同时提供融资租赁服务、与医院收费分成等，应当详细说明该商业模式的特征。

【例】上市公司年报及监管函回复节选

问：报告期内，你公司医用智能工程实现收入3.34亿元，占营业收入的35.86%，收入同比下滑12.84%；医疗设备及耗材业务实现收入2.99亿元，占营业收入的32.23%，收入同比下滑37.43%；医疗金融业务实现收入2.18亿元，占营业收入的23.40%，收入同比下滑20.52%；医疗服务及专业咨询服务实现收入6 524.69万元，占营业收入的7.01%，收入同比增长5.13%。此外，年报显示，报告期内你公司改变商业模式，不再进行直接投资，转而采用与央企、国企合作的轻资产模式。请你公司补充说明以下事项：

……

请补充说明“改变商业模式，不再进行直接投资，转而采用与央企、国企合作的轻资产模式”所述商业模式的具体情况，包括变更前后的具体合作模式、所需的业务资质、各方风险收益承担方式及责任划分、具体的收入确认政策、适用的具体业务类型。

答：公司医院整体建设业务模式调整主要在项目投资方式和项目还款模式上。旧模式下，项目整体投融资由HJ自筹或融资解决，项目整体交付后，医院按投资协议的约定分期还款给HJ（还款期限一般为5~12年），这种模式资金投入较大，投资回收周期较长；新模式下，项目整体投融资由央企、国企牵头解决，项目整体交付后，医院按投资协议的约定分期还款。由央企、国企完成项目融资和土建、装饰装修工程，由HJ负责医用工程、医院重点学科规划及建设、医疗设备购置等建设内容，新模式下公司仅需投入少量的项目公司注册资本金，即可撬动公司主营业务的增长和资金快速回笼。

新模式下，央企/国企、HJ根据所负责内容及收益承担各自的风险和权责：

名称	责任	收益
央企/国企	项目牵头方，负责项目主投、融资及工程施工总承包	项目融资利差、土建工程收益以及合作方在专业工程、设备、供应链等分包管理费。
HJYL	项目成员方，负责项目参投、学科规划及医疗设备设施购置、医疗信息化、医用智能化工程实施、供应链特许经营、后勤运营管理	承建的医用智能化工程及医疗信息化收益、设备销售收益、供应链及后勤运营相应收益。

新、旧模式所需的业务资质包括但不限于医疗器械注册证、医疗器械生产许可证、医疗器械经营许可证、医疗器械经营备案凭证、建筑装修装饰工程专业承包和建筑机电安装工程专业承包资质、电子与智能化工程专业承包资质等。主要的业务模式有PPP、EPC。

在医院整体建设项目中，公司按照业务类型的不同，按以下收入确认政策分别确认收入：

业务类型	业务内容	收入确认政策
医疗设备及耗材	自产肿瘤微创治疗设备、制氧设备、常规诊疗设备、配件及耗材，代理设备	在公司将产品交付给购买方后，取得购买方验收确认单据后公司确认收入实现。
医用智能工程	医用气体工程及智能气体监控系统、洁净工程	在提供医疗工程的结果能够可靠估计的情况下，于资产负债表日产出法确定履约进度确认提供的劳务收入。劳务交易的履约进度按客户确认的履约进度确认单确认。
医疗服务及专业咨询服务	非核心医疗服务、医院整体建设管理费及利息等	本公司已按服务合同提供服务，且服务收入的全额能够可靠地计量，相关的经济利益很可能流入企业时，确认收入的实现。

【提示】

本例中，该上市公司披露报告期内变更了与医院合作的商业模式，但未详细解释，由此引发监管问询。回复时，公司根据指引要求补充了新旧模式的具体特征，列表说明合作各方的责任和收益，收入确认政策，以及新商业模式对公司的影响。

表 3-3-110 关键流程

要点	具体内容
具体会计政策	上市公司应当明确对医疗器械研发、临床试验和注册过程中所产生费用的会计政策并予以披露，明确在不同销售模式下对销售收入的会计确认政策并予以披露。

二十九、工业机器人产业链相关行业

（一）适用的指引

深交所《创业板行业信息披露指引第 11 号——上市公司从事工业机器人产业链相关业务》[工业机器人是指面向工业领域的集机械、电子、控制、计算机、传感器、人工智能等多学科先进技术于一体的自动化装备。上市公司从事工业机器人产业链相关业务是指进行工业机器人产业链相关核心产品的研发、生产、销售等业务活动。核心产品主要是指机器人核心零部件（如减速器、伺服电机、控制器等）、工业机器人本体、工业机器人系统集成装备或解决方案等]

（二）年报披露要求

工业机器人产业链相关行业上市公司年报一般要求披露行业宏观、客户市场、关键资源等相关内容，具体如表 3-3-111 至表 3-3-113 所示。

表 3-3-111 行业宏观

要点	具体内容
行业发展状况	上市公司应当充分披露所处行业的基本情况，包括但不限于主要同行业公司（含外资企业、国内上市公司、非上市公司等）的简要情况、行业内国产产品的市场份额及其变化情况，以及公司产品的市场地位、技术水平及竞争优势与劣势等。 公司可结合自身产品情况划分所属细分行业或大行业并选择统计口径，从定性或定量角度分析行业内国产产品的市场份额变化情况及其呈现的趋势。在产品结构未发生较大调整情况下，不同年度对所属细分行业或大行业的划分应当保持口径一致。

【例】上市公司年报问询函回复披露节选

问：报告期内，你公司实现营业收入 11.68 亿元，同比下降 39.97%；实现归属于上市公司股东的净利润-13.12 亿元，同比下降 583.38%，……请结合市场环境、所处行业发展状况、各类业务销售模式、业务开展及在手订单情况、收入确认政策等，按业务类别逐一说明你公司营业收入下降的原因及合理性，收入变化趋势是否与同行业可比公司一致。

答:1. 2020 年公司各类业务的收入变化情况

公司从事的主要业务包括:智能输送系统集成、汽车智能焊装系统集成、移动机器人及智能仓储系统集成、高低压成套及电控设备、其他业务等。2020 年,公司实现营业收入 116 792.76 万元,同比下降 39.97%,其中营业收入下降的业务板块有智能输送系统集成和汽车智能焊装系统集成,相较 2019 年收入分别减少了 57.98% 和 42.48%,其余业务板块营业收入均呈上升趋势。以下分别就智能输送系统集成、汽车智能焊装系统集成逐一说明收入变化的原因。

2. 智能输送系统集成收入变化的主要原因

……

3. 汽车智能焊装系统集成收入变化的主要原因

1）业务特点

公司汽车智能焊装系统集成业务的经营主体为 XYL 公司。XYL 公司是一家为整车制造企业提供车身智能生产线解决方案的高新技术企业。主要客户为汽车整车制造企业,包括上海通用汽车、上海汽车、上海大众汽车、威马汽车、长安汽车等汽车整车制造企业,以乘用车为主。

2）市场环境

根据中国汽车工业协会及国家统计局发布的数据,2017 年至 2020 年中国汽车行业的销量和固定资产投资情况如下:

金额单位:亿元

项　目	2017 年	2018 年	2019 年	2020 年
销量(万辆)	2 888	2 808	2 577	2 531
销量增长率	3.0%	−2.8%	−8.2%	−1.9%
固定资产投资	13 099.94	13 558.44	13 355.06	11 699.03
固定资产投资增长率	10.2%	3.5%	−1.5%	−12.4%

中国汽车行业在经历了连续多年的持续增长之后,自 2018 年开始,连续三年销量下滑,2018 年至 2020 年分别下降 2.8%、8.2% 和 1.9%,其中乘用车销量降幅更大。

汽车行业固定资产投资的波动通常滞后于产销量波动 1 至 2 年。2019 年,中国汽车制造业固定资产投资小幅调整,减少 1.5%。至 2020 年固定资产投资才出

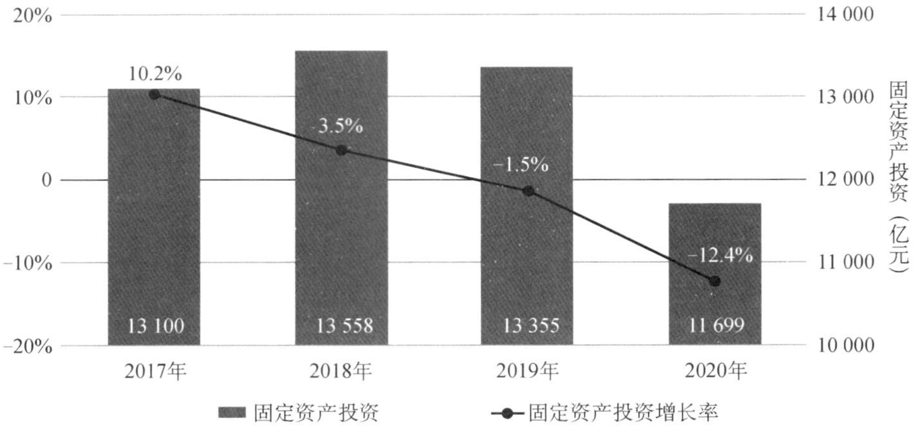

2017—2020年中国汽车行业固定资产投资情况

现较大幅度的下滑，较上年同期大幅减少12.4%。随着2020年汽车制造业固定资产投资的减少，汽车智能焊装系统集成的市场需求也必然随之收缩。

3）行业发展状况

汽车智能焊装系统集成市场是一个充分竞争的市场，行业内单个企业的市场占有率较小，市场分布较为分散。行业中技术实力较强、有一定规模的国内企业，除大连奥托、成焊宝玛等少数企业外，大多已并入上市公司体系，如上海冠致、晓奥享荣、天津福臻、瑞弗机电、德梅柯等。同时行业还面临柯马、爱孚迪、ABB工程、库卡柔性系统制造等国际企业的竞争。

4）销售模式

销售模式主要是通过参与投标竞争取得项目总包合同。

……

7）同行业公司的收入变化趋势

单位：万元

上市公司	证券代码	标的公司	2019年		2020年		收入变动比例
			收入	占总收入比例	收入	占总收入比例	
华昌达	300278	德梅柯	34 142.67	21.56%	38 270.96	23.92%	12.09%
科大智能	300222	上海冠致	19 563.31	8.46%	43 362.82	15.83%	121.65%

续表

上市公司	证券代码	标的公司	2019年		2020年		收入变动比例
			收入	占总收入比例	收入	占总收入比例	
哈工智能	000584	天津福臻	119 854.76	69.01%	110 406.10	68.24%	-7.88%
哈工智能	000584	瑞弗机电	33 054.64	19.03%	30 722.73	18.99%	-7.05%
新时达	002527	晓奥享荣	40 022.69	11.33%	46 737.23	11.81%	16.78%
江苏北人	688218	江苏北人	47 313.07	100.00%	47 287.22	100.00%	-0.05%
SFZN	300 ***	XYL公司	144 549.42	74.30%	81 733.04	69.98%	-43.46%

与同行业公司比较，XYL公司2020年收入同比下滑幅度较大，主要是由于除了新冠肺炎疫情、行业竞争等行业共性因素的影响，还有部分项目受特殊原因暂停等因素的影响。

8）收入下降的主要原因

……

【提示】

本例中，该上市公司在年报中披露的行业信息不够详细，缺少指引要求的主要同行业公司的简要情况、行业内国产产品的市场份额变化情况等内容，在阐述营业收入下降原因时缺少行业数据支撑。监管机构问询函要求公司在说明营业收入下降的原因及合理性时补充市场环境、所处行业发展状况等信息。公司在回复中，以图表形式列示了所处行业协会及国家统计局发布的相关数据，分析了行业市场变化情况与原因，列举了同行业主要公司的收入变化趋势，反映出公司营业收入下降幅度超过行业主要公司的情况。

表3-3-112　客户市场

要点	具体内容
生产经营情况	上市公司应当按照下列要求披露生产经营情况： （1）报告期内所销售产品（项目）的产能（包括名义产能和实际产能）、产量、销量等；如相关产品的产销量难以用台（套）等统计单位准确核算的，可采用金额进行披露。 （2）报告期内所销售产品（项目）的主要客户名称及其所属行业。 （3）报告期内所销售产品（项目）新增订单、确认收入订单及期末在手订单的数量和金额。

续表

要点	具体内容
生产经营情况	(4) 报告期内分类别的产品销售收入、毛利率及其变化情况。从事工业机器人本体业务的，按产品类别和产品来源类别（包括自制、组装和贸易等，其中自制是指自主生产的核心部件成本占50%以上情形，组装是指自主生产的核心部件成本低于50%情形，贸易为核心部件全部外购）披露；从事工业机器人系统集成业务的，按终端应用市场披露。上市公司可结合实际情况对产品类别或终端应用市场进行分类披露。
工业机器人系统集成装备或解决方案业务	上市公司从事工业机器人系统集成装备或解决方案的，应当披露以下信息： (1) 产品的主要功能、主要应用领域及其发展阶段、市场规模等，公司可以按产品的应用领域进行归集，选择营业收入占30%以上的应用领域披露其发展阶段和市场规模。 (2) 核心零部件的自主生产、对外采购及外协加工比例变化情况。 (3) 按终端应用市场分类别披露应收账款期末余额情况。 (4) 报告期内研发投入情况、新产品投入情况及主要储备技术研发进展情况。
工业机器人核心零部件或本体相关业务	上市公司从事工业机器人核心零部件或本体相关业务的，本季度公司产品整体市场销售均价较去年同期变动30%以上的，应在定期报告中详细说明变动原因及未来的价格变动趋势，并结合价格和销量变化说明对公司生产经营的影响。

表 3-3-113　关键资源

要点	具体内容
关键技术或性能指标	上市公司应当披露能够反映所销售产品核心竞争力的关键技术或性能指标： (1) 减速器的技术类型、一致性水平、精度等。 (2) 伺服电机主要驱动方式、功率质量比等。 (3) 工业机器人本体的类别、应用领域、负载、重复性精度等。 (4) 工业机器人系统集成装备或解决方案的应用功能、工艺及性能要求。 上市公司可结合实际情况选择其他能够反映产品核心竞争力的关键技术或性能指标，在披露所销售产品的关键技术或性能指标时，应当详细披露指标含义、指标变化情况及其反映的技术水平变化情况，并重点讨论与分析指标变化的原因及其对公司当期和未来经营业绩的影响情况。
零部件采购	上市公司从事工业机器人系统集成装备或解决方案业务的，本季度核心零部件采购价格较去年同期变动30%以上的，应在定期报告说明价格变化对公司当期和未来经营业绩的影响。

三十、集成电路相关行业

（一）适用的指引

深交所《创业板行业信息披露指引第 12 号——上市公司从事集成电路相关业务》[集成电路（英文名称 Integrated Circuit）业务是指从事集成电路设计、晶圆制造、封装测试业务]

（二）年报披露要求

集成电路相关行业上市公司年报一般要求披露行业宏观、客户市场、关键资源、战略规划、关键流程等相关内容，具体如表 3-3-114 至表 3-3-118 所示。

表 3-3-114　行业宏观

要点	具体内容
行业发展状况	上市公司应当披露下列反映集成电路行业发展状况的信息并分析其对公司未来经营业绩的影响： （1）报告期内集成电路细分行业整体发展情况、行业政策变化情况，并分析对公司未来生产经营影响。 （2）报告期内公司主要集成电路产品所属细分领域的主流技术水平及市场需求变化情况，分析对公司影响。

表 3-3-115　客户市场

要点	具体内容
行业竞争情况	上市公司应当结合报告期内公司主要集成电路产品核心技术以及成本控制等因素，分析说明行业竞争情况和公司综合优劣势。
集成电路设计业务	上市公司集成电路设计业务收入占公司最近一个会计年度经审计的合并财务报表营业收入 30%以上的，应充分披露公司芯片产品所属集成电路细分行业（微处理器、逻辑集成电路、存储器、模拟电路等），主要芯片产品的类别、基础架构、下游应用领域及应用示例；下一报告期内下游应用领域的宏观需求分析等；公司国内外主要同行业公司名称等。
海外收入	若报告期内公司产品海外销售收入占同期营业收入 30%以上，应当按业务区域披露主要收入来源地、产品类别、销售金额、回款情况，报告期内当地汇率、关税等经济政策发生的重大变化情况以及上述变化对公司当期和未来经营业绩影响情况。

表 3-3-116 关键资源

要点	具体内容
封装测试业务	上市公司集成电路封装测试业务收入占公司最近一个会计年度经审计的合并财务报表营业收入30%以上的，应当披露下列反映报告期内封装测试业务情况的信息： （1）报告期内公司采用的主要封装技术以及产品类别情况。 （2）公司在建的封装测试生产基地情况，包括拟生产产品类别、预估建设周期以及预计投产时间等。
集成电路晶圆制造业务	上市公司集成电路晶圆制造业务收入占公司最近一个会计年度经审计的合并财务报表营业收入30%以上的，应当披露下列反映报告期内集成电路制造业务情况的信息： （1）晶圆厂数量和生产规模，按晶圆尺寸披露相关产线产能、产品制程以及生产良率等情况。 （2）特色生产工艺情况，分析其对产品性能改善的作用和对公司核心竞争力的影响。 （3）在建晶回厂或产线情况，包括晶圆尺寸、建设周期以及预计产能等信息。
研发创新能力	上市公司应当充分披露公司的研发创新能力，主要包括： （1）拥有的国内外专利、国内外专利授权情况（主营业务为集成电路设计的，还应披露集成电路布图设计权、软件著作权等知识产权情况）。 （2）报告期内研发投入金额和研发投向。 （3）研发人员占比、研发团队学历构成、研发人员工作年限比例、核心技术人员变化情况等。
新产品或新工艺	公司如在年度报告、半年度报告中披露重要新产品或新工艺开发情况，应当披露目前所处阶段、预计完成开发、量产的时间及对公司可能产生的影响。
重大投资项目建设	如公司在报告期内涉及重大投资项目建设的，应当披露项目投资进展情况、相应的资金来源或融资安排以及对公司未来生产经营影响。

【例】上市公司年报披露节选

公司坚持自主创新的研发策略，研发一系列具有完全自主知识产权的高性能、高品质的系列产品并实现产业化。截至报告期末，公司共计取得63项专利，其中国内专利62项（包含发明专利51项）、国际专利1项（该项为发明专利），10项集成电路布图设计。公司尚无计算机软件著作权。

公司积极推进射频前端和物联网领域的研发创新，持续对关键技术和资源进行投资，强化技术创新成果转化，保持并扩大技术领先优势。报告期内，公司研发费用支出182 285 828.07元，较去年同期增长32.43%；主要系随着业务规模的增长,公司加大了对研发的投入。

截至报告期末,公司研发人员数量202人,占公司员工总数的73.19%。研发人员学历中,博士占比研发人员数量的4.46%,硕士占比33.66%,本科占比56.93%。其中研发人员工作年限5年以上的占研发人员比例的12.38%,3~5年的占比14.58%,1~3年的占比45.05%,1年以内的占比27.72%。报告期内公司核心技术人员未发生任何变化。

【提示】

研发创新能力是集成电路行业公司的核心竞争力之一。本例中,该公司较为全面地介绍了报告期内的研发成果、目前拥有的专利情况、研发经费增长的规模和研发人员的情况,并介绍了研发团队在公司总人数中的占比、学历构成和工龄构成。

表 3-3-117　战略规划

要点	具体内容
发展战略及经营计划	上市公司应当说明公司发展战略及经营计划,包括竞争战略、业务调整计划等。

表 3-3-118　关键流程

要点	具体内容
集成电路设计业务	上市公司集成电路设计业务收入占公司最近一个会计年度经审计的合并财务报表营业收入30%以上的,应充分披露: (1) 公司经营模式简介(无晶圆厂 Fabless 模式、垂直整合制造商 IDM 模式)、委外生产情况、研发设计模式,经营模式为 IDM 的,应当披露各环节业务收入占比。 (2) 披露报告期内占主营业务收入10%以上的单项产品(列明细分用途)营业成本主要构成情况、销售金额和产能利用率,以及同比变化情况,同比变化30%以上的,需披露变化原因等。
税收优惠和政府补助	报告期内公司业绩严重依赖税收优惠及政府补贴,享受税收优惠及政府补贴合计金额占当期利润总额绝对值30%以上的,上市公司应当进行重大风险提示。

三十一、锂离子电池产业链相关行业

(一) 适用的指引

深交所《创业板行业信息披露指引第13号——上市公司从事锂离子电池产

业链相关业务》[锂离子电池产业链相关业务包括从事正极材料及其前驱体、负极材料、隔膜、电解液(含电解质)、单体电池、电池组及电池管理系统、相关制造设备、回收利用等业务]

(二)年报披露要求

锂离子电池产业链相关行业上市公司年报一般要求披露行业宏观、客户市场、关键资源、关键流程等相关内容,具体如表 3-3-119 至表 3-3-122 所示。

表 3-3-119　行业宏观

要点	具体内容
行业发展状况	上市公司应当披露所处锂离子电池产业链的位置、所处细分行业发展现状及未来发展趋势。

【例】上市公司年报披露节选

主要产品的上下游产业链

公司所处行业为锂离子电池隔膜行业,隔膜作为锂离子电池的核心部件,处于产业链核心的中游区域。下图为新能源汽车产业链示意图:

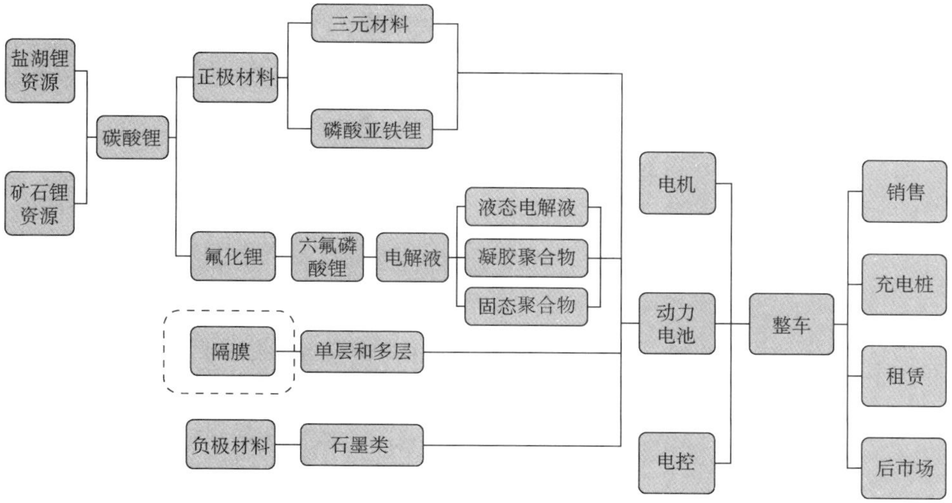

1. 上游行业

公司所处的锂离子电池隔膜行业,上游行业主要包括聚丙烯(PP)、聚乙烯(PE)及添加剂等石油化工行业。

2. 下游行业

锂离子电池隔膜行业与下游锂离子电池产品终端应用领域的关联度较高。锂离子电池终端应用的新兴领域以新能源、新材料及新能源汽车三大朝阳产业为主，因其符合国家产业结构升级和消费升级的发展方向，近年来一直保持强劲的增长势头。同时，由于锂离子电池产品特殊的物理、化学性能和难以替代的特点，在包括手机、平板电脑、笔记本电脑、可穿戴式智能设备、移动电源等数码类电子产品领域，以及新能源汽车、电动工具、储能电站、电动自行车等动力类应用终端领域均起到关键作用。

【提示】

锂离子电池产业链较长，涵盖行业较广。行业指引要求上市公司披露所处锂离子电池产业链的位置，许多上市公司采用文字表述，虽然符合要求，但投资者往往难以直观了解。本例中，该上市公司以文字结合图示的方式标出了自身所处的产业链位置，清晰明了，易于理解，可资借鉴。

表 3-3-120　客户市场

要点	具体内容
公司行业地位	上市公司应当披露公司经营情况与行业发展是否匹配，如公司情况与行业情况存在较大差异，应当分析原因。 上市公司应当披露细分行业的市场竞争状况、公司的市场地位以及是否发生较大变化、核心竞争力、报告期内行业或者公司重大技术创新变化、同行业主要可比公司简要情况等。
产品销售情况	上市公司应当披露报告期内及去年同期销售收入占公司营业收入 10%以上产品或业务的销售量、销售收入、销售毛利率及其变化情况。
销售价格	上市公司应当披露占公司最近一个会计年度销售收入 30%以上产品的销售均价较期初变动幅度超过 30%的，应详细说明波动原因及未来的价格变动趋势，并结合价格和销量变化说明对公司生产经营的影响。
海外收入	报告期内上市公司从事锂离子电池产业链相关业务的海外销售收入占同期营业收入 30%以上的，应当披露主要收入来源地、产品名称、销售量、销售收入、回款情况，报告期内当地行业政策、汇率或贸易政策是否发生重大不利变化，如是，应当披露对公司当期和未来经营业绩的影响情况。

【例】上市公司年报问询函回复披露节选

问：年报显示，公司主要产品为小圆柱磷酸铁锂电池，公司锂离子电池组产品主要应用于低速电动车、低速智能出行、储能、换电以及备用电源市场。公司认为随着酸铁锂电池成本的下降,锂电池替代铅酸电池已经成为必然趋势,储能及低速电动车领域市场空间巨大。请你公司按照应用场景补充说明锂离子电池(组)收入、毛利率、销量的构成情况,并结合各应用场景细分市场竞争情况分别说明公司产品的竞争优势。

答:按照应用场景列示收入、毛利率、销量,公司 2020 年度主营业务按照应用场景细分市场分类列示如下:

单位:万元

应用类型	销售收入	销售成本	毛利率
储能	3 371.08	3 678.77	-9.13%
低速电动车	3 075.87	3 606.76	-17.26%
换电	5 419.47	6 646.34	-22.64%
其他	1 569.67	2 219.20	-41.38%
合计	13 436.09	16 151.07	-20.21%

注:其他类主要为灯饰等。

【提示】

本例中,该上市公司年报中披露的主要行业为新能源产品及服务(占公司营业收入 95.63%),该行业项下仅锂离子电池(组)一个产品,未再细分。对于年报披露的锂离子电池(组)销售收入、销售毛利率等信息,交易所要求公司按照应用场景的细分市场作补充披露。从补充的内容看,公司根据用途将锂离子电池组产品细分为储能、低速电动车、换电和其他四类,进一步揭示了不同类别产品的毛利现状。

表 3-3-121 关键资源

要点	具体内容
关键指标	上市公司应当披露报告期内营业收入占比 10% 以上产品或业务的关键指标并对关键指标进行描述: (1) 从事正极材料业务的,披露正极材料技术路线(产品类型)、比容量、循环寿命、倍率性能等。 (2) 从事负极材料业务的,披露负极材料主要原料、比容量、循环寿命等。

续表

要点	具体内容
关键指标	(3) 从事电解液业务的，披露循环寿命、一致性水平等，鼓励披露溶剂及添加剂含量。 (4) 从事隔膜业务的，披露隔膜技术路线（干法、湿法等）、穿刺及拉伸强度、孔隙率、厚度等。 (5) 从事单体电池或电池组业务的，披露公司主要产品、技术路线、下游应用领域、能量密度、倍率性能、充电时间、安全性等。 (6) 从事锂离子电池其他重要设备、材料及其他产品研发、生产、销售业务的，相应披露相关产品的应用领域、重要性能指标等。
产能情况	上市公司应当披露报告期内销售收入占公司营业收入 10%以上产品或业务的产能、在建产能、产能利用率、产量等。
生产计划	鼓励上市公司披露前期生产计划执行情况或进展情况。

表 3-3-122　关键流程

要点	具体内容
业务模式	上市公司应当披露公司的业务模式。

三十二、通信相关行业

（一）适用的指引

深交所《创业板行业信息披露指引第 14 号——上市公司从事通信相关业务》（通信相关业务是指传输设备、交换设备、接入设备等通信系统设备及其零部件的制造，以及从事网络设计、网络优化、网络运行与维护、通信工程建设等配套服务业务）

（二）年报披露要求

通信相关行业上市公司年报一般要求披露行业宏观、客户市场、关键资源、关键流程等相关内容，具体如表 3-3-123 至表 3-3-126 所示。

表 3-3-123　行业宏观

要点	具体内容
行业发展状况	上市公司应当结合行业发展驱动因素（如运营商资本投入金额、基站建设数量等）、通信相关行业政策等的变化，说明公司所处细分行业基本情况及未来发展趋势。

表 3-3-124　客户市场

要点	具体内容
行业地位	上市公司应当披露公司所处通信产业链位置、生产经营模式、市场地位、核心竞争力、报告期内行业或公司重大技术创新变化等。
生产经营和投资项目情况	上市公司应当披露主要产品或业务的产能、产量、销量、营业收入、毛利率及其变化情况等。
	通过招投标方式获得订单且实现营业收入占同期营业收入30%以上的,上市公司应当披露客户招投标方式(如运营商总部集中招标或区域集中招标等)、报告期内通过招投标方式获得的主要订单数量、金额及占当期营业收入比重,以及相关合同履行是否发生重大变化等。
海外销售	报告期内海外销售收入占同期营业收入30%以上的,应当结合主要收入来源地、销售量、销售收入、回款情况、当地汇率或贸易政策的重大变化情况等充分提示风险并说明对公司生产经营的影响。

【例】上市公司年报及补充公告披露节选

公司报告期内主要业务包括通信服务业务、信息化软件服务业务、渠道销售业务,具体包括为电信运营商(中国移动、中国联通、中国电信)、通信设备商(华为公司、中兴通讯等)、广电网络等提供通信网络建设、维护、优化服务业务;为行业用户提供自组网、ICT、物联网等系统解决方案和软件开发服务;开展通信终端、电子产品及部分专业设备的渠道销售业务。2018 年 10 月,公司收购 T 公司 68%的股权,2020 年 10 月,公司继续增持 T 公司 22%的股权,T 公司主要为公安机关及其他企业提供社会公共安全领域的软件开发、系统集成及技术服务。

(1) 通信服务业务主要是为电信运营商(中国移动、中国联通、中国电信)、通信设备商(华为公司、中兴通讯等)、广电网络等提供通信网络建设、维护、优化服务业务。通信网络建设、维护服务主要是通过通信网络工程建设、施工集成、运行管理、故障维修及日常保养等专业技术服务,通过全面完整的综合技术服务为通信网络建设、运行提供保障。通信网络优化服务:主要采集多维网络数据,结合业务种类及优化需求进行综合数据分析,通过对网络硬件配置方案的优化和软件参数设置的调整,确保移动通信网络稳定、可靠、安全、高质量的运行,以满足日益增长的通信需求。

(2) 信息化软件服务业务……

年度报告补充公告：

(一) 公司所处细分行业基本情况及未来发展趋势

2020年在新冠肺炎疫情冲击下，我国通信业积极推进网络强国建设，实现全国所有地级城市的5G网络覆盖，新型信息基础设施能力不断提升，为加快数字经济发展、构建新发展格局提供有力支撑。而且，5G作为支撑经济社会数字化、网络化、智能化转型的关键新型基础设施，商用步伐不断加快，未来几年，5G基站建设数量将大幅增长。根据工信部赛迪智库《5G发展2021展望白皮书》，截至2020年12月，我国已累计建成71.8万个5G基站。2021年电信运营商将持续加大5G网络投资力度，投资规模预计将是2020年的1.5倍到2倍，保持稳步推进的趋势。在全国疫情防控的过程中，对政府、各行业在信息化建设、应急通信、应急指挥等方面都提出了更高、更新的要求，这也给公司在这些领域的发展带来较大的市场机遇。

(二) 公司所处通信产业链位置、生产经营模式、市场地位、核心竞争力、报告期行业或公司重大技术创新变化

1. 公司所处通信产业链位置

通信服务的上游主要是设备技术提供商和劳务提供商，下游主要包括中国移动、中国电信及中国联通三大通信运营商，及通信设备制造商、电信设计院等。

2. 生产经营模式

通信服务业务主要是为电信运营商（中国移动、中国联通、中国电信）、通信设备商（华为公司、中兴通讯等）、广电网络等提供通信网络建设、维护、优化服务业务。通信网络建设、维护服务主要是通过通信网络工程建设、施工集成、运行管理、故障维修及日常保养等专业技术服务，通过全面完整的综合技术服务为通信网络建设、运行提供保障。通信网络优化服务主要采集多维网络数据，结合业务种类及优化需求进行综合数据分析，通过对网络硬件配置方案的优化和软件参数设置的调整，确保移动通信网络稳定、可靠、安全、高质量的运行，以满足日益增长的通信需求。

3. 市场地位

公司作为资深的通信技术服务提供商，经过二十余年的发展，已成为国内少数具备通信网络技术服务业务全面覆盖的企业，贯穿了通信网络建设、通信网络

维护和通信网络优化服务的全部过程，服务的对象覆盖了接入网、传输网以及通信设备等，将在5G发展过程中受益，获得更大的市场份额和发展空间。

4. 核心竞争力

1）客户全面优势

公司一直坚持全网络、全制式服务，同时为四家电信运营商、部队及市政部门的通信网络提供服务，可以最大程度地复用服务资源，降低运营成本。

2）资质和品牌优势

公司是国家高新技术企业、福建省级企业技术中心、福建省战略新兴产业骨干企业、福建省科技小巨人，拥有通信网络代维（外包）甲级资质，通信工程总承包一级资质，均为行业最高等级资质。

3）行业技术优势

公司鼓励创新，针对通信运维和网优业务，研发出通信行业服务支撑管理系统、通信传输系统信息化应用平台、光网监测云平台、网优测试数据管理平台、动环监控平台等多款通信网络管理服务专用系统，改造通信光缆保护架、砍草开路机等多项业务专用设备，提高公司项目管理的工作效率和工作质量，并能够有效降低成本。

4）市场和渠道优势

经过与现有客户的长期合作，公司制定了具有针对性工程、维护和优化方案，提高工作效率和服务质量的同时，与客户之间形成一定的“黏性”。市场区域上，公司已在福建、贵州、江西、广西、安徽等十多个省市开展业务，并在境外建立了子公司，将业务范围拓展至东南亚地区；客户结构上，公司在深耕电信运营商、通信设备供应商的基础上，已拓展广电运营商、部队和市政部门等行业客户，形成多种类的客户结构。

5. 技术创新变化

公司在夯实基础通信网络技术服务业务的同时，还紧紧围绕5G、大数据及人工智能等新兴信息技术领域进行创新和探索，形成攻守兼备的组合业务模式。近几年，公司不断加大新兴技术领域研发投入，重点包括5G边缘计算产品研制、人工智能及大数据平台、区块链信息安全技术研究及智能传感技术研究等，不断加快形成研究成果，投入产业应用。

【提示】

本例中，该上市公司在年报中仅简要披露了公司主要业务的情况，未按行业指引要求对行业相关发展状况及公司所处的行业地位进行具体说明。后续，该公司又披露了补充公告，结合5G基站建设数量等数据补充说明了通信网络建设投资的基本情况及发展趋势，并披露了公司所处通信产业链位置、市场地位、核心竞争力、技术创新变化等信息。

表3-3-125　关键资源

要点	具体内容
关键技术或性能指标	上市公司应当充分披露报告期内占公司最近一个会计年度经审计的合并财务报表营业收入10%以上产品或业务适用的关键技术或性能指标： (1)从事通信传输设备或其零部件制造业的，需要披露相关产品的复用技术、传输速率、信号传输损耗、抗干扰指标、封装模式、控制管理软件性能指标等。 (2)从事通信交换设备或其零部件制造业的，需要披露相关产品的调制解调效率、信号差错控制指标、误比特率、控制管理软件性能指标等。 (3)从事通信接入设备或其零部件制造业的，需要披露相关产品适用的接入网类型(如铜线接入、光纤接入、光纤同轴电缆混合接入、无线接入等)、传输速率、带宽利用率、控制管理软件性能指标等。 (4)从事通信配套服务业的，需要披露相关服务类型及对应资质要求、质量要求(如通信网络覆盖范围、抗干扰指标、速率、容量等核心指标的设计、改善、维护要求，以及工程建设的其他质量要求)等。 上市公司在披露上述关键技术或性能指标时，应当详细披露指标含义、指标变化情况及其反映的技术水平变化情况，并重点分析指标变化原因及其对公司当期和未来经营业绩的影响情况。
重大项目建设	报告期内涉及重大投资项目建设的，上市公司应当披露项目投资进展情况、相应的资金来源或融资安排，以及项目建设是否发生重大变化等。
研发创新能力	报告期内对公司主要产品或业务有重要影响的专利或专利授权发生变动的，上市公司应当披露相关专利或专利授权的基本信息、对应产品或服务的实际应用、对公司生产经营的影响等。
	报告期内公司研发投入金额、研发投向等，如披露重要新产品开发情况的，应当披露目前所处阶段、预计完成开发和量产的时间、对公司生产经营的影响等。
	报告期内公司的研发模式(如自主研发、合作研发、外包研发等)及其变化情况等，报告期内存在合作或外包研发的，应当披露合作或外包研发对公司核心技术的贡献情况，并说明对合作方或外包方是否存在技术依赖。

表 3-3-126 关键流程

要点	具体内容
资产减值准备	上市公司应当充分披露主要资产减值准备计提的情况及依据： （1）结合通信相关产品迭代、技术更新、市场竞争、产品定制化程度、产品售价变动趋势等说明存货跌价准备计提的情况及依据。 （2）结合应收账款主要欠款方所属通信细分行业等基本情况、应收账款金额及账期等说明应收账款坏账准备计提的情况及依据。 （3）其他主要资产减值准备计提的情况及依据。
海外进口成本	报告期内海外进口成本占同期营业成本30%以上的，应当结合主要原材料及核心零部件等的进口情况充分提示风险并说明对公司生产经营的影响。

三十三、网络安全相关行业

（一）适用的指引

深交所《创业板行业信息披露指引第15号——上市公司从事网络安全相关业务》（网络安全相关业务是指传为客户提供的用于防范对客户所拥有、运营或使用网络的攻击、侵入、干扰、破坏、非法使用和意外事故，保障网络处于稳定、安全、可靠的运行状态，以及网络数据完整性、保密性和可用性的产品与服务）

（二）年报披露要求

网络安全相关行业上市公司年报一般要求披露行业宏观、客户市场、关键资源、关键流程等相关内容，具体如表3-3-127至表3-3-130所示。

表 3-3-127 行业宏观

要点	具体内容
行业政策和整体发展情况	上市公司应当披露以下信息： （1）截至报告期末公司所处行业适用的监管规定和行业政策，包括但不限于相关规定与政策的名称、发布部门、发布时间、政策简要内容，以及对公司业务活动的影响与意义等。 （2）报告期内网络安全行业的整体发展情况，并结合公司产品所处的细分领域披露市场需求特点及变化情况、行业技术研发趋势、行业整体规模情况、公司主要产品（服务）的市场占有分布情况，以及公司对于下一年度行业发展情况的展望等。

表 3-3-128　客户市场

要点	具体内容
经营信息	报告期内单一产品(服务)收入占公司最近一个会计年度经审计的合并财务报表营业收入 10%以上的,上市公司应当披露以下产品(服务)与技术相关信息: (1) 以列表形式披露相关产品(服务)名称、主要型号、应用场景、主要功能、使用的技术及其特点,报告期内主要产品及收入较上年是否发生变化及变化的原因。 (2) 相关产品(服务)所处产业链位置、营运及盈利模式,报告期内产业链上、下游环境是否发生重大变化。相关产品下游客户以 B 端为主的,应披露该产品主要客户所处的领域及各主要领域客户收入占比;相关产品下游客户以 C 端为主的,应披露报告期内产品用户数量、新增用户情况、付费用户数量(如有)及用户续费率等信息,C 端产品为免费使用的,应结合盈利模式重点说明相关收入的来源及变化情况。 (3) 相关产品属于安全软硬件产品(包括但不限于防火墙、虚拟专用网络、流量分析、防病毒、入侵检测、安全漏洞管理、加密设备、安全内容管理、统一威胁管理、终端安全软件、身份认证、日志审计、堡垒机、威胁情报、态势感知等)的,应结合产品的销售模式、渠道、产品客户所处领域披露报告期内产品销售情况;存在经销商代销的,应当披露单一销售占比达 30%以上的经销商情况,报告期内与经销商合作是否稳定,是否存在依赖。 (4) 相关产品因升级迭代导致产品名称发生变化的,应说明该产品以前年度的名称,同一报告期单一产品存在不同销售版本的,应当合并为同一产品进行统计计算。
	上市公司通过自有的云计算平台为客户提供网络安全产品或服务,且云安全收入占公司最近一个会计年度经审计的合并财务报表营业收入 10%以上的,应当披露以下云平台业务相关信息: (1) 云计算平台的基本情况,包括但不限于名称、主要功能、运营模式、安全防护情况,以及截至报告期末的用户数量和报告期内的收入确认情况。 (2) 报告期内接受云计算服务安全评估的情况(如有),包括但不限于安全评估的申请时间、评估进展、评估结果及有效期,以及接受主管部门持续监督的情况。

表 3-3-129　关键资源

要点	具体内容
重要产品(服务)的相关信息	报告期内单一产品(服务)收入占公司最近一个会计年度经审计的合并财务报表营业收入 10%以上的,上市公司应当披露以下产品(服务)与技术相关信息: (1) 结合相关软件及硬件产品特点,披露产品核心技术的变化、革新情况,包括但不限于算法、传输处理、漏洞库、数据库优势等。 (2) 主要从事网络安全系统集成业务的,应披露报告期内主要供应商名称及供应产品的主要情况,前述产品对应的客户、项目名称,是否存在重大变化及原因。

续表

要点	具体内容
业务资质	上市公司应当在重要事项部分披露以下业务资质相关信息： （1）披露报告期内新增的网络安全相关业务资质的情况，包括但不限于名称、颁发机构、有效期、取得主体和适用范围等，以及相关业务资质对公司业务活动的影响。 （2）公司产品（服务）列入《网络关键设备和网络安全专用产品目录》范围或属于其他按照监管要求需事先进行审查才可对外销售的，应披露相关产品（服务）报告期内接受认证、检测、审查的结果。 （3）报告期内公司相关资质证书因违反网络安全相关法律法规被吊销、收回或失去效力的情况，以及因公司产品（服务）不符合强制性标准或未通过相关认证、检测、审查导致无法对外销售的情况。

【例】上市公司年报披露节选

案例一

新增的网络安全相关业务资质的情况：

公司高度重视网络安全相关业务资质的申请及管理，设有资质管理部专门负责相关业务资质的申请、续期等管理工作，根据业务需要和认证期限等确保资质有效性。报告期内，公司取得“合作支撑单位”及“信息系统建设和服务能力评估体系 CS4 级认证”等资质、证书证。公司相关资质在公司产品进入市场、服务用户等方面持续支持公司业务发展，同时增强和体现了公司技术能力、服务能力，有利于公司更好地服务用户。

公司相关安全产品在推向市场之前，已经过测评认证、取得计算机信息系统安全产品销售许可证、通过信息技术产品安全检测、取得网络安全服务相关资质等验证、检测程序，严格遵守网络安全相关制度、法规的管理规定。

报告期内，公司不存在相关资质证书因违反网络安全相关法律法规被吊销、收回或失去效力的情况，以及因公司产品（服务）不符合强制性标准或未通过相关认证、检测、审查导致无法对外销售的情况。

案例二

新增的网络安全相关业务资质的情况：

资质名称	颁发机构	有效期	取得主体	适用范围
ITSS 信息技术服务运行维护标准（三级）	中国电子工业标准化技术协会	2023 年 7 月 30 日	YHSJ	—

续表

资质名称	颁发机构	有效期	取得主体	适用范围
中华人民共和国增值电信业务经营许可证	工信部	2025年10月26日	RZX	国内互联网虚拟专用网业务
增值电信业务经营许可证(ISP)	工信部	2025年6月11日	YHSJ	互联网接入服务业务

除上述业务资质外,截至报告期末公司网络安全相关业务资质情况:

资质名称	颁发机构	有效期	取得主体	适用范围
CCRC信息安全服务资质认证证书信息安全应急处理(二级)	中国网络安全审查技术与认证中心	2021年10月12日	RZX	—
网络安全应急服务支撑单位证书(省级)	国家计算机网络应急技术处理协调中心	2021年6月30日	RZX	—
国家信息安全测评信息安全服务资质证书(安全工程类一级)	中国信息安全测评中心	2023年4月29日	RZX	安全风险评估、安全需求分析、安全方案设计、安全集成、安全监控和维护等
CCRC信息安全服务资质认证证书信息安全风险评估(二级)	中国网络安全审查技术与认证中心	2021年10月12日	RZX	—
国家信息安全测评信息安全服务资质证书(安全开发类一级)	中国信息安全测评中心	2022年9月16日	RZX	—
涉密信息系统集成资质证书	国家保密局	2022年10月24日	KJKF	信息系统集成及服务
武器装备科研生产单位二级保密资格证书	广东省武器科研装备生产单位保密资格认定办公室	2023年7月18日	KJKF	—
武器装备质量管理体系认证证书	北京军友诚信质量认证有限公司	2022年3月27日	KJKF	军用网络与信息安全应用软件的设计、开发和服务,计算机信息系统集成和服务

续表

资质名称	颁发机构	有效期	取得主体	适用范围
信息系统集成及服务资质(二级)	中国电子信息行业联合会	2022年7月31日	YHSJ	信息系统集成及服务
通信网络安全服务安全设计与集成(一级)	中国通信企业协会	2021年12月25日	YHSJ	—
涉密信息系统集成/软件开发甲级资质	国家保密局	2022年11月26日	YHSJ	—

截至本报告期末,公司列入《网络关键设备和网络安全专用产品目录》范围的产品情况:

网络关键设备和网络安全专用产品名称	公安部第三研究所销售许可检测通过检测时间	中国网络安全审查技术与认证中心通过认证时间	审查结果
RZX 网络安全审计系统 SURF-SA V5.0	2019年8月30日	2019年11月6日	通过
RZX WEB 应用防火墙 SURF-WAF(万兆)V10.0	2020年8月7日	2021年3月9日	通过
RZX 日志管理综合审计分析系统 SURF-LOG V10.0	2020年11月19日	2021年3月9日	通过

报告期内,公司不存在相关资质证书因违反网络安全相关法律法规被吊销、收回或失去效力的情况,不存在因公司产品不符合强制性标准或未通过相关认证、检测、审查导致无法对外销售的情况。

【提示】

案例一公司仅披露了报告期内新增的网络安全相关业务资质名称,未按行业指引要求说明颁发机构、有效期、取得主体和适用范围等详细信息,也没有披露报告期内接受认证、检测、审查的具体产品情况。案例二公司则以列表形式对报告期内新增网络安全相关业务资质情况,以及列入《网络关键设备和网络安全专用产品目录(第一批)》范围的产品接受审查的情况与结果进行了详细说明,并在行业指引要求之外进一步披露了截至报告期末除新增资质外的公司网络安全相关业务其他资质的情况,清晰明了。

表 3-3-130　关键流程

要点	具体内容
经营合规	上市公司应当在重要事项部分披露以下经营合规相关信息： （1）报告期内公司网络安全相关业务经营遵守所适用监管规定的总体情况。 （2）报告期内公司因网络安全相关业务经营活动涉嫌违法违规行为被行业主管部门要求自查，或被行业主管部门采取立案调查等行政措施的情况及进展。 （3）报告期内公司被行业主管部门依据网络安全相关法律法规给予行政处罚的情况，以及公司的整改情况。 （4）报告期内保障产品（服务）质量与安全的有关情况，包括可控性相关的内部控制体系的建立、完善与运行情况；网络安全产品相关的运营设施、网络、数据安全保障情况及平台管理情况等。
社会责任	鼓励上市公司在重要事项部分披露报告期内履行与网络安全业务相关的社会责任的情况，包括但不限于为国家重大项目或重要活动提供专项网络安全保障服务的情况，牵头或参与网络安全业务相关的国家与行业标准制订的情况，按照有关规定向国家有关部门报送和向社会发布网络安全漏洞信息的情况，以及在网络安全工作方面做出突出贡献等。

第四章 上市公司年度报告制作软件及系统

年报编制是一项“系统工程”，在编制过程中，应用好年报制作软件及系统，进行合理的分工协作，做好各部门的协调工作非常重要。一是将大量的填报内容分解成小的模块，多人协同分工，可以减轻填报压力，缩短填报时间。二是将系统中各个章节的模板内容，发送给对应的数据提供部门，可以提高数据采集的有效性。三是通过模板采集的数据符合填报系统的格式规范，方便进行快捷填报，可以提高填报效率。四是完成分工填报后，可以快速整合数据，形成完整的数据文件。五是以系统为媒介，明确了各部门和人员之间的分工，沟通更简单有效。一般而言，年报编制分工流程可参考图 4-0-1。

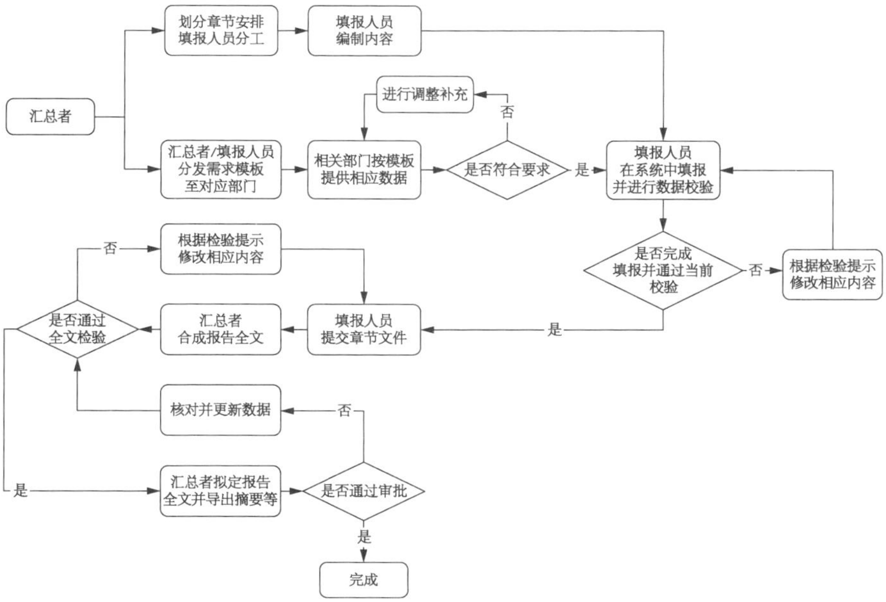

图 4-0-1　年报编制分工流程

本章编制以截至2019年8月沪深交易所推行的信息披露标准化报送系统为基础,以图文形式分别介绍上交所公告编制软件和深交所上市公司定期报告制作系统,便于上市公司掌握年报编制过程中的实务操作。

第一节　上交所公告编制软件

一、上交所公告编制软件介绍

2014年,上交所推出公告编制软件(以下简称“编制软件”),替代原有的上市公司信息披露标准化报送系统。编制软件不再采用独立报送软件方式,而是在Word软件中加入定制插件,便于上市公司直接在Word软件中进行公告编制,界面更友好,所见即所得。公司不再需要在报送软件和Word软件之间转换,填写完整的文档即为披露稿。

目前,上交所上市公司的定期报告、内部控制评价报告、股东大会相关临时公告、权益分派实施公告、股东增持或减持股份公告等必须使用编制软件进行编制并提交披露。

二、系统安装、升级与启动

(一)操作系统要求

(1)要求安装Windows操作系统(支持Windows XP以上,推荐Windows 7,兼容Windows 8、Windows 10)。

(2)要求安装Microsoft .NET Framework 3.5 SP1(Windows 7自带)。

(3)要求内存容量至少4G,不设上限。

(4)要求CPU 2.40 GHz双核(或以上)。

(5)要求使用Microsoft Office 2007或者以上版本,至少使用Microsoft Office 2007,并安装相应版本的最新补丁包(Microsoft Office 2007 SP3,Microsoft Office 2010 SP2),推荐使用Microsoft Office 2010;如果条件允许,建议安装32位的Microsoft Office版本。

(二)系统下载与安装

上交所上市公司在上交所公司管理系统中下载系统安装文件后,可根据安装向导，进行系统安装，如电脑中有安全防护软件，应当关闭。

（三）启动系统

通过双击桌面快捷方式“

”或者通过“开始”菜单启动应用程序。程序启动后自动打开，并在工具栏中显示“报告编制”菜单，表明已正常启动插件，如图 4-1-1 所示。

图 4-1-1　“报告编制”菜单

注意，直接双击已保存的采用编制软件编制的 Word 文档，会出现提示：“您打开的是 Word 报告，是否启动‘公告编制软件’进行编制?”，如图 4-1-2 所示。

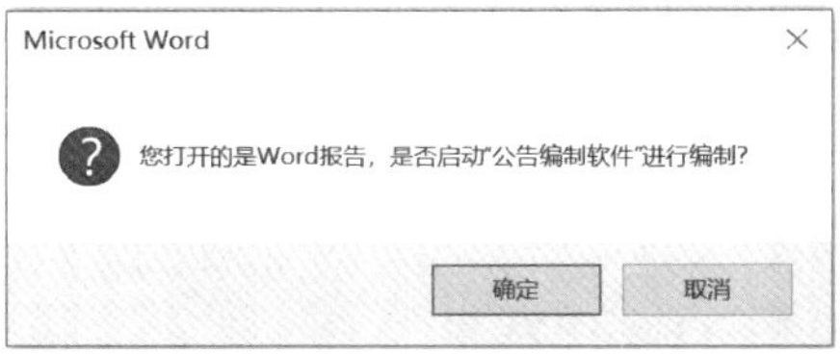

图 4-1-2　“公告编制软件”提示框

点击确定后，打开的 Word 文档将直接带有“报告编制”插件。

（四）关闭系统

与普通 Word 文档相同，可以通过点击“保存”按钮等方式将对文档的修改进行保存后点击右上角的“关闭”按钮将系统关闭。

（五）系统升级

系统升级可采用三种操作方法：

（1）安装上交所在公司管理系统中发布的软件升级包。

（2）启动编制软件时系统检测到新版本，会弹出升级对话框，点击“升级”，随提示完成升级。

（3）打开编制软件的状态下，点击“报告编制”菜单中“系统设置”—“升级检查”项检测版本完成升级，如图 4-1-3 所示。

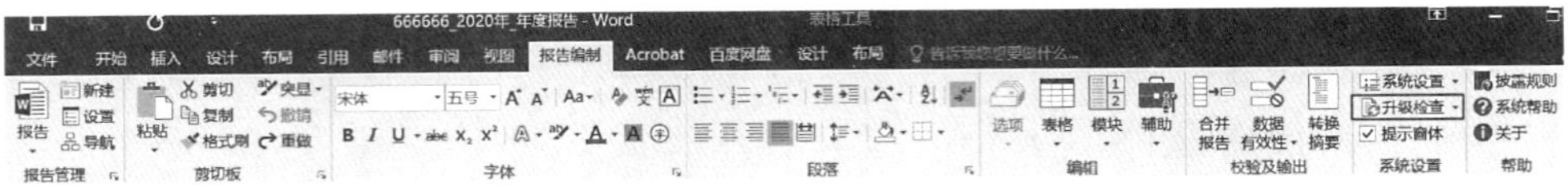

图 4-1-3　“升级检查”项

三、编制软件报告编制功能介绍

在报告编制过程中主要使用到的系统功能，集中在“报告编制”菜单中的以下项目，如表 4-1-1 所示。

表 4-1-1　报告编制过程中主要使用的系统功能

项目	图标	功能
报告管理		新建报告、打开报告文档、导入数据、查看或修改内容选项、升级报告、备份报告；设置报告基本属性；查看文档结构图
剪贴板	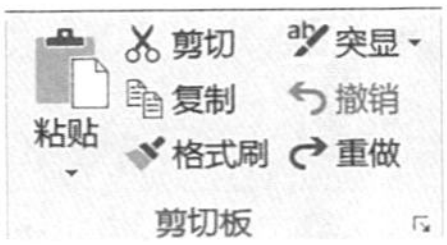	剪切、复制、粘贴及格式编辑功能
编辑	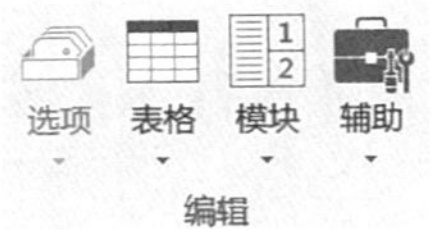	实现对报告中模块及表格的编辑功能
校验及输出	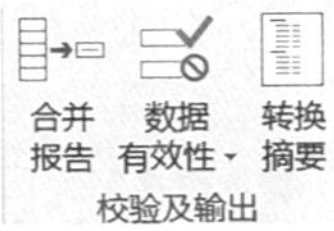	合并报告；数据有效性校验；转换报告摘要
系统设置	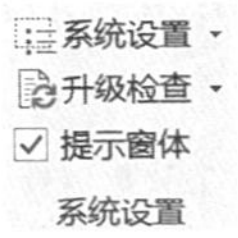	设置公司信息及报告一般设置；进行升级检查；选择是否显示提示窗体
帮助		查看披露规则；查看系统帮助

四、创建年度报告文件

(1)启动编制软件。

(2)在“报告管理”项中,单击“新建”按钮或者单击“报告”下拉框中的“新建报告”按钮。

(3)在弹出的对话框中,选择“定期报告”选项,选择合适的报告属性,并确定保存。选择时请确认关键信息:报告年度、报告周期、公司类型、披露日期、公司代码、所在板块等信息,如图 4-1-4 所示。

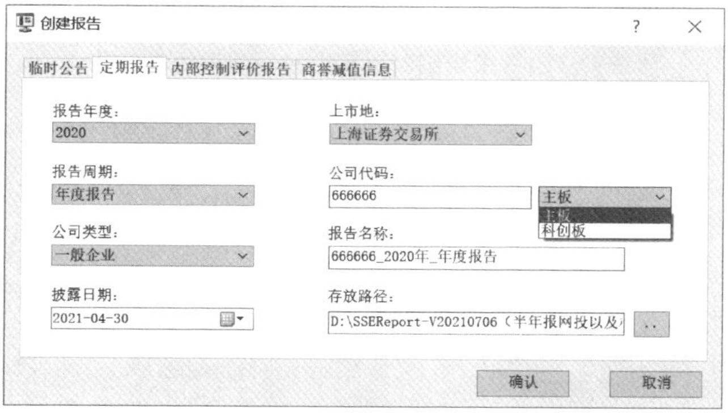

图 4-1-4 “定期报告”选项

根据上市公司选择的公司类型,如一般企业、商业银行、证券公司或保险公司,编制软件将自动生成相应的报告模板。

新建报告默认保存在软件安装路径下的“data”文件夹下,一份报告为一个子目录。上市公司可根据需要,修改存放路径。

(4)对于首次创建报告文件的公司,系统将自动提示进行公司信息的系统设置。对于已创建过报告文件的公司,按照报告编制新建向导的提示,进行公司信息确认。

新建报告后,如发现公司信息填写有误,可在“报告管理”项中,单击“设置”修改报告属性。注意,界面中的灰色信息无法修改,如图 4-1-5 所示。

(5)根据“上市公司行业信息披露指引”选择适用的行业,年度报告“经营情况讨论与分析”章节中将自动增加相应的行业经营性信息分析的内容,如图 4-1-6 所示。

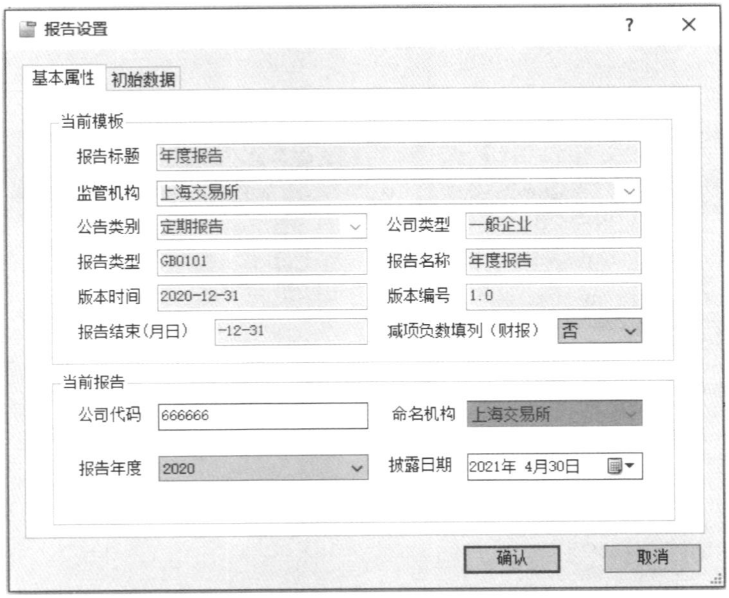

图 4-1-5　“报告设置”项

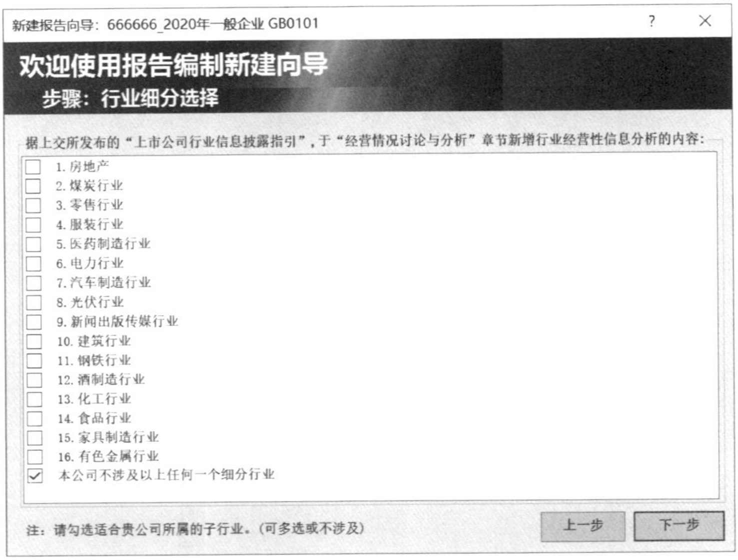

图 4-1-6　行业细分选择

（6）进行报告选项设置，如图 4-1-7 所示。

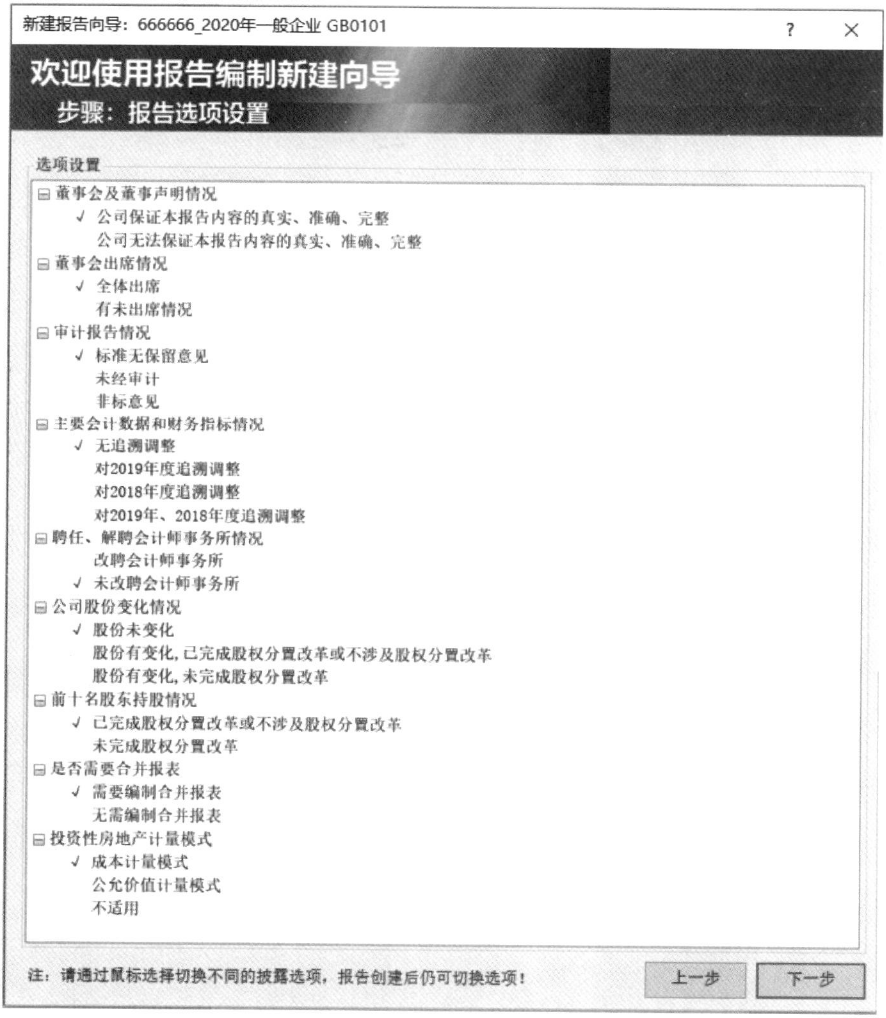

图 4-1-7　报告选项设置

新建报告后，如发现报告选项发生变化或者设置有误，可在“报告管理”—“报告”下拉框中，单击“显示选项”来进行修改，如图 4-1-8 所示。

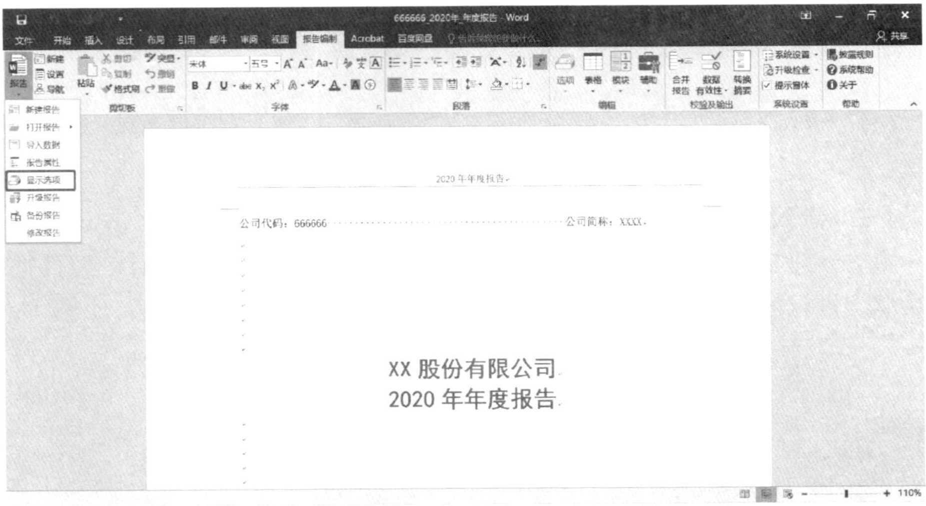

图 4-1-8　修改报告

（7）完成年度报告文件创建。系统将自动创建年报全文提纲，供上市公司填入相关信息，进行年报编制。

五、编制年度报告

（一）术语解释

内容控件：借助开发工具，嵌入普通 Word 文本中的，以蓝色边框围成的区域。狭义上的内容控件是指用于录入单个数据的元素控件。

模块：将一份 Word 报告，按照业务相关性，划分成一个个小的逻辑单元，称为“模块”。一个模块，由一个最外层的内容控件所包围。

（二）查阅披露规则

编制软件中已预先嵌入了“披露规则”，供上市公司在年报编制过程中查阅。获取“披露规则”帮助有两种途径：

（1）将光标置于 Word 报告相关章节，按下“F1”键获取“披露规则”帮助。

（2）将光标置于 Word 报告相关章节，单击“帮助”—“披露规则”项获取帮助，如图 4-1-9 所示。

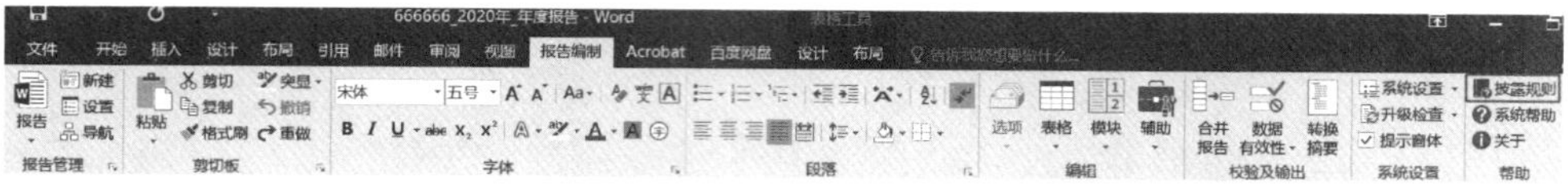

图 4-1-9 “披露规则”项

(三)录入数据

报告新建打开后,开始进行数据录入。单击需要填写的内容控件,控件处于选中状态即可输入内容,如图 4-1-10 所示。

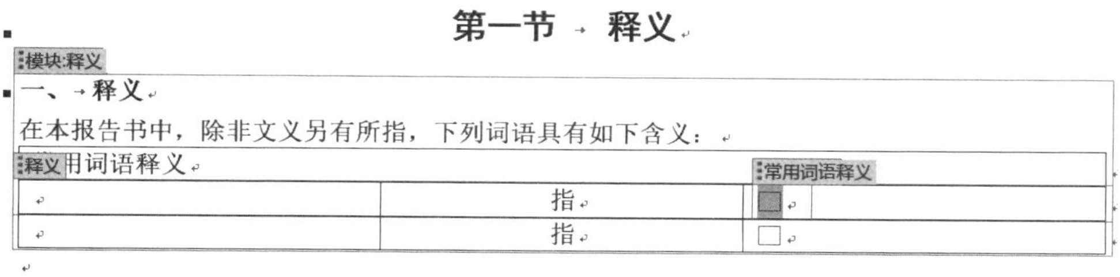

图 4-1-10 输入内容

报告中的数据,可以通过粘贴来录入。表格支持单个数据粘贴、单行/列或多行/列数据粘贴和整表粘贴。

粘贴时,先在数据源的文档中选中并复制需要拷贝的数据,然后将光标放在粘贴区域的第一个单元格上,使用“报告编制”—“粘贴”—“粘贴表格”功能进行粘贴。如果是多行/列数据粘贴,在粘贴之前,请先完成表格内行/列的扩展。

注意,数据及文字内容一定要填入相应的控件内。目前,编制软件只支持插入图片、超链接、网址及邮箱链接,暂时不支持图文框、SmartArt1、艺术字和图标。

(四)导入数据

上市公司在报告编制过程中,可以通过单击“报告管理”—“导入数据”项来进行数据导入,如图 4-1-11 所示。

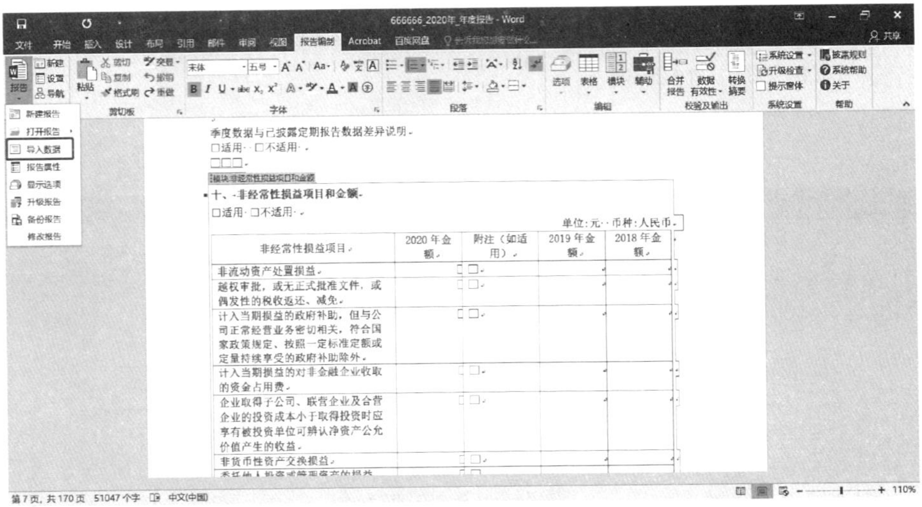

图 4-1-11　导入数据

导入数据分三种情况：导入至当前表格、导入至当前模块和导入所有数据，如图 4-1-12 所示。

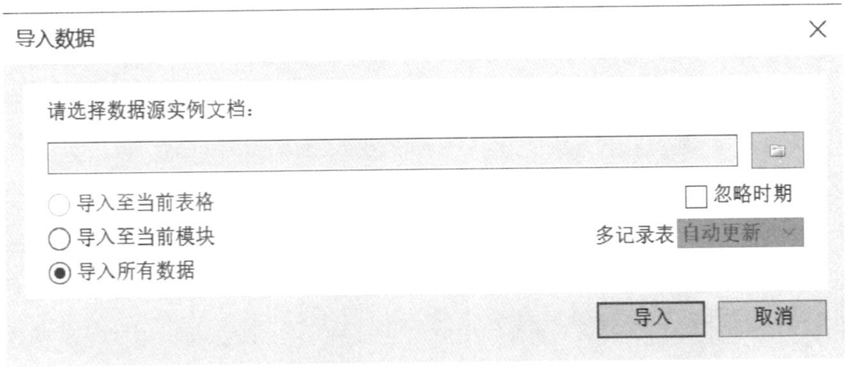

图 4-1-12　导入数据的三种情况

选择的数据源实例文档为一份带有内容控件的 Word 文档，手动勾选忽略时期，然后选择导入数据情景导入数据。系统会自动匹配相同元素名，将数据准确导入报告。

(五) 添加删除行、列

以添加行为例,将光标定位于某行内部,选择“编辑”—“表格”下拉框中的添加行按钮,如图 4-1-13 所示。

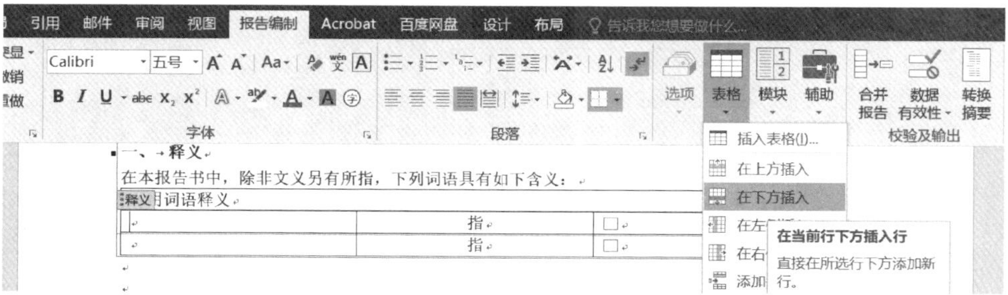

图 4-1-13　添加行

如果公司使用“布局”中“行和列”组中的选项,或者右键显示的“插入”中的选项,也可以达到同样的效果。添加方式与添加行相似。通常如果需要在既定表格中添加自定义科目,可以通过添加行的方式进行。

【提示】

(1) 在表格编辑过程中,一定要注意通过“报告编制”菜单下的表格编辑功能来操作,而不要直接通过 Word 软件自带的菜单或其他快捷键操作。

(2) 编制软件提供的模板信息已经固定,每个内容控件都和特定数据项关联。如果系统既定表格中的个别行或列的科目不适用公司,可以将相关行或列删除,再通过添加行或列的方式添加公司适用的科目,但是切勿修改控件里表格的行和列标题,否则在系统校验时将会报错。

(六) 填写选项模块

编制软件对报告中部分模块预设为“选项模块”,在编辑过程中,可以将光标定位在选项模块上,之后点击“编辑”—“选项”下拉框,选择适用情形进行切换,系统将自动调整相应的填报内容。如:“主要会计数据”,默认状态为“无追溯调整”,填报表格如图 4-1-14 所示。

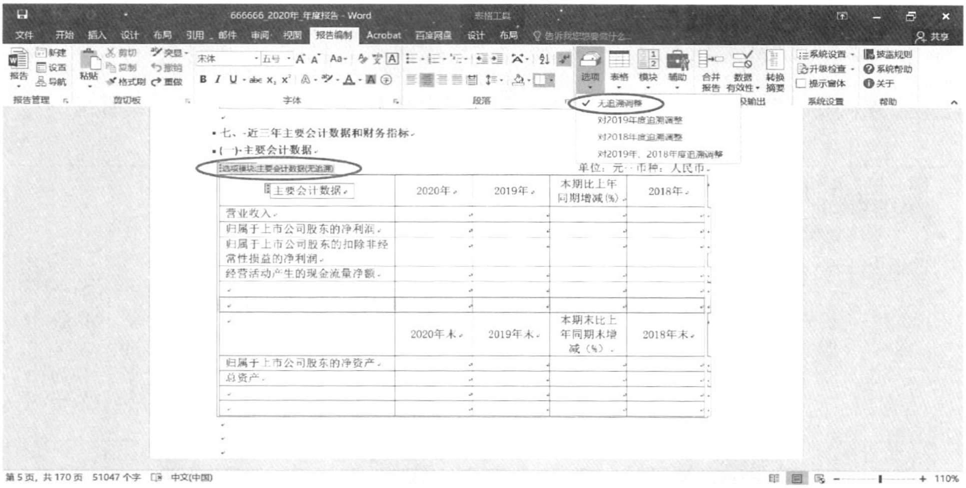

图 4-1-14　“主要会计数据”填报表格(无追溯调整)

将“无追溯调整”切换至“对 2019 年度追溯调整”之后，填报表格增加了 2019 年度调整前后的数据填报列，如图 4-1-15 所示。

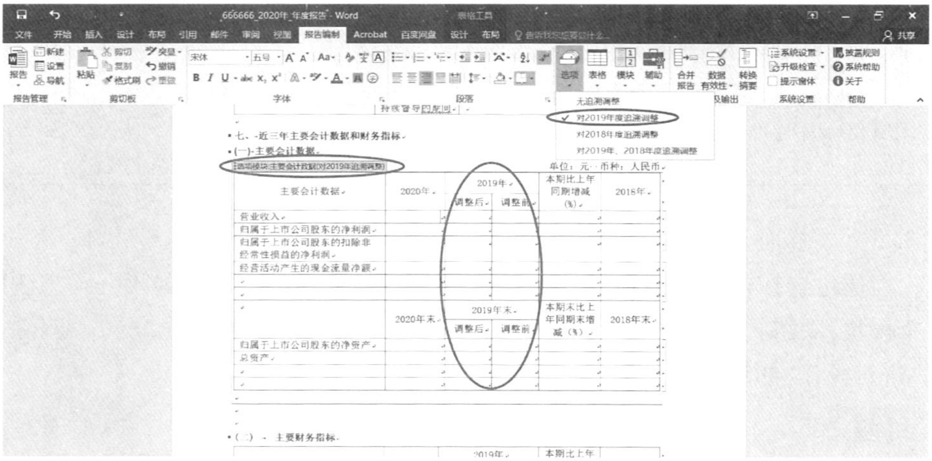

图 4-1-15　“主要会计数据”填报表格(对 2017 年度追溯调整)

【提示】

对设置为选项模块的内容填报，一定要根据公司的实际情况选择适用情形后再填报相关内容，而不能自行对表格进行删减修改，否则将导致填报内容与选项不对应，数据校验无法通过。

（七）不适用情形处理及删除模块

在编制报告的过程中，遇到不适用的情形，可以在模块内双击选择“不适用”项。以报告期内优先股回购情况为例，系统默认需要填报的信息如图4-1-16所示。

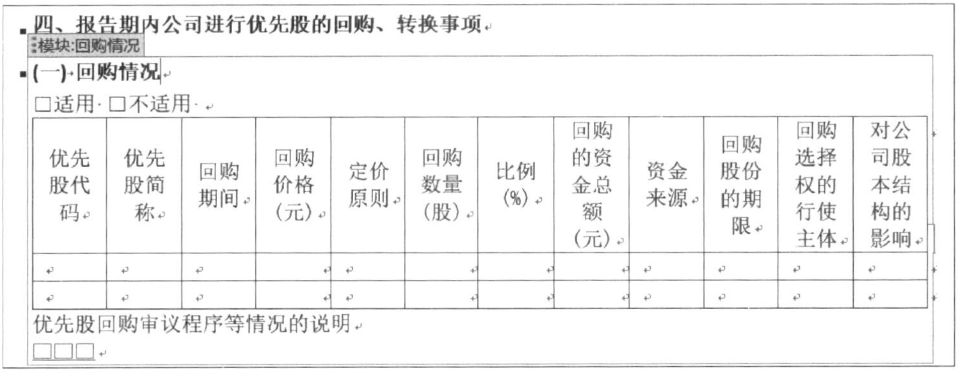
四、报告期内公司进行优先股的回购、转换事项

模块:回购情况

(一) 回购情况

□适用 □不适用

优先股代码	优先股简称	回购期间	回购价格（元）	定价原则	回购数量（股）	比例（%）	回购的资金总额（元）	资金来源	回购股份的期限	回购选择权的行使主体	对公司股本结构的影响

优先股回购审议程序等情况的说明

□□□

图4-1-16　“回购情况”编辑模块

当双击勾选“不适用”后，报告显示如图4-1-17所示。

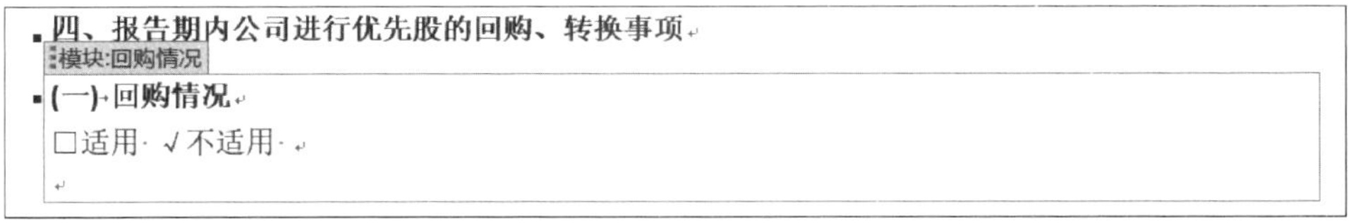
四、报告期内公司进行优先股的回购、转换事项

模块:回购情况

(一) 回购情况

□适用 √不适用

图4-1-17　“回购情况”编辑模块（勾选不适用后）

但通过选择“不适用”项，报告中还是会留有该模块的标题。如果公司想删除整个模块，则需将光标放在模块内，通过“编辑”—“模块”下拉框，点击“删除模块”进行操作，如图4-1-18所示。

【提示】

（1）设置了必填项的模块无法删除模块。

（2）通过“编辑”—“模块”下拉框，点击“查询模块”—“显示删除模块”，报告右侧即可显示出“模块列表”，列明已删除的模块。

（八）恢复模块

如对模块进行了误操作，可通过恢复模块来恢复。

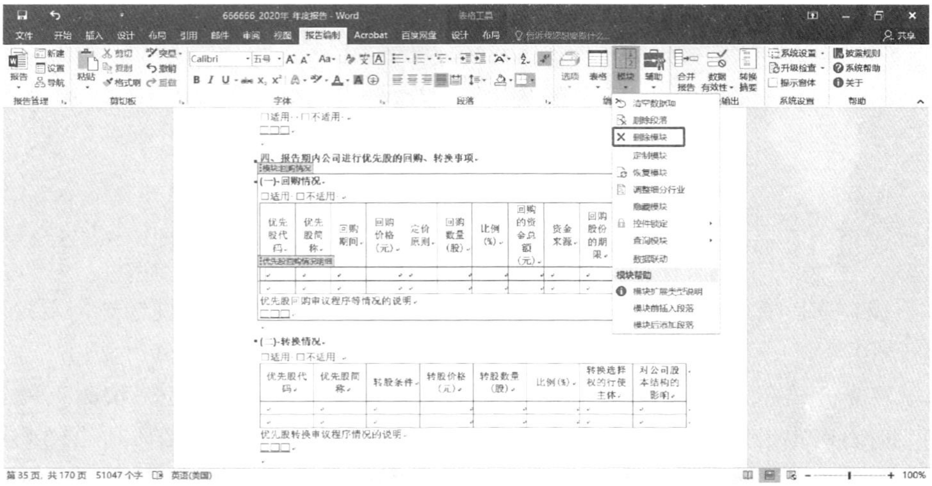

图 4-1-18　删除模块

(1) 单模块恢复。将光标定位在要恢复的模块内,通过“编辑”—“模块”下拉框,点击“恢复模块”进行操作,如图 4-1-19 所示。点击后,系统会提示“恢复模块:是否需要保留数据?”,如图 4-1-20 所示,然后点击“是”或者“否”即可恢复当前模块。

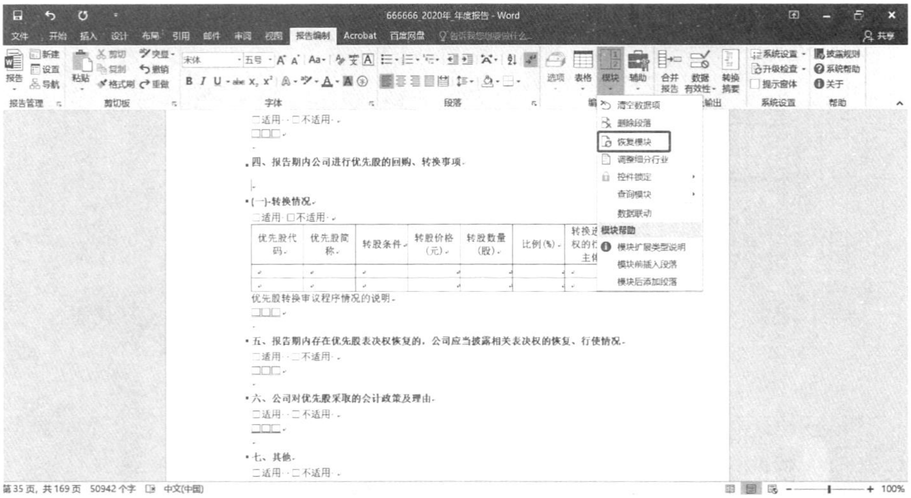

图 4-1-19　恢复模块

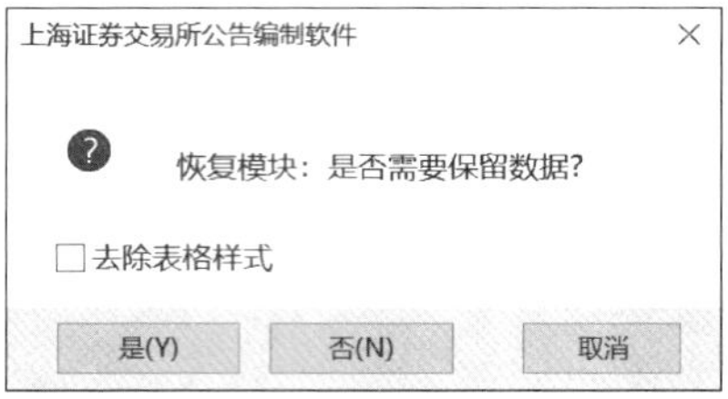

图 4-1-20　恢复模块提示框

(2) 选择恢复范围恢复。如误删除一个或多个模块,可以通过选择恢复范围进行恢复。

将光标放在要恢复的章节节点中(请勿放在某模块内),通过“编辑”—“模块”下拉框,点击“恢复模块”,系统弹出“恢复模块选择”窗口,如图 4-1-21 所示,右击选择要恢复的开始及结束位置或按“shift”键加鼠标设置恢复范围,如图中操作说明,然后点击“恢复”,即可恢复所选范围。

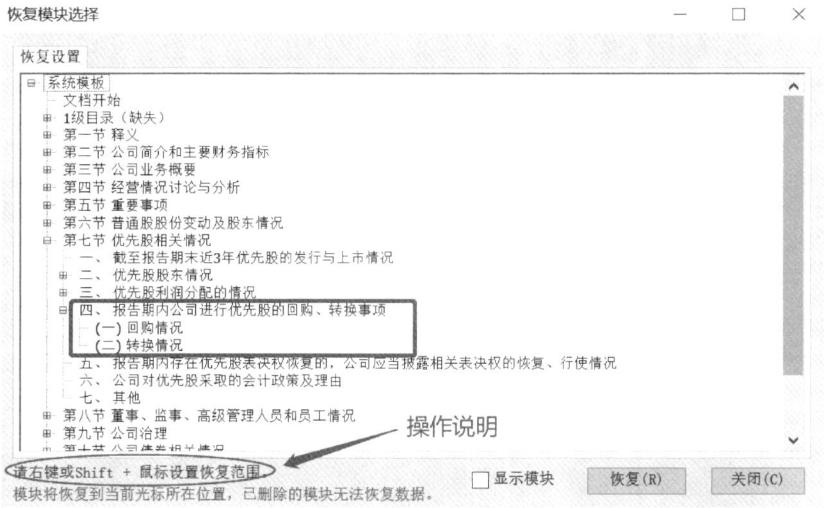

图 4-1-21　完成恢复

(3) 公司还可通过“编辑”—“模块”下拉框,点击“查询模块”—“显示删除模块”,在拟恢复的模块上通过右键选择“恢复模块”。

(九) 定制模块

当公司所要披露的内容与系统模块预制模板差异很大时,编制软件允许公司定制模块。在定制模块之前,公司应该尽可能在系统模板中填入数据内容;然后通过单击“编辑”—“模块”下拉框,点击“定制模块”后,将公司自定义内容输入或粘贴到定制模块内。

如需修改系统模板数据,可以将光标定位在模块内,通过“编辑”—“模块”下拉框,点击“显示系统模板”,进行内容修改,完成后再切换回定制模板状态(点击“编辑”—“模块”—“显示自定义内容”)。

(十)报告合并

常见的报告合并情况是每个人在自己电脑上新建一份报告,分工编制,最后通过单击“校验及输出”—“合并报告”项进行合并,如图4-1-22所示。

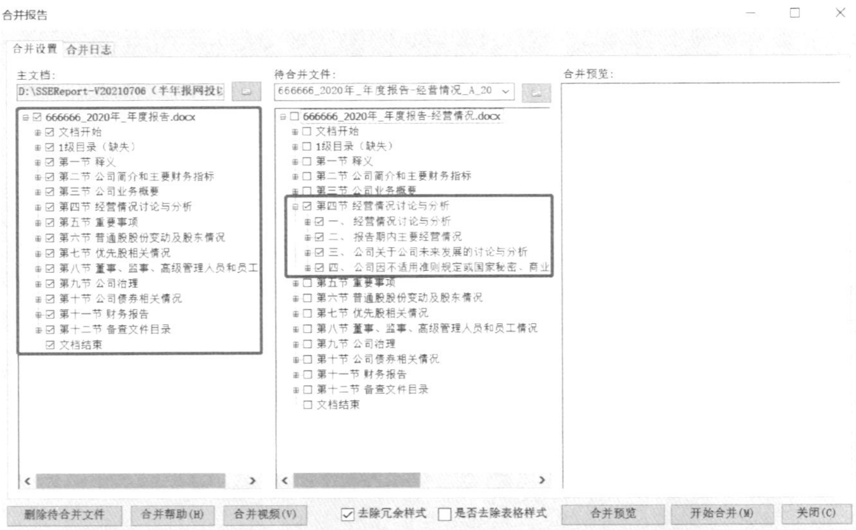

图4-1-22　“合并报告”项

合并报告时,主文档所有章节默认全部勾选,待合并文档仅勾选需要并入主文档的章节或模块。合并后,待合并文档中被勾选的部分模块内容,将覆盖主文档相应模块内容。在实际操作时,可以点击合并预览查看文档结构是否正确,如需调整,可以在合并预览中直接拖动进行修改。

如果合并报告时,提示待合并文档加载大纲失败,公司可以检查一下报告中是否有非法超链接存在,如有,使用报告编制下的“辅助”—“修复报告文档”—“修复超链接”功能,取消超链接,再进行合并即可。

有时公司合并报告后会发现章节序号不正常，往往是因为合并前的文档章节有所调整，格式异常导致。因此，公司需要先通过 Word 导航功能查看主文档与待合并文档的章节序号是否整齐，确保无误后，再行合并。同样的，删除内容等对文档结构有改变的操作也建议在合并完成后进行，以免在合并时发生错误。

（十一）数据有效性校验

在报告编制过程中和编制完成后，公司可以通过单击“校验及输出”—“数据有效性”下拉框，点击“数据校验”进行所有模块数据校验，或点击“单模块校验”进行单模块校验，如图 4-1-23 所示。

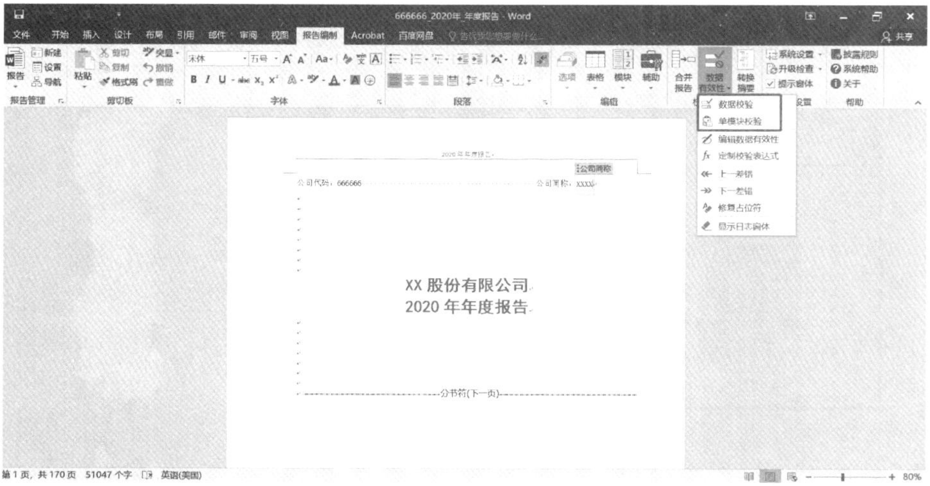

图 4-1-23　单模块校验

数据校验后，系统会弹出校验结果窗口，如图 4-1-24 所示。然后点击“是”，即可弹出“日志窗体”对话框，通过双击各子项，即可定位到相关错误信息，如图 4-1-25 所示。

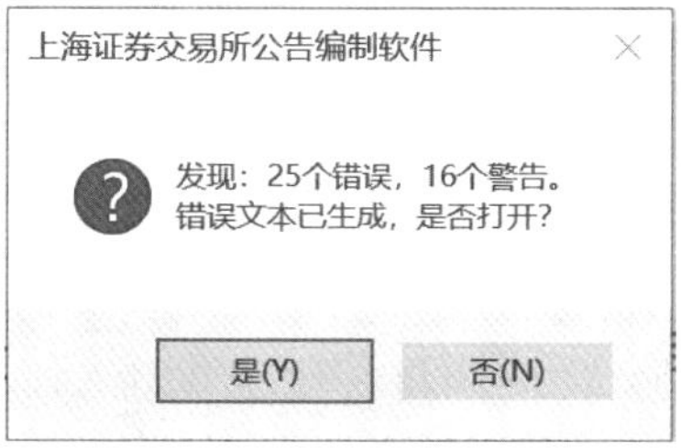

图 4-1-24　校验结果提示框

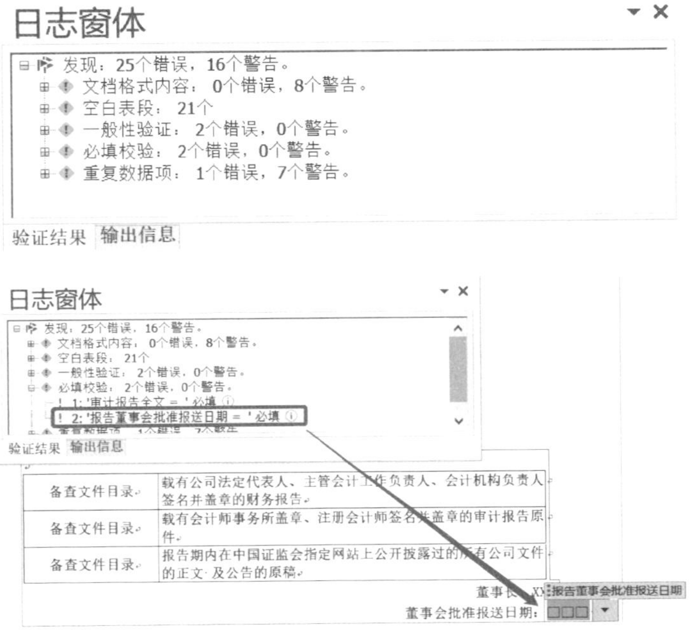

图 4-1-25　“日志窗体”对话框

【提示】

当单模块校验不通过，全文校验通过时，以全文校验结果为准。

校验时需注意以下几种情形：

(1) 数据错误或未填写完整导致公式报错，需检查并修改。

(2) 插入行为非数据行，导致公式报错，需检查并修改。

(3) 比例报错，一般误差值非常小，可忽略不改。

(4) 报表中自定义科目，即插入行导致公式不平，可忽略不改。

（十二）转换年报摘要

完成年报编制后，上市公司可以通过“校验及输出”—“转换摘要”项，创建对应的摘要文档，如图 4-1-26 所示。摘要文档为普通 Word 文档，不带有内容控件。

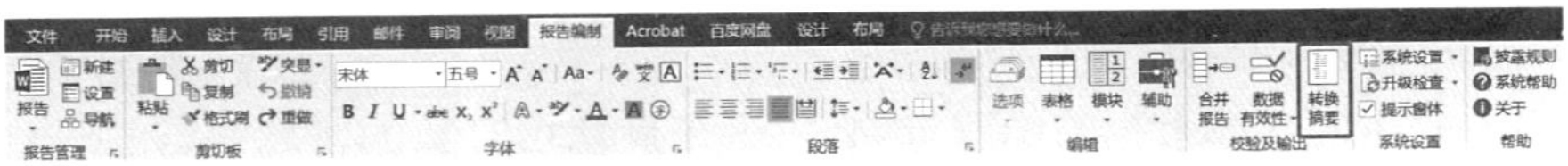

图 4-1-26　“转换摘要”项

六、提交年度报告

使用编制软件编制的年报 Word 文档，即可直接作为提交披露的文件。上市公司在提交年度报告时，应通过上交所公司业务管理系统“信息披露”栏目下的“公告提交”“非公告上网”创建信息披露申请，或者通过点击快捷入口（如图 4-1-27 所示）提交公告文件及仅上网披露的文件。

图 4-1-27 公告提交快捷入口

公司在披露年度报告时，公告类别选择为“定期报告”—“0101”“年报”，将编制软件生成的年报摘要作为公告正文上传，并将编制软件生成的年报全文作为附件上传。年度报告为事后审核公告，公司应按要求上传附件后提交并发布。

需要注意的是，公司与定期报告同时披露的审计报告、会计师专项意见、社会责任报告等只需以定期报告附件的形式上网披露即可，无需单独提交。

公司提交年度报告后，上交所 XBRL 校验小组将会对报告进行校验，并将结果反馈公司。对于校验中发现的问题，公司应及时修改，并通过上交所公司业务管理系统中“资料填报”下的“定期报告 XBRL 实例文档报送”通道再次上传修改后的报告文件。实例文档的再次报送不会自动形成公司年度报告的更正或补充披露文件。

七、使用编制软件编制年度报告的技巧

（1）在编制开始前，提前根据公司的年报风格设置好每一级标题及正文的“样式”，后续直接选“样式”或者统一修改“样式”会比较方便。在多人编辑报告时，无需在合并报告之后调整格式。

（2）每次对年报内容的修改，都必须首先确认已打开编制软件，否则将会导致编制内容未填入控件、模块中的表格无法进行行列操作等问题。

（3）在编制过程中，注意打开“报告编制”菜单下“系统设置”中的“提示窗体”项，如图 4-1-28 所示。在编制至相应模块时，系统将自动显示涉及的“选项模块”内容及相关提示信息，公司可以及时进行关注。

图 4-1-28　“提示窗体”项

（4）上市公司在填报报表时，可以直接点击“币种”对应的下拉菜单，选择所需的相应币种，如图 4-1-29 所示。

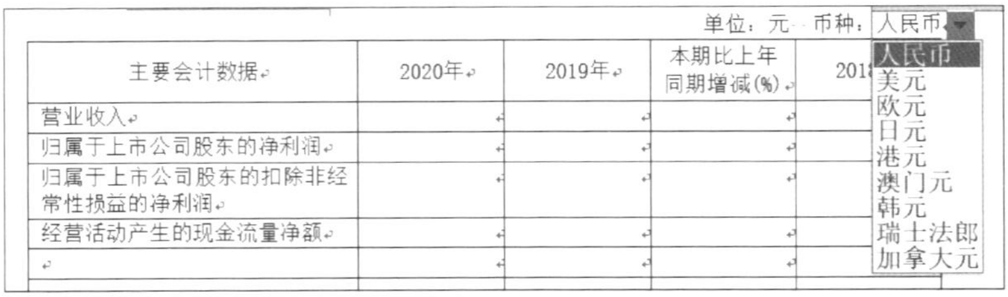

图 4-1-29　币种选择

当币种下拉选项中缺少某种常用币种，可以通过“系统设置”下拉框中的“自定义下拉框”添加币种，如图 4-1-30 所示。

图 4-1-30　币种添加

填报报表中存在多个币种的,可参照以下处理方案编辑:

A. 币种在前。

a. 若数据有单位,例如“美元 12 万”,则不使用表头单位。

b. 若数据无单位,例如“美元 12”,则使用表头单位。

B. 币种在后。

a. 若数据有单位,例如“12 万美元”,则不使用表头单位。

b. 若数据无单位,例如“12 美元”,则不使用表头单位。

C. 多个数据项,使用逗号(支持中文逗号,不支持英文逗号)、分号、空格分隔。

例如:美元 12 万,人民币 13 万;港币 14 万 日元 15 万。

(5) 公司可在编制软件预制的模块之外,根据公司实际情况,自行增加相关自愿性披露的内容。

(6) 慎用 Word 自带的“修订”功能。在现有编制软件下,使用 Word 自带的“修订”功能,可能导致系统自动重复修订、部分修订无法消除或者报告合并不成功等问题。

(7) 利用好“合并报告”功能。在设置好报告基本信息后,可以按年报分工计划将报告文档分送给相关的编制人员,同时进行不同模块的年报内容填报与校审。在年报内容汇总整合阶段,再利用合并报告功能,分模块将相应内容添加到报告主文档中。在多人分工编制年度报告时,务必保证所有参与人员的编制软件均为最新版本。

(8) 巧用“编辑”—“辅助”下拉框中的“标识控件底色”功能。在年度报告全部编辑合并完成后,可以利用“标识控件底色”功能对报告进行通篇检查,一是检查内容是否正确填到控件中;二是标识百分比数据,避免数据位数出错,如图 4-1-31 所示。

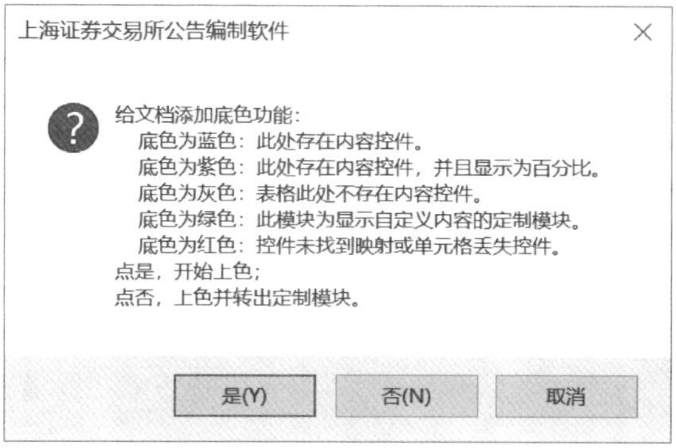

图 4-1-31 标识控件底色

(9) 年度报告披露文件提交前,上市公司一定要先行利用"数据校验"功能进行校验,并逐条修改、确认,消除错误项。

(10) 在年报全部完成并校验数据后,再转换年报摘要,避免反复修改,以保证年报摘要与年报全文内容的一致性。

第二节 深交所上市公司定期报告制作系统

一、深交所上市公司定期报告制作系统介绍

深交所于2011年推行上市公司定期报告制作系统(以下简称"填报系统"),结束了原始填写报送方式,并逐步加入了校验、规则查询、自定义章节、支持多人协同编制等功能模块。目前,深交所上市公司的定期报告全文及摘要均需通过填报系统编制、校验并生成指定数据文件后与披露文档一并报送。

二、填报系统安装、升级

(一) 操作系统要求

(1) 软件环境:Windows 7 及以上操作系统[①]、Microsoft Office 2003 及以上版本、Microsoft .NET Framework 4.5.2。

(2) 硬件环境:建议配置处理机的型号为 Core 2 以上;内存容量在 2G 以上。

(二) 填报系统安装包下载

对于首次安装的公司,下载填报系统安装包步骤如下:

(1) 登录深圳证券交易所网站(www.szse.cn),选择"上市公司"业务专区[②],如图 4-2-1 所示。

(2) 进入业务专区后,选择"信息披露业务"中"报送软件下载"[③]进行操作,如图 4-2-2 所示。

---

① 实践中,Windows XP 系统也可正常运行,不建议使用 Windows 10、Windows 2003、Windows 2008 和 Windows 2008 R2 等系统。填报系统对硬件要求不高,主流笔记本、台式机电脑均可运行。

② 文中操作说明均以深交所主板为例,下同。

③ 创业板选择"业务指南"中的"报送软件下载"。

图 4-2-1　登录网站

图 4-2-2　报送软件下载

（3）进入下载界面，选择“上市公司定期报告制作系统全文版”，下载填报系统[①]，如图 4-2-3 所示。

（4）直接运行该文件，根据向导进行安装即可。若安装时发生错误，请确认数据

① 可将 https://biz.szse.cn/pub/bsxt/nmk/收藏，直接核对版本，下载软件。下载安装后，后续使用过程中如果软件版本有更新，可以直接在线更新，无需重新下载。

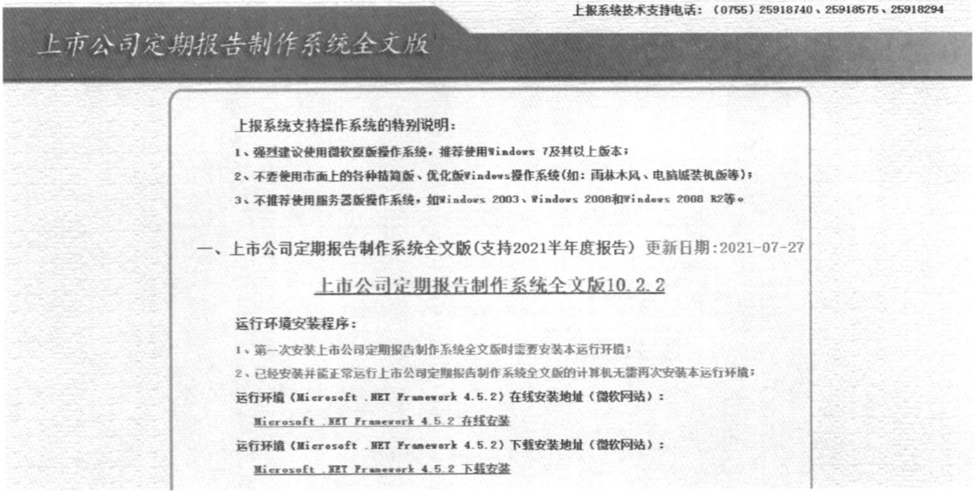

图 4-2-3 上市公司定期报告制作系统全文版

包下载完整，如果电脑中有安全防护类软件，安装过程中会提示有程序在修改 office 插件，请允许操作，并完成安装。填报系统安装包下载完成后，电脑桌面上会出现如图 4-2-4(a) 所示的图标。安装完成后，桌面上会出现如图 4-2-4(b) 所示的图标，表示安装成功。

图 4-2-4(a) 填报系统安装包

图 4-2-4(b) 系统安装完成

（三）填报系统升级

填报系统会于每次定期报告期间进行升级[①]，主要升级方法如下。

（1）下载最新的填报系统安装包，具体方法请见本节“二、填报系统安装、升级”之“（二）填报系统安装包下载”。

（2）启动填报系统，自动检测版本状态，若出现如图 4-2-5 所示的提示信息，

① 升级日期具有不确定性，若公司预约披露日期较早，可用往期 Word 模板先行撰写。

选择“是”即可下载升级包。此方法为实践中最为常见的升级方式。

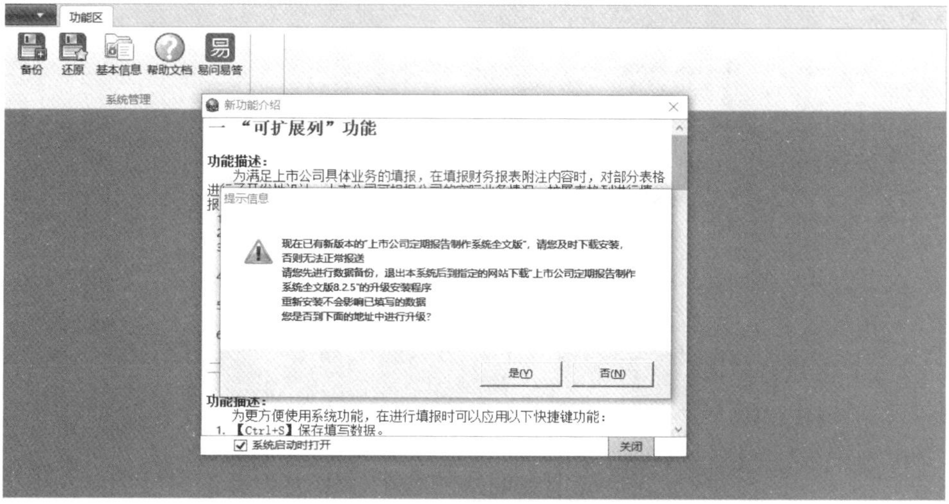

图 4-2-5　填报系统升级

（3）进入填报系统主界面，打开左上角下拉菜单，选择“检查更新”，核实系统版本，如图 4-2-6 所示。深交所有时会在定期报告编制期间更新系统版本，请公司使用此方法不定期检查更新。

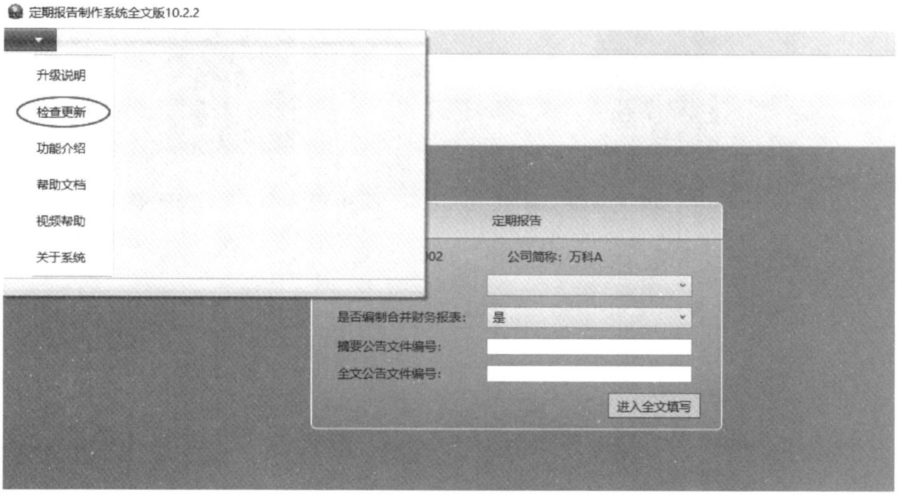

图 4-2-6　检查更新

三、填报系统窗口功能介绍

填报系统窗口包括主窗口和系统下拉菜单。

（一）填报系统主窗口

系统主窗口功能主要包括：备份，还原，基本信息，帮助文档和易问易答。其中，“备份”是将填录的数据生成备份文件，“还原”是将备份文件还原到系统。在多人协同编制情况下，建议在导入他人数据文件前，做好已有数据的备份工作，以防意外情形的发生。帮助文档中对快捷操作、表格操作说明较为详细，但略显冗余，建议首次使用本系统的公司酌情阅读。易问易答是协助上市公司信息披露的辅助工具，提供问题查询、法律法规检索等功能。系统主窗口如图 4-2-7 所示。

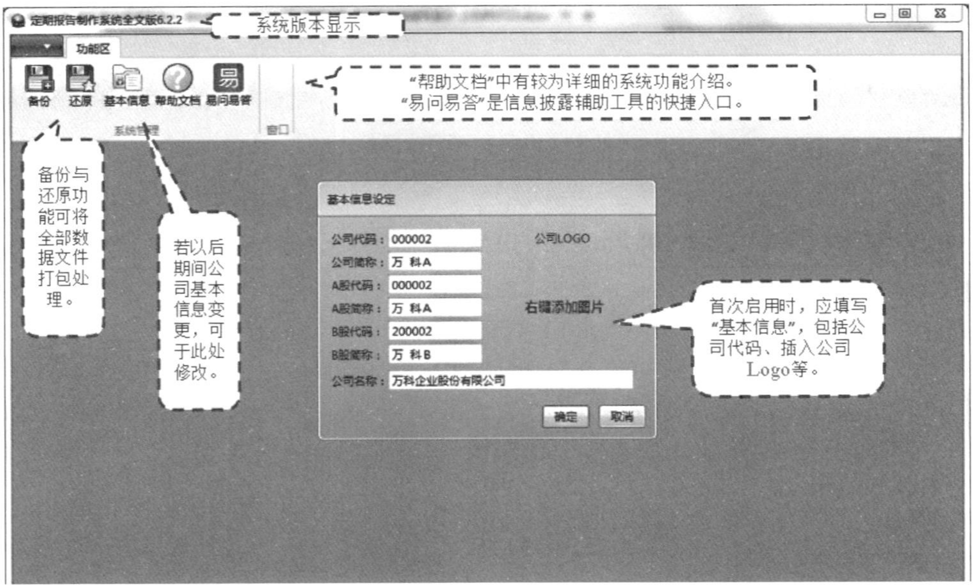

图 4-2-7　系统主窗口

（二）系统下拉菜单

系统下拉菜单功能包括升级说明、检查更新、视频帮助等，如图 4-2-8 所示。

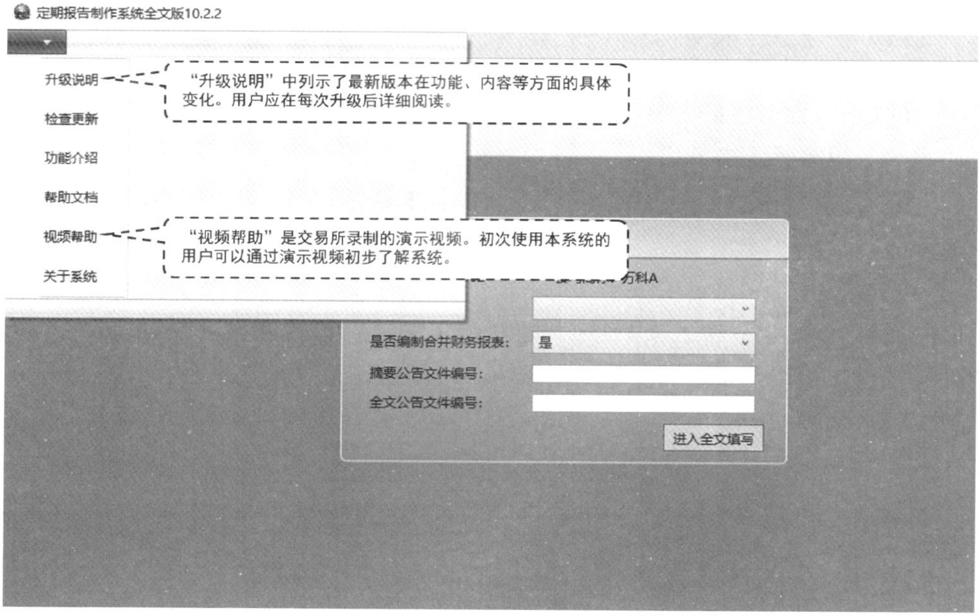

图 4-2-8　系统下拉菜单

四、填报系统主要数据类型介绍

填报系统历经多次完善，主要数据类型包括文本型、数值型和日期型、富文本型、选择框型和下拉选择型。

（一）文本型

财务报告前的各章节中文本型数据较多，填写框中可直接输入文字和数值，如图 4-2-9 所示。

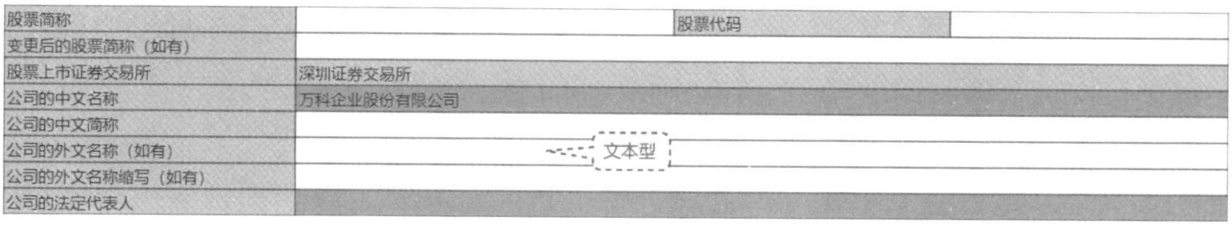

图 4-2-9　文本型

（二）数值型和日期型

日期型和数值型填写框中必须按照既定格式：数值型中无法填写文本信息；日期型可使用展开菜单选取，或按照既定格式手动输入，如在方框中键入“2020 年 4 月 16 日”，如图 4-2-10 所示。

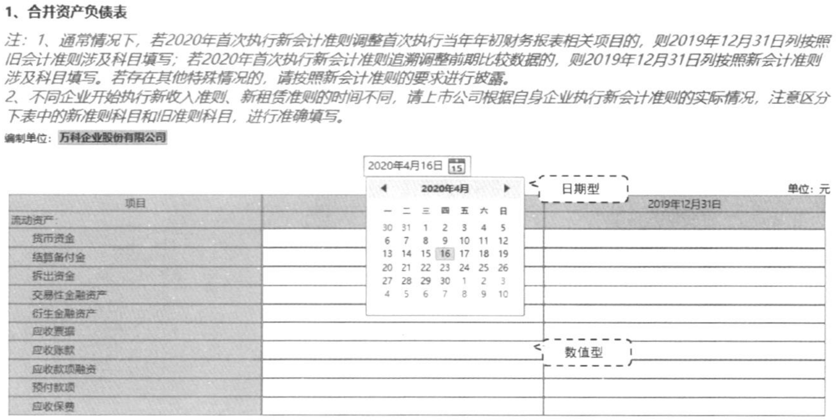

图 4-2-10 数值型和日期型

（三）富文本型

近年来，深交所鼓励公司结合政策、行业和自身经营特点实行个性化披露，文字、数值、表格和图片等常见的数据均可填写在文本框中，形成富文本型财务报告。富文本数据有时会因格式等问题在生成 Word 时出现乱码，建议先在 Word 文件中编辑撰写，成稿后复制进填报系统中。富文本型如图 4-2-11 所示。

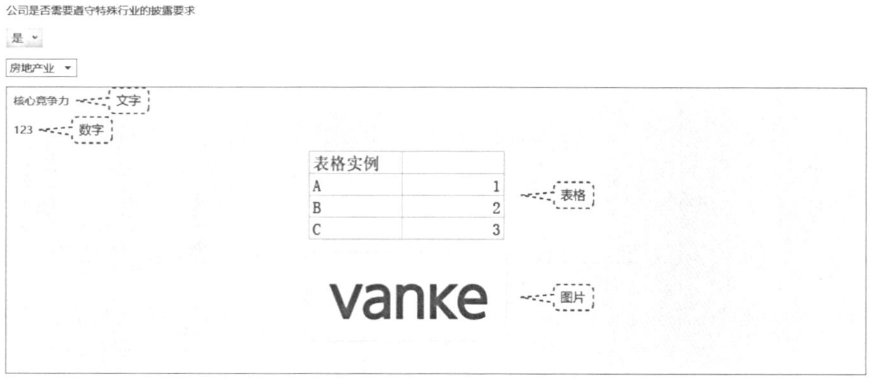

图 4-2-11 富文本型

（四）选择框型和下拉选择型

填报系统中有众多选择框型数据，多为勾选“适用/不适用”，如图 4-2-12 所示。不同选择会导致填写、披露的内容发生变化，公司应根据实际情况谨慎勾选。

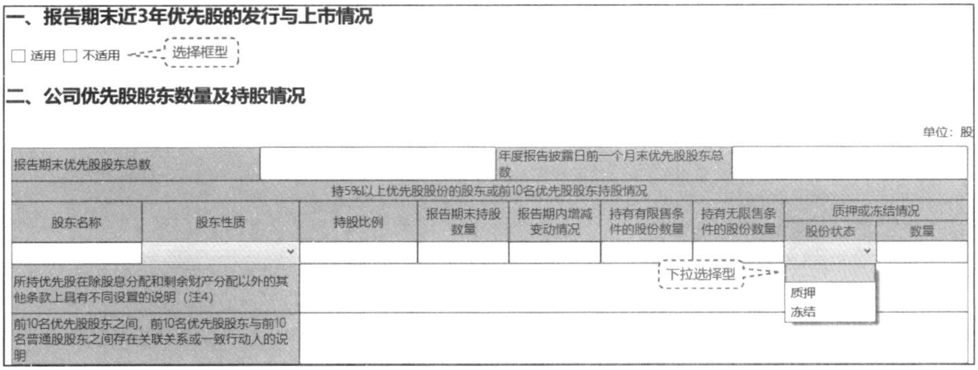

图 4-2-12　选择框型数据

以“非经常性损益项目及金额”为例，当勾选“不适用”框型时，如图 4-2-13 所示。

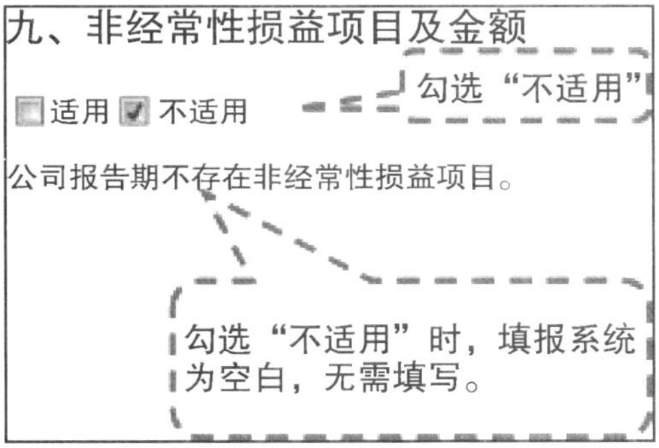

图 4-2-13　勾选“不适用”框型

当勾选“适用”框型时，如图 4-2-14 所示。

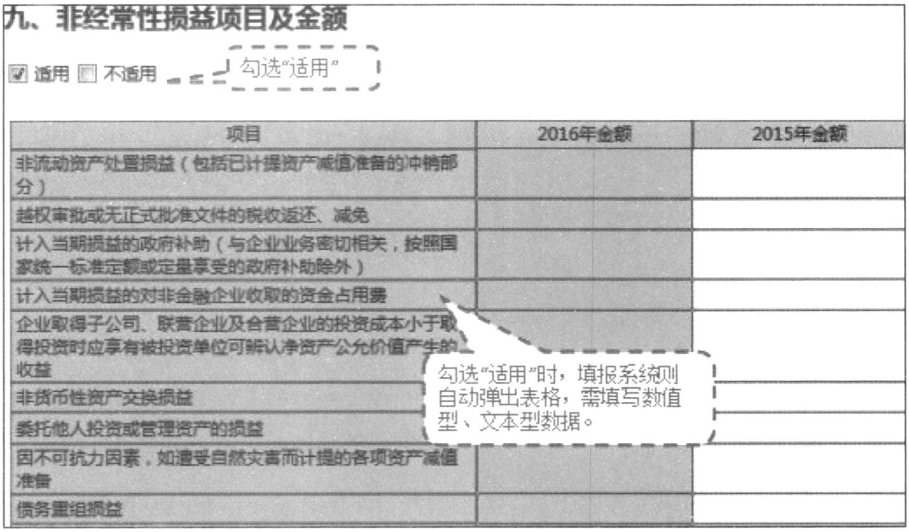

九、非经常性损益项目及金额

☑ 适用 ☐ 不适用

项目	2016年金额	2015年金额
非流动资产处置损益（包括已计提资产减值准备的冲销部分）		
越权审批或无正式批准文件的税收返还、减免		
计入当期损益的政府补助（与企业业务密切相关，按照国家统一标准定额或定量享受的政府补助除外）		
计入当期损益的对非金融企业收取的资金占用费		
企业取得子公司、联营企业及合营企业的投资成本小于取得投资时应享有被投资单位可辨认净资产公允价值产生的收益		
非货币性资产交换损益		
委托他人投资或管理资产的损益		
因不可抗力因素，如遭受自然灾害而计提的各项资产减值准备		
债务重组损益		

图 4-2-14　勾选“适用”框型

五、编制年度报告

1. 填写基本信息

基本信息填写，如图 4-2-15 所示。

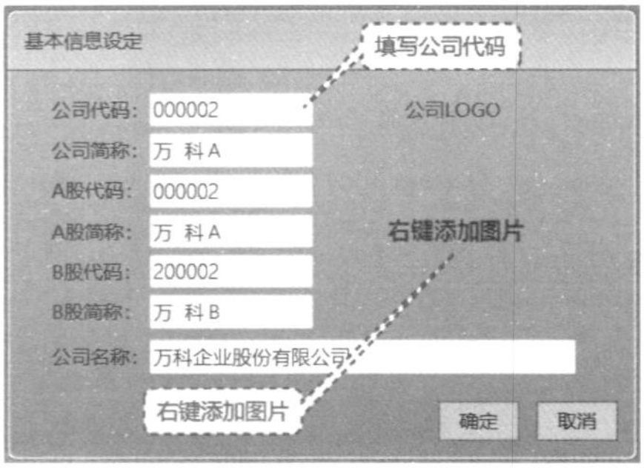

图 4-2-15　填写基本信息

公司进入填报系统后，可于对话框中填写公司基本信息。在填写公司代码后，其他内容会自动生成。公司在添加图片时应尽量使用分辨率较高的公司 Logo 图片。

公司应选择或填写报告期间、合并报表选项等，全文及摘要编号可在后期填写[①]，如图 4-2-16 所示。

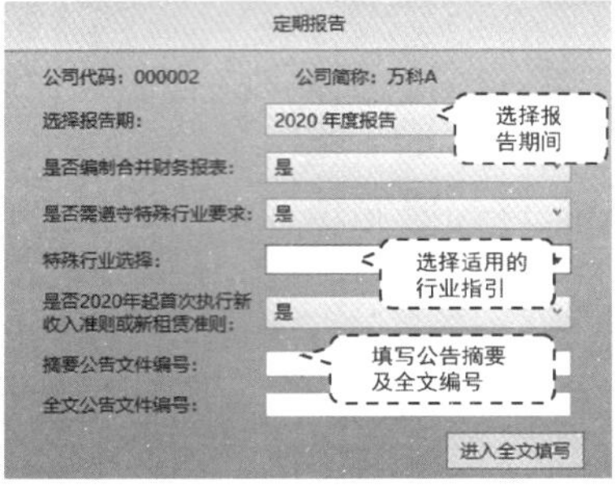

图 4-2-16　填写公司具体信息

2. 浏览目录

基本信息填写完成后，则进入报告编辑界面并浏览目录，如图 4-2-17 所示。操作人员可将鼠标置于系统左上方“导航目录”（如圆圈所示）处浏览全部章节。此外，三角标志（如方框所示）表示该项有二级目录可继续展开；右上角长框标志可将导航目录栏锁定。

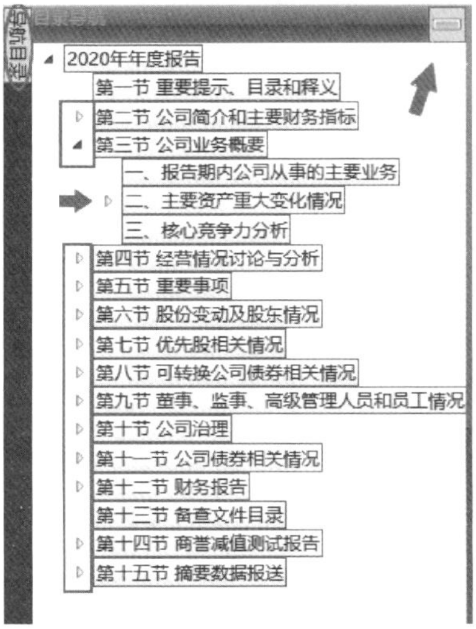

图 4-2-17　目录导航

浏览目录的主要作用包括分工协作和进度安排等。

（1）分工协作。年度报告的编制是公司内部跨部门、外部联系中介的系统工程。上市公司证券部无法独立掌握编制所需的全部信息，可在编制前根据导航目录将全部内容详细浏览，并结合公司部门及中介的实际情况进行分工并指定汇总者。

（2）进度安排。在分工完成后，公司可根据实际工作量安排时间表，并定期汇总进度情况和所遇问题。

① 实践中，公告编号很难在年度报告编制初期确定，公司应在披露前再次核实编号是否填写。

3. 查阅规则和校验关系

填报系统提供了即时查看规则、查询校验关系功能。可在导航目录中将鼠标置于相关章节上方，点击鼠标右键，选择“查看相关法律法规”或“查看校验关系”，如图 4-2-18 所示。此处应注意，并非所有的章节都可查阅相关规则和校验关系[①]。

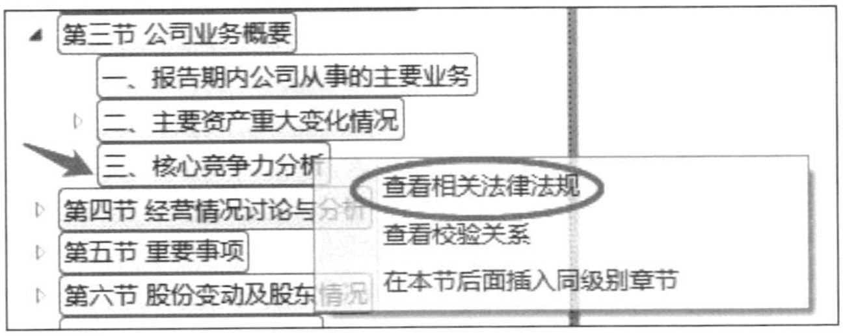

图 4-2-18　查看相关法律法规和校验关系

4. 分工协作录入数据

年度报告作为一项系统工程需多部门协作。此时，公司需将填报系统内容拆分并实现导入/导出功能（使用导入/导出功能时，需要将双方的填报系统都升级到相同的最新版本）。导入/导出数据的主要形式包括数据交换文件（exc 文件）和 Word 文件。

(1) 数据交换文件（exc 文件）。首先汇总者应帮助协作者按照系统填报，并指导其基本操作方法。当协作者完成信息录入工作后，在编辑界面上面选择“导出数据文件”，如图 4-2-19 所示，导出后系统会自动生成 exc 格式的数据文件。

图 4-2-19　数据交换文件

然后，汇总者将已生成的数据文件进行导入，如图 4-2-20 所示。

在编辑界面上方选择“导入数据文件”，可以选择协作者提供的 exc 文件，如图 4-2-21 所示。

---

① 填报系统集成了大多数内容与格式准则。若系统未提供规则检索，公司需就具体问题查阅相关规则或询问监管员。

图 4-2-20 导入数据文件按钮

图 4-2-21 导入数据文件按钮

在勾选相关章节时应特别注意，导入的文件将覆盖系统内现有内容。导入前应反复确认章节，谨慎勾选全部章节。实践中曾出现章节勾选错误导致有效内容被覆盖，致使延期披露的情况。在导入前做好原有文件的备份工作，可有效避免该情况的发生。

(2) Word 文件。填报系统提供了 Word 文件导出功能。首先在导航目录中选中相关章节，选中后该标题呈绿色。此处应注意，Word 文件导出功能仅可导出最底层的单独章节，即该标题前没有三角标志，如图 4-2-22 所示。

然后，在编辑界面上方选择"当前章节"，将导出的 Word 文件存储至指定位置，如图 4-2-23 所示。

数据交换文件（exc 文件）的优点是在协作者完成信息录入后，汇总者可直接使用，但必须在协作者电脑安装调试填报系统并指导协作者基本操作。Word 文件

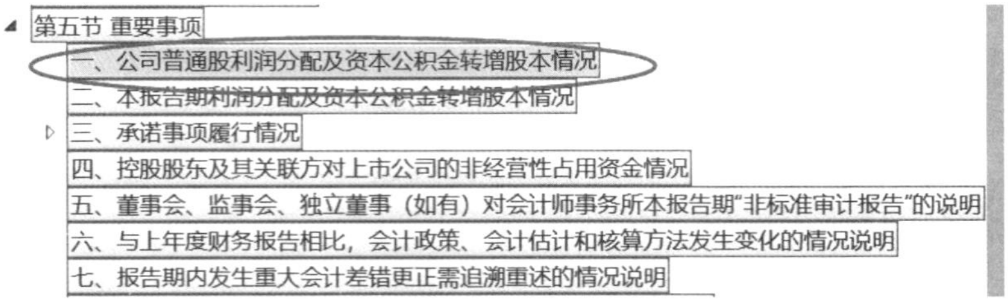

图 4-2-22　Word 文件导航目录

图 4-2-23　选择"当前章节"

的优点是协作者无须安装、掌握填报系统，但汇总者需要重新录入相关数据。

5. 多单元格粘贴

填报系统中有众多表格，公司需在其中填写数值型数据。填报系统本身未提供类似 Microsoft Office Excel 这种较为灵活易用的编辑软件功能，操作人员可在其他文件（如 Word 文件、Excel 文件）中将相关数据按填报系统格式编辑完成，用"多单元格粘贴"一次完成录入。

以"分季度主要财务指标"为例，如图 4-2-24 所示。

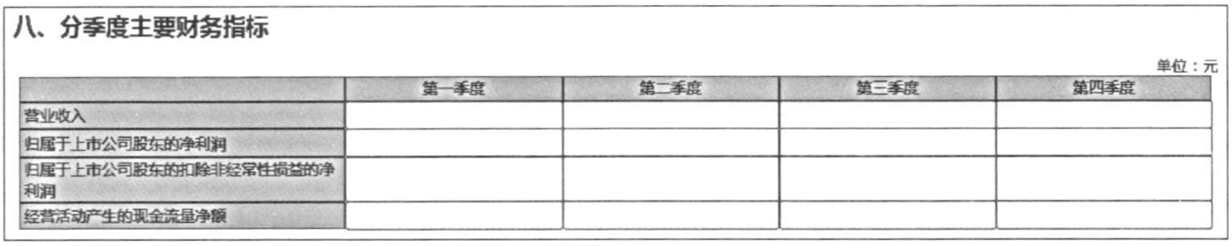

八、分季度主要财务指标

单位：元

	第一季度	第二季度	第三季度	第四季度
营业收入				
归属于上市公司股东的净利润				
归属于上市公司股东的扣除非经常性损益的净利润				
经营活动产生的现金流量净额				

图 4-2-24　"分季度主要财务指标"多单元格

该表格有 4 行 4 列需填写数值型数据，操作人员可在 Excel 文件中将填好的数据直接拷贝，如图 4-2-25 所示。然后在填报系统需填写数据的 1 行 1 列处点击鼠标右键，选择"多单元格粘贴"，如图 4-2-26 所示。完成后，效果如图 4-2-27 所示。

"多单元格粘贴"将编辑、计算工作前置于专业软件，可提高效率。但在实际

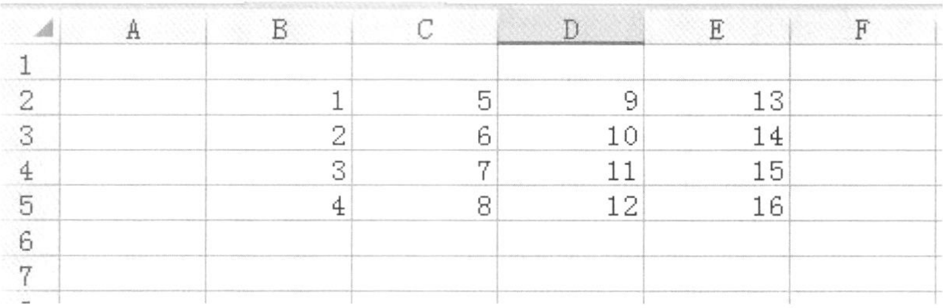

	A	B	C	D	E	F
1						
2		1	5	9	13	
3		2	6	10	14	
4		3	7	11	15	
5		4	8	12	16	
6						
7						

图 4-2-25　直接拷贝数据

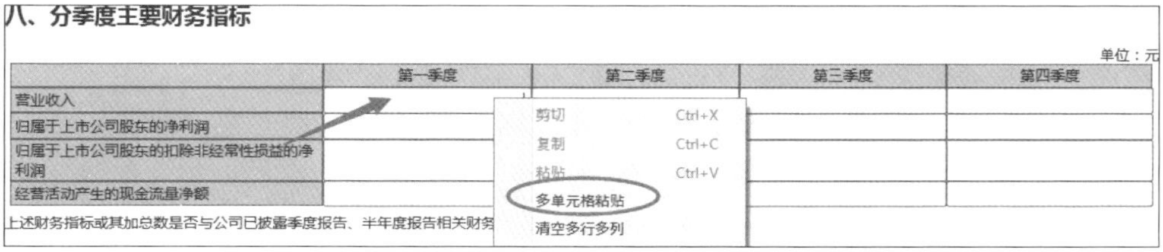

八、分季度主要财务指标

单位：元

	第一季度	第二季度	第三季度	第四季度
营业收入				
归属于上市公司股东的净利润				
归属于上市公司股东的扣除非经常性损益的净利润				
经营活动产生的现金流量净额				

图 4-2-26　多单元格粘贴具体操作

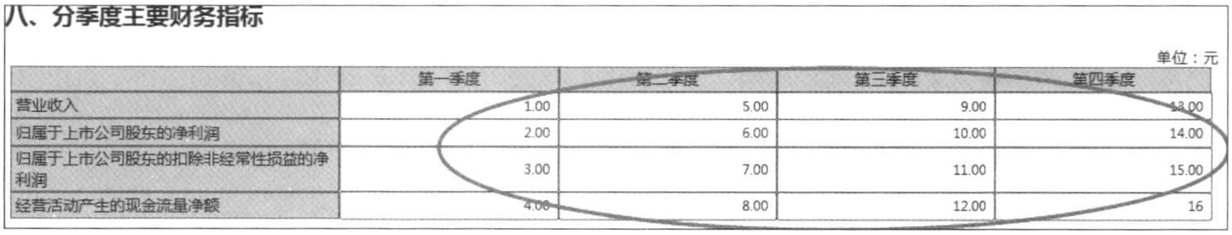

八、分季度主要财务指标

单位：元

	第一季度	第二季度	第三季度	第四季度
营业收入	1.00	5.00	9.00	13.00
归属于上市公司股东的净利润	2.00	6.00	10.00	14.00
归属于上市公司股东的扣除非经常性损益的净利润	3.00	7.00	11.00	15.00
经营活动产生的现金流量净额	4.00	8.00	12.00	16

图 4-2-27　“多单元格粘贴”完成

操作中应仔细核对相关科目/标题，避免错误。

6. 匹配粘贴

在财务报告部分，填报系统将多单元粘贴功能进行升级，匹配粘贴可自动识别同名的会计科目，自动填报至对应单元。

以资产负债表科目为例，可在其他专业软件中将已编制的财务报表中相关科目名称和数值同时拷贝，如图 4-2-28 所示。然后，在填报系统中将鼠标置于任意科目名称上点击鼠标右键，选择“匹配粘贴”，如图 4-2-29 所示。完成后，效果如图 4-2-30 所示。

需注意的是，在使用“匹配粘贴”时应同时拷贝科目名称与数值。并且，若拷贝的科目名称与系统中科目名称不一致，将导致无法使用。

货币资金	1.00
结算备付金	2.00
拆出资金	3.00
应收票据	4.00
预付款项	5.00

图 4-2-28　科目拷贝

图 4-2-29　选择“匹配粘贴”

项目	2020年12月31日
流动资产:	
货币资金	1.00
结算备付金	2.00
拆出资金	3.00
交易性金融资产	
衍生金融资产	
应收票据	4.00
应收账款	
应收款项融资	
预付款项	5.00
应收保费	
应收分保账款	
应收分保合同准备金	

图 4-2-30　科目“匹配粘贴”完成

7. 行列操作

(1) Tuple[①] 行。填报系统中一些表格允许公司根据实际情况自行添加、删除行的数量。例如在承诺事项履行情况章节中,操作如图 4-2-31 所示。

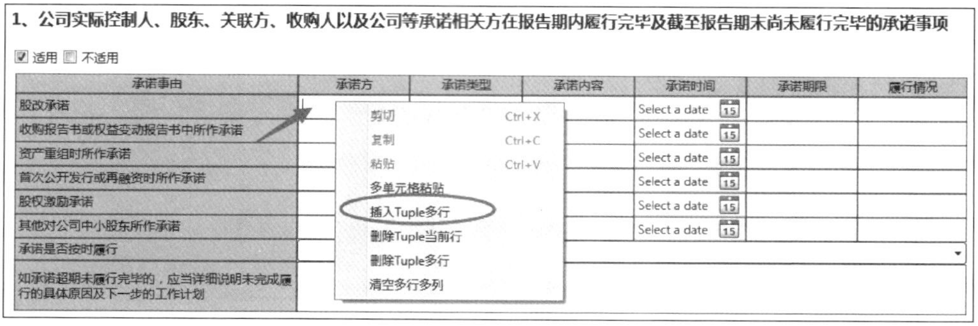

图 4-2-31　行列操作

若某一事项存在多个承诺方,可在右键选择"插入 Tuple 多行",并根据实际情况选择添加行数,如图 4-2-32 所示。

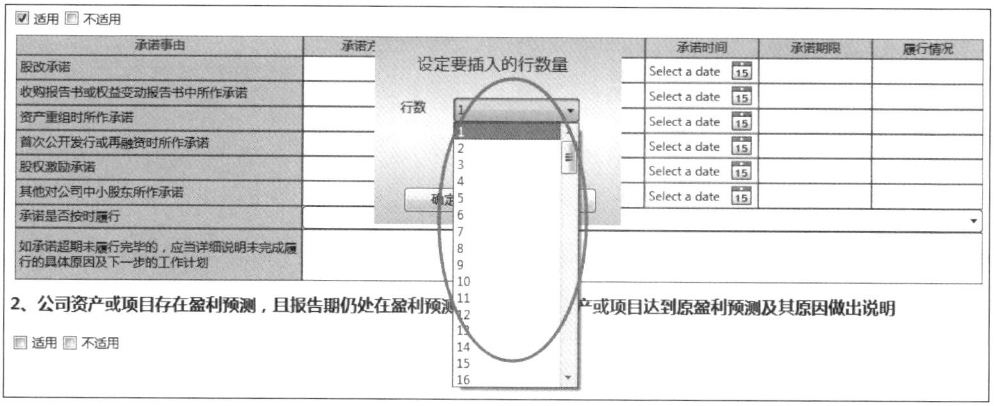

图 4-2-32　添加行数

同时,可利用"删除 Tuple 当前行"和"删除 Tuple 多行"将自行添加的 Tuple 行进行删除,如图 4-2-33 所示。

① Tuple 为数组、元组之意,在 Python 等编程语言中有所应用。

图 4-2-33　删除 Tuple 行操作

在表格信息填列处点击鼠标右键出现“表格信息填列”字样的，均可实现上述操作。Tuple 行操作实现了自定义功能，减少了后期披露文件的编辑工作量。

（2）无限制行列。上市公司因所处地区行业不同、会计师事务编制报告习惯不同等原因，需对系统模板进行较大调整，填报系统提供了无限制添加行列功能。如表格有淡绿色标识，均可进行操作。

以“无形资产情况”为例，可在淡绿色处点击鼠标右键，自行插入、删除行列，如图 4-2-34 所示。自行插入行、列后的效果如图 4-2-35 所示。

至于填报系统未提供上述功能且公司需要修改行列的，可在 Word 文件中手动填写修改。

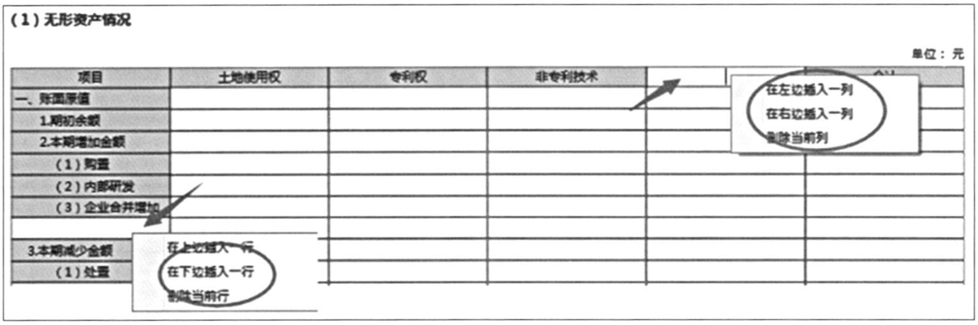

图 4-2-34　无限制添加行列

（1）无形资产情况

单位：元

项目	土地使用权	专利权	非专利技术				合计
一、账面原值							
1.期初余额							
2.本期增加金额							
（1）购置							
（2）内部研发							
（3）企业合并增加							

图 4-2-35　自行插入行、列后效果

8. 同一数据一次录入

在年度报告中，同一数据信息可能在多处出现。为减少重复录入，提高效率，填报系统提供了一次录入功能。在系统中有淡蓝色标识处均可使用该功能。

以“重要提示、目录和释义”为例，用鼠标选中蓝色区域，使用快捷键“Ctrl+G”，操作后，系统下方会弹出与蓝色区域相关联的数据填报处，并用红色方框显示，如图 4-2-36 所示。在红框处填写完成后，蓝色区域自动获取显示同一信息，如图 4-2-37 所示。

2020年年度报告

第一节 重要提示、目录和释义

董事、监事、高级管理人员是否存在对年度报告内容存在异议或无法保证其真实、准确、完整的情况

□是 □否

公司负责人________、主管会计工作负责人________及会计机构负责人(会计主管人员)________声明：保证本年度报告中财务报告的真实、准确、完整。

除下列董事外，其他董事亲自出席了审议本次年报的董事会会议

未亲自出席董事姓名	未亲自出席董事职务	未亲自出席会议原因	被委托人姓名

非标准审计意见提示

盈余公积		
一般风险准备		
未分配利润		
归属于母公司所有者权益合计		
少数股东权益		
所有者权益合计		
负债和所有者权益总计		

法定代表人：________　主管会计工作负责人：________　会计机构负责人：________

图 4-2-36　关联数据

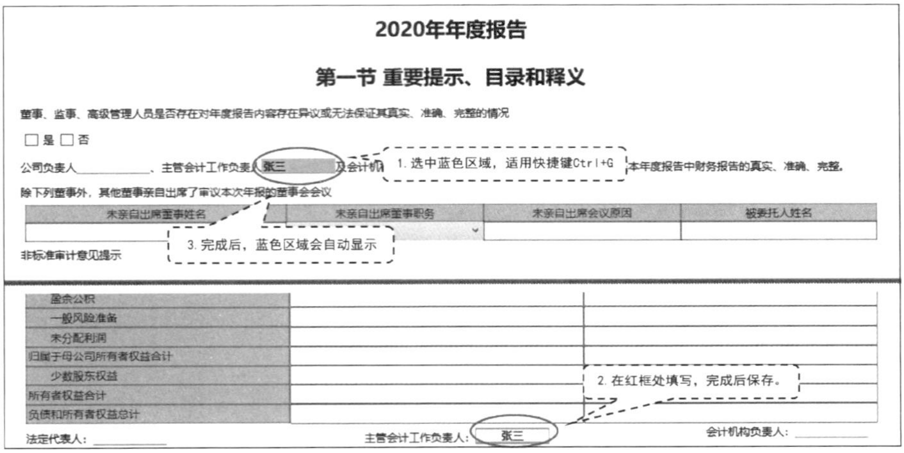

图 4-2-37　蓝色区域自动获取同一信息

9. 章节操作

该系统模板并不适用所有公司。公司可将与本公司无关的章节进行“不适用”处理，同时可自行添加模板中未设定的章节。

（1）“不适用”处理。以“合并财务报表项目注释”章节为例，若报告期内并不存在“应收账款融资”，可在导航目录中，将鼠标置于该标题上右键，选择“本章节不适用”，如图 4-2-38 所示。

图 4-2-38　“不适用”处理

完成后，该科目则被隐去处理，后续科目编号相应改变，如图 4-2-39 所示。

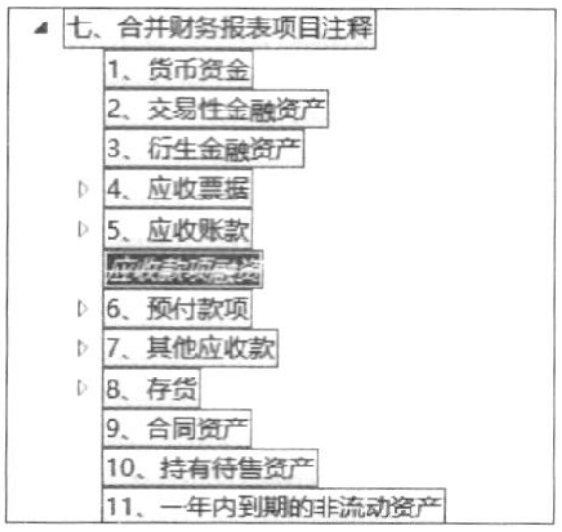

图 4-2-39　科目被隐去后结果

同样，公司可将某一科目中的子项进行“不适用”处理，如图 4-2-40 所示。

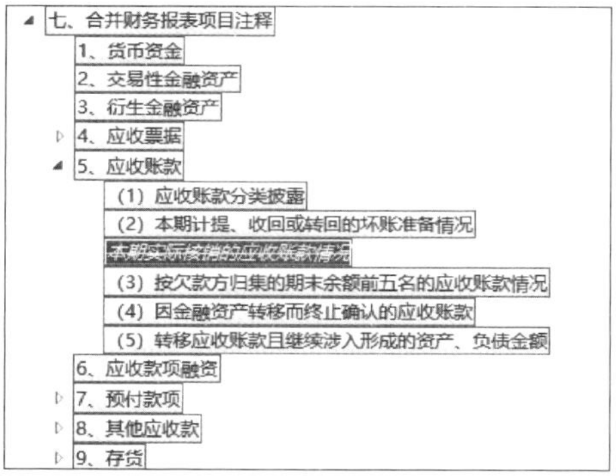

图 4-2-40　对某一科目的子项作“不适用处理”后结果

（2）添加章节。公司可结合公司实际情况自行添加章节。以在“核心竞争力分析”后添加为例，首先在导航目录中选中“核心竞争力分析”，单击鼠标右键，选择“在本节后插入同级别章节”，如图 4-2-41 所示。

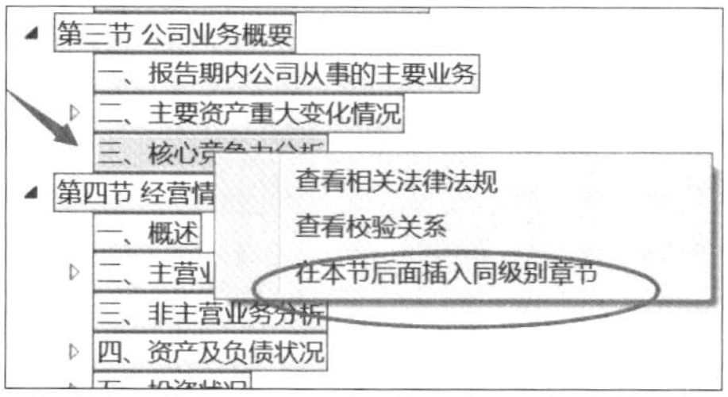

图 4-2-41　添加章节

完成后，公司可自定义章节显示，并于富文本框中录入数值、文字、表格和图片等信息，如图 4-2-42 所示。

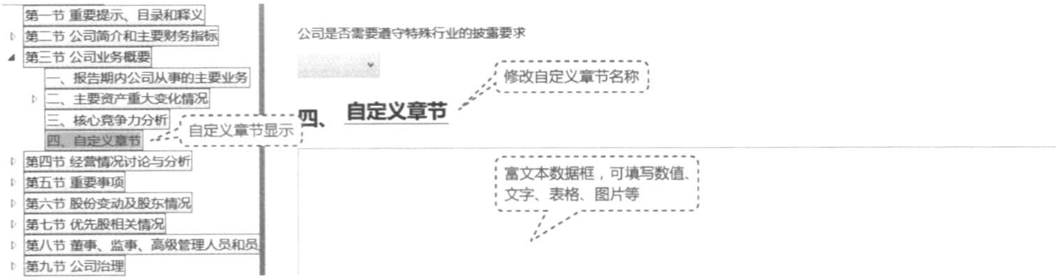

图 4-2-42　富文本框操作

10. 添加科目[①]

填报系统模板为满足不同行业要求，在财务报表等章节设置了“添加科目”功能。

以在资产负债表中的“货币资金”科目下添加为例。将鼠标置于“货币资金”上方，点击鼠标右键，选择“插入同级自定义科目”或“插入下级自定义科目”，如图 4-2-43 所示。其中“下级科目”可以无限制添加[②]。

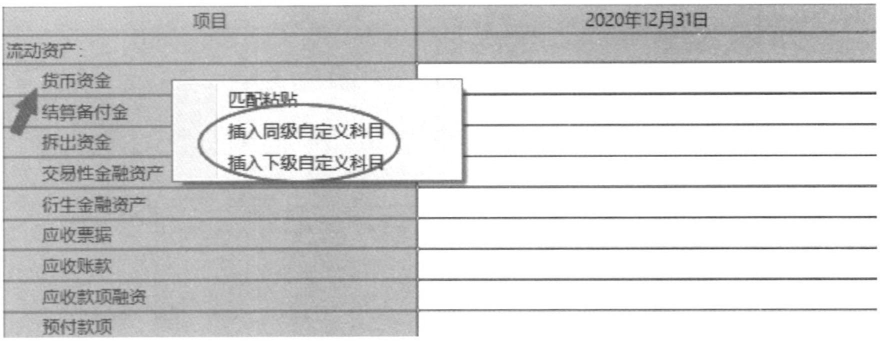

图 4-2-43　添加科目

添加完成后，公司可自行设定科目名称，如图 4-2-44 所示。

① 添加科目功能只适用于资产负债表、利润表、现金流量表。
② 添加科目的科目级别上限为三级。

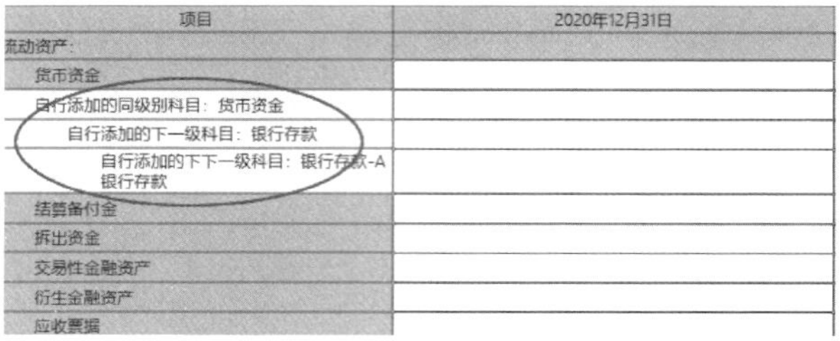

图 4-2-44　自行设定科目名称

同时，系统提供了“调整自定义科目校验关系”功能，如图 4-2-45 所示。操作人员可于添加科目点击鼠标右键选择调整自定义科目校验关系，结果如图 4-2-46 所示。

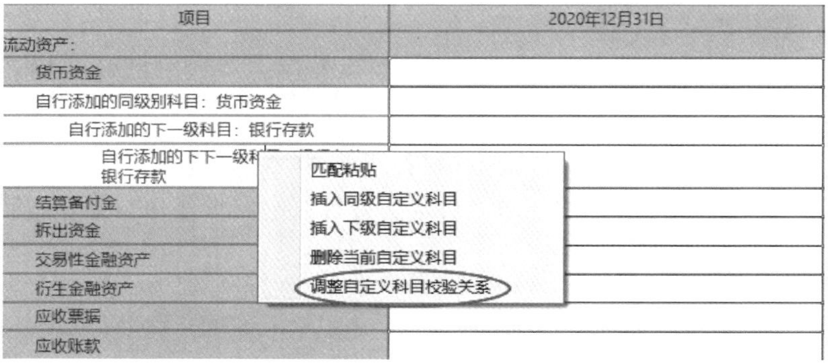

图 4-2-45　调整自定义科目校验关系

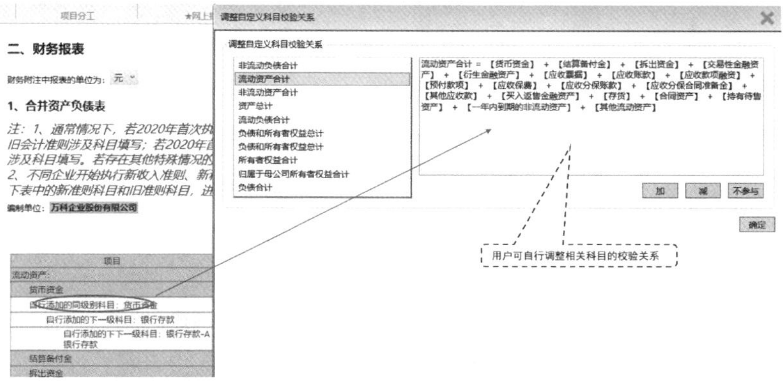

图 4-2-46　调整自定义科目校验关系的结果

建议公司谨慎使用自行添加科目及调整校验功能。

11. 数据有效性校验

为保证报告质量，填报系统引入了数据校验功能。该功能可帮助公司查找未填写、勾稽关系有误、计算有误之处[①]。

（1）当前章节校验。以“主要会计数据和财务指标”为例，公司填写完当前章节数据后，可选择编辑界面上方的“校验当前节”，系统下方会提示关于本章节的错误和警告，如图 4-2-47 所示。

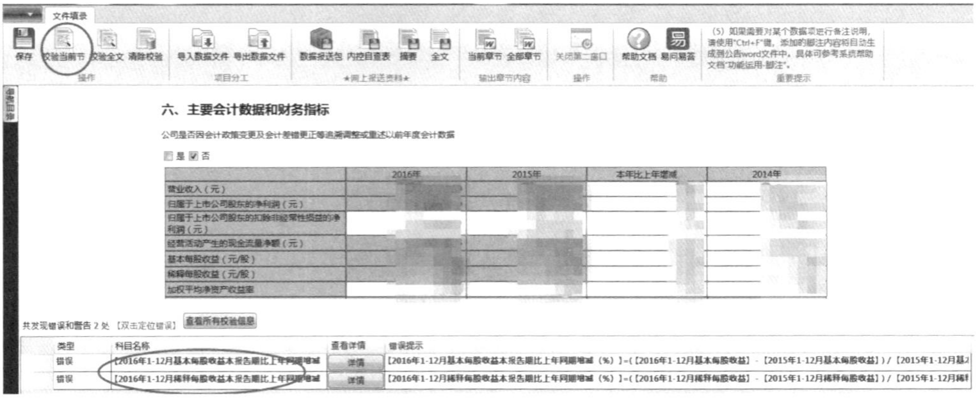

图 4-2-47 当前章节校验

公司可单击每个错误右侧的“详情”按键，查看填报系统内嵌的公式以及系统计算结果和自行填报结果差额，如图 4-2-48 所示。

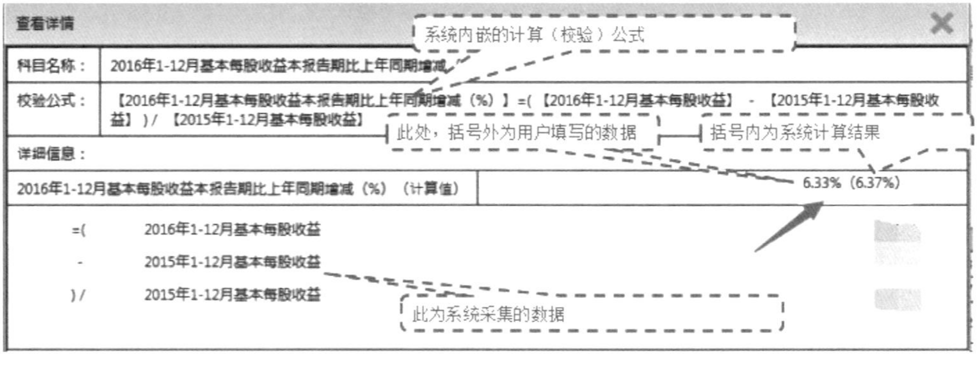

图 4-2-48 查看详情

① 填报系统的校验功能只能对部分关键章节、数据进行检验。

修改完成后，再次校验当前节，系统弹出“未发现错误”提示框，如图 4-2-49 所示。

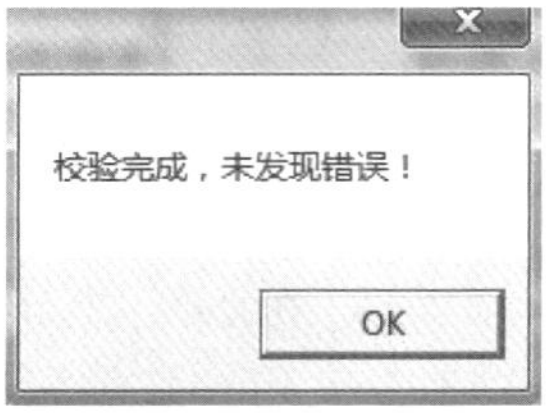

图 4-2-49 “未发现错误”提示框

（2）全文校验。公司可在完成全部信息录入后选择“校验全文”功能①，如图 4-2-50 所示。

与校验当前章节相似，系统下方会出现错误提示。而全文校验的错误可能散落在各个不同章节，当鼠标双击该错误的科目名称时，编辑界面则会自动跳转至该错误处，并以红框标注。

图 4-2-50 校验全文

以董监高持股数合计为例，首先，选择“校验全文”，查看屏幕下方错误提示，如图 4-2-51 所示。然后双击科目名称“××××年 1 月 1 日持股数合计”。

图 4-2-51 选择校验全文

双击后，导航目录会自动跳转至错误所处章节，同时以红框标明错误位置，如图 4-2-52 所示。

① 当全文校验通过而章节校验不通过时，以全文校验为主。

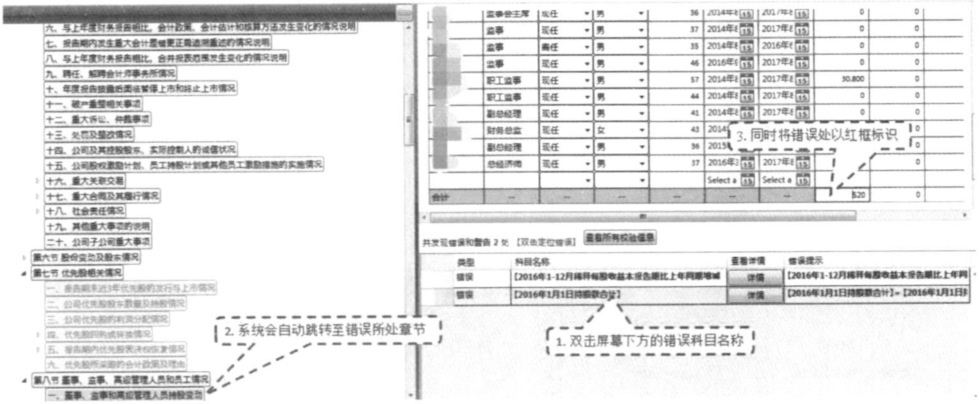

图 4-2-52　自动跳转至错误章节

12. 生成数据报送文件(rd 文件)

在全文校验通过后,选择编辑界面上方的“数据报送包”,如图 4-2-53 所示,并存储至指定位置。生成的 rd 文件是报送交易所的必要文件。

图 4-2-53　数据报送包

13. 生成全文和摘要

在全文校验无误后,可选择编辑界面上方的“摘要”和“全文”,如图 4-2-54 所示,系统将自动生成年度报告的全文和摘要 Word 文件。实践中,全文生成会有乱码,可参考本节“七、填报系统使用技巧及常见问题”中的“(三)应对乱码”。

图 4-2-54　自动生成年度报告的全文和摘要文件

六、提交年度报告

在完成年度报告全文及摘要编制、数据报送文件生成后，公司应登录“上市公司”业务专区，选择“信息披露业务”—“公告办理”—“信息披露申请”，如图 4-2-55 所示。

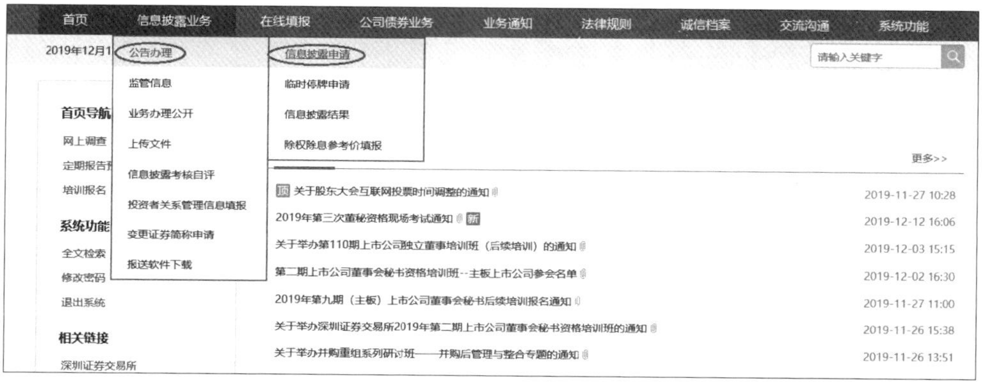

图 4-2-55 登录上市公司业务专业

选择“新建披露申请”，如图 4-2-56 所示。

图 4-2-56 新建披露申请

填写完成经办人、电话、披露媒体等基本信息后，选择“新增公告类别”，如图 4-2-57 所示。

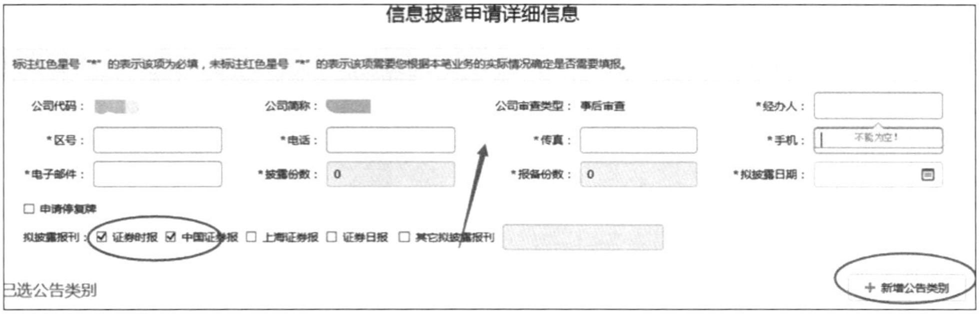

图 4-2-57　新增公告类别

然后，选择“010101 年度报告”①，如图 4-2-58 所示。

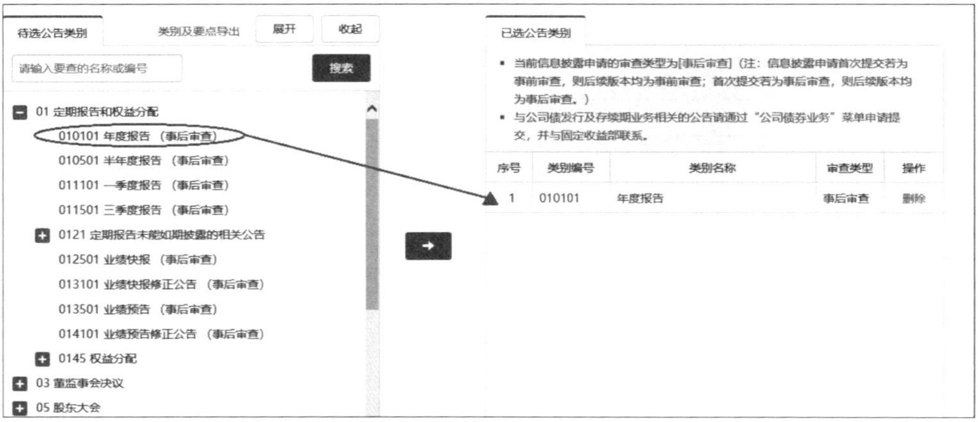

图 4-2-58　选择“010101 年度报告”

① 实践中，年度报告的报送披露往往与财务审计报告、董监事决议、股东大会通知、内控审计报告等众多文件同时进行，本文仅以年度报告全文、摘要及数据包为例进行说明。

打开“公告填报数据项”页面，填写披露要点和主要财务指标、审计报告意见类型等信息，如图 4-2-59 所示。

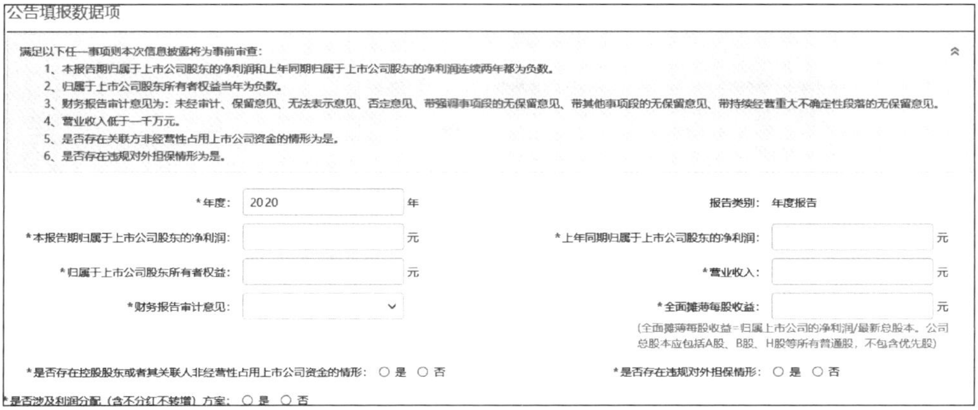
公告填报数据项

满足以下任一事项则本次信息披露将为事前审查：

1、本报告期归属于上市公司股东的净利润和上年同期归属于上市公司股东的净利润连续两年都为负数。
2、归属于上市公司股东所有者权益当年为负数。
3、财务报告审计意见为：未经审计、保留意见、无法表示意见、否定意见、带强调事项段的无保留意见、带其他事项段的无保留意见、带持续经营重大不确定性段落的无保留意见。
4、营业收入低于一千万元。
5、是否存在关联方非经营性占用上市公司资金的情形为是。
6、是否存在违规对外担保情形为是。

*年度：2020 年
报告类别：年度报告
*本报告期归属于上市公司股东的净利润： 元
*上年同期归属于上市公司股东的净利润： 元
*归属于上市公司股东所有者权益： 元
*营业收入： 元
*财务报告审计意见：
*全面摊薄每股收益： 元
（全面摊薄每股收益=归属上市公司的净利润/最新总股本。公司总股本应包括A股、B股、H股等所有普通股，不包含优先股）
*是否存在控股股东或者其关联人非经营性占用上市公司资金的情形：○ 是 ○ 否
*是否存在违规对外担保情形：○ 是 ○ 否
*是否涉及利润分配（含不分红不转增）方案：○ 是 ○ 否

图 4-2-59　公告填报数据项

打开“信息披露文件信息”页面，将年度报告全文、摘要和数据文件（rd 文件）等相关材料上传，如图 4-2-60 所示。

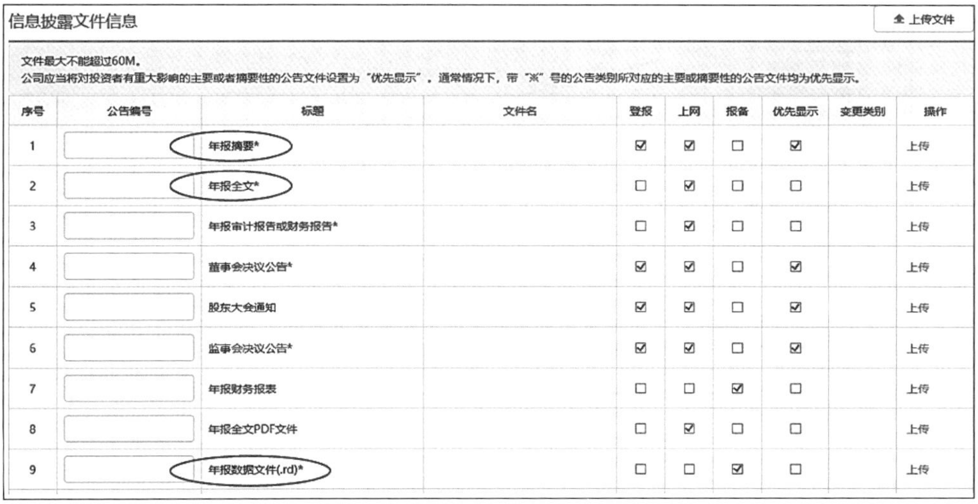
信息披露文件信息　　上传文件

文件最大不能超过60M。
公司应当将对投资者有重大影响的主要或者摘要性的公告文件设置为“优先显示”，通常情况下，带“※”号的公告类别所对应的主要或摘要性的公告文件均为优先显示。

序号	公告编号	标题	文件名	登报	上网	报备	优先显示	变更类别	操作
1		年报摘要*		☑	☑	☐	☑		上传
2		年报全文*		☐	☑	☐	☐		上传
3		年报审计报告或财务报告*		☐	☑	☐	☐		上传
4		董事会决议公告*		☑	☑	☐	☑		上传
5		股东大会通知		☑	☑	☐	☑		上传
6		监事会决议公告*		☑	☑	☐	☑		上传
7		年报财务报表		☐	☐	☑	☐		上传
8		年报全文PDF文件		☐	☑	☐	☐		上传
9		年报数据文件(.rd)*		☐	☐	☑	☐		上传

图 4-2-60　上传相关资料

七、填报系统使用技巧及常见问题

（一）灵活使用脚注

有时，公司需要在对年度报告中某些数据进行进一步说明，而系统模板并未提供富文本框空间，可以利用脚注。以“分季度主要财务指标”为例，若公司想对第一季度营业收入说明，可在该数据单元格处使用快捷键“Ctrl+F”打开绿色脚注窗口，进行脚注内容的添加，如图 4-2-61 所示。

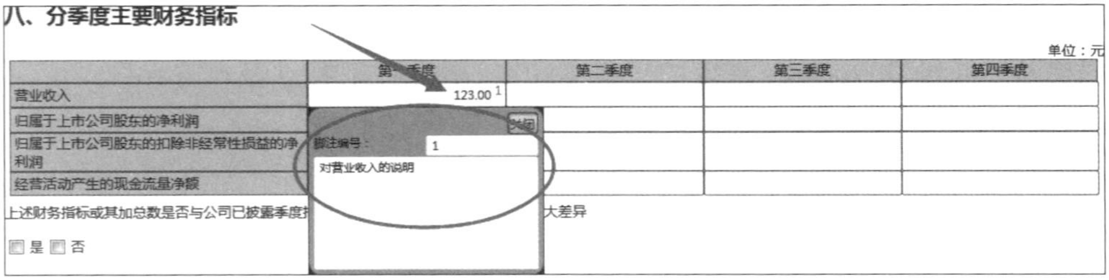

图 4-2-61 添加脚注内容

添加完成后，添加脚注位置的数据会变为红色，将光标悬浮在该位置时会弹出注释信息。生成 Word 文件后，该脚注信息会在表格下以注释的形式输出，如图 4-2-62 所示。

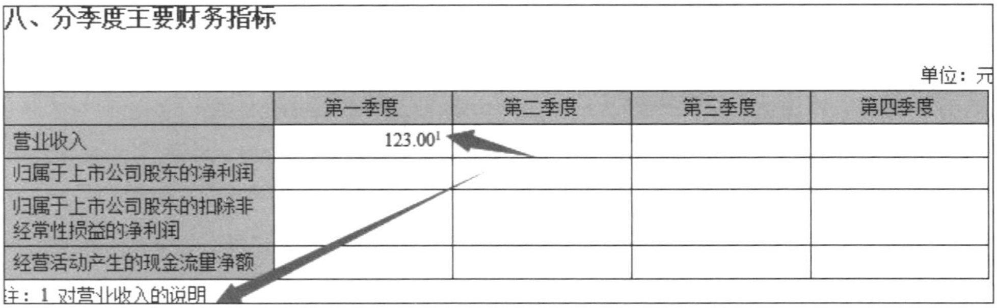

图 4-2-62 以注释形式输出脚注信息

（二）灵活使用快捷键

（1）保存：Ctrl+S，与 

功能一致。

（2）清除校验：Ctrl+Q，与 

功能一致。

（3）关闭系统下方窗口：Ctrl+W。

（4）查找同一数据源：Ctrl+G，具体见“同一数据一次录入”[①]。

（5）添加脚注：Ctrl+F，具体见“灵活使用脚注”。

快捷键的使用可减少鼠标移动时间，提高编辑效率，建议培养快捷键使用习惯。

（三）应对乱码

实践中，证券部会汇总收集公司内各部门，中介机构的各类文件。由于软件版本不同，编辑习惯不同，直接复制粘贴进系统再生成的 Word 文件往往会出现乱码情况。可利用 Windows 系统的记事本功能，预先对拟填写内容进行格式清除后，再粘贴进填报系统，如图 4-2-63 所示。

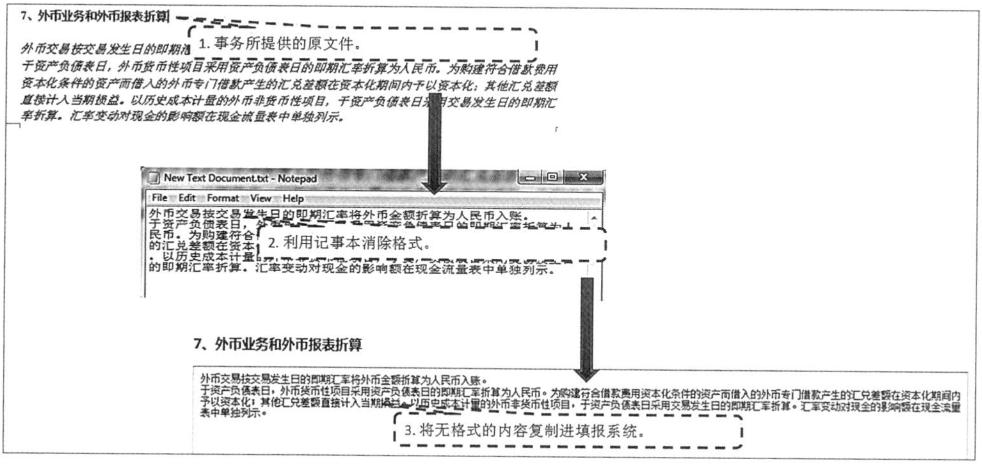

图 4-2-63　清除乱码

（四）数据文件命名

年度报告的编制是系统工程。建议在每完成一个阶段后选择“导出数据文件”，对该数据文件进行单独保存，并在数据文件加以后缀说明。如导出“已完成公司业务概要”，导出后如图 4-2-64 所示。

---

① 查找蓝底科目原始可填写的地方。

图 4-2-64　导出数据文件

同时,协作者应对自己负责的并导出的数据文件加以后缀说明。如“完成合并报表注释 1-25 科目”,以便汇总者明确应导入合并的章节,如图 4-2-65 所示。

图 4-2-65　对数据文件加以后缀说明

（五）添加标识

实践中,在年度报告编制初期某些数据尚无法取得,而填报系统对该数据又无校验,可在该数据填报处写入“尚需填写”或其他说明引起自己注意,避免遗忘。

（六）培养保存备份习惯

实践中,由于年度报告中的财务报告必须经过审计,与财务数据有关的章节内容可能会反复修改。建议每天对 Word 文件和数据文件进行保存备份,如图 4-2-66 所示。在避免误删除的同时,也可反复利用前次编辑内容。

图 4-2-66　对文档的数据文件保存备份

（七）关注红字注释

大多数章节中均有系统内嵌的红字注释，如图 4-2-67 所示，此为该章节最基本的披露和填报要求。建议在录入信息前对红字内容进行阅读，避免遗漏。

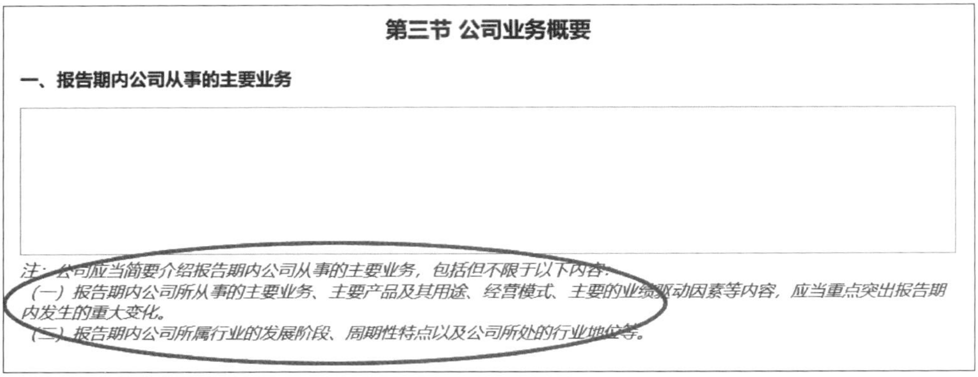

图 4-2-67　注意红字注释

（八）其他常见问题

1. 添加章节数量

在同一位置只能自行添加一个章节，不能连续添加自定义章节。若想添加多个章节，可在富文本框内自行分割，或在导出的 Word 文件中手动修改。

2. 导出“全部章节”和“全文”区别

导出全文不包括选择“不适用”的内容，不会含有红字注释；导出全部章节更像填报模板，会将红字注释和选择“不适用”内容全部导出。

3. 小数点问题

实践中，保留 2 位或 4 位小数点均可。处理原则为：填报系统以校验关系为准，Word 文件中以审计报告或公司习惯为准。

4. 数据无误而系统校验不通过

有些情况填报系统无法将自行添加的行列进行合计，导致内嵌的校验关系无法通过。此时，公司有两种处理方法：

（1）联系交易所或填报系统软件公司说明情况并尝试修复。

（2）若无法修复，在取得监管员认可的前提下，在该处将报表轧平，在 Word

文件中正确填写。

5. 有无检索功能

填报系统尚未提供检索功能。

6. 能否插入表格

系统暂时不能插入表格,可以将表格做成图片在富文本框中录入。

7. 定期报告已披露,但后续需要修订

可以用当时报送的系统版本对需要修订的内容进行更改,然后导出相关数据报送给交易所。

8. 表格导出不完整问题

在编制系统的表格相应行中如果没有填写数据,此时使用导出“全文”功能,则该数据行不会被导出。

若想导出系统中的完整表格,可使用导出“全部章节”或“当前章节”功能[①]。

以“股份变动及股东情况”为例,使用导出“全文”功能的导出效果如图4-2-68所示。

第六节 股份变动及股东情况

一、股份变动情况

1、股份变动情况

单位：股

	本次变动前		本次变动增减（+，-）					本次变动后	
	数量	比例	发行新股	送股	公积金转股	其他	小计	数量	比例
一、有限售条件股份	300,000	30.00%				-300,000	-300,000	0	0.00%
2、国有法人持股	300,000	30.00%				-300,000	-300,000	0	0.00%
二、无限售条件股份	700,000	70.00%				300,000	300,000	1,000,000	100.00%
1、人民币普通股	700,000	70.00%				300,000	300,000	1,000,000	100.00%
三、股份总数	1,000,000	1.00%				0	0	1,000,000	100.00%

图 4-2-68　导出效果图(一)

① 公司编报采用 Word 文档进行分工时,可用此种方式导出。

使用导出“全部章节”或“当前章节”功能的导出效果如图 4-2-69 所示。

第六节 股份变动及股东情况

一、股份变动情况

1、股份变动情况

单位：股

	本次变动前		本次变动增减（+，-）					本次变动后	
	数量	比例	发行新股	送股	公积金转股	其他	小计	数量	比例
一、有限售条件股份	300,000	30.00%				-300,000	-300,000	0	0.00%
1、国家持股									
2、国有法人持股	300,000	30.00%				-300,000	-300,000	0	0.00%
3、其他内资持股									
其中：境内法人持股									
境内自然人持股									
4、外资持股									
其中：境外法人持股									
境外自然人持股									
二、无限售条件股份	700,000	70.00%				300,000	300,000	1,000,000	100.00%
1、人民币普通股	700,000	70.00%				300,000	300,000	1,000,000	100.00%
2、境内上市的外资股									
3、境外上市的外资股									
4、其他									
三、股份总数	1,000,000	100.00%				0	0	1,000,000	100.00%

图 4-2-69　导出效果图(二)

图书在版编目(CIP)数据

上市公司年报编制与披露指南：2022年版 / 史多丽主编. —上海：立信会计出版社，2022.1
ISBN 978－7－5429－7003－9

Ⅰ. ①上… Ⅱ. ①史… Ⅲ. ①上市公司—年报—编制—中国—指南②上市公司—年报—信息公开—中国—指南
Ⅳ. ①F279.246-62

中国版本图书馆 CIP 数据核字(2021)第 253974 号

策划编辑　戎其玉
责任编辑　戎其玉

上市公司年报编制与披露指南(2022年版)
SHANGSHI GONGSI NIANBAO BIANZHI YU PILU ZHINAN

出版发行	立信会计出版社		
地　　址	上海市中山西路 2230 号	邮政编码	200235
电　　话	(021)64411389	传　　真	(021)64411325
网　　址	www.lixinaph.com	电子邮箱	lixinaph2019@126.com
网上书店	http://lixin.jd.com		http://lxkjcbs.tmall.com
经　　销	各地新华书店		
印　　刷	上海万卷印刷股份有限公司		
开　　本	710 毫米×960 毫米	1/16	
印　　张	29.75	插　　页	2
字　　数	502 千字		
版　　次	2022 年 1 月第 1 版		
印　　次	2022 年 1 月第 1 次		
印　　数	1—8 100		
书　　号	ISBN 978－7－5429－7003－9/F		
定　　价	85.00 元		